기독교문서선교회 (Christian Literature Center: 약칭 CLC)는 1941년 영국 콜체스터에서 켄 아담스에 의해 시작되었으며 국제 본부는 미국 필라델피아에 있습니다.
국제 CLC는 약 650여 명의 선교사들이 59개 나라에서 180개의 서점을 운영하며 이동 도서 차량 40대를 이용하여 문서 보급에 힘쓰고 있으며 이메일 주문을 통해 130여 국으로 책을 공급하고 있는 국제적 문서선교 기관입니다.

추천사 1

강웅산 박사
총신대학교 신학대학원장

　1740년에 일어났던 대각성 운동을 대표하는 조나단 에드워즈는 그해 전 겨울에 일명 "신학공부의 중요성"(The Importance and Advantage of a Thorough Knowledge of Divine Truth)을 설교한 적이 있습니다. 그는 이 설교에서 영적 체험 부족을 책망하기 보다는 말씀 지식의 부족을 책망합니다. 지식이 없이는 감동도 있을 수 없다는 강조입니다. 그리스도를 아는 지식이 아직도 초보에 머물러 있어 젖먹이처럼 단단한 음식을 먹지 못하는 성도들을 안타까워하는 사도의 마음으로 에드워즈는 신학 지식의 중요성을 일깨웠습니다. 그다음 해에 기독교 역사에 길이 남는 대부흥 사건이 있었던 것은 우연이 아니었을 겁니다.
　이 시대의 청중들 또한 에드워즈의 청중과 크게 다르지 않은 것 같습니다.
　저자는 이 시대의 청중들에게 필요한 지식으로 500년 전에 차려진 밥상을 다시 내어놓는 것이 아니라 이 시대가 부딪히고 있는 문제에 답할 수 있는 개혁신학을 차려놓았습니다. 인문학적 풍미도 곁들이고 있어 이 시대 청중의 구미에도 잘 맞을 거 같습니다.
　『기독교 신앙 윤리』는 올바른 신학 없이 뜨거운 심장이 있을 수 없다는 조나단 에드워즈의 간절한 마음을 기억나게 합니다. 많은 성도님이 이 책을 통해서 단단한 음식을 잘 소화할 수 있는 장성한 수준에 도달하는 은혜가 있으시길 기원합니다.

추천사 2

김요섭 박사
총신대학교 신학대학원 역사신학 교수

  그 동안 다양한 분야에 걸쳐 폭넓고 깊이 있는 연구를 진행해 온 류길선 교수가 이번에는 기독교 신앙 윤리를 연구한 역작을 발표했습니다.

  이 책은 성경의 가르침과 개혁주의 신학의 역사적 모범을 기준으로 삼아 기독교 신앙과 관련된 중요한 윤리적 주제들을 선별해 정확하고 이해하기 쉽게 설명합니다. 이 책은 각 장에서 기독교 신학의 근간을 구성하는 중요한 논제들을 차례대로 다루지만 이 논제들을 단순히 이론적으로만 살피지 않고 실천적으로 적용할 수 있도록 탁월하게 잘 소개합니다. 각 장마다 묻어나는 저자의 경건의 열정과 목회적 숙고는 이 책에서 얻을 수 있는 또 하나의 유익입니다.

  기독교 신앙의 윤리적 적용에 대한 학문적 관심을 가진 목회자들이나 신학생들뿐 아니라, 삶에서 부딪치는 다양한 문제들에 대해 성경의 가르침과 교회의 역사로부터 지혜를 찾고자 하는 일반 성도들에게도 이 책은 또 하나의 유용한 지침서가 될 것임을 확신합니다.

추천사 3

라 영 환 박사
총신대학교 조직신학 교수

  책을 읽는다는 것은 낯선 곳을 여행하는 것과 같습니다. 여행에 관한 조언은 많지만, 여행을 가야 할 이유와 방법에 관한 이야기를 듣는 것은 쉽지 않습니다.
  이 책은 우리에게 하나님과 동행하는 여행에 대한 구체적이고 실질적인 대안을 제시하고 있습니다. 이 책은 이땅에서 그리스도인으로서 어떻게 살아야 하는가를 고민하는 사람들에게 꼭 필요한 지침들을 제공하고 있습니다. 이 책의 장점은 기독교 윤리의 신학적 근거가 무엇인지를 개혁신학적 관점에서 잘 설명해 주고 있다는 데 있습니다.
  저자는 개혁주의 전통에 서서, 한 손에는 성경을 그리고 다른 손에는 현실을 들고 그리스도인들이 윤리적으로 맞닥뜨리게 되는 문제들을 설명하고 있습니다.
  저자는 전반부에서 삼위일체, 하나님의 작정과 섭리, 창조론과 진화론을 다루고 있습니다. 얼핏 보면 기독교 윤리와 상관없는 주제인 것처럼 보이지만, 저자는 이러한 신학적인 주제들을 통해 기독교 윤리학의 신학적 토대를 섬세하게 끌어내고 있습니다. 기독교 윤리를 의무의 윤리가 아닌 하나님의 은혜에 대한 감동의 윤리로 풀어가면서 경건으로 연결하는 시도는 주목할 만합니다. 하나님의 형상으로 창조된 인간은 저자가 기독교 윤리를 풀어가는 중요한 해석학적 틀입니다. 기독교와 타 종교, 교회와 국가 그리고 문화에 대한 윤리적 접근은 기존의 윤리학 저술들에서 볼 수 없는 신선한 시도입니다. 학문적 통찰력과 현실에 대한 폭넓은 이해를 바탕으로 성경의 해석과 우리 삶의 해석이 어떻게 일치할 수 있는지 애쓴 흔적이 주제마다 담겨 있습니다. 교회사를 전공한 학자답게 각 주제에 대한 풍부한 역사적 이해를 바탕으로 개혁신학적 토대 위에 치밀한 논리로 글을 써내려 가고 있습니다.

무겁고 난해한 주제를 날카로운 통찰력으로 잘 설명한 이 책이 많이 읽혀 신앙과 삶 사이에서 고민하는 그리스도인들이 성경적 순종의 삶으로 나아가는 데 도움이 되었으면 합니다.

추천사 4

문 병 호 박사
총신대학교 신학대학원 조직신학 교수

역사 의식은 단지 통시적 사건에 대한 인식이 아니라 그 사건에 대한 공시적인 삶을 투사합니다. 류길선 교수님은 역사신학자로서 초대 교회로부터 칼빈과 개혁신학자들에 이르는 정통 신학에 대한 교리사적 이해를 추구하는 데 주력하는 한편, 그러한 이해를 통하여 말씀의 순수한 선포와 선포된 말씀에 따른 성도의 경건한 삶의 윤리를 수립하고자 하는 목회자로서의 열의도 남다릅니다.

본서는 "기독교 신앙 윤리"를 단지 '윤리적'으로만 제시하는 데 그치지 않고, 그것에 대한 "성경, 교리, 삶의 통합적 이해"를 추구합니다. 오늘날 '복음이냐? 윤리냐?'라는 질문이 19세기 중반 이후 독일에서 리츨학파와 관련하여 그랬던 것처럼 심각하게 제기됩니다. 강단의 설교가 '-이다'라고 복음을 선포하기보다 '-하라'고 윤리를 권고하는 데 기울고 있습니다. 윤리와 심리가 내러티브라는 이름하에 무분별하게 뒤섞여 복음을 대체하고 있습니다. 교회의 설교가 이러하니 성도의 삶의 지향점과 관심사도 세속 윤리적 수준에 머물고 있습니다.

율법에는 삶의 규범(praeceptum)과 약속(promissio)이 함의되며, 복음은 그 약속의 성취가 그리스도이심에 대한 복된 소식입니다. 개혁파 언약신학의 요체가 여기에 있는 바, 저자는 이에 기초해서 '하나님, 인간, 세계의 상관성'을 하나님의 자녀로서의 삶의 윤리가 어떠해야 하며 교회의 지체로서와 국가의 일원으로서의 삶의 윤리가 어떠해야 함에 비추어 탁월하게 개진합니다.

추천사 5

박재은 박사
총신대학교 신학과 교수
교목실장 및 섬김리더교육원장

    가장 좋지 않은 시각은 '편협'하고도 '독단적인' 시각입니다. 편협은 보고 싶은 것만 본다는 뜻이며 독단은 자기가 본 것만 옳다고 생각한다는 뜻입니다.
    개혁신학은 편협하지도, 독단적이지도 않습니다. 개혁신학은 통합적이며 포괄적이고 전인적이며 풍성합니다. 『기독교 신앙 윤리』는 개혁신학의 이런 통합성을 포괄적으로 잘 그려내고 있습니다. 성경은 뿌리며, 교리는 줄기고, 삶은 열매입니다. 뿌리-줄기-열매는 상호 유기적이며 상호보완적인 특징을 가지고 있습니다.
    『기독교 신앙 윤리』를 통해 기독교 신앙 윤리의 뿌리와 줄기와 열매가 전보다 더 튼튼해질 것입니다. 뿌리와 줄기가 튼튼한 나무는 거센 풍파 속에서도 절대 넘어지지 않고, 끝내 열매를 주렁주렁 맺을 것입니다. 이 책을 통해 많은 열매 맺길 바라고 또 바랍니다.

    이러므로 그들의 열매로 그들을 알리라 (마 7:20).

추천사 6

안인섭 박사
총신대학교 신학대학원·통합대학원장

　류길선 교수의 저서는 개혁주의 신앙을 가진 기독교인들이 자신의 삶을 어떻게 조망해야 하는지를 세밀하게 제시하는 친절한 안내서입니다. 현대 사회에서 그리스도인들은 신앙과 현실의 접점에서 다양한 질문과 도전에 직면하지만, 개혁신학이 이에 대해 어떠한 답을 제공하는지 체계적으로 설명하는 책을 찾기는 쉽지 않습니다.

　이 책은 먼저 기독교 신앙과 윤리, 세계관의 문제를 심도 있게 다룬 후, 인간과 세계를 바라보는 개혁신학적 관점을 섬세한 문체로 풀어내고 있습니다. 이 책은 학문적 깊이를 유지하면서도 현대 기독교인들이 당면한 현실적 질문들에 대해 실천적인 답변을 제시하는 균형 잡힌 연구서입니다. 개혁신앙과 교리, 그리고 윤리의 관계를 입체적으로 탐구하며, 독창적인 구성으로 독자들의 이해를 돕습니다. 특히, 성경과 삼위일체, 창조와 자유의지 등 전통적인 신학적 주제를 다루는 동시에, 경건 생활, 타 종교와의 관계, 국가와 교회의 역할, 기독교 문화와 예술과 같은 현대적이고 실천적인 문제에까지 논의를 확장합니다.

　따라서, 이 책을 읽는 독자들은 신학적·역사적 관점에서 신앙과 삶의 문제를 보다 깊이 이해하고, 이를 실제적인 삶의 영역에서 적용할 수 있는 통찰을 얻게 될 것입니다. 이에 이 책을 신학을 연구하는 이들은 물론, 신앙과 현실의 관계를 고민하는 모든 기독교인에게 적극 추천합니다.

추천사 7

우병훈 박사
고신대학교 조직신학 교수
『기독교 윤리학』 저자

　이 책은 단지 기독교 윤리만을 다루지 않고, 보다 포괄적으로 기독교 교리와 기독교 세계관과 문화관까지 두루 다루고 있습니다. 저자는 철저하게 성경의 권위를 인정하는 가운데 다양한 현대 사조를 비평하고 개혁주의적 관점에서 적절한 대안을 제시합니다. 특별히 칼빈, 카이퍼, 바빙크와 같은 걸출한 개혁신학자들의 작품에서 길어낸 통찰력 넘치는 명구들을 잘 인용하여 윤리학적으로 접목시키고 있는 점이 큰 장점입니다. 개혁주의 윤리학의 요체라고 할 수 있는 십계명에 대한 해설도 자세히 제시하고 있어 경건과 실천에 큰 도움이 됩니다. 청교도에 대한 저자의 해박한 지식은 이 책을 읽는 재미를 더욱 올려줍니다.
　이 책은 성경과 교리와 윤리와 교회사에 대한 통합적이고 유기적인 접근의 진수를 유감없이 보여줍니다. 깊고 넓은 연구의 산물인 이 책은 참된 신앙에서 나오는 윤리가 점점 실종되어 가고 있는 한국 교회에 귀한 선물이 될 것입니다.

추천사 8

유정모 박사
횃불트리니티신학대학원대학교 교회사 교수

최근 한국 교회는 여러 사회적 논란과 실망을 불러일으키며, 개혁에 대한 시대적 요구에 직면하고 있습니다. 이러한 상황에서 기독교 신앙 윤리의 중요성은 그 어느 때보다도 강조되고 있습니다. 그러나 한국 교회는 단순한 도덕적 규범을 넘어, 신앙이 실제 삶과 어떻게 조화를 이루어야 하며, 교회가 윤리적 공동체로서 세상 속에서 빛과 소금의 역할을 어떻게 감당해야 하는지에 대한 명확한 기준을 충분히 제시하지 못하고 있습니다.

이러한 시점에서 류길선 교수님의 저서 『기독교 신앙 윤리』의 출간은 매우 시의적절합니다. 본서는 성경이 그리스도인들에게 전하는 신앙 윤리의 핵심과 통찰을 제시하며, 개혁주의 관점에서 신앙과 윤리를 하나로 통합하는 시도를 담고 있습니다. 저자는 하나님, 인간, 세계의 관계를 성경적으로 설명하는 것은 물론, 삼위일체 교리, 섭리와 자유의지, 율법과 복음, 문화와 예술 등 신앙 윤리의 다양한 주제를 폭넓게 탐구합니다. 특히, 역사신학적 관점을 통해 기독교 윤리가 성경적 근거 위에서 어떻게 발전해 왔는지를 분석하며, 오늘날 우리가 직면한 도덕적·사회적 이슈들에 대해 신앙적 기준을 제시합니다.

이 책은 신학생과 목회자는 물론, 신앙과 삶의 통합을 고민하는 모든 그리스도인에게 귀중한 지침서가 될 것입니다. 성경적 윤리를 올바르게 이해하고 실천하고자 하는 독자들에게 일독을 권하며, 한국 교회가 신앙과 삶을 성경적 가르침에 따라 조화롭게 이루어가는 공동체로 거듭나는 데 중요한 역할을 하리라 기대합니다.

추천사 9

윤 종 훈 박사
총신대학교 교회사 교수

    기독교 역사는 약 2,000년에 걸쳐 위대한 신앙의 인물들과 이단의 왜곡, 그리고 박해의 과정을 담고 있습니다. 기독교는 단순히 성경을 해석하는 종교가 아니라, 성경을 삶의 기준으로 삼고 실천하는 신앙공동체입니다. 교회는 건강한 신앙공동체를 유지하기 위해 성경을 해석하고 삶에 적용하는 과정에서 성경신학, 조직신학, 역사신학 등의 방법론을 활용해 왔습니다.

    류길선 교수님은 역사신학적 관점에서 성경과 삶에 초점을 맞추어 『기독교 신앙 윤리』를 출간하였습니다. 역사신학은 기독교 역사 속에서 다양한 인물들이 성경을 연구하고 적용해 온 축적된 결과물을 종합하여, 약 2,000년의 자료를 바탕으로 그 장단점을 분석하고 새롭게 응용 및 적용할 수 있다는 강점을 지닌 학문입니다.

    류 교수님은 개혁주의를 모토로 삼아, 성경과 삶의 윤리를 중심으로 통시적 관점에서 성경에 제시된 중요한 주제들을 쉽게 이해할 수 있도록 풀어서 설명하고 있습니다.

    이 책은 현대 그리스도인들이 성경을 통독하면서 간과하거나 오해하기 쉬운 주제들을 칼빈의 『기독교 강요』를 바탕으로 깊이 있게 해설하며, 명확한 해답을 제시하는 강점을 지니고 있습니다. 특히, 교회 대학부 학생들을 비롯한 모든 그리스도인이 부담 없이 정독하며 성경을 체계적으로 요약·정리할 수 있는 좋은 기회가 될 것으로 기대됩니다.

추천사 10

이 승 구 박사
합동신학대학원대학교 남송 석좌교수

    2022년에 어거스틴에서 헤르만 바빙크에 이르는 468쪽의 『개혁주의의 역사』라는 귀한 책을 내셨던 류길선 교수님께서 약 2년이 지난 상황에서 『기독교 신앙 윤리』라는 또 하나의 대작을 내셨습니다.

    이 책의 가치는 "신앙 윤리"라는 책 제목에 잘 나타나 있습니다. 이 시대의 윤리적 논의들이 점점 이상한 방향을 향해 나가고 있는 시점에서, 기독교 윤리가 신앙의 윤리라는 것을 찬찬히 논의하는 이 책의 논지는 매우 중요합니다. 책의 부제에서 잘 드러나듯이, 류 교수님께서는 성경과 신앙과 삶이 통합되어야 한다고 주장합니다. 또 문화에 대한 논의를 하면서 리쳐드 니버의 주장을 잘 반박하면서 개혁파적 특성을 잘 드러내고 있는 것(13장)에 대해 감사드립니다. 개혁파의 입장, 특히 개혁파적 청교도들의 입장에 철저한 주장이 이 땅에서 강하게 울려 퍼지고 같은 입장을 견지하는 분이 많아지며, 특히 이 요점을 이렇게 학문적으로 논의하시는 분이 많아졌으면 합니다.

    이 귀한 책을 한국 교회의 모든 성도가 읽고 생각하도록 추천하는 바입니다. 그러면 우리가 가장 성경적인 사람들, 가장 성령님께 충성하는 사람들, 가장 개혁파적인 사람들이 될 것입니다. 주께서 이 책을 의미 있게 사용해 주시기를 기원합니다.

기독교 신앙 윤리

성경, 교리, 삶의 통합적 이해

Christian Ethics of Faith: An Integrated Approach to the Bible, Doctrine, and Life
Written by Ryu, Gilsun
All rights reserved.
Korean Edition Copyright ⓒ 2025 by Christian Literature Center, Seoul, Korea.

기독교 신앙 윤리
성경, 교리, 삶의 통합적 이해

2025년 4월 22일 초판 발행

지 은 이 | 류길선

편　　집 | 이신영
디 자 인 | 서민정
펴 낸 곳 | (사)기독교문서선교회
등　　록 | 제16-25호(1980.1.18.)
주　　소 | 서울특별시 동대문구 천호대로71길 39
전　　화 | 02-586-8761-3(본사) 031-942-8761(영업부)
팩　　스 | 02-523-0131(본사) 031-942-8763(영업부)
이 메 일 | clckor@gmail.com
홈페이지 | www.clcbook.com
송금계좌 | 기업은행 073-000308-04-020 (사)기독교문서선교회
일련번호 | 2025-33

ISBN 978-89-341-2804-5 (93230)

이 책의 출판권은 (사)기독교문서선교회가 소유합니다.
신저작권법에 의하여 한국 내에서 보호받는 저작물이므로 무단 전재와 무단 복제를 금합니다.

기독교 신앙 윤리

성경
교리
삶의 통합적 이해

류길선 지음

CLC

목차

추천사 1 강웅산 박사 | 총신대학교 신학대학원장 1
추천사 2 김요섭 박사 | 총신대학교 신학대학원 역사신학 교수 2
추천사 3 라영환 박사 | 총신대학교 조직신학 교수 3
추천사 4 문병호 박사 | 총신대학교 신학대학원 조직신학 교수 5
추천사 5 박재은 박사 | 총신대학교 신학과 교수 6
추천사 6 안인섭 박사 | 총신대학교 신학대학원 ·통합대학원장 7
추천사 7 우병훈 박사 | 고신대학교 조직신학 교수 8
추천사 8 유정모 박사 | 횃불트리니티신학대학원대학교 교회사 교수 9
추천사 9 윤종훈 박사 | 총신대학교 교회사 교수 10
추천사 10 이승구 박사 | 합동신학대학원대학교 남송 석좌교수 11

저자 서문 22

제1부 기독교 신앙 윤리의 원리

제1장 기독교 신앙 윤리의 정의: 역사신학적 이해 25

1. 여는 말: 그리스도인의 삶에 대한 간단한 묵상 25
2. 본서의 연구방법: 개혁주의-역사신학적 접근의 필요성 28
3. 기독교와 윤리의 관계 31
4. 기독교 세계관 43
5. 본서의 구조와 내용 48
6. 선행 연구 56
7. 인용 자료에 대한 설명과 본서의 의의 58

제2장 기독교 신앙 윤리의 정체성: 하나님, 인간, 세계의 관계   62

1. 인간의 본질적인 질문: 나는 누구인가?   62
2. 하나님을 아는 지식과 나를 아는 지식   72
3. 정보가 아닌 진정한 앎   77
4. 사람의 본성에 새겨진 지식   81
5. 우주의 창조와 지탱에서 드러나는 지식   86
6. 결론   91

제3장 기독교 신앙 윤리의 정당성: 개혁주의란 무엇인가?   93

1. 개혁주의에 대한 오해   94
2. 기독교의 분류   101
3. 개신교의 분류   104
4. '칼빈주의'라는 용어   107
5. 신칼빈주의자(neo-Calvinist) 아브라함 카이퍼   110
6. 칼빈주의의 정의   112
7. 통일적 세계관   117
8. 결론   123

제4장 기독교 신앙 윤리의 기초: 성경은 하나님의 무오한 말씀   125

1. '오직 성경'이라는 슬로건   125
2. 특별계시의 필요성   128
3. 성경의 유기적 영감   131
4. 성경의 신적 권위   136
5. 성경 해석자의 자세   140
6. 성경과 교리의 관계   143
7. 결론   148

제2부 기독교 신앙 윤리의 주제

제5장 삼위일체 하나님에 대한 기독교 신앙 윤리: 151
    호기심이 아닌 세 인격에 대한 분명한 믿음

1. 삼위일체에 대한 성경의 가르침   151
2. 삼위일체 교리의 역사적 배경   155
3. 성부, 성자, 성령의 세 인격   156
4. 삼위일체 용어의 의미   158
5. 어떤 분: 맞추어 주심   160
6. 삼위일체 교리는 호기심을 금함   161
7. 결론   162

제6장 하나님의 일하심에 대한 기독교 신앙 윤리: 164
    작정과 창조는 진화론을 반대함

1. 하나님의 작정   164
2. 진화론에 대한 반대   172
3. 6일 창조와 시간   181
4. 천사와 마귀의 실재   188
5. 창조의 면류관인 '사람'   194

제7장 섭리에 대한 기독교 신앙 윤리: 200
    하나님의 은밀한 손과 인간의 자유의지 문제

1. 섭리 신앙: 하나님의 주권과 불합리해 보이는 일들   200
2. 운명도 없고 우연도 없다!   205

3. 자유의지 vs 노예의지	213
4. 그리스도인의 순종할 자유	223
5. 결론	229

제8장 율법에 대한 기독교 신앙 윤리: 행위 구원이 아닌 삶의 의무　230

1. 이순신 장군은 구원을 받았을까?	231
2. 율법의 종류와 도덕법	237
3. 결론	241

제9장 경건에 대한 기독교 신앙 윤리: 십계명의 원리와 실천　243

1. 십계명에 대한 오해	244
2. 경건에 대한 오해: 경건주의	248
3. 참된 경건이란 무엇인가?	255
4. 십계명 I: 서론에서 3계명까지	257
5. 십계명 II: 안식일 계명	267
6. 제5-10계명	276
6. 결론	287

제10장 그리스도에 대한 기독교 신앙 윤리: 경건의 요체　288

1. 그리스도는 경건의 요체	289
2. 중보자 그리스도의 필연성	296
3. 그리스도의 인격: 참 하나님이면서 참 사람이 되심	300
3. 그리스도의 사역에 대한 지식: 삼중직 - 선지자, 왕, 제사장	302
4. 결론	316

제3부 기독교 신앙 윤리와 세상

제11장 종교에 대한 기독교 신앙 윤리: ... 319
기독교와 타 종교는 어떻게 다른가?

1. 종교: 언약의 원리 … 319
2. 타 종교의 계시관 … 324
3. 종교적 존재로서의 인간 … 327
4. 타락한 인간의 의지 … 331
5. 타 종교의 특징 … 336
6. 기독교의 특징 … 339
7. 결론 … 348

제12장 국가에 대한 기독교 신앙 윤리: … 350
국가와 사회와 교회는 어떻게 구별되는가?

1. 국가와 교회의 관계 … 350
2. 국가의 형성 이유 … 358
3. 칼빈이 생각한 국가와 교회 … 360
4. 행정관 선출은 하나님의 은혜와 섭리 … 364
5. 기독교권 정치 윤리에 반하는 두 가지 이론 … 366
6. 사회에 대한 주권 … 369
7. 결론 … 374

제13장 문화에 대한 기독교 신앙 윤리:
기독교 문화와 세상 문화의 관계   376

1. 문화를 어떻게 해석해야 하는가?   376
2. 리차드 니버의 유형론 분석   380
3. 니버의 유형론 구분의 문제점들   382
4. 문화와 도덕의 관계   388
4. 문화와 계시의 관계   391
5. 기독교 문화의 적용 I: 결혼   394
7. 기독교 문화의 적용 II: 직업   398
8. 결론   402

제14장 예술에 대한 기독교 신앙 윤리: 포스트모더니즘과 개혁주의   404

1. 현대 예술   404
2. 르네상스 예술   406
3. 개혁주의와 예술   409
4. 개혁주의 예술 양식   410
5. 예술의 본질에 대한 태도   413
6. 개혁주의 예술의 적용: 음악   417

맺음말   420

미주   423

저자 서문

류길선 박사
총신대학교 역사신학 교수

인생에서 가장 중요한 것은 '잘 사는 것'입니다. 그러면 어떻게 하는 것이 잘 사는 것일까요? 예로부터 철학자들은 행복한 삶을 살기 위한 방법들을 제시해 왔습니다. 고대 철학자들인 소크라테스, 플라톤, 아리스토텔레스, 에피쿠로스는 물론이거니와 대중에 잘 알려져 있는 베이컨, 데카르트, 흄, 칸트, 쇼펜하우어, 니체와 같은 철학자들은 한결같이 행복한 삶을 알기 위해 진리를 탐구했던 인물들입니다. 이들이 제시한 삶의 윤리는 각기 강조점은 달랐지만, 인간의 도덕 생활에 놓여 있었습니다.

하지만 인간이란 얼마나 가변적이란 말입니까? 이성에 흔들리고 감정에 치우치며 조그마한 변화에도 마음이 금새 뒤바뀌는 갈대가 아닙니까? 그들은 모두 잘 살기 위한 방법을 찾아보았으나 진정한 삶의 윤리를 발견하지는 못한 채 윤리에 대해 얼버무리는 데서 그치고 맙니다.

하지만 성경은 행복이 인간이 아니라 하나님과 그분의 계시(revelation)인 말씀에 있다고 선포합니다. '하나님은 사람이 아니시니 거짓말을 하지 않으시고 인생이 아니시니 후회가 없으시도다 어찌 그 말씀하신 바를 행하지 않으시며 하신 말씀을 실행하지 않으시랴'(민23:19). 하나님은 영원 전에 모든 것을 작정하셨습니다. 태초에 천지를 창조하셨습니다. 그리고 모든 만물을 운행하십니다.

이로부터 모든 삶의 고민은 해결됩니다. 모든 존재, 존재로부터 나오는 생성 그리고 발전의 모든 과정은 하나님의 말씀 안에서 자신의 본질의 의미를 발견합니다. 인간이 태어나 자라나고 청년이 되어 사회생활을 하고 가정을 꾸리며 자녀를 낳고 노인이 되어 삶을 마감하기까지 어느 것 하나도 하나님 없이는 설명할 수 없습니다. 모든 것이 하나님으로부터 나와, 하나님으로 말미암고, 하나님에게로 돌아갑니다.

하나님은 말씀으로 윤리를 창조하신 분이십니다. 말씀 없이는 윤리가 없습니다. 그리스도 없이 삶이 없습니다. 그러므로 우리가 잘 살기 위해서는 하나님과 하나님의 계시인 성경 말씀으로부터 그리고 말씀이 역사 가운데 발휘했던 삶의 능력을 관찰하면서 기독교 신앙 윤리를 도출해야만 합니다.

책이 출간되기까지 많은 분의 도움이 있었습니다. 사랑하는 아내 박은슬 사모님의 응원과 지지는 가장 큰 힘이 되었습니다. 또한 사랑하는 아들 류호윤과 하나님이 주신 딸 류은수에게 사랑 가득한 감사를 드립니다. 두 아이는 아버지와 가장으로서 제가 해야 할 일을 감당하게 만드는 선물들입니다.

누추한 책을 출판해 주신 기독교문서선교회에 감사의 마음을 전합니다. 특별히 편집자님은 책의 가독성을 높이고 오타를 수정하는 데 신경을 많이 써 주셨습니다. 무엇보다 본서의 예비 독자들은 필자가 책을 쓰는 데 가장 큰 동기를 부여해 주신 분들입니다. 독자들께서 필자가 그저 일반적인 책을 한 권 쓴 것이 아님을 기억해 주신다면 그보다 더 큰 감사의 제목은 없을 것입니다. 모쪼록 독자들이 본서를 통해 기독교 신앙 윤리의 원리와 실재를 깊이 있게 경험하시기를 바랍니다.

하나님께서 영광을 받아주시기를 간절히 소원하며 …

제1부

기독교 신앙 윤리의 원리

제1장 기독교 신앙 윤리의 정의:
　　　역사신학적 이해

제2장 기독교 신앙 윤리의 정체성:
　　　하나님, 인간, 세계의 관계

제3장 기독교 신앙 윤리의 정당성:
　　　개혁주의란 무엇인가?

제4장 기독교 신앙 윤리의 기초:
　　　성경은 하나님의 무오한 말씀

제1장

기독교 신앙 윤리의 정의: 역사신학적 이해

> 너는 이것을 알라 말세에 고통하는 때가 이르러 사람들이 자기를 사랑하며 돈을 사랑하며 자랑하며 교만하며 비방하며 부모를 거역하며 감사하지 아니하며 거룩하지 아니하며 무정하며 원통함을 풀지 아니하며 모함하며 절제하지 못하며 사나우며 선한 것을 좋아하지 아니하며 배신하며 조급하며 자만하며 쾌락을 사랑하기를 하나님 사랑하는 것보다 더하며 경건의 모양은 있으나 경건의 능력은 부인하니 이같은 자들에게서 네가 돌아서라(딤후 3:1-5).
>
> 너는 이것들을 가르치고 권하라 누구든지 다른 교훈을 하며 바른 말 곧 우리 주 예수 그리스도의 말씀과 경건에 관한 교훈을 따르지 아니하면 그는 교만하여 아무 것도 알지 못하고 변론과 언쟁을 좋아하는 자니 이로써 투기와 분쟁과 비방과 악한 생각이 나며 마음이 부패하여지고 진리를 잃어버려 경건을 이익의 방도로 생각하는 자들의 다툼이 일어나느니라(딤전 6:2c-5).

1. 여는 말: 그리스도인의 삶에 대한 간단한 묵상

젊은 디모데 목사에게 보내는 바울의 편지는 교회의 목회자와 성도들을 뜨끔하게 만든다. 세상은 자기를 사랑하며 돈을 사랑하며 자랑하며 살아간다고 하지만, 믿는 그리스도인이라면서도 세상과 타협하며 살아가는 인생이 우리가 아니던가! 참으로 돈을 사랑하지 않으며 자랑하지 않으며 교만하지 않은 사람을 열에 하나 찾아보기가 힘들다. 더 높은 권력을 가질수록, 더 안정적인 지위에 오를수록, 더 알아주는 공적인 위치에 있을수록, 사람의 칭찬과 인정을 갈구할수록, 그리스도인들은 세상의 유혹 앞에서 마치 흔들거리는 갈대처럼 위태롭게 서 있다.

청교도 존 오웬(1616-1683)은 말하기를, 이 세상의 삶에는 "시험과 환란, 격변과 슬픔, 위험과 두려움, 질병"과 같은 고통들이 인생의 대부분을 차지하고 있다고 했다.[1] 그럼에도 불구하고, "사람들이 곤고함에 직면하면서도 끝내 날아갈 버릴 돈을 모으려고 애쓰는 것을 보면 정말 비참하기 이를 데 없다." 또 어떤 이들은 다른 사람의 처지와 형편이 자신보다 낫다고 하면서 "하나님의 섭리의 지혜로운 뜻에 대해 은밀히 불평하면서 힘을 잃고 낙담한다."[2] 우리도 사람이기에 연약한 부분이 있다고 호소하거나 변명하며 살아간다. 아니 그냥 그렇게 사는 것이 잘 사는 것이라고 다독거리며 하나님의 일에 참여하고 있다는 사실에 위안을 삼고 있는지도 모르겠다.

예수 그리스도께서 말씀하신 것처럼, '자기를 부인하고 자기 십자가를 지고'(막 8:34) 따라가야 하고, '좁은 문으로 들어가'며(마 7:13), '골방에 들어가 문을 닫고 은밀한 중에 보시는'(마 6:6) 하나님께 기도하며, 바울처럼 '날마다 죽노라'고 해야 하는데, 죄에 대해 죽고 의에 대해 살기 보다, 인간적인 성공과 야망을 위한 삶을 추구하며 살고 있다. 우리는 이러한 종류의 삶에는 고통과 아픔이 끊이지 않는다는 것을 알고 있다. 고통이란 모름지기 "세상에 잠시 있다가 사라질 것들을 지나치게 귀중하게 여기는 데서 싹이 트고 뿌리를 내리기 때문이다." 사람의 마음이 자신의 마음을 가장 괴롭힌다.[3]

오늘날 교회는 세상의 질타와 교회의 내부적 비판의 도마 위에 올라있다. 세상은 교회의 부패와 목회자의 윤리 및 재정적 문제들을 비판한다. 주일예배는 잘 지키지만 직장이나 일터에서는 욕설과 음주와 오락을 꺼리지 않는 그리스도인들의 이율배반적 모습들에 불신자들조차 실망감을 감추지 못한다. 청교도 토머스 왓슨(1620-1686)은 그리스도인들 가운데에는 "그리스도가 성경 속에만 계시고 마음속에는 계시지 않는 사람"이 있다고 지적한다. 이러한 종류의 그리스도인들은 "외적으로는 하나님의 방법대로 나아가는 것 같지만, 종교를 자신의 육적 관심사의 종으로 삼는다."[4] 교회 내부적으로는 세상의 비판에 대한 반응으로 기성 교회에 실망하여 교회를 떠나든지, 자성의 목소리를 높이며 교회가 세상의 요구에 부응하지 못한다고 쓴소리를 하든지, 세상의 소리에 귀기울여 사회 참여도를 높여야 한다든지 하는 식으로 갱신을 촉구한다.

교회에 대한 세상의 비판과 교회의 내부적 개혁의 목소리들을 조금만 깊게 들여다보면, 둘 사이에 미묘한 공통점을 발견할 수 있다. 사람의 도덕적 기준을 개혁의 출발점으로 삼는 것이다.

인간의 이성적 잣대와 평가의 기준들을 제시하며 교회 개혁의 필요성을 성급하게 주장하는 나머지, 성경적 기준에 대해서는 모호하다. 성경에 기초하지 않은 윤리적 기준은 기독교 신앙 윤리에 합당하지 않다. 예를 들어, 윤리에 대한 세상의 기준은 행위 구원론에 맞닿아 있다. 청교도 토머스 후커(1586-1647)에 따르면, 이러한 행위들은 그저 인간의 양심을 만족시키기 위한 종교적 행위에 지나지 않는다. 선해 보이는 행실로 인하여 "자신의 양심을 지탱"[5]하기 위한 기준이 교회 개혁의 원리가 될 수는 없다. 또한 인간의 이성은 신앙 윤리의 기준이 될 수 없는데, 왜냐하면 "이성의 잣대는 하나님의 일을 측량하기에" 역부족이기 때문이다.[6] 어떤 이들은 비판을 위한 비판에 고립되어, 실질적인 개혁에 착수하기보다는 그저 세상과 교회의 잘못된 모습만을 지적하며 비판 일색에서 헤어나오지 못한다.

2. 본서의 연구방법: 개혁주의-역사신학적 접근의 필요성

본서는 시대적인 교회 개혁의 요구에 부응하여 그리스도인들의 삶을 진전시키기 위한 기독교 신앙 윤리의 원리, 주제들 그리고 신앙 윤리와 세상과의 관계에 대한 좀 더 명확한 기준을 제시할 필요성에서 작성되었다. 기독교 신앙 윤리의 기준은 다름 아닌 성경이다. 바울은 디모데에게 말씀한다.

> 또 어려서부터 성경을 알았나니 성경은 능히 너로 하여금 그리스도 예수 안에 있는 믿음으로 말미암아 구원에 이르는 지혜가 있게 하느니라(딤후 3:15).

성경은 그리스도인들에게 삶의 지침을 제공한다. 동시에 성경과 더불어 주목해야 할 요소는 기독교의 역사 속에서 계승된 기독교 교리다. 바울은 데살로니가 교회의 성도들에게 말씀한다. '그러므로 형제들아 굳건하게 서서 말로나 우리의 편지로 가르침을 받은 전통을 지키라'(살후 2:15). 바울이 서신서를 통해 가르친 전통은 단순히 개인적 의견을 반영한 가르침이 아니라, 성경 계시의 핵심적 가르침의 요약, 구약과 신약의 관계, 기독교의 역사 등을 전반적으로 고려한 성경적 전통을 가리킨다.

그렇다면 기독교 신앙 윤리에 대한 가장 적합한 연구 방법은 무엇인가? 기독교 신앙 윤리를 조직신학적으로만 접근한다면 성도들의 실제적인 삶과 적용에 있어서 실천적 한계를 만나게 된다. 성경신학적으로 설명할 때에는 구약과 신약의 연관성을 구속사적 관점에서 면밀하고 포괄적으로 파악해야 하는 고도의 학문적 기술이 요구된다. 본문의 의미를 해석하는 주체에 따라 신앙 윤리의 기준과 내용이 천차 만별로 다양해질 위험이 존재한다는 뜻이다. 실천신학적 관점은 신앙 윤리의 적용을 제공한다는 이점이 있는 반면 원리를 설명하기에는 이론적 근거가 약하다. 예를 들어,

문화와의 관계에 치중하여 신앙 윤리를 파악하는 것은 자칫 윤리의 원리가 콘텍스트에 변질될 위험성을 내포한다.

기독교 신앙 윤리가 객관적인 정당성을 입증받으려면 지나간 역사 속에서 검증된 통일성을 갖추어야 한다. 통일성이라 함은 윤리에 대한 성경의 가르침이 역사 속에서 변함없이 유지되어 왔으며 또 적용될 수 있는지를 보여 줄 수 있어야 함을 뜻한다. 직접적으로 말해서, '윤리'는 성경의 기초 위에 서서 신앙의 관점에서 봐야 하고, 신앙은 역사적으로 검증된 개혁주의의 관점에서 살펴봐야 한다.

개혁주의란 하루 아침에 만들어지거나 어느 한 개인이 창안한 개념이 아니다. 단순히 한 교파나 교단의 이름을 지칭하는 것도 아니다. 개혁주의는 지난 기독교의 역사 속에서 5백년이 넘도록, 초대 교회의 가르침과 정신을 이어 받았으며, 그 근본 원리를 성경에 기초하고 있다는 점에서 최소한 지난 2천여 년의 역사 속에서 기독교인들의 생각과 사상을 이끌었던 신학 사상이자 인생관이었다. 기독교를 가장 기독교답게 이해한 세계관은 개혁주의였다. 그러므로 개혁주의-역사신학적 접근은 오늘날의 시대를 살아가는 이들에게 기독교 신앙 윤리의 개념과 원리와 내용과 적용을 설명하기에 가장 적합한 방법 가운데 하나다.

기독교 신앙 윤리는 처음부터 역사신학적 요소와 결부되어 있었다. 초대 교회는 그리스-로마 시대를 역사적 배경으로 하고 있다. 그리스 신화가 만연해 있으며 강력한 로마가 통치하는 사회에서 기독교인들의 모습은 매우 특이해 보였다. 그들은 다신론을 배척하고 한 분 하나님을 섬기며, 서로 모여 정기적인 예배를 드리고, 자신의 신분을 드러내지 않으며, 발각될 시에는 예수 그리스도를 위하여 죽음을 두려워 하지 않는 사람들이었다. 안디옥에서 바울이 무리를 가르칠 때 제자들은 비로소 '그리스도인'(행 11:26)이라는 별명을 얻었다.

예수님의 제자들은 그리스도가 다시 올 것을 믿으며 세상의 타락과 부패를 비판하고 마지막 때에는 세상이 불로 멸망할 것이라고 가르쳤다(벧후 3:12). 기독교인들은 상호 간에 형제자매라는 말을 사용했다. 그 시작은 예수 그리스도께서 친히 하신 말씀에서 찾아볼 수 있다. '누구든지 하늘에 계신 내 아버지의 뜻대로 하는 자가 내 형제요 자매요 어머니이니라'(마 12:50). 로마 시대의 민중들은 배타적으로 보이는 기독교를 달가워하지 않았다. 로마인들과 이방인들은 기독교인들을 근친상간하는 종교 집단으로 취급했으며, 유대인들은 그리스도인들을 세상의 질서를 무너뜨리는 이단이라고 비방했다(행 24:14). 로마 사회에서 사회 질서를 교란하는 사교는 가혹한 제한을 받았는데, 그리스도인들은 사회를 교란했다는 어떠한 사실적 근거도 없이, 로마인들의 증오심 때문에 박해를 받아야 했다.[7]

하지만 교회사의 아버지 유세비우스(c. 263-d. 339)가 『교회사』에서 기록한 것처럼 로마의 군인들은 그리스도인들이 처형당하는 모습을 보면서 그리스도인이 되는 경우가 많았다. 소설 『쿠오바디스』(Quo Vadis)의 주인공인 비니키우스가 리기아를 만나면서 기독교로 개종한 것은 우리에게 결코 낯설지 않다. 더 나아가, 기독교 박해는 그리스도인들로 하여금 윤리적 측면에서 각성하게 만들었다. 예수님의 수제자 베드로는 말씀한다.

> 또 너희가 열심히 선을 행하면 누가 너희를 해하리요 그러나 의를 위하여 고난을 받으면 복 있는 자니 그들이 두려워하는 것을 두려워하지 말며 근심하지 말고 너희 마음에 그리스도를 주로 삼아 거룩하게 하고 너희 속에 있는 소망에 관한 이유를 묻는 자에게는 대답할 것을 항상 준비하되 온유와 두려움으로 하고 선한 양심을 가지라 이는 그리스도 안에 있는 너희의 선행을 욕하는 자들로 그 비방하는 일에 부끄러움을 당하게 하려 함이라(벧전 3:13-16).

바울은 그리스도인들을 '박해하는 자를 축복하고 저주하지 말라'고 말씀한다. 그리스도인들은 '악을 악으로 갚지 말고 모든 사람 앞에서 선한 일을 도모'하는 사람들이다(롬 12:14, 17).

로마 교회의 3대 감독이었던 클레멘트(~d.99)[8]는 기독교인들이 박해를 받는 이유가 교회 내부의 시기와 질투로 인한 분쟁 때문이라고 지적했다. 이에 따라 그는 기독교인들의 거룩한 삶을 강조할 수밖에 없었다. "우리 눈 앞에 선한 사도들을 놓아 봅시다. 베드로는 공정치 않은 질투로 한 둘이 아닌 많은 고난을 견디고 자신의 증언을 전하고서 그에게 주어진 영광스러운 곳으로 떠났습니다. 질투로 인하여 바울 역시 인내에 주어지는 상을 모범으로 보여 주었습니다. 그는 일곱 번 사슬에 매이고 유배되었으며 돌에 맞고 동방과 서방 모두에 전도자가 되어 그의 신앙에 따른 거룩한 명성을 얻었습니다."[9] 헤르만 바빙크는 초대 교회의 성도들의 삶을 단적으로 잘 요약한다.

> 기독교는 철저하게 타락한 고대 세계에서 생겨났다. 기독교의 가장 초기에 사람들은 그리스도인의 독특한 삶을 주목했고, 그리스도인의 행실과 그리스도인이 기독교 특유의 계명과 교훈에 순종하는 동기를 설명했다. 그리스도인들은 자신들의 주인 그리스도가 미래에 재림할 것을 소망하는 가운데 그리스도가 살았던 대로 살았다.[10]

3. 기독교와 윤리의 관계

그리스도인들의 삶이 로마인들과 달라 보였던 것은 그들의 윤리적 기준이 달랐기 때문이다. 바빙크에 따르면 일반적 의미의 '윤리'(ethos-ethics)라는 용어는 "관행이 되어 익숙한 장소, 습관, 행동 방식을 나타내는 헬라어 단어들"에서 비롯되었다. 라틴어로는 '도덕'(moralitas-morals)이라는 단어가 사용되었으며, 이는 "공동체 속에서 사람들의 관습적인 생활 방식을 가리킨다."[11] 하지만 인간은 본질적인 측면에서 세상의 합의에 의한 윤리에 만족하지 못한다. 하나님은 인간을 자기의 형상대로 창조하셨기에, 하나님의 형상으로서의 인간은 죄로 타락한 이후에도 도덕적 수준 너머에 계시는 하나님을 갈망한다. 세상에 우주보다 큰 것은 없다지만, 우주로도 인간의 마음을 채울 수는 없다. 오직 인간의 마음을 채울 수 있는 것은 하나님밖에 없다. 전도서 기자는 고백한다.

> 하나님이 모든 것을 지으시되 때를 따라 아름답게 하셨고 또 사람들에게는 영원을 사모하는 마음을 주셨느니라 그러나 하나님이 하시는 일의 시종을 사람으로 측량할수 없게 하셨도다(전 3:11).

사람은 하나님이 하시는 일의 시작과 끝을 측량할 수 없다. 하나님은 불가해하시다. 불가해성은 불가지론을 말하는 것이 아니라, 측량할 수 없이 무한하신 존재에 대한 경외감을 불러일으킨다. 하나님이 지으신 사람은 무한하신 하나님으로만 만족할 수 있다. 다시 말해, 하나님의 기준이 아니고서는 인간의 윤리적 욕구를 만족시키지 못한다. 바빙크는 다음과 같이 말한다.

> 사람의 모든 사고와 모든 일에 있어서, 또한 그의 전 삶과 활동에 있어서, 사람은 육신적인 세계가 제공하는 것으로는 도저히 만족을 할 수 없는 존재다. 물론 육신적인 질서에 속한 시민이지만, 동시에 그는 이 질서를 뛰어넘어서 초자연적인 질서에까지 이른다. 그의 발을 땅에 든든히 딛고 서 있으면서도, 그는 머리를 높이 들어올리고 눈으로 위를 바라본다. 그는 눈에 보이는 세상의 것들에 대한 지식을 갖고 있지만, 동시에 눈에 보이지 않는

영원한 것들도 지각하고 있다. 이 땅에 속하여 있고, 감각적이며, 덧없이 사라질 것들에 대해 욕심을 품지만, 그러면서도 천상적이며, 영적이며, 영구한 것들에 대해서도 욕망을 갖는 것이다.[12]

높은 윤리에 대한 가르침은 예수님의 제자들이 고안한 것이 아니라 구약성경과 신약성경에 기록된 것이다. 하나님은 애굽에서 탈출한 이스라엘 백성들에게 하나님의 백성으로서 살아가야 할 율법, 즉 의식법과 시민법과 도덕법을 주셨다. 가나안 땅에 들어간 출애굽 2세대들에게는 이러한 법들이 재천명되었다. 시민법의 예를 들면, '상처에는 상처로, 눈에는 눈으로, 이에는 이로 갚을지라'고 가르친다(레 24:20a). 소위 '동해보복법'(同害報復法)이라 불리는 이 법은 유대인들 사이에서 원수를 복수로 갚으라는 뜻으로 오해를 받았다.

하지만 이 말씀의 하반절은 그 이유에 대해 '남에게 상해를 입힌 그대로 그에게 그렇게 할 것'이라고 말씀한다(레 24:20b). 법의 특성상 '최소한의 법'이 적용된 사례다. 좀 더 적극적으로 표현하자면 원수를 악으로 갚으라는 결과적 용법이 아니라, 남에게 상해를 입히지 말아야 한다는 경고와 예방의 의미가 강조되어 있다. 정확히 이러한 의미에서 예수님은 "무엇이든지 남에게 대접을 받고자 하는 대로 너희도 남을 대접하라 이것이 율법이요 선지자니라"고 말씀하셨다(마 7:12).

신약 시대에도 윤리는 다양한 오해를 받았다. 한편에서는 구원과 전혀 관계없는 별개의 요소라고 여겨졌으며 다른 한편에서는 구원에 필요한 행위와 결부되어 이해되었다. 이 점을 가장 분명하게 주목하신 분은 예수 그리스도셨다. 예수님은 제자들을 부르시고 자신이 하나님의 아들이며 세상을 구원하기 위해 오신 하나님의 영원하신 말씀이라는 사실을 가르치셨다(요 1:14; 3:16). 예수님은 누구든지 '주여 주여 하는 자마다 다 천국에 들어갈 것이 아니요 다만 하늘에 계신 내 아버지의 뜻대로 행하는 자라야 들어

가리라'(마 7:21)고 말씀하셨다. 또한 자신의 행위와 의를 자랑하는 바리새인들에게 말씀하시기를, '화 있을진저 외식하는 서기관들과 바리새인들이여 너희가 박하와 회향과 근채의 십일조는 드리되 율법의 더 중한 바 정의와 긍휼과 믿음은 버렸도다 그러나 이것도 행하고 저것도 버리지 말아야 할지니라'(마 23:23)고 강조하셨다.

바울이 구원에 관해 가르친 바도 동일하다. 바울은 빌립보 교회 성도들에게 '두렵고 떨림으로 너희 구원을 이루라'고 말씀한다(빌 2:12). 또한 하나님의 뜻대로 하는 근심은 구원에 이르게 하는 회개를 이룬다(고후 7:10). '마음으로 믿어 의에 이르고 입으로 시인해 구원에 이른다'(롬 10:10). 성경에서 말하는 구원은 1차적으로 세상의 죄를 담당하기 위해 오신 성자 하나님의 구원 사역과 관계된다. 하지만 그리스도의 구원 사역을 넓은 의미로 보면, 자기 백성의 죄를 사하실 뿐만 아니라, 하나님의 거룩한 백성을 창조하여 교회를 세우고, 교회로 하여금 세상의 빛과 소금이 되게 하여 하나님의 영광을 올려 드림에 있다.

다른 한편, 이 말씀을 로마 가톨릭(천주교)처럼 인간의 행위 구원론으로 이해하는 이들도 있다. 부자 청년이 예수님에게 찾아와 무슨 선한 일을 행해야 구원을 얻겠느냐고 물었다. 부자 청년은 어려서부터 십계명을 다 지켰다고 대답했으나, 예수님은 아직도 부족한 것이 있으니 가지고 있는 것을 다 팔아 가난한 자들에게 나누어 주고 예수님을 따를 것을 촉구하셨다. 본문을 해석함에 있어 로마 가톨릭은 예수 그리스도가 부자 청년에게 새로운 율법을 더하여 줌으로 구원의 완성을 향하여 한 걸음 더 나아가도록 했다고 주장한다. 이 경우 회심 이후의 선행은 구원의 공로적 원인이 되는 반면, 그리스도는 행위의 부족을 채우는 역할을 할 뿐이다.[13]

하지만 위의 주장 역시 성경에 의해 반박된다. 예수님은 십계명을 제시하시면서 그대로 행하면 살 것이라고 말씀하셨는데, 이는 사실상 반어적 표현이다. 예수님은 곧바로 '그를 보시고 이르시되 재물이 있는 자는 하나님의 나라에 들어가기가 얼마나 어려운지 낙타가 바늘귀로 들어가는 것이 부자가 하나님의 나라에 들어가는 것보다 쉬우니라'고 말씀하셨다(눅 18:24-25). 죄로 타락한 인간은 한 사람도 십계명을 완수할 수 없다는 것이 그리스도의 가르침이다.

제6계명과 제7계명의 예를 들어 보면, '누구든지 살인하면 심판을 받게 되리라 하였다는 것을 너희가 들었으나', '형제에게 노하는 자마다 심판을 받게 되고 형제를 대하여 라가라 하는 자는 공회에 잡혀가게 되고 미련한 놈이라 하는 자는 지옥 불에 들어가게' 된다. '간음하지 말라 하였다는 것'을 들었으나, '음욕을 품고 여자를 보는 자마다 마음에 이미 간음'한 것이다(마 5:21-22, 27-28).

이 모든 본문은 하나같이 인간의 행위 구원의 가능성을 시사하는 것이 아니라, 그리스도인들이 마땅히 하나님의 백성으로서 살아가야 할 의무를 규정하고 거룩한 생활을 지시한다. 성경 기록자들은 자신들의 "생활과 사상을 사람에게서 얻은 것이 아니라 그들을 통해서 말씀하신 하나님에게서 얻"었다. 십계명은 "사람의 입에서 나온 것이 아니라 하나님이 하신 말씀"이었다.[14] 우리는 여기에서 선지자들과 그리스도와 사도들이 제시한 윤리가 말씀이라는 객관적 계시에 기초한 신앙으로부터 말미암는다는 것을 발견하게 된다.

하지만 윤리에 대한 예수님의 가르침은 사도 시대가 다하고 그 다음 세대로 이어지면서 참된 계시에 기초한 신앙으로부터 멀어지기 시작했다. 로마 황제의 핍박과 민중들의 분노가 점점 거세짐에 따라 변증가들이 출현하였는데, 이들은 기독교인의 삶을 더욱 강조하기에 이른다. 최초의 기독교 윤리학자로 불리는 알렉산드리아의 클레멘트(A. D. 150-c. 215)와 그 뒤를 이은 오리게네스(c.185-c.253)는 그 누구보다도 기독교인들의 삶을 강조했다.[15]

오리게네스는 "당대의 신앙고백을 자신의 신앙의 규범으로 삼는 일에는 주저함이 없었다."[16] 오리게네스는 어렸을 때 아버지가 기독교 신앙으로 당국에 끌려갔을 때 순교하기를 바랐고, 스스로도 신앙이라는 이름으로 "여러 해 동안 맨발로 지냈고, 생명을 부지하는 데 반드시 필요치 않은 음식과 포도주를 삼"갔다.[17] 오리게네스는 교리 학교를 운영하여 기독교 교육을 활성화했으며 수녀원을 만들어 기독교 신앙 공동체를 이끌었다. 하지만 그의 모든 노력과 헌신에도 불구하고, 오리게네스가 생각한 기독교적 윤리는 인간의 전인(지·정·의)적인 삶의 변화에 초점이 맞추어진 것이 아니라 세상으로부터 단절하는 금욕주의에 연관된 것이었다. 그는 헬라 철학의 이원론적 사상에 영향을 받아, 영혼과 육체의 참된 결합을 인정하지 않았다. 그가 영혼 선재설을 주장함으로 영혼을 물질에 오염되지 않은 것으로 주장한 것도 전통적인 성경의 가르침에서 벗어나 있음을 방증한다.

초대 교회의 완성되지 못한 신앙과 윤리의 관계는 중세를 거치면서 급기야 둘 사이의 구분이 사라진다. 중세 신학은 구원을 받는 길로 예수에 대한 믿음뿐만 아니라 다양한 인간 행위를 동반해야 한다고 가르쳤다. 자연히 다양한 인간 행위를 통한 은혜의 방편을 강조하게 된다. 로마 가톨릭은 성인 숭배, 희생제사로서의 미사, 고해성사, 독신주의, 성지 순례, 연옥 교리 등을 고안함으로써 신앙과 윤리의 구분을 제거하고 신앙을 윤리의 영역으로 떨어뜨렸다.

> 사람들은 미신, 무지, 성골 및 성자 숭배에 흠뻑 젖어 있었고, 숭배자들은 종교를 추상화하기보다는 극적으로 표현하려고 노력했다. 이 문제의 심각성을 깨달은 중세 교회는 무식한 대중들이 위엄 있고, 신비스럽고, 권위 있는 교회의 의식들을 이해하도록 하기 위해 겉치레적이고 의식적인 것에 주력하도록 하였다. 그래서 개인의 삶 가운데 중요한 행사는, 예를 들면 출생, 사춘기, 죄의 인식, 혼인, 직업 선택 및 죽음은 성례였다. 모든 성례전

의 핵심은 화체의 이적과 십자가에 못 박힘의 재현을 의미하는 미사(mass)였으며, 그 미사는 수찬자의 유익을 위해 제단에 뿌려지는 그리스도의 보혈의 거룩한 희생을 의미하였다.[18]

엄밀한 의미에서 기독교 윤리의 올바른 체계는 종교개혁에서 회복되고 발전되었다. 루터는 신앙과 윤리, 믿음과 삶 사이에 분명한 구분을 제시했다. 루터는 '이신칭의'를 주장함으로서 구원이 행위로 말미암은 것이 아니라 오직 믿음으로 말미암는다는 성경의 진리를 고수했다. 그는 사도 바울의 로마서를 주석하면서 그리스도인들의 삶과 행위는 오직 예수 그리스도를 믿는 믿음으로 말미암는다고 강조한다. "선행은 믿음에서 나온다."[19]

물론 루터 이전에도 로마 가톨릭의 문제점을 지적했던 선구자들은 있었다. 존 위클리프(c. 1320-1384)와 얀 후스(c. 1372-1415)는 성직자들의 타락을 비판하고 성경의 권위가 교황의 권위보다 우위에 있음을 강조했다. 그럼에도 불구하고, 이들의 개혁은 신앙과 윤리의 분명한 구별을 드러내지 못했다는 아쉬움이 남는다. 루터는 다음과 같이 쓴다.

> 우리의 생활 방식은 교황주의자들 못지않게 악합니다. 위클리프와 후스는 교황주의자들의 부도덕한 생활을 비판했습니다. 그러나 나는 주로 그들의 교리를 비판합니다. 그들이 진리를 가르치지 않는 것을 나는 직·간접으로 지적합니다. 이 일을 위해 나는 부르심을 받았습니다. 나는 거위의 목을 잡고 칼로 숨통을 땁니다. 만일 내가 교황주의자들의 교리가 그릇됨을 입증할 수 있다면 그들의 생활 방식이 악하다는 것도 쉽게 입증할 수 있습니다. 말씀이 순수하게 보존되어 있으면 생활도 순수할 것이기 때문입니다.[20]

루터는 교리와 삶을 분리시키지 않았다는 점에서 칭찬할 만하다. 하지만 그는 신앙에 대한 전폭적인 강조로 인하여 윤리에 관한 성경의 지대한 관심을 온전히 파악하지 못하는 우를 범한다. 잘 알려진 대로, 교리에 편향된 그의 관심은 교리와 삶의 긴밀한 관계를 온전히 설명하지 못했다. 이로 인하여 독일 루터파 경건주의가 태동하게 된다. 이후 루터파는 교리와 삶의 이원화 현상을 초래하게 되었으며, 루터가 의도한 것과는 정반대로 계시를 배척하고 인간의 의지 및 실존 자체를 윤리적 가치로 보게 되는 아이러니한 모습으로 나아가게 된다.[21]

신앙과 윤리, 교리와 삶의 관계에 대한 통합적인 이해는 개혁파에서 발전하였으며 그 중심에는 칼빈이 있다. 루터가 율법을 정죄와 억제로 구분하고, 정죄의 용법을 율법의 가장 주요한 원리로 보았다면, 칼빈은 율법을 세 가지 용법으로 구분하고, 세 번째 용법을 삶의 규범으로 제시했다. 삶의 규범으로서의 용법은 루터의 관점에는 없으나 칼빈에게는 "주요할 뿐만 아니라 율법의 고유한 목적에 더욱 가까운 것"으로 신자에게 작용한다.[22] 하나님이 신자를 중생케 하시고 구원을 주시는 이유는 무엇일까? 칼빈은 신자에게 임한 중생의 목표를 다음과 같이 묘사한다.

> 중생의 목표는 신자들의 삶 가운데서 신자들이 하나님의 의와 그들의 복종 사이의 균형과 일치가 드러나게 하고, 그리하여 그들이 자녀로 받아들여지게 된 입양(入養)을 확정하게끔 하는 데 있다(갈 4:5; 벧후 1:10). 하나님의 율법은 그 자체로, 우리 안에서 하나님의 형상이 회복되는 새로움을 담고 있다. 그럼에도 불구하고, 우리의 게으름 때문에 우리에게는 많은 자극과 더불어 도움이 필요하다. 마음의 회개가 있다 하더라도 우리가 스스로 열심에 빠져 정도(正道)에서 벗어나는 일이 없도록 하려면 다양한 구절의 성경 말씀으로부터 삶을 규율하는 방법을 추출해 내는 것이 유익할 것이다.[23]

성경은 우리에게 우리의 삶을, 그것을 좌우하시는 조성자이신 하나님께 의탁하도록 명령한다. 그러나 우리가 타락해서 우리 창조의 참된 기원과 법으로부터 멀어졌음을 가르친 이후, 우리를 그리스도께 종속시킨다. 이제 우리 앞에는 그리스도가 모범으로 제시된다. 하나님께 호의를 얻기 위하여 우리는 그리스도께 돌아가야 한다. 우리는 삶을 통하여 그리스도의 형상을 표현해야 한다. 이 한 가지보다 더 효과적인 무엇을 당신은 요구하려고 드는가? 나아가 이 한 가지 외에 다른 무엇을 당신은 요구하려고 드는가? 하나님이 주 안에서 우리를 자기의 자녀로 삼으신 것은 우리의 삶이 입양의 고리가 되시는 그리스도를 표상하도록 하시기 위해서다. 그러므로 우리가 우리의 삶을 의에 바치고 헌신하지 않는다면 우리는 사악한 불손으로 창조주를 배반할 뿐만 아니라 구속주 자신을 거절하게 되는 것이다.[24]

신앙과 윤리의 참된 관계의 핵심은 신자의 삶이 성경 말씀으로부터 배태되었다는 이 한 가지 사실에 놓여있다. 하나님이 자기 백성을 만세 전에 택정하시고 세상의 역사 속에서 중생케 하시는 이유는 단지 예수를 믿고 구원을 받아 지옥에서 천국으로 옮기는 데 있는 것이 아니다. 하나님이 사람을 자기 형상대로 지으신 이유는 하나님의 영광을 돌리는 데 있었다.

창조의 목적은 타락한 이후에도 변하지 않으며 오히려 그리스도를 통하여 구속을 이루신 재창조 사역으로 성취된다. 하나님은 그리스도 안에서 자기 백성의 삶을 통해 영광을 받으신다. 이러한 점에서 칼빈은 삶의 교리를 생명의 교리로 이해한다.

> 생명의 교리는 지성과 기억만으로 이해되지 않는다는 점에서 일상의 훈육(訓育)들과는 다르다. 복음은, 오직 전체 영혼을 휘감아 내적인 마음의 정서 가운데 자리와 거처를 잡게 될 때에만 받아들여진다.[25]

헨리7세의 딸이자 '9일 여왕'으로 불리는 레이디 제인 그레이(1537-1554)의 일화는 신앙과 윤리에 대한 개신교의 관점을 다시 한번 드러낸다.

열일곱 살밖에 되지 않았던 그녀는 영국 국교회의 사제였던 존 드 페켄함(c. 1515-1584)의 심문을 받으면서 가톨릭의 행위 구원론을 반박하고 칭의와 성화, 믿음과 사랑의 관계를 진술한 후 참수형을 당했다. 페켄함은 제인에게 하나님을 믿는 것 외에 기독교인이 되는 요건에 대해 물었다. 제인은 하나님을 믿되 마음을 다하고 영혼을 다해서 하나님을 사랑하고 이웃을 사랑해야 한다고 대답했다. 페켄함은 반문하기를, 믿음이 있어도 사랑이 없으면 아무것도 아니라고 했던 바울의 말에 대해 어떻게 답할 것인지 물었다. 질문의 의도는 믿음만이 아니라 행함도 있어야 함을 전제하는 것이었다.

이에 대해 제인은 다음과 같이 답했다.

> 내가 신뢰하지 않는 그분을 어떻게 사랑할 수 있습니까? 또 내가 사랑하지 않는 그분을 어떻게 내가 신뢰할 수 있습니까? 믿음과 사랑은 함께 일하며 사랑은 믿음 안에서 이해할 수 있습니다.[26]

진정한 의미에서 윤리를 만족시킬 수 있는 것은 기독교 신앙이다. 바빙크에 따르면, "헬라-로마에서는 법, 정의, 도덕을 국가의 객관적인 법"의 관점에서 다루었기에, 양심에 대한 관심이 최소한으로 다루어졌을 뿐이다. 이 경우, "주관적인 양심은 개인의 도덕을 규율하는 데 거의, 또는 아무 역할도 하지 않았다. 헬라의 도시 국가들이 무너지자, 사람들은 자신들에게로 눈을 돌렸고, 그들 자신 안에서 확실한 도덕을 발견해야 했다."[27]

반면 기독교의 윤리는 단순한 사회적 합의에 따른 도덕 이상의 의미를 지닌다. 기독교는 그리스도인들의 윤리를 그저 사람과 사람 사이에 합의된 도덕적 기준이 아니라, 종교와 신앙의 차원에서 이해한다. 즉, 기독교인들에게 있어서 신앙 윤리는 하나님에 대한 것이며 그 앞에서 나오는 삶을 가리킨다. 양심의 법을 '쉰테레시스'라고 하는데, "이 법은 하나님에게

서 오고, 하나님에게만 종속된다."²⁸

　어떤 이들은 신학과 삶을 이원화시킨다. 신학을 학문적인 영역에 포함시키고 삶은 실천적인 영역으로 몰아넣어 신학과 신앙생활을 분리한다. 하지만 개혁신학자들은 이러한 관점을 지지하지 않았다. 청교도들은 기독교 윤리에 관해 깊이 파고들었다. 청교도의 아버지 윌리엄 퍼킨스는 『양심의 경우들에 대한 논증』이라는 작품에서 양심에 대한 깊은 연구를 통해 그리스도인들의 물질 사용, 진실, 여가 생활, 전쟁에 대한 태도, 의복, 합법적인 오락 등과 같은 주제들을 다루었는데 이는 기독교 윤리에 대한 개혁신학의 입장을 잘 보여 준다.²⁹

　윌리엄 에임스는 신학을 다음과 같이 정의한다. "신학은 하나님에 대해 사는 것에 대한 교리 혹은 가르침이다." "모든 학문은 자신들의 규범들을 가지고 있으며 이를 수행하는 자들의 작업은 이에 상응해야 한다. 산다는 것이 모든 것 중 가장 고귀한 일이기 때문에, 사는 것에 대한 학문보다 더 적절한 연구는 존재하지 않는다. 인간은 하나님의 의지, 하나님의 영광 그리고 그들 안에서 역사하시는 하나님에 일치되어 살아갈 때 하나님에 대해 살게 된다."³⁰

　이러한 의미에서 신학은 "신앙"과 "순종"으로 구성된다.³¹ "신앙은 심령을 생명과 영원한 구원의 창시자이신 하나님에게 의존하는 것으로, 이로 인해 우리는 모든 악에서 구원 받고 모든 선을 따르게 된다."³² "순종(observantia)은 하나님의 영광을 위해 하나님의 의지를 복종적으로 수행하는 것이다."³³ 신앙은 하나님을 의존하는 것이며, 순종은 하나님의 의지에 따라 사는 것을 말한다. 신학과 삶은 하나로 공교하게 짜여져 있다.

　『하이델베르크 요리문답』은 요리문답 제91문에서 선행에 대해 간단히 진술한다. "선행이란 하나님의 율법에 따라서 행해지는 것이요, 참된 믿음에서 나오는 것이요, 또한 하나님의 영광을 위하여 행해지는 것이다."

선행에 대해 세 가지를 주목해야 한다. 첫째, 선행이 하나님 보시기에 선한 기준을 충족시키는가다. 둘째, 중생자와 비중생자 사이의 차이점을 고려해야 한다. 마지막으로 "불경한 자들의 도덕적 행위들이 어떤 점에서, 혹은 어느 정도나 죄가 되는가"를 생각해야 한다. 신앙의 영역에 결부된 기독교인의 윤리는 세상의 도덕적 가치 기준을 훨씬 능가하며 처음부터 차원 다른 영적 고상함을 가지고 태어났다. 이는 윤리와 선행이 모두 하나님의 말씀에 기초하기 때문이다.

태초에 말씀으로 계셨던 그리스도께서 성육신하시고 죽으시고 부활하셔서 잠자는 자들의 첫 열매가 되심은 자기를 믿는 자를 모아 교회를 세우시고 세상의 마지막 때에 교회를 하나님께 바쳐 드리기 위함이었다. 바울은 말씀한다.

> 아담 안에서 모든 사람이 죽은 것 같이 그리스도 안에서 모든 사람이 삶을 얻으리라 그러나 각각 자기 차례대로 되리니 먼저는 첫 열매인 그리스도요 다음에는 그가 강림하실 때에 그리스도에게 속한 자요 그 후에는 마지막이니 그가 모든 통치와 모든 권세와 능력을 멸하시고 나라를 아버지 하나님께 바칠 때라(고전 15:22-24).

> 모든 사람에게 구원을 주시는 하나님의 은혜가 나타나 우리를 양육하시되 경건하지 않은 것과 이 세상 정욕을 다 버리고 신중함과 의로움과 경건함으로 이 세상에 살고 복스러운 소망과 우리의 크신 하나님 구주 예수 그리스도의 영광이 나타나심을 기다리게 하셨으니 그가 우리를 대신하여 자신을 주심은 모든 불법에서 우리를 속량하시고 우리를 깨끗하게 하사 선한 일을 열심히 하는 자기 백성이 되게 하려 하심이라(딛 2:11-14).

신앙과 윤리는 하나님에 대한 믿음과 그에 따른 삶을 동반하는 관계 안에서만 온전히 능력을 발휘하여 그리스도인의 삶의 전인격적인 변화를 초래한다. 바빙크가 강조한 것처럼, "교회의 편에서 토로하는 이 믿음의 선언은 과학적인 교리도, 계속 반복되는 연합의 형식도 아니요, 오히려 깊이 느낀 현실의 고백이요 또한 삶의 체험에서 우러나오는 현실에 대한 확신의 고백인 것이다. 신구약성경에 나타나는 선지자들과 사도들 그리고 그 후의 그리스도의 교회에 등장하는 성도들은 가만히 앉아서 추상적인 개념을 갖고 하나님에 대하여 철학적인 사색을 한 것이 아니라, 하나님이 그들에게 어떤 분이시며 그에게 어떤 은혜를 받았는지를 삶의 온갖 구체적인 상황 속에서 고백한 것이다."[34]

칼빈이 이야기하듯, 그리스도인들은 삶의 의무에 있어서 "필요하기 때문에 우리는 복종해야 한다"라는 식으로 "냉랭한 노래를 읊조리지 말고", 거역하는 것이 불법이기 때문에 우리는 복종해야 한다"라는 교훈을 들어야 한다.[35]

4. 기독교 세계관

신앙과 윤리의 밀접한 연관성은 신앙을 어떤 관점에서 바라볼 것인가에 대한 질문을 제기한다. 다시 말하면, 신앙과 윤리의 관계는 세계관[36]의 문제로 이어진다. 기독교에도 다양한 교단이 존재하고, 각 교단마다 성경, 인간, 세계를 바라보는 관점이 제각각이다. 그렇다면 어떤 관점을 가진 신앙이 가장 포괄적이며 다양성을 무시하지 않으면서 통일적인 세계관을 제시할 수 있는가? 루터파인가? 아르미니우스주의인가? 또는 그와 유사한 형태의 웨슬리안인가? 아니면 개혁파인가? 어떤 관점이 기독교 본연의 원리를 가장 잘 드러내는가?

만일 웨슬리안을 선택해야 한다면, 존 웨슬리(1703-1791)의 교리가 어떤 것인지 알 필요가 있다. 웨슬리의 신학은 크게 두 가지 주류의 영향을 받았다. 하나는 영국 국교회의 아르미니우스주의의 예지 예정론이며, 다른 하나는 모라비안 교도들의 도덕적 삶의 개혁이다. 전자는 이성주의에 속하고 후자는 도덕주의에 속하니 두 요소가 웨슬리에게서 발견된다. 영국 국교회는 로마 가톨릭과 청교도의 개혁신앙 사이에서 네덜란드 신학자였던 야코부스 아르미니우스(1560-1609)의 교리를 선택했다. 아르미니우스는 예정 교리를 비판하고 예지 예정론을 주장하면서 믿음을 하나님의 선물이 아니라 인간의 자유의지의 행위로 이해했던 인물이다. 아르미니우스가 보기에 예정론은 인간적 관점에서 매몰차고 인정 없는 결정론과 같은 것이었다.

하지만 예정론을 결정론이나 운명론적으로 이해한 것은 개혁주의 예정론에 대한 아르미니우스의 치명적인 오류를 드러낸다. 아르미니우스는 이성적 사유를 통해 기독교 진리를 검증하려 했던 이신론처럼 성경의 예정 교리를 이성으로 사유하여 파악하려 했다. 그 결과, 그는 하나님의 예정하심을 인간의 자유의지에 대한 신적 예지에 기초시킨다. 다시 말해, 하나님을 예지의 대상인 인간의 자유 의지의 결정에 수동적으로 반응하는 예정자로 만듦으로, 선택에 대한 하나님의 주권을 빼앗아 인간에게 부여한다. 이러한 의미에서 그의 제자들에 의해 확산된 아르미니우스주의는 17세기 이신론의 시대에 가톨릭과 개신교의 교리를 이성적으로 조화시키려 했던 운동으로 봐야 한다.

비록 웨슬리는 전적 타락을 인정했지만, 아르미니우스주의의 예지 예정 교리를 수용함으로써 믿음을 인간의 자유의지의 결과로 이해했다. 아르미니우스주의의 예지 예정의 치명적인 결함은 성경의 가르침을 이성적으로 해석한 관점으로부터 말미암는다.

한편, 웨슬리는 미국 선교를 위해 배를 타고 가던 중 폭풍의 위험 속에서도 평온을 유지했던 모라비안 교도들을 만난다. 이후 웨슬리는 모라비안 교도들의 영향 가운데 회심의 체험을 하게 된다. 모라비안 교도들의 지도자는 보헤미야 종교 운동을 일으켰던 얀 후스(c. 1372-1415)였으며, 얀 후스에게 종교개혁의 영향을 끼친 이는 영국의 존 위클리프(1320-1384)였다.

루터가 잘 지적한 바와 같이 위클리프와 후스의 개혁의 핵심은 도덕적인 삶의 질에 놓여 있었다. 비록 위클리프가 로마 가톨릭의 교리들, 예를 들어, 고해성사, 미사, 성례, 교황제 등의 문제점들을 지적했을지라도, 주요 핵심은 성직자들의 도덕적 삶의 개혁에 있었다. 이는 후스에게도 마찬가지다. 후스는 화체설에 있어서 위클리프보다 로마 가톨릭에 가까웠다. 후스의 후예들인 모라비안 교도들은 도덕적인 삶에 지대한 관심을 가지고 있었다. 비록 웨슬리가 모라비안 교도들과의 교류를 끊기는 하였으나, 모라비안 교도들이 웨슬리에게 끼친 도덕주의적 영향은 무시할 수 없다.

웨슬리의 관점은 오늘날 많은 그리스도인에게서 재현된다. 다수의 그리스도인이 신앙 윤리를 세상의 도덕과 유사한 것으로 이해하곤 한다. 실제로 교회는 세상이 요구하는 도덕적 기준에 부합하는 종교에 만족하려고 할 때가 많다. 바빙크가 잘 지적한 것처럼 "수 세기 동안 복음을 종교적이고 도덕적인 삶을 위한 중요한 요소 정도로 여겼던 그리스도인들이 존재해왔고, 지금까지도 그런 이들을 찾아볼 수 있"다.[37]

또는 세상의 다양한 영역, 곧 가정, 사회, 국가, 학문, 예술에는 신앙이 전혀 상관없는 것처럼 이해되기도 한다. 이는 "복음의 영향력을 단순히 종교적이고 도덕적인 삶에 관한 것으로만 제한"하는 우를 범하는 것이다.[38] 참된 신앙은 도덕이나 단순한 인본주의적 삶으로 환원될 수 없다. 진리는 진리이고, 신앙은 진리에 기초하고, 삶은 신앙을 뒤따른다. 신앙은 좋은데 삶이 엉망이라는 말은 불합리한 표현이다. 신앙과 윤리는 함께 서고 함께 넘어진다.

계시에 기초한 학문적 역사적 신학적 의미에서 가장 포괄적인 신앙의 관점을 찾는 것이 관건이라면, 그것은 기독교 세계관으로서 가장 통일적이면서도 포괄적인 관점을 제시한 인생관이어야 한다. 기독교적 관점에서 세계관의 기초를 제시한 이들은 아브라함 카이퍼(1837-1920)와 헤르만 바빙크(1854-1921)였다. 카이퍼는 프랑스 혁명에서 대두된 현대주의에 맞서서 바빙크와 함께 기독교 세계관을 세웠다. 하지만 그들은 임의로 자신들의 아이디어를 통해 만들지 않았다. 카이퍼는 칼빈과 개혁파 신학자들이 세워놓은 신학 체계를 사용하여 포괄적인 삶의 체계를 제시했다. 카이퍼가 강조하듯, 포괄적인 삶의 체계로서의 인생관은 역사 속에서 취해지고 적용되어야만 효력을 발휘한다. 카이퍼는 "칼빈주의에서 내 마음은 안식을 발견했다"고 고백한다.[39]

카이퍼가 미국 프린스턴신학교의 스톤강좌에 초청되었을 때, 그는 망설임없이 칼빈주의라는 주제를 선택하고, 칼빈주의를 삶의 체계, 즉 세계관적 요소로 발전시켰다. 1897년 카이퍼는 다음과 같이 말한 바 있다.

> 저의 평생 열망하던 소원이 하나 있습니다. 저의 마음과 영혼에 박차 같은 높은 동기가 하나 있습니다. 제게 지워진 거룩한 필연성으로부터 벗어나려 하자마자 생명의 호흡은 내게서 멀어지게 됩니다. 그것은 바로, 세상의 온갖 반대가 있어도 사람들의 유익을 위하여 하나님의 거룩한 규례가 가정과 학교와 국가에 다시 세워져야 한다는 것입니다. 즉 성경과 창조계가 증거하는 주님의 규례가 이 백성의 양심에 아로새겨져 백성들이 다시금 하나님께 충성하게 되어야 한다는 것입니다.[40]

인간에게는 생래적으로 거룩에 대한 필연적인 욕구가 있다. 하나님의 형상대로 지음 받은 인간의 도덕적 성격 때문에 인간은 윤리적인 삶을 본능적으로 추구한다. 칼빈주의는 이 점을 분명히 인식했다. 카이퍼에 따르면 칼빈주의는 자신만의 종교 형식에 뿌리를 내리고 있으며, 이 종교적 의식에서 신학이 발전하고, 그 신학에 따라 교회의 질서가 자리를 잡고, 더 나아가 "도덕적 세계 질서를 위한" 정치와 사회 생활, 자연과 은혜, 기독교와 세계, 교회와 국가, 예술과 학문의 관계의 형식이 발전했다. "칼빈주의는 이교, 이슬람교, 로마교 등"과 더불어 포괄적인 인간 생활의 체계로서의 세계관이다.[41] 유사하게, 바빙크는 인간의 삶과 세계의 관계에 대해 세상적 세계관은 올바른 답을 제시하지 못한다고 지적한다. 오직 기독교만이 "균형을 지키며, 사람을 하나님과 화목케 하고(verzoent), 또한 그럼으로써 사람을 자기 자신과 세계와 삶과 화목케 하는 지혜를 계시"한다.[42]

그러므로 신앙과 윤리의 관계가 칼빈주의 혹은 개혁주의의 역사신학적 관점에서 파악될 때, 기독교 윤리는 자신의 가장 발전한 형태의 모습을 드러낸다. 개혁주의가 20세기에 이르러서 세계관으로서의 모습으로 성장할 수 있었던 이유는 이러한 역사적 요소가 있었기 때문이다. 개혁주의는 칼빈만의 작품이라든가, 개혁파 교단의 독단적인 주장이라든가, 좁은 시야에 갇힌 세계관이라는 식의 비판은 정당하지 못하다. 개혁주의에서 개혁은 "하나 또는 여러 신앙고백 문서의 총체가 아니라, 우리의 삶과 세계 전체를 포괄하는 세계관이요, 인생관"이다.[43] 이러한 의미에서 개혁신앙은 세계관으로 이해되어야 한다.[44]

기독교 신앙과 윤리의 관계는 초대 교회로부터 시작해서 20세기에 이르기까지 개혁주의 역사 속에서 칼빈을 위시하여 개혁파 신학자들에 의해 발전되고 완성되었다. 초대 교회 당시에 아리우스(256-336)의 반삼위일체론에 맞서서 기독교의 정통 삼위일체론이, 네스토리우스 이단에 대한 대응으로 기독론이, 도나투스주의 분파로 인하여 교회의 보편성(catholicity)이, 로마 가톨릭의 행위 구원론에 대항하여 개신교의 이신칭의가, 루터파의 이신칭의를 넘어서 개혁파의 성화론이, 17세기 이성주의의 공격에 대항하여 성경론이, 프랑스 혁명의 현대주의의 도전에 직면하여 칼빈주의라는 기독교 세계관이 각각 확립되고 발전할 수 있었다.

유사한 맥락에서 필자는 개혁주의를 기독교 신앙 윤리를 대변하는 개념으로 파악한다. 본서에 '개혁주의 신앙 윤리'가 아닌 『기독교 신앙 윤리』라는 제목을 달았다. 칼빈이 자신의 역작을 『기독교 강요』라고 이름 붙였으며, 마틴 로이드 존스가 『진정한 기독교』라는 제목을 붙였듯, 개혁주의는 진정한 의미에서 기독교 신앙 윤리를 대변한다고 믿는다.

5. 본서의 구조와 내용

본서의 목적은 신앙과 윤리의 관계를 어떻게 이해할 것이며, 또한 그리스도인들이 삶 속에서 마주하게 되는 다양한 질문에 대해 기독교 신앙 윤리의 핵심과 통찰들을 개혁주의를 통해 제시하는 데 있다. 그 질문들은 대략 다음과 같다.

인간은 어디에서 오며 어디로 가는가? 나는 누구이며 무엇을 위해 태어났고, 무엇을 하며 살아가야 하는가? 하나님은 어떤 분이시며 무슨 일을 하시는가? 창조론과 진화론은 조화될 수 있는가 아니면 대립되는가? 세상에 일어나는 다양한 일들과 사건들은 운명인가 우연인가? 하나님이 사랑이시라면 왜 세상에는 불합리해 보이는 시련들이 존재하는가? 하나님은 왜 어떤 이들은 신자로 예정하시고 또 어떤 이들은 죄악 가운데 내버려 두시는가?

하나님이 세상을 다스리신다면 왜 죄가 세상에 유입되었으며, 여전히 존재하고 있는가? 인간은 죄악 가운데 선을 행할 수 있는 자유가 있는가? 구원 받은 그리스도인들은 노예의지가 아닌 참된 자유의지를 회복했는가? 만일 그렇다면 참된 자유는 무엇을 의미하는가? 그리스도는 우리의 삶과 어떤 관계가 있는가? 구약의 율법은 신약 시대에 사는 이들에게 무슨 의미를 가지고 있는가? 참된 경건은 무엇인가? 구약의 안식일은 신약의 주일과 어떤 상관이 있는가? 세상에 사는 그리스도인들은 국가에 대해 어떤 자세를 취해야 하는가? 국가는 교회에 간섭할 수 있는가? 올바른 국가관은 무엇인가? 기독교와 타 종교의 차이는 무엇인가? 기독교 문화와 세상 문화는 어떻게 구별되는가? 현대 예술의 문제점은 무엇이며 개혁주의는 예술을 어떻게 이해하는가?

위의 질문들은 세 파트로 구분되어 다루어진다. 제1부(1-4장)는 기독교 윤리의 원리를 다룬다. 위에서 다룬 서론은 기독교 윤리에 대한 전반적인 이해를 제시했다. 제2장에서는 '나는 누구인가?'에 대한 질문을 고민하면서 인간 존재의 이유와 목적을 개괄적으로 살펴본다. 지나간 역사는 인간에 대한 이해가 세계와 하나님에 대한 인식에 기초하고 있음을 보여 주었다. 또한 성경은 하나님을 아는 지식과 인간 자신을 아는 지식의 상관성에 관하여 인간의 부패한 본성을 가르친다. 부패한 본성에 대한 인식은 하나님의 거룩함에 대한 경외 의식을 불러 일으키고, 이러한 앎이야 말로 참된 지식과 사랑의 조화를 이룬다. 하나님에 대한 지식은 인간의 타락으로 인하여 부패하였으나 사람의 본성에 심겨져 있어서 아무도 하나님을 부인할 수 없다.

제3장은 세계관으로서의 개혁주의가 어떻게 신앙 윤리의 역할을 할 수 있는지를 살핀다. 그동안 자유주의 또는 진보 진영에서는 개혁주의에 대한 맹목적인 공격을 감행해 왔으며 교회 성도들조차도 개혁주의에 대해 잘 모르고 있는 실정이다. 대표적인 사례가 예정론이다. 이에 필자는 몇 가지 교리적 예시를 통해 개혁주의에 대한 오해를 해소하고, 지나간 역사 속에서 개혁주의가 기독교와 개신교에서 가지는 위치를 설명한 다음, 칼빈주의 개념을 통해 세계관으로서의 개혁주의의 의미와 의의를 드러낸다. 이를 통해 개혁주의가 하나님과 인간과 세계의 관계에 있어서 포괄적이면서 통일적인 세계관의 역할을 얼마나 충실하게 감당하고 있는지를 살펴볼 것이다.

제4장은 개혁주의의 원리가 하나님의 계시로서의 성경에 단단히 뿌리를 내리고 있음을 드러낸다. 개혁주의는 일개 한 개인의 사상이나 한 교파의 교리적 축조물이 아니라 성경의 가르침에 기초한 세계관이다. 이를 가

장 잘 드러낸 것은 종교개혁의 슬로건인 '오직 성경'과 성경의 영감 및 신적 권위에 대한 개혁파의 관점이다. 성경에 대한 신앙 윤리는 성경을 읽고 해석하는 독자에게 하나님을 향한 경건한 자세를 요구한다. 또한 성경과 교리의 관계는 매우 중요한 주제다. 어떤 이들이 오해하는 것처럼 성경은 하나님의 말씀인 반면, 교리는 인간이 만들어낸 것이라고 하는 주장은 성경과 교리의 관계 및 역사에 대한 이해를 전혀 고려하지 않은 속단에 다름 아니다. 개혁주의는 역사 속에서 어느 개인이나 교단의 교리에 맹목적으로 천착하여 자신의 주장을 내세우지 않았다. 개혁주의는 성경에 기초하여 성경 교리를 제시했다. 교리는 성경의 신적 권위에 기초하여 성경이 가르치는 교리이며, 인간의 부족한 표현이라 할지라도 성경의 가르침을 요약한 것이다. 교리는 교회의 서고 넘어짐의 근본 진리로서 성경에 의해 규범된 규범이다.

제2부(5-10장)는 칼빈의 『기독교 강요』(1559) 제1-2권의 내용을 따라 기독교 윤리의 핵심적인 내용들로 구성되어 있다. 삼위일체(5장), 하나님의 사역(6장), 섭리(7장), 율법(8장), 십계명(9장) 그리고 그리스도(10장)에 대한 기독교 신앙 윤리를 살펴본다. 삼위일체에 대한 신앙 윤리는 하나님이 어떤 분인가에 대한 질문에 초점을 맞춘다. 성경은 하나님이 삼위일체로 계신다는 사실을 가르친다. 창세기의 기록, 다윗의 시편, 요한복음에 기록된 예수 그리스도의 가르침 등은 삼위일체에 대한 신앙의 윤리를 제시한다. 삼위일체에 대한 가르침은 초대 교회의 역사 속에서 발전하여 종교개혁에 계승되었다. 더 중요한 사실은 삼위일체가 그저 단순한 교리적 정보가 아니라 그리스도인의 신앙과 삶의 윤리에 있어서 지대한 영향을 끼친다는 사실이다. '삼위일체'라는 용어와 이 교리에 대한 그리스도인의 자세가 살아 계신 하나님을 인격적으로 대면하는 데 있어서 얼마나 중요한지를 살펴본다.

제6장에서는 하나님의 사역, 즉 작정과 창조에 대한 신앙 윤리를 연구한다. 하나님은 그 어떤 것에도 영향을 받지 않으신 채로 오롯이 자신의 기뻐하시는 뜻에 따라 일하신다. 하나님의 사역은 작정에서 시작되고 창조로 실현된다. 아르미니우스가 말한 예지 예정은 구원의 선택을 인간의 자유의지에 돌림으로써 작정과 창조의 은혜를 제거하고 하나님의 주권을 빼앗는다. 아르미니우스주의의 문제는 예정에 대한 성경적 가르침을 인간의 이성으로 파악하려 하여 예지 예정으로 바꾼다는 데 있다. 하지만 성경은 하나님의 작정에 대해 인간의 호기심을 절제하고 오직 믿음으로 받아들일 것을 말씀한다.

하나님의 작정이 창조로 실현된다고 보는 창조론은 진화론과 조화할 수 없다. 성경은 처음부터 무로부터의 창조를 주장한다. 우주 팽창 이론이나 진화론은 성경의 내용 속에서 설 자리가 없다. 그럼에도 불구하고, 어떤 이들은 창조론과 진화론을 화목시키기 위해 유신진화론을 주장한다. 찰스 다윈에서 시작하고 세속의 과학자들을 위시하여, 심지어 기독교계의 신학자들 가운데서도 진화론적 세계관을 주장하는 이들이 있다. 하지만 진화론은 최초 기원, 인간과 동물의 차이를 온전히 설명하지 못하며 지구의 역사와 나이에 대해서도 건전한 해답을 제시하지 못한다. 반면, 성경은 인간과 동물의 분명한 차이를 인식할 뿐만 아니라, 이성으로 파악할 수 없는 창조 기사에 대해 분명히 6일 창조를 선언하며 영적 존재인 천사와 마귀와 인간의 창조의 본질에 대해 명확한 윤리를 제시한다.

제7장에서 다루게 될 섭리에 대한 신앙 윤리는 가장 어려운 주제들이다. 저 옛날 아우구스티누스로 하여금 그토록 진리를 찾아 헤매고 방황하도록 만들었던 신정론에 관한 것이며, 아우구스티누스와 펠라기우스가, 루터와 에라스무스가, 에드워즈와 아르미니우주의자들이 대결하던 자유의지에 관한 주제들이다. 하나님이 살아 계시다면 왜 세상에는 악이 존재하는가? 왜 어떤 이들은 처음부터 장애를 가지고 태어나는가? 세상을 통

치하시는 하나님의 주권과 인간적으로 볼 때 불합리해 보이는 일들은 어떻게 조화를 이룰 수 있는가? 어떻게 하나님이 모든 일들, 특히 인류의 타락까지도 작정하고 예정하고 섭리 가운데 발생하게 만드시면서도 죄의 원인이 하나님이 아니라 인간에게 돌려질 수밖에 없게 되는가? 인류의 역사 속에서 반복되어 나타난 난해한 문제를 해결하는 열쇠는 하나님의 은밀하신 손과 인간의 자유의지를 어떻게 이해하는가에 달려 있다.

제8장은 율법에 대한 신앙 윤리를 다룬다. 사람은 율법의 행위를 통해 구원을 얻을 수 있는가? 세상적 가치관은 도덕적으로 의로워 보이는 이들이 구원을 얻을 수 있다고 목소리를 높인다. 로마 가톨릭의 연옥이나 불교의 윤회 사상은 행위 구원론을 주장하면서 희망을 향하여 달려가지만, 다시금 구원의 불가능성에 봉착하여 실상 한 발자국도 전진하지 못한다. 하나님은 인간에게 구원 가능성이 없음을 깨닫게 하시기 위해 율법을 주셨다. 그리고 율법 속에서 하나님의 언약을 바라보도록 하셨다.

구약에 주어진 율법은 세 가지로 되어 있는바 의식법, 시민법, 도덕법으로 구분된다. 의식법은 구약 제사와 관련하여, 시민법은 구약 성도들의 생활과 관련하여 그리고 도덕법은 구약과 신약의 모든 성도에게 주어진 삶의 규범과 관련하여 주어졌다. 의식법과 시민법은 폐하여졌으나 도덕법은 여전히 유효하다. 율법에 있어서 도덕법의 기능은 루터파와 개혁파의 근본적인 차이점을 드러낸다. 루터에게 도덕법은 정죄의 기능과 억제의 기능으로 작용하는 반편, 칼빈은 정죄와 억제 기능에 삶의 규범으로서의 기능을 부각시켜 그리스도인의 신앙 윤리를 정당하게 제시한다.

도덕법에서 '삶의 규범'으로서의 용법은 십계명에 대한 신앙 윤리(9장)에 잘 나타나 있다. 십계명은 경건의 원리와 실천적 적용을 기록한다. 십계명에 대한 오해들은 성경에 기록된 사건들과 역사 속에서 비일비재했다. 바리새인들은 십계명을 행위 구원의 수단으로 간주했다. 루터파 경건주의의 창시자인 스페너는 교리와 경건의 관계를 단절하여 전적으로 인간의 행위적 경건을 강조하는 데로 나아갔다. 스페너의 제자였던 진센도르프와 모라비안 교도들, 정적주의, 방법론주의, 광신주의는 참된 윤리를 제시하기 보다 한쪽으로 편향된 자기만의 도덕적 기준을 경건으로 이해했다.

왜곡된 경건주의 모델은 슐라이어마허의 '의존 감정' 개념에서 모습을 드러내었다. 슐라이어마허는 '믿음'을 신에 대한 인간의 감정적 의존으로 이해했다. 그는 하나님의 계시를 객관적 진리로서 존재하는 것이 아니라 인간의 의존 감정과 더불어 존재하는 개념으로 이해했다. 이 경우 하나님의 계시는 인간의 감정과 의식의 과정을 통하여 자기 자신에 이르게 되는 범신론적 개념으로 전락한다. 하지만 개혁주의는 경건을 인간의 자의식에서 시작하지 않고 객관적 계시로서의 하나님의 말씀으로부터 출범시켰다. 성경이 말하는 경건의 원리는 하나님과 인간에 대한 계명들에서 분명하게 계시되었다. 본 장에서 필자는 칼빈의 십계명 해설을 풀어 설명하고, 더불어 개혁주의적 관점에서 오늘날 존재하는 경건에 대한 오해들과 개혁주의적 예시들을 다양하게 제공할 것이다.

제10장은 그리스도에 대한 신앙 윤리를 경건의 요체로 제시한다. 청교도들이 자주 지적하듯이, 그리스도인 대다수가 그리스도에 대해서 잘 모른다. 신앙 윤리를 문화와 연관하여 다루는 이들은 정작 그리스도가 경건의 요체라는 사실을 쉽게 간과한다. '그리스도'는 하나님을 아는 지식에 있어서 매우 중요한 주제이며 율법에 약속된 언약의 요체다. 왓슨은 그리스도를 아는 지식을 두고 전유(專有, appropriation)하는 지식, 즉 자신의 것으로 삼는 지식이라고 말한 바 있다. 그리스도를 예수로 시인하지만 자신의 주님으로는 받아들이지 않는다면, 참된 경건을 기대할 수 없다.

그리스도인들의 삶의 모든 능력은 중보자이신 그리스도의 인격과 사역에 놓여 있다. 그리스도 없이 기도할 수 없고, 회개할 수 없으며, 성화의 삶은 더욱 상상할 수 없다. 본장에서는 경건과 성화의 질료이신 그리스도께서 어떻게 인성과 신성의 고유한 위격적 연합 가운데 중보자의 직분인 선지자, 제사장, 왕의 직무를 감당하시는지를 살펴보고, 그리스도의 인격과 사역에 대한 신앙 윤리가 그리스도인들의 삶에 끼치는 영향력을 상고한다.

제3부는 기독교 신앙 윤리가 세상의 관점들과 어떻게 다른지를 설명한다. 이를 위해 제11장은 종교에 대한 신앙 윤리를 통해 기독교와 타 종교 사이에 존재하는 차이점들을 살펴본다. 종교는 기본적으로 언약의 개념과 맞물려 있다. 세상의 종교들과 기독교는 언약의 개념을 전제한다는 점에서 동일한 관점을 견지한다. 하지만 타 종교들에서 발견되는 언약의 형태들은 객관적 계시의 기초가 없이 맹목적인 혹은 추상적인 인간 편에서의 바람이나 허영에 불과하다. 죄로 타락한 인간은 자신만의 종교를 만들고 임의로 자신의 선택에 따른 종교 생활을 유지한다.

타 종교에 대하여 긍정적인 입장을 견지하는 모습들이 포스트모던 세계관을 고수하는 자유주의 신학자들에게서 발견된다. 그들은 포용주의를 주창하면서 기독교와 타 종교 간의 근본적인 차이점을 없앤다. 반면 기독교는 처음부터 성경이라는 계시 위에 종교의 건물을 세움으로써, 하나님에 의해 계시된 언약으로부터 진실한 종교적 특징들을 드러낸다. 사람을 위한 종교는 자연과 사람의 주관적인 감정을 출발점으로 삼고 인간의 승리를 목적한다. 반면, 칼빈주의에서 종교는 인간을 위한 것이 아니라 하나님을 위한 것이며, 하나님과 인간 사이에 인간 중보자를 세우지 않으며, 종교를 인간 삶의 한 부분으로 축소시키지 않으며, 죄로 타락한 인간의 구원을 목적으로 삼는다.

제12장은 국가에 대한 신앙 윤리를 모색하면서 하나님의 통치 영역들의 범위와 성격을 비교한다. 국가와 사회와 교회는 상호 간 어떤 관계를 지니고 있는가? 또한 기독교에 반하는 국가관들은 어떤 것들이 있는가? 국가가 일반은총에 속하는 세상 나라에 대한 하나님의 통치 영역이라면 교회는 하나님 나라에 대한 하나님의 주권적 통치 영역에 속한다. 국가는

사회 질서를 유지해야 할 기계적 기관이며 교회는 하나님을 예배하기 위해 부름 받고 택함 받은 자의 공동체이다.

두 나라는 상호 간에 우위를 점하는 관계가 아니라 오직 하나님의 주권 아래에 놓인 구별된 통치 영역들에 속한다. 하나님 나라의 시민으로서 그리스도인들은 땅에 사는 동안 세상의 적절한 요구에 부응한다. 이는 하나님을 예배하는 데 방해되지 않는 선에서 국가나 사회에 협력함으로 천상의 평화에 기여하기 위함이다. 본 장은 기독교적 관점에서 국가의 성격과 형성, 잘못된 국가관 그리고 국가와 사회의 관계 등에 대한 신앙 윤리를 분석한다.

제13장과 제14장은 각각 문화와 예술에 대한 개혁주의적 관점을 조명한다. 문화는 창세기에 기록된 바와 같이 인간에게 주어진 명령이었다. 하지만 기독교 문화와 세상 문화의 관계를 어떻게 이해해야하느냐는 시대마다 그리스도인들에게 중요한 고민거리다. 문화의 범위는 너무나 포괄적이어서 교회가 무시할 수 있는 대상이 아니다. 자연, 국가, 학교, 직장, 종교, 예술, 운동 등 모든 주제가 문화에 속한다. 문제는 기독교적으로 문화를 어떻게 해석해야 하는가에 있다.

리차드 니버는 <그리스도와 문화>의 관계의 유형을 다섯 가지로 제시했으며 오늘날까지도 많은 그리스도인에게 대중적인 영향을 가하고 있다. 하지만 그의 문화관은 해석학적 오류를 내포하고 있으며 포스트모던의 다원주의를 표방한다. 이에 필자는 니버의 문화관을 분석한 후 그의 오류들을 지적하고, 기독교의 역사 속에서 문화에 대한 이해들을 드러내며, 개혁주의의 문화관의 사례 연구로 결혼에 대한 바빙크의 관점과 직업에 대한 윌리엄 퍼킨스의 관점을 분석한다. 계시는 개혁주의자들로 하여금 문화를 발전시키는 원동력이었던 반면, 계시에 기초하지 않은 문화는 신앙과 화해할 수 없는 도덕적 영역으로 남는다.

마지막으로 제14장은 예술에 대한 신앙 윤리를 통해 포스트모더니즘과 개혁주의 세계관을 비교한다. 현대 예술은 포스트모더니즘에 기초하고 있으며, 포스트모더니즘은 국가와 사회의 깊숙한 곳으로 스며들어 있다. 이미 다원주의 세계관이 국가의 법, 사회, 인간 생활, 학교, 문화, 예술 그리고 교회에까지 파고 들어온 현실이다. 포스트모더니즘 예술은 이미 14-15세기에 걸쳐 발흥했던 르네상스에서 전형을 발견한다. 르네상스 예술은 원전에 대한 연구, 잊혀진 문화의 발굴과 갱신, 종교와 세속의 혼합 그리고 원자료에 대한 해석학적 다원주의를 출범시켰다. 반면 개혁주의는 이러한 르네상스 예술의 문제점을 인식하고, 보다 차원 높은 예술을 발전시켰다. 칼빈은 하나님을 향한 찬양이 감정에 치우치지 않고 마음의 깊은 정서로부터 나와야 할 것을 강조했다. 이에 칼빈은 선율을 통해 노래할 것을 주장했는데, 이는 노래의 목적이 하나님의 말씀이 아니라 귀가 곡조에 이끌려 하나님을 향한 진지한 마음이 저급한 인간의 노래로 변질될 것을 우려했기 때문이다.

6. 선행 연구

그동안 신앙 윤리에 대한 저서들은 종교개혁자들과 후기 개혁파 신학자들을 통해 많이 출간되었다. 스트라스부르의 종교개혁자 마틴 부쳐(1491-1551)는 『그리스도의 왕국에 관하여』(De Regno Christi)에서 국가의 왕이 하나님의 말씀에 기초하여 세상을 통치하는 방법을 기술했다. 그는 그리스도의 왕적 통치가 종교 및 일상생활 속에서 이루어지도록 기독교적 윤리를 제시하는 데 목적이 있었다. 칼빈의 『기독교 강요』는 신학적인 저술이면서도 동시에 그리스도인들의 삶을 심도 있게 다룬다.

청교도들은 신앙 윤리를 개인, 가정, 교회, 사회 생활 등에 적용하는 저술들을 집필했다. 청교도의 아버지 윌리엄 퍼킨스는 『직업 소명론』(A Treatise of the Vocations)을 통해 직업과 노동에 대한 기독교적인 관점을 묘사한다.[45] 윌리엄 에임스는 『신학의 정수』에서 신학을 '신앙'과 '순종'의 두 부분으로 나누어 설명하면서 기독교 신학의 요체를 신앙와 삶의 관계로 풀어낸다. 리처드 백스터의 『기독교 생활 지침』(A Christian Directory)은 개인, 교회, 가정, 사회 전체를 아우르는 윤리 지침들을 다룬다.[46] 헨리 스쿠더의 『거룩한 안전과 평화 속에 그리스도인의 매일의 삶』(The Christian's Daily Walke in Holy Securitie and Peace)과 루이스 베이리의 『경건의 실천』은 하나님과 동행하는 삶의 방식들을 설명한다. 스쿠더는 금식과 주일 성수, 친구와의 교제를 구체적으로 다루고 있으며,[47] 베이리는 죄의 제거, 천국 묵상, 소망, 하나님의 자비, 고의적 죄, 명성에 대한 주의, 세속적인 일에 대한 그리스도인의 태도, 언어의 사용, 소명에 따른 행동, 재물, 행정장관의 정의 실현, 오락에 대해 묘사한다.[48] 토머스 왓슨의 『경건을 열망하라』는 경건과 관련하여 신앙 윤리의 기준, 원리 그리고 실제를 잘 묘사한다.[49]

개혁신학자들은 종교개혁의 원리인 성경에 기초하여 그리스도인들이 어떻게 살아야 하는지에 대해 고민하고 이를 교육하기 위해 신앙고백서와 요리문답들을 만들고 그것들에 대한 해설서들을 작성했다. 20세기 네덜란드의 신칼빈주의자였던 카이퍼와 바빙크는 기독교 세계관의 개념을 통하여 신앙의 윤리를 제공했다. 바빙크는 『개혁파 윤리학』, 『찬송의 제사』, 『계시와 철학』, 『일반은혜』 등을 통해 신앙의 윤리, 신앙고백의 원리, 삶의 실천 등을 풍성하게 드러낸다. 카이퍼의 『칼빈주의 강연』, 『일반은혜』, 『하나님께 가까이』 등은 더할 나위 없이 훌륭한 신앙 윤리의 원리들과 적용점들을 제시한다.

오늘날의 신학자들은 신앙 윤리를 기독교 세계관과 문화의 관점에서 그리스도인들이 세상 문화에 대해 어떤 태도를 가져야 하는지에 대해 다루는 경향이 있다. 이런 책들도 그리스도인들의 삶에 실질적인 도움을 제공한다. 그리스도인의 신앙 윤리를 실천 및 적용 중심의 문화적 접근을 통해 제시하는 시도들은 그리스도인들이 소화하기에 좋은 음식과 같다. 하지만 대부분은 내용이 가볍고 원리와 원리가 어떻게 연결되어 있는지에 대한 통찰을 제공하기에는 아쉬움이 남는다.

요사이 신앙 윤리에 대한 본질적인 원리를 설명한 책들을 거의 발견하기 어렵다. 삶을 이야기하기 전에 본질을 설명하라. 본질이 설명되면 삶이 뒤따른다. 본질을 말할 때는 삶과 떼어놓지 말라! 본질과 본질의 특성들 또는 교리와 삶이 분리되어 설명된다는 것은 얼마나 본질의 의미를 퇴색시키며 메마른 것으로 만들어 버린단 말인가!

7. 인용 자료에 대한 설명과 본서의 의의

본서는 위에서 언급한 다양한 주제들에 대한 기독교 신앙 윤리를 살펴보기 위해 가능한 한 성경적 진술을 확보하려고 노력했다. 이는 한편으로는 독자들로 하여금 신앙 윤리의 주제들이 성경에 기초하고 있음과 주제에 대한 성경적 해설이 개혁주의적 관점에서 어떻게 제시되고 있는지를 한눈에 보여주고자 의도했기 때문이다.

개혁신학자들이 그랬던 것처럼 신앙 윤리의 기준이 하나님의 계시로서의 성경일 때에만 비로소 참되며 객관적이고 학문적인 원리가 확립된다. 다른 한편으로는 본서를 읽는 이들이 본서에서 논의되는 다양한 주제에 대해 성경을 통해 확인해 볼 수 있도록 성경에 대한 접근성을 높이기 위함이었다. 이를 위해 성경이 각 주제에 관해 가르치고자 하는 바를 성경의 진술들을 통해 간단한 방식으로 설명하려고 노력했으며, 그런 해석들은 필자 개인의 주관적 해석이 아니라 개혁신학적 관점에서 설명된 것들임을 밝힌다.

성경과 더불어 개혁주의의 전체적 관점을 위해 개혁신학자들의 글들을 주요 텍스트로 삼았다. 혹자는 성경과 개혁신학자들의 글들이 무슨 상관이 있느냐고 반문할 것이다. 그저 성경에 대한 한 교파의 관점이나 해석에 지나지 않는다고 치부할 수도 있다. 하지만, 이것은 커다란 오해다. 개혁신학자들이 쓴 기독교 교리와 체계에 관한 글들은 다름 아닌 사도신경의 체계를 따른다는 점을 주목해야 한다. 기독교는 삼위일체 교리에 기초하여 서 있다.[50] 사도신경은 천지를 창조하신 성부 하나님의 전능하심과 사랑, 그 외아들 예수의 인격과 사역, 그리스도 그리고 성령 하나님과 교회의 교통에 대한 신앙고백으로 이루어져 있다.

필자는 기독교 신앙 윤리 역시 기본적인 틀로 사도신경과 개혁신학자들이 제시한 체계의 견고함을 따라야 한다고 확신했다. 이와 관련하여 가장 먼저 언급할 책은 칼빈의 『기독교 강요』다. 문병호에 따르면 사도신경의 틀을 따라 구성된 『기독교 강요』의 신학 주제들은 "교리를 올바르게 가르치는 순서"와 관계되어 "가장 적합한 방식"으로 이루어져 있다. 이런 의미에서 『기독교 강요』는 "성경의 가르침에 충실한 교리들을 망라하여 서술한 신학적, 신앙 고백적, 신앙 교육적 책이다."[51] 이에 제1부의 2장과 제2부의 5-10장의 순서와 내용들은 칼빈의 『기독교 강요』에 기초하고 있다. 필자는 그동안 수많은 신학 서적을 읽고 연구했지만, 칼빈의 『기독교 강요』를 능가하는 책을 본 적이 없다. 루터는 필립 멜랑흐톤(1497-1560)의 『신학총론』을 성경 다음 가는 최고의 책으로 칭찬했고, 조나단 에드워즈(1703-1758)는 페트루스 판 마스트리흐트(1630-1706)의 『이론-실천신학』에 최고의 찬사를 보냈으며, 코넬리우스 반틸(1895-1987)은 자신의 장서 가운데서 한 권의 책을 선택한다면 헤르만 바빙크의 『하나님의 큰 일』을 선택하겠다고 했다. 필자에게 성경 다음으로 가장 대단한 책을 추천하라고 한다면, 그것은 『기독교 강요』일 것이다.

세 번째 개혁주의 신학의 최상의 발전에 기여했던 아브라함 카이퍼와 헤르만 바빙크의 저술들은 기독교 신앙 윤리에 있어서 더없이 중요한 자료들이다. 독자들은 본서 전체에서 카이퍼와 바빙크의 글들을 수시로 발견할 수 있을 것이다. 제3부에서 다루고 있는 국가(12장), 종교(13장), 예술(15장)에 대한 신앙 윤리의 전체적인 틀은 카이퍼의 『칼빈주의 강연』을 따랐다. 개혁주의를 세계관으로 이해한 카이퍼의 관점은 그의 사후 100년이 지났지만 결코 시대에 뒤떨어지지 않는다. 바빙크의 분명하고도 예리한 개혁주의적 관점은 기독교 신앙 윤리에 놀라운 통찰을 제공한다. 이에 필자는 논의의 확정을 시도할 때 바빙크의 글들을 자주 인용했다.

네 번째 종류의 자료들은 17세기 개혁파 정통 신학자들이었던 청교도의 작품들이다. 청교도들은 기독교 신앙 윤리에 대한 지대한 관심을 가지고 있었다. 그들의 글은 신앙 윤리의 모토와 핵심적 원리를 언제나 새롭게 환기시킨다. 이 외에도 다수의 1차 저자들과 2차 자료들을 인용했다. 인용 자료들은 가능하면 번역본을 사용하려 노력했다. 독자들이 인용 자료의 출처를 쉽게 확인하고 필요할 경우 자료들을 읽어볼 수 있도록 배려했다.

본서는 칼빈 및 다른 저술가들의 글을 단순하게 인용한 것이 아니다. 그들의 글들을 기독교 신앙 윤리의 관점에서 살펴보고 중요한 통찰들과 각 주제에 필요한 요점들을 제시하기 위해 노력을 기울였다. 본서는 위에 언급된 개혁신학자들의 저술들을 총망라하여 기독교 신앙 윤리에 대한 개혁주의 관점을 종합했다는 데 의의가 있다. 또한 오늘날 현대 사회와 한국 사회를 살고 있는 그리스도인들에게 기독교 신앙 윤리에 꼭 필요한 주제들의 핵심과 요점들을 이해할 수 있도록 성경과 교리와 삶의 통합적 이해를 제공한다. 물론 본서에서 다루는 주제 외에도 기독교 윤리가 다루는 주제는 상당히 많다. 인간의 본성, 양심, 중생, 회심, 칭의, 성화, 교회 생활 등은 기독교 윤리에서 중요한 요소들이다. 이 중에서도 양심이라는 주제는 바빙크가 강조한 것처럼 기독교 윤리학에서 매우 중요한 주제다.[52] 이러한 주제들을 종종 다룰 것이지만, 학문적으로 매우 세밀하게는 다루지 않으려고 한다.

본서는 기독교 윤리학에 관한 책이 아니다. 오히려 본서의 목적은 성경이 그리스도인들에게 꼭 전달하려고 하는 신앙 윤리의 핵심을 전달하고, 역사신학적 관점을 통해 그리스도인이 혼란스러워 하는 문제들에 대한 성경적 혜안과 통찰들을 제공하는 데 목적이 있다. 본서가 3부로 되어 있는 것도 그런 이유다. 제1부에서는 기독교 신앙 윤리의 원리를, 제2부에서는 기독교 신앙 윤리의 주제들을 그리고 제3부에서는 기독교 신앙 윤리와 세상의 관계를 주목하며 오늘날 그리스도인들이 고민하고 있는 실제적인 문제와 고민들을 깊이 다루면서 기독교적 해안을 제공하고자 노력했다. 마지막으로 독자들이 읽는데 어려움을 느끼지 않도록 최대한 쉬운 문체를 쓰려고 노력했다.

모쪼록 독자들이 본서를 통해 기독교 신앙 윤리의 핵심을 잘 파악하고 삶 가운데 적용할 수 있기를 바란다.

> 그러므로 무엇이든지 남에게 대접을 받고자 하는 대로 너희도 남을 대접하라 이것이 율법이요 선지자니라(마 7:12).

제2장

기독교 신앙 윤리의 정체성: 하나님, 인간, 세계의 관계

> 태초에 하나님이 천지를 창조하시니라 땅이 혼돈하고 공허하며 흑암이 깊음 위에 있고 하나님의 영은 수면 위에 운행하시니라(창 1:1-2).
>
> 바울이 아레오바고 가운데 서서 말하되 아덴 사람들아 너희를 보니 범사에 종교심이 많도다 내가 두루 다니며 너희가 위하는 것들을 보다가 알지 못하는 신에게라고 새긴 단도 보았으니 그런즉 너희가 알지 못하고 위하는 그것을 내가 너희에게 알게 하리라 우주와 그 가운데 있는 만물을 지으신 하나님께서는 천지의 주재시니 손으로 지은 전에 계시지 아니하시고 또 무엇이 부족한 것처럼 사람의 손으로 섬김을 받으시는 것이 아니니 이는 만민에게 생명과 호흡과 만물을 친히 주시는 이심이라 인류의 모든 족속을 한 혈통으로 만드사 온 땅에 살게 하시고 그들의 연대를 정하시며 거주의 경계를 한정하셨으니 이는 사람으로 혹 하나님을 더듬어 찾아 발견하게 하려 하심이로되 그는 우리 각 사람에게서 멀리 계시지 아니하도다(행 17: 22-27).

1. 인간의 본질적인 질문: 나는 누구인가?

"나는 누구인가?" 이 질문은 세상에 살고 있는 사람이라면 누구나 던지는 물음이다. 이 질문은 인간이 자신의 정체성을 아는 데서부터 행복을 추구하고 존재라는 사실을 암시한다. 참된 행복이란 자신에 대한 앎이 전제된다. 인간은 자기 자신이 어디에서 왔는지 무엇을 위해 존재하는지 항상 질문한다. 카이퍼는 다음과 같이 말한다.

> 인생에서 중요한 질문들은 아무리 옆으로 제쳐놓으려 해도 항상 되돌아온다. 우리가 어디서 왔는지, 우주와 세계가 어떻게 존재하게 되었는지, 우리가 어떻게 존재하게 되었는지에 대한 의문들을 간단히 억누를 수 없다. 불신자들은 이런 의문들에 대해 쩔쩔매면서도 믿지 않으려 하고, 결국에는 의문들에 대해 숙고하기를 거절하며, 지성을 아둔하게 하고 의식을 어둡게 만든다. 우리가 죽으면 어디로 가는지, 어떻게 세상이 하루 만에 끝날지, 피조 세계 전체의 목적이 무엇인지에 대한 의문들을 억누르는 만큼만 만물의 기원에 대해 아주 조금 질문한다. 창세기라는 풍성한 책이야말로 만물의 기원에 대한 의문에 충분히 만족스러운 답변을 준다.[1]

오래전부터 철학에서는 인간의 정체성에 관해 그 답을 내리려 시도했다. 철학은 세상의 역사 속에서 인간의 이성을 사용하여 사물의 이치와 진리를 발견하고자 애를 쓰며, 이러한 사유를 통해 진정한 행복을 얻고자 했다. "사람은 모두 행복을 추구한다."[2] 행복은 그것이 진실이든지 혹은 거짓 행복이든지 간에 모든 사람이 추구하는 목적이다.

고대의 철학자들이 행복을 얻기 위해 진리를 궁구했던 것은 우연이 아니다. 소크라테스, 플라톤, 아리스토텔레스, 플로티누스, 스토아 철학자들은 한결같이 행복한 삶에 대해 이야기 했다. 소크라테스는 "너 자신을 알라"는 명언을 남겼다. 그는 인간이 지식에 있어서 매우 무지한 존재라는 사실을 강조했다. 그러한 인간의 무지를 깨닫는 것이 최상의 지혜라고 생각했기 때문이다. 그의 또 다른 명언 중에, "무지를 아는 것이 앎의 시작이다"라는 말이 있다. 그에게 앎은 선이요 무지는 악이다. 나의 무지를 알 때 비로소 선은 시작된다. 내가 누구인가를 알고, 나라는 존재에 합당한 삶을 살아갈 때, 더 나은 인간의 삶을 행위할 수 있다고 본 것이다.

세네카는 철학적 연구에는 두 가지 분야가 있다고 믿었다. 하나는 하나님에 대한 것이고 또 다른 하나는 인간에 관한 것이다. 인간에 관한 철학은 세상에서 무엇이 행해져야 하는지에 관한 것인 반면, 하나님에 관한 철학은 하늘에서 무엇이 행해졌는지에 관한 것이다. 인간이라는 주제는 "우리의 잘못들을 쫓아내고 인생의 미로를 푸는 빛을 비추고, 다른 하나는 그 흐릿한 빛을 훨씬 초월한다. 그 안에서 우리는 암흑으로부터 더듬어 자신을 구원하고, 그 빛은 우리를 빛 자체의 근원으로 인도한다."[3]

가톨릭 인문주의자 데지데리우스 에라스무스(c. 1466 - 1536)는 『엔키리디온』(그리스도 군사를 위한 지침서)에서 그리스 철학자들이 추구했던 행복의 원리는 자기 자신을 아는 지식에 맞닿아 있음을 지적하면서 "자기 자신을 아는 것이 지혜의 주요한 부분"이라고 강조했는데 일면 옳은 지적이다.[4]

블레즈 파스칼(1623-1662)은 세상에 세 종류의 사람이 있다고 말한다. 첫째는 신을 발견한 다음 신을 섬기는 이들이 있다. 둘째는 신을 발견하지 못해서 자신의 힘으로 신을 찾고자 하는 사람들이다. 마지막 부류의 사람들은 신을 찾으려 하지 않은 채 살아간다. "첫째 사람들은 합리적이고 행복하고, 마지막 사람들은 불합리하고 불행하다. 중간 사람들은 불행하지만 합리적이다."[5]

어떤 이들은 자기 자신을 아는 데는 전혀 관심이 없고, 그저 앞에 있는 부와 명예와 권력을 행복의 조건으로 이해하기도 한다. 이런 종류의 사람들은 개인과 개인을 전혀 별개의 존재로 파악하고 오직 자신의 성공만을 위해 산다. 타자에 대한 관심은 없고, 그저 개인의 자아 성취 또는 자아실현에 자신의 목숨을 건다. '악인은 그의 교만한 얼굴로 말하기를 여호와께서 이를 감찰하지 아니하신다 하며 그의 모든 사상에 하나님이 없다'고 한다(시10:4). 삶의 소욕과 야망에 눈이 먼 사람들은 일부러 자기 자신에 대한 앎에 크게 관여치 않을수도 있겠지만, 생명과 죽음, 행복과 쾌락 앞에서 인간은 늘 자기 자신에 대한 앎에 대해 인정하든지 혹은 인정하지 않든지 완전히 외면할 수 없다.

어니스트 헤밍웨이(1899-1961)는 스페인 내전에 대한 경험을 바탕으로 『누구를 위해 종은 울리나』(For Whom the Bell Tolls)라는 소설을 썼다. 원래 이 소설의 제목은 영국의 대표적인 시인이었던 존 던(1572-1631)의 작품 『헌신들』(Devotions)의 17장(제목: 이제, 다른 이를 위해 부드럽게 울리고 있는 종[bell]은 당신이 죽었음에 틀림없다고 말한다)의 한 구절을 인용하여 만들어진 것이다. 『헌신들』은 전체가 명상(Meditation)-충고(expostulation)-기도(prayer)의 구조로 되어 있는데, 『누구를 위해 종은 울리나』는 '명상'의 일부에 속한다.

던은 '명상'의 첫머리를 다음과 같이 시작한다. "어쩌면 이 종소리가 울리는 사람에게 있어서 그 사람은 종이 자신을 위해 울린다는 것을 알지 못할 정도로 병들어 있을 수도 있습니다. 어쩌면 나와 관해 나의 상태를 보는 이들이 나를 위해 종을 울리도록 했는데도 내가 그 사실을 알지 못할 정도로 자신을 훨씬 더 나은 사람으로 착각할 수도 있습니다." 던은 "교회가 보편적이며 우주적이어서 모든 것이 교회의 행동들"이라고 강조한다.[6] 또한 인류가 하나님 안에서 세계의 일부이며, 따라서 인간이 경험하는 고통을 남의 것으로 치부하며 살지 말 것을 강조한다. '명상'의 일부를 옮기면 다음과 같다.

> 아무도 섬처럼 홀로 존재하는 존재가 아닙니다. 모든 사람은 대륙의 한 조각이며, 더 큰 전체의 일부입니다. 흙덩이가 바다에 의해 씻겨 내려간다면, 그것이 곶이든, 당신의 친구의 영지이든, 당신 자신의 영지이든 유럽은 그만큼 줄어드는 것입니다. 어떤 이의 죽음도 나를 감소시킵니다. 왜냐하면 나는 인류의 일부이기 때문입니다. 그러므로 종소리가 누구를 위해 울

리는지 물을 필요가 없습니다. 그 종소리는 바로 당신을 위해 울리는 것입니다.[7]

존 던이 살던 당시에 사람이 임종을 하면 교회당의 종을 쳤다. 종소리가 나면 사람을 보내어 누가 죽음을 맞이했는지 알아보았다. 던은 전염병으로 많은 이가 죽었을 뿐 아니라 자신도 전염병에 걸렸던 차에 종이 울리는 소리를 듣고서 이와 같은 시를 지었다. 이번에는 누가 죽었기에 종이 울리느냐고 알아볼 겸 사람을 보낼 필요가 없다는 것이다. 왜냐하면, 그 사람의 죽음은 인류의 한 부분의 죽음이기 때문이다. 던은 인간이 독립된 존재가 아니라 전 인류의 일부로 연결되어 있음을 강조한다. 타인은 나와 상관없는 타자(他者)가 아니라, 인류라는 고리 안에서 나와 연결되어 있는 존재다.

세계와 인간의 관계는 인간의 삶을 이해하는 중요한 열쇠이다. 사람들은 피조 세계에 대한 관찰을 통해 해석하고 판단하여 종합적인 결론을 내린다. 그러한 세상과 상호 작용하여 자신의 인식과 판단을 통해 자기 자신에 대한 정체성을 형성한다. 나는 누구인가라는 질문은 결국 세계관에 관한 질문이다. 다시 말해, 내가 누구인지 알기 위해서는 내가 바라보는 세계가 어떤 세상인가를 알아야 한다. 인간이 자신의 정체성을 아는 지식은 세상에 대한 관찰에 영향을 받기 때문이다. 하늘, 바다, 육지, 건물, 물건, 사람 그리고 세상의 역사를 관찰하면서 사람들은 자연스럽게 본인 자신을 알아간다. 세계를 바라보면서 본인이 누구인지를 안다는 말이다.

하지만 인간은 세상에 대한 관찰에서 만족할 수 없음을 깨닫고, 더 심원한 근원으로 거슬러 올라가서 자신과 세상을 존재하게 만든 최초의 존재가 누구인지에 대해 질문한다. 세상에는 두 가지 세계관이 존재한다. 하나는 하나님이 세상을 창조하셨으며 죄로 타락한 인류를 구원하시는 것은 오직 하나님께 달려 있다는 유신론적 세계관이다. 다른 하나는 인간이 스스로 구원을 성취할 수 있다는 입장이다.

두 가지 세계관의 대표적인 문학 작품의 예를 들면, 파스칼과 요한 볼프강 폰 괴테(1749-1832)의 작품들일 것이다. 파스칼은 『팡세』에서 신적 존재의 필연성에 대해 말한다. 인간은 자신의 마음의 공간을 우주로 채울 수 없다. 왜냐하면 인간은 우주와 다르게 생각하는 존재이기 때문이다. "사람은 눈을 높은 곳에 돌리지만 그는 모래 위에 몸을 의지한다. 그래서 땅은 꺼지고 사람은 하늘을 바라보면서 쓰러질 것이다." 인간은 사유의 과정을 통해 자신의 비참함을 깨닫고 이를 구원할 유일하며 절대적인 신적 존재의 필요성을 인식한다.[8] 바빙크가 『개혁교의학 개요』에서 '사람의 최고선'이라는 주제를 다루면서 인간의 비참함에 대한 파스칼의 심오한 지적을 언급한 것은 전혀 놀랍지 않다.[9]

반면, 괴테는 『파우스트』에서 인간이 온갖 인간의 정욕과 충동에도 불구하고 끊임없이 노력한다면 구원을 얻을 수 있다고 주장한다. 그는 비극 제1부를 다음과 같이 시작한다.

> 아아! 철학, 법학, 의학, 게다가 유감스럽게 신학까지도 온갖 노력을 기울여 깊이 파고들었거늘 이 가련한 바보가 조금도 더 지혜로워지지 않았다니! 석사라 불리고 박사라 불리며, 벌써 10년 동안이나 위로, 아래로, 이리저리 사방 천지로 학생들의 코를 꿰어 끌고 다녔지만-결국, 우리가 아무것도 알 수 없다는 사실만을 깨닫다니! 그러니 어찌 속이 바싹 타들어 가지 않겠는가. 물론 박사니 석사니, 글쟁이니 성직자니 하는 온갖 어리석은 인간들보다야 내가 더 현명하지. 나는 의혹이나 의심에 시달리지 않고, 지옥이나 사탄도 두려워하지 않으니까.[10]

괴테는 『파우스트』에서 인간이 비록 방황할지라도 끝까지 노력하는 한 앞으로 나아갈 수 있다는 "긍정적이고 낙천적인 세계관"을 제시한다.[11] 파스칼과 괴테의 두 가지 세계관 가운데 어떤 편이 옳은가? 이 질문은 '세계가 어떤 세계인가'라는 질문과 함께 '인간이 세계를 어떻게 인식하는가'라는 질문과 연관된다. 세계와 인간의 인식과 판단 사이의 관계에 대해 바빙크는 다음과 같이 쓴다.

> 예로부터 인류는 정신이 어떻게 우리의 의식 바깥의 사물들을 가지며, 어떻게 생각 속에서 사물들을 알 수 있는지, 그리하여 인간의 지식의 근원과 본질 그리고 한계는 무엇인지에 관해 숙고해 왔습니다. 우리 모두가 자연스럽게 그리고 아무런 강제 없이 우리 바깥의 세계의 존재를 받아들이고, 지각과 사유를 통해 외부 세계를 우리 정신의 소유물로 만들고자 하며, 그렇게 함으로써 사물들에 대한 더 순수하고 신뢰할 만한 인식을 얻고자 한다는 점은 확실합니다. 그러나 우리의 의식으로부터 독립적인 존재의 실재성에 대한 믿음은 무엇에 근거하고 있으며, 지각과 사유를 통해 풍성해지는 우리의 의식이 존재의 세계와 일치한다는 보증은 어디에 있습니까?[12]

인간의 의식과 존재의 세계의 일치를 보증하는 것은 인간의 이성이나 감정이 아니다. 오직 이 일치를 가능케 하는 것은 하나님의 객관적 계시로서의 성경뿐이다. 세계와 인간의 관계에 대해 성경보다 더 정확하게 말해주는 곳은 없다. 성경은 세계에 관해 가장 명확하면서 장엄한 목소리로 선언한다. "태초에 하나님이 천지를 창조하시니라 땅이 혼돈하고 공허하며 흑암이 깊음 위에 있고 하나님의 영은 수면 위에 운행하시니라"(창1:1-2).

세계는 하나님의 피조물로서 하나님이 창조하신 인간에 의해 다스려진다. 하나님은 세상의 모든 만물을 창조하시고 피조 세계에 질서를 부여하셨다. 모든 세계가 질서와 종류와 구분을 가지고서 창조되었기에, 하나님은 인간에게 세계의 만물을 다스릴 것을 명령하셨다. 하나님은 자기 형상대로 사람을 창조하시고 남자와 여자를 만드셨다. 그들은 세상의 모든 만물을 정복해야 할 사명을 받았다. 하늘과 땅과 바다의 모든 만물을 관찰하여 각각 본질에 따라 다스리는 것이다. 다스림을 가장 먼저 보여주는 사건이 아담이 만물의 이름을 짓는 장면에 등장한다. 아담은 들짐승과 공중의 각종 새와 기타 생물들을 보는 즉시 각각의 이름을 지을 수 있었다. 또한 자신의 아내의 이름을, 남자에게서 취하였기에 '여자'라고 칭했다. 하나님이 창조하신 아담은 탁월한 지혜와 지식을 가지고 있었다. 세계를 올바로 판단할 줄 알았고, 자신의 근본이 무엇인지, 삶의 목적을 이해했다. 세계에 대한 올바른 이해는 결국 인간과 세계를 창조하신 하나님에게서야 비로소 성취된다.

계시에 기초한 장엄한 창조의 선포가 아니라면 인간은 자기 자신에 대한 생각에 몰두하나 끝내 답을 얻지 못한다. 사람은 먹기 위해 사는가, 아니면 살기 위해 먹는가라는 질문은 매우 단순하면서도 본질적인 질문이다. 사람들은 이러한 질문에 답하려고 꽤나 노력을 기울인다. 가정에서 남편과 아내, 부모와 자녀, 형제와 자매 사이에서 각각 가족 구성원으로서의 일원으로 자기 자신을 들여다본다. 하지만 죄로 타락한 인간은 유년기, 학교생활, 대학 입시와 졸업, 직업과 직장의 선택, 사회 진출과 가정 형성, 수입 창출과 자녀 교육 등과 같은 생활을 영위하지만, 정작 본인이 무엇을 위해 살아야 하는지에 대해 까마득하게 잊고 산다. 사회가 합의한 기준에 비추어 자신의 삶이 물질적으로 윤택하면 행복하다고 느끼고, 세상적인 야망을 위해 달려가나 세속주의적 허무에 이를 뿐이다. 그렇지 않을 경우에는 비참하다고 느껴 염세주의에 빠진다.

어느 지인은 삶이 허무하여 자녀를 낳고 살면 행복할까 하여 결혼하고 자녀를 낳아 키웠다고 한다. 하지만 행복도 잠시뿐 이내 영적 허기가 몰려왔다. 나라의 경제가 어렵고 정치가 혼란스러운 시대에 사는 현대인들은 사회적 불안에 불만을 표하며 결혼의 무용성을 강조하기도 한다. 불신자들은 결국 허무주의에 빠지게 되어 세상에 행복한 사람이 없다고 믿으며 자포자기한 상태로 살아간다. 인간이 스스로를 자기 기준으로 삼을 때, 영원을 사모하도록 만들어진 인간은 인간 자신의 허상을 마주하게 된다. 청교도 신학의 거장 마틴 로이드 존스 목사(1899-1981)[13]는 '인간'에 대한 현대 사상에 경각심을 가지라고 충고한다.

> 인간이란 어떤 존재입니까? 현대 사회를 살아가는 인간과 인간이 가지고 있는 문제에 대해서 바르게 성찰하기 위해서는 반드시 이 질문에 답해야 합니다. 인간이 어떤 존재인지에 대한 기본 전제가 잘못되어 있으면, 인간이 가진 문제에 대한 견해와 그 문제를 해결하기 위한 방법 역시 틀림없이 잘못될 수밖에 없습니다.[14]

데이비드 호킹(1927-2012)[15]은 세속주의와 인간의 이기주의가 사회적 합의로서의 도덕 기준조차 초월해 가는 현상을 지적한다.

> 그러나 이 모든 세속주의와 개인주의가 지금까지 어떤 결과를 초래해 왔습니까? 인간이 조금이라도 더 행복해졌습니까? 이 세상에 범죄가 줄어들었습니까? 국가들은 고질적인 정신적 병폐로부터 해방되었습니까? 결혼과 가족 속에 이기주의가 호언한 행복과 축복의 모습이 나타나 있습니까? 이 땅에 평화가 실현되었습니까? 가난, 알코올 중독, 마약, 성적 문란, 이혼, 낙태, 성병 등의 문제가 단 하나라도 해결되었습니까? 모든 것이 돈으로 가능해지게 되었습니까? 사기, 절도, 공갈, 살인 등이 감소되어 왔습니까? 우리는 이성적으로 좀 더 솔직해져야 할 때가 왔습니다. 우리가 무엇을 하든 상태는 조금도 나아지지 않을 것입니다. 아니, 도저히 충족시킬 수 없는 그 무엇을 추구하느라 우리는 자신을 파멸시켜 가고 있는지도 모릅니다.[16]

인간이 세상을 바라보는 척도를 자신에게 둘 때, 인간은 교만과 죄악 가운데 스스로 감당하지 못하는 벼랑 끝으로 내몰린다. 자신의 판단을 신뢰하지 못할 때 세계를 바라보는 모든 관점은 무너진다. 확신 없이 살아갈 수밖에 없는 인간은 자신의 판단을 최고의 법으로 믿고 확신할수록 점점 회의론에 빠진다.

인간의 절망과 파국을 계획하고 시도하는 것이 바로 사탄의 일이었다. 사탄은 하와에게 찾아와 선악과 열매를 따먹도록 유혹한다. 하나님처럼 선과 악을 판단하는 주권자가 되라고 속삭인다. 하와는 그 말에 솔깃하여 마음에 교만이 움트기 시작했고, 아담이 따먹었을 때 죄는 완성되었다. 그들은 스스로 인생의 주인이 되려고 했다. 그 즉시, 최초의 인류는 자기만의 삶의 방법을 고안하여 죄의 문제를 모면하려 했다. 그들은 곧바로 죄악으로 인해 발동한 양심의 가책을 느꼈으나, 벌거벗은 수치를 가리기 위해 무화과나무 잎을 엮어 옷으로 삼고, 하나님의 낯을 피하여 동산 나무 사이에 숨었다. 죄의 문제를 해결하기 위한 궁여지책이었으나, 궁극적인 죄악을 덮지 못했다.

하나님을 인생의 권위로 두지 않는 한, 육적 인간은 자기 자신의 숭배에 이를 수밖에 없게 된다. 죄로 뒤틀린 인간의 종교성은 하나님을 향해 예배하기 위한 명목으로 우상을 만들고 숭배하지만, 자기 스스로 만들어 낸 신앙을 숭배하는 것에 지나지 않는다. 우상 숭배는 자아 숭배와 동의어다. 칼빈은 자신의 『제1차 신앙교육서』에서 말하길, "인간은 자기 본성의 뛰어난 탁월함을 의지하고 이런 탁월함의 원천과 근거를 망각함으로써 자기를 주님보다 더 높이려 한 까닭에 어리석게도 자기를 자랑하는 데 사용한 하나님의 모든 은총을 빼앗겨야 했다"라고 쓴다.[17]

그러므로 '나는 누구인가'를 알기 위해서는 기본 전제가 필수적이다. 그것은 하나님의 특별계시인 성경의 가르침에서 시작된다. 성경은 사람이 하나님의 형상대로 창조되어, 하나님을 창조주로 알게 하고, 마음을 다해

사랑하며 그분과 함께 영원한 복락 속에서 살도록 하셨다고 가르친다.[18]

2. 하나님을 아는 지식과 나를 아는 지식

칼빈은 『기독교 강요』를 다음과 같이 시작한다.

> 궁극적으로 참되고 견실한 지혜로 여겨질 만한 우리 지혜의 요체[19] 거의 전부는 하나님을 아는 지식과 우리 자신을 아는 지식, 두 부분으로 이루어진다. 그러나 이 둘은 많은 고리로 이어져 있어서 무엇이 다른 것에 앞서며 무엇이 다른 것을 낳는지 분별하기가 쉽지 않다.[20]

성경은 '우리가 그를 힘입어 살며 기동하며 존재하느니라'(행 17:28)고 말씀한다. 인간은 "자기 자신에 대한 지각으로부터 즉시 돌이켜 우리 안에 살며 기동하며 계신 하나님에 대한 직관으로 향하지 않는 한, 결코 우리 자신을 볼 수" 없다. 우리가 지닌 재능과 은사들은 우리의 것이 아니라 하나님으로부터 온 것인데, 왜냐하면 인간의 존재는 하나님 안에서 존재하는 것이기에 그러하다.

하나님의 존재를 의식하고서 나 자신을 바라볼 때, 인간은 자신의 무지와 공허, 연약함과 타락 및 부패를 깨닫고, 진정한 의의 순수함이 오직 하나님께 있다는 사실을 알게 된다. "우리는 우리 자신에 대해 실망하기 전까지는 하나님을 진지하게 갈망할 수도 없다." 그러므로 자기 자신의 무지와 무능을 알게 되면 "하나님을 찾도록 자극을 받을 뿐만 아니라 마치 손에 끌려가듯이 하나님을 발견하게 된다."[21]

육신의 지식은 사람을 교만하게 만드는 반면, 그리스도에 대한 "참된 지식은 자신에 대한 사랑으로부터 떠나게 하며, 더 많이 알수록 자신의 무지를 부끄러워하게 된다."[22]

하지만 사람은 부패하여 자기 자신을 알지 못한다. 어떻게 죄로 타락한 사람이, 다시 말해 죄에 물든 세계관을 가진 사람이 자기 자신을 올바로 이해할 수 있는가? 아우구스티누스는 우리가 자신을 아는 것은 하나님이 우리에게 지혜를 주셔서 하나님을 볼 수 있는 빛을 주셨기 때문이며, 하나님의 얼굴의 광채가 '어둠이 낮과 같이 될 때'(사 58:10)까지는 자기 자신과 하나님을 알 수 없다고 고백한다.[23] 앎의 기준이 하나님을 아는 지식에 기초하지 않을 때, 모든 것은 사람의 관점으로 환원되어 주관주의에 빠지게 된다. 그러므로 어떤 것을 객관적으로 바라보기 위해서는 '표준'이 있어야 한다. 이러한 표준이 없을 때, 사람은 자신만의 표준을 세워 그것을 진리인 것처럼 생각하기 마련이다. 칼빈은 말한다.

> 정녕 우리는 눈을 들어 지상 너머를 바라보지 않는 한, 자기의 의, 지혜, 아름다운 능력에 만족해서 가장 달콤한 말로 자기를 자랑하고 자기를 반신(半神) 못지않게 여기는 데서 벗어날 수 없다. 그러나 일단 우리가 하나님에 대한 생각을 가다듬기 시작하여 그가 어떤 분이신지, 그의 의, 지혜, 능력의 완전함이 얼마나 엄밀한지를 헤아리게 되면 우리는 그 기준에 우리를 맞추어야 한다. 그러면 전에 의(義)로 가장하여 우리를 즐겁게 하던 것이 곧 더러워져서 최고 사악한 것으로 바뀔 것이며, 지혜라는 이름으로 우리에게 놀랍게 주어졌던 것이 악취를 풍기며 극도의 어리석음으로 바뀔 것이다.[24]

사람들은 가인이 구원을 받았는지 받지 못했는지를 놓고 씨름한다. 가룟 유다가 예수님을 팔고 나서 양심의 가책을 느껴 극단적인 선택을 한 것이 회개인가 아닌가를 두고 다툰다. 이 논쟁들은 솔로몬의 재판을 요구한다. 그들의 마음속에 들어가 보지 않았기에 그들의 구원 여부를 모른다고 판단을 보류할 것인가? 아니면 그들의 표면적 행위에 근거하여 그들이 구원을 받았다고 말해야 하는가? 가인은 동생 아벨을 죽이고 나서 하나님의 심판을 받을 때 고백했다. '가인이 여호와께 아뢰되 내 죄벌이 지기가 너무 무거우니이다'(창 4:13). 하지만 가인은 곧바로 에덴의 동쪽인 놋 땅에 거주하여 아들을 낳고 아들의 이름으로 성을 쌓는다. 영적으로 보면, 이런 행위는 하나님의 말씀으로부터 벗어난 세상적인 삶을 가리킨다. 가인의 후예들로부터 죄악이 무서울 정도의 속도로 확산되는 것만 봐도 그렇다.

가룟 유다는 어떠한가? 유다는 예수님을 팔고 '스스로 뉘우쳐 그 은 삼십을 대제사장들과 장로들에게 도로 갖다' 주었다(마 27:3). 그리고 말하기를, '내가 무죄한 자의 피를 팔고 죄를 범하였도다'라고 비통한 심경을 내보인 후, 은을 성소에 던져 놓고 스스로 목매어 죽었다(마 27:3-5). 가룟 유다의 회개는 진정한 회개였을까? 바빙크는 이러한 모습들이 참된 회심의 고백일 수 없다고 단언한다. 깊이 통회하는 마음으로부터 나온 것이 아니라 단순히 죄의 결과에 대한 절망의 외침일 뿐이기 때문이다. 가인과 유다의 절망어린 외침은 '구원에 이르게 하는 회개를 이루지 않고 사망을 이루는 세상 근심'과 크게 다를 바가 없다(고후 7:10).[25]

가인과 유다의 예시는 인간의 자의적 판단이 인생관의 기준이 되어서는 안 된다는 것을 보여 준다. 세계와 인간에 대한 객관적이고 종합적인 판단을 내릴 수 있으려면 죄가 개입되지 않은 세계관, 즉 죄가 없는 의의 순수함이 기준이 되어야 하는데, 이는 곧 하나님밖에 없다. 나를 아는 지식은 오직 유일하게 참되시고 최고선이신 하나님을 아는 지식과 필연적으로 맞물려 있다. 칼빈은 말한다.

> 반면에 사람은 먼저 하나님의 얼굴을 묵상하고 하나님에 대한 직관적 지식을 얻음으로 낮아져서 자기 자신을 면밀히 바라보기 전에는 결코 자기 자신을 아는 순수한 지식에 이를 수 없다. 우리 모두는 교만을 타고났기에,

확실한 증거에 의해서 우리 자신의 불의, 추함, 어리석음, 불순에 대하여 유죄 판결을 받지 않는 이상, 항상 자기를 의롭고, 순수하고, 지혜롭고, 거룩하다고 여기기 때문이다.²⁶

인간은 하나님의 거룩하심을 바라볼 때 자신의 빈궁한 처지를 깨닫게 된다. 칼빈에 따르면, 자기 자신과 하나님의 위엄을 비교할 때 인간은 절대로 자기 자신의 비천함으로부터 감동을 받지 못한다. 자기 자신에 대한 지식을 깨달을 때, 다시금 하나님의 선하심과 거룩하심의 탁월성을 알게 된다. 칼빈은 하나님을 아는 지식을 경험한 선지자들의 반응을 다음과 같이 묘사한다.

> 이러한 두려움을 느낀 예들이 사사기와 여러 선지서에 얼마나 가득한지(삿 6:22-23; 13:22; 46:5; 겔 1:28; 3:14) 하나님의 백성 중에서 다음과 같은 외침을 어렵사리 들을 수 있다. "우리는 죽을 것입니다. 왜냐하면 여호와가 우리에게 나타나셨기 때문입니다." 우리가 보듯이 욥의 이야기는 항상, 하나님의 지혜와 능력과 순수함에 대한 서술에서 가장 강력한 논증을 이끌어 냄으로써 사람들이 자기의 어리석음과 무능과 오염을 깨달아 엎드러지게끔 한다(욥 38장). 아브라함은 "티끌이나 재"(창 18:27)에 불과한 자신을 더 잘 깨달아서 여호와의 영광을 바라보기 위해 더욱 가까이 나아갔다. 엘리야는 하나님이 다가오시는 것을 참고 기다렸는데 자기 얼굴을 드러내고는 그렇게 할 수 없었다(왕상 19:13).

선지자들은 하나님 앞에서의 존재론적인 비참함을 고백했다. 야곱은 얍복강 가에서 천사와 씨름하던 중, 그가 하나님이라는 사실을 알고 난 후, 그곳 이름을 '브니엘'(하나님의 얼굴)이라 불렀다. 하나님과 대면하여 보았으나 자신의 생명이 보전되었기 때문이다(창 32:30). 삼손의 아버지 마노아는 여호와의 사자를 만나고 나서 '하나님을 보았으니 반드시 죽으리라'고 탄식했다(삿 13:22).

이사야는 환상 중에(직접 본 것이 아니라) 높이 들린 보좌에 계신 하나님을 보았다. 보좌가 하늘 꼭대기에 쳐다볼 수 없을 만큼 높은 곳에 놓여 있다. 천사들은 하나님의 거룩함의 영광에 압도 당한 나머지 똑바로 쳐다볼 수 없었다. 하늘 보좌 주변에 날개로 날면서 두 날개로 얼굴을 가렸다. 동시에 두 날개로 발을 가렸다. 발을 가렸다는 것은 부끄러움을 표현하는 상징적 행위다. 죄가 없는 천사조차도 거룩하신 하나님 앞에서 수치스러움이 그대로 드러났다. 그런 다음 하나님의 거룩하심과 영광에 압도되어 온 힘을 다해 외쳤다.

> 서로 불러 이르되 거룩하다 거룩하다 거룩하다 만군의 여호와의 그의 영광이 온 땅에 충만하도다(사 6:3).

천사들은 전심을 다해 자신들의 마음으로 표현할 수 있는 한 최선을 다해 하나님의 거룩하심을 찬양했다. 그들은 서로 화답하며 사인을 주고 받으며 찬송했다. 찬송의 가사는 다른 것이 아니었다. 하나님의 임재 앞에서 자신들의 수치와 비교할 때, 하나님의 거룩하심을 감탄하며 하나님의 영광에 합당한 찬양을 올려 드린 것이다. 찬양의 소리와 열기가 얼마나 대단했던지 성전 문지방의 터가 요동하고 성전에 연기가 충만했다. 이사야는 그 광경을 보고서 절규에 가까운 고백으로 외친다. '화로다 나여 망하게 되었도다 나는 입술이 부정한 사람이요 나는 입술이 부정한 백성 중에 거주하면서 만군의 여호와이신 왕을 뵈었음이로다'(사 6:5).

시편 기자는 고백했다. '수많은 재앙이 나를 둘러싸고 나의 죄악이 나를 덮치므로 우러러볼 수도 없으며 죄가 나의 머리털보다 많으므로 내가 낙심하였음이니이다'(시 40:12). 사도 요한은 환상 중에 그리스도의 모습을

'볼 때에 그의 발 앞에 엎드러져 죽은 자 같이' 되었다(계 1:17a).

3. 정보가 아닌 진정한 앎

개혁주의에서 하나님을 아는 지식이란 교리적인 메마름이나 단순한 지식적 정보를 의미하지 않는다. 머리로만 아는 지식이 아니라 하나님과의 인격적인 교제 속에서 흘러나오는 감화에 따른 지식이다. 개혁신학자들은 하나님을 아는 지식에 있어서 단순히 지적으로 접근하는 정보적인 지식과 마음의 활동을 포함하는 인격적 지식의 차이를 구분했다. 인격적인 앎에 대한 개혁신학자들의 관심은 그들의 글쓰기와 문체에 영향을 끼치곤 했다.

칼빈은 성격상 단순하고 쉽게 표현하는 글을 쓰는 것으로 잘 알려져 있다. 그는 『제1차 신앙교육서』(또는 1차 요리문답)에서 자신의 신앙교육서가 교회의 영역 밖에서 사용될 경우 이상한 오해와 비판을 받을까 염려했다고 출판에 대한 소감을 밝힌다. 왜냐하면, 신앙교육서가 "날카롭고 고상한 학습보다는 경건한 자원함으로 작성되었"기 때문이다.[27] 칼빈은 『기독교강요』 3권에서 그리스도인의 삶을 다루면서 최대한 단순하게 묘사하고자 했다. 그는 "삶의 교훈을 끝 간 데 없이 다 펼쳐 각각의 덕을 고유한 특성을 들어서 설명하고 그것들의 권고를 요소마다 소개할 마음"이 없었다.

칼빈은 "경건한 사람이 삶을 수놓아야 할 진정한 목표에 이끌림 받도록 방법을 제시하고, 그가 마땅히 감당해야 할 자기의 의무를 어김없이 숙고하도록 모종의 보편적 규범을 간략하게 기술하는 것으로" 만족하고자 했다. 그는 "천성적으로 간결함을 좋아"했다. 그는 다음과 같이 쓴다.

> 철학자들이 올바름과 덕망에 대한 확실한 정의를 내리고, 이로부터 개개의 의무들과 일단(一端)의 모든 덕목을 도출해 내듯이, 성경 역시 이와 관

련한 자체의 질서를 결코 결여하고 있지 않다. 오히려 성경은 가장 아름다운 경륜을 담고 있으며 어떤 철학적인 것들보다 더욱 확실하다. 유일한 차이는, 철학자들은 야심가들이므로 자기들의 천부적인 재능을 과시하기 위하여 사물들의 성향에 놀랄 만한 명료성이 있다는 점을 부각시키려고 부지런을 떠는 반면, 하나님의 영은 으스댐 없이 가르치시므로 방법 논리에 그리 엄격하게, 그리 지속적으로 얽매이지 않으신다. 그럼에도 불구하고, 그가 어디에든 방법 논리를 한 번 세우시면, 그것이 지시하는 바가 충분하여 우리는 그것을 무시할 수 없게 된다.[28]

칼빈의 단순한 글쓰기 방식은 스콜라주의자들의 방식에서 벗어나 성경이 가르치는 삶에 대해 효과적으로 전달할 수 있도록 하는 데 그의 목적이 있었음을 말해준다.

칼빈은 1537년에 『1차 요리문답서』를 작성했는데, 내용이 아이들에게 다가가기 쉽지 않았다. 목회 경력이 없었던 칼빈에게는 다소 신학적인 성격이 두드러질 수밖에 없었다. 스트라스부르에서 돌아온 칼빈은 아이들의 신앙 교육을 위해 『제네바 요리문답』(1542)[29]을 작성했다. 1차 요리문답서와 비교해 볼 때 내용과 구조가 상당히 단순하고 쉽게 바뀌었는데, 이는 교리적인 복잡성을 단순화하기 위한 것이었다. 그는 『제네바 요리문답』 제1문에서 "사람의 제일 된 목적이 무엇인가?"로 시작하고, "하나님을 아는 것"이라고 답한다. 제2문에서는 "왜 그렇게 말하는가?"이며 다음과 같이 답한다. "왜냐하면 하나님께서는 우리 안에서 영광을 받으시기 위해 우리를 창조하시고 이 세상에 우리를 두셨기 때문입니다. 그리고 그분 자신이 우리의 삶의 시작(beginning)이시기 때문에 우리의 삶이 그분의 영광을 위해 바쳐져야 한다는 것은 실로 옳습니다."[30]

칼빈이 말하는 하나님은 일반적으로 불리는 그저 단순한 칭호를 말하는 것이 아니다. 그가 말하는 하나님은 2문에 나와 있는 것처럼 창조주 하나님을 가리킨다. 즉, 칼빈은 인간을 창조하신 하나님을 인격적으로 아는 것을 하나님을 아는 지식의 원리로 소개한다.

『제네바 요리문답』은 『하이델베르크 요리문답』과 『웨스트민스터 소요리문답』에 지대한 영향을 끼쳤다. 『하이델베르크 요리문답』[31]은 박해를 받는 성도의 입장을 고려하여 기록되었기에 제1문은 "사나 죽으나 당신의 단 하나의 위로는 무엇입니까?"로 시작한다. 『웨스트민스터 소요리문답』은 칼빈이 요리문답서에서 제시한 첫 번째 질문을 고스란히 따르며 하나님의 영광 교리에 집중한다. 그러나 답변은 보다 풍성한 의미를 담고 있는 바, "하나님을 영화롭게 하며 영원토록 즐거워하는 것"이다. 창조주 하나님을 아는 것을 구체적으로 풀어서 실천적인 부분을 강조하고 있음을 어렵지 않게 발견할 수 있다. 하나님을 아는 것은 단순한 정보가 아니라, 하나님을 영화롭게 하는 것과 직결된다. 영화롭게 하는 것은 하나님을 영원토록 즐거워하고 기뻐하는 것이다. 이처럼 『웨스트민스터 소요리문답』은 칼빈에게서 출발하여 더욱 발전된 형태의 답변을 보여 준다.

참된 앎에 대해, 조나단 에드워즈는 '신앙의 정서'(Religious affection)라는 단어를 사용했다. 하나님에 대한 지식은 단순히 하나님을 생각하면 떠오르는 인간의 고양된 감정의 산물이 아니다. 에드워즈에 따르면, 참된 정서는 하나님에 대한 진정한 사랑, 그리스도에 대한 온전한 지식에서 나온다. 하나님에 대한 앎은 하나님과 하나님의 말씀에 대한 참된 지식에 따른 믿음과 사랑이 동반된다. 참된 신앙은 하나님에 대한 지식에 기초하여 하나님의 은혜를 누리고 감각을 받아 거룩한 의지를 왕성하게 발휘한다. 성령에 의해 거듭난 신자는 성령의 초자연적인 역사에 의하여 거룩한 정서와 의지를 행사한다.[32]

유사하게, 바빙크는 단순한 정보적 지식과 하나님을 아는 지식에 상당한 차이가 있다고 강조한다. 바빙크는 요한복음에 나오는 예수 그리스도의 대제사장적 기도를 통해 하나님을 아는 지식의 진수를 보여 준다. 다음의 인용문은 길지만 곱씹어 읽기에 충분한 가치가 있다.

위에서 언급한 그 대제사장적인 기도의 한 구절에서, 예수께서는 그저 정보로만 그치는 그런 지식이 아니라 진정한 앎(knowing)이 되는 그런 지식을 말씀하신다. 이 두 가지는 서로 현격한 차이가 있다. 식물이나 동물, 혹은 사람이나 나라 등에 대한 몇 가지 정보를 책에서 얻었다고 해서, 그런 주제에 대해서 직접적인 인격적인 지식을 가졌다고 할 수 없을 것이다. 그런 정보는 그저 다른 사람이 그 주제에 대해서 제시해 놓은 묘사에 근거하는 것일 뿐이다. 이런 의미에서 정보는 그저 머릿속에서 일어나는 사건이다. 그러나 진정한 앎이란 인격적인 관심의 요소와 개입(介入)과 마음의 활동을 내포하는 것이다.

그런데 그리스도께서 주신 하나님을 아는 지식에 관한 묘사를 말씀 속에서 찾을 수 있고, 그렇기 때문에 예수께서 뜻하신 하나님을 아는 진정한 앎과는 본질적으로 다른 하나님에 대한 정보를 갖게 될 가능성도 얼마든지 있다. 그러므로 주의 뜻을 아는 일종의 지식은 있으나, 그 뜻을 행하고자 하는 마음의 준비가 뒤따르지 않는 경우도 가능한 것이다(눅 12:47-48). 사람들이 주여, 주여, 하면서도 천국에 들어가지 못할 수도 있다(마 7:21). 사랑에 길을 내어주는 것이 아니라, 마치 마귀들의 믿음처럼 그저 두려워하고 떨기만 하는 그런 믿음이 있다(약 2:19). 말씀을 행하기를 원치 않고 그저 그 말씀을 듣기만 하여 두 배나 채찍에 맞게 될 그런 사람들이 있는 것이다(약 1:22).

이와 관련하여 예수께서 하나님을 아는 지식을 말씀하실 때에는, 자기 자신이 소유하시는 지식과 종류가 유사한 그런 지식을 염두에 두고 계신 것이다. 그는 직업적인 신학자도, 신학 박사나 신학 교수도 아니셨다. 그러나 그는 하나님을 직접 개별적으로 보고 생각하심으로써 그를 아셨고, 자연에서나 그의 말씀에서나 그의 섬김에서나, 어디서나 그를 보셨고, 다른 무엇보다도 그를 사랑하셨고, 모든 일에서, 심지어 십자가에 죽기까지 그에게 순종하셨다. 진리를 아는 지식은 모두가 진리를 행하는 그의 실천과 항상 함께하는 것이었다. 지식과 사랑이 함께 온 것이다.

과연 하나님을 안다는 것은 그에 관하여 많은 것을 아는 것에 있는 것이 아니다. 오히려 그리스도 안에서 그를 바라보는 것에, 우리의 삶의 길에서 그를 대면하는 것에, 또한 우리의 영혼의 체험 속에서 그의 덕과 그의 은혜와 거룩함과 그의 사랑과 은혜를 알게 되는 데에 있는 것이다.[33]

바빙크는 하나님을 아는 지식과 그 속성이 진정한 앎이라는 것을 강조하고, 그 지식을 믿음과 연관시킨다. 하나님을 아는 지식은 '두려워 떨기만 하는 그런 믿음'이 아니라, 사랑으로 역사한다. 하나님을 아는 지식은 우리의 인격 안에서 체험되는 지식이다. 바빙크의 표현은 사실상 칼빈이 이미 진술한 것이다. 칼빈은, "믿음은 우리를 향한 하나님의 선하심에 대한 견고하고 확실한 지식"이라고 말한다. 이 지식이 "성령을 통해서 우리의 마음에 계시되고 우리의 심장에 새겨진다."[34]

4. 사람의 본성에 새겨진 지식

인간의 타락에도 불구하고 사람의 본성에는 하나님을 아는 지식이 새겨져 있다. "모든 사람에게는 하나님이 주신 종교의 씨앗이 뿌려져 있다."[35] 그럼에도 불구하고, 사람들은 하나님의 존재를 부인하려 든다. 다윗은 '어리석은 자는 그 마음에 이르기를 하나님이 없다 하는도다'라고 탄식했다 (시 53:1). "심장에서 배태된 지식을 배양해 가는 사람은 거의 백에 하나도

되지 않으며, 더욱이 자기 안에서 그것을 숙성시켜서 제때 열매를 맺게 하는 사람은 아주 없다."[36]

사람들은 조금이라도 세상에 불의한 것이 보이면 하나님의 존재를 의심한다. 하지만 온 세상의 모든 민족이 신적 존재에 대한 의식을 가지고 있다는 사실이 역사적으로 증명된다. 예를 들어, 인류의 타락 이래 온 땅에 우상 숭배가 가득하다는 것은 하나님에 대한 지식이 인간에게 새겨져 있음을 방증(傍證)한다. 성경은 인류의 역사가 우상 숭배로 가득함을 증거하고 있다.

모세는 애굽의 모든 학문과 지혜에 있어서 정통한 사람이었다.[37] 모세오경의 기록은 모세가 당대의 가나안 우상들과 애굽의 정치, 사회, 경제, 종교의 상태를 알고 있었음을 드러낸다. 하나님은 처음부터 모세를 선지자로 준비시키시고 애굽의 왕자로 살게 하시고 이스라엘의 정체성 속에서 훈련시키셔서 애굽이라는 세상의 완악함과 가나안 땅에 우글거리는 우상 숭배의 실태를 꼬집으셨다.

오늘날 세계의 초창기 인류의 원색적인 모습을 담고 있는 아마존에는 아직도 100여개가 넘는 원시 부족이 산다. 그 부족들조차도 자신의 신들에게 경배하고, 신과의 매개 역할을 하는 무속인들이 존재한다. 현대인들은 어떤가? 현대라고 하는 과학 문명이 인정되는 시대에도 그러한 일들은 비일비재하다. 지금도 동남아 지역에는 매일같이 지푸라기로 조그마한 그릇 모양의 제단을 만들어 향을 피우고 헤아릴 수 없을 만큼 많은 신에게 분향을 한다. 일본의 경우 신의 개수가 1억 개가 넘으며, 날마다 신들이 생겨난다. 그들은 사람의 부정적인 감정에 의해 모든 사물에서 신이 생겨난다고 믿는다. 한국의 유교는 처음부터 학문이나 문화 정도가 아니라 조상을 숭배하는 종교로 자리를 잡았으며, 현대인들에게 지속적으로 영향을 미친다. 한국 드라마에 왕왕 등장하는 장면 중 하나는 이미 죽은 조상의 기일을 기념하여 제사하는 것으로 한국인의 정서를 자극하기에 여전히 그

만한 안성맞춤이 없다. 불교의 부처는 자비를 강조하여 큰 인기를 끌지만, 인간이 하나님이 되려는 가장 교만한 모습을 이면에 감추고 있다.

우상 숭배는 창조주 하나님께 돌려야 할 영광을 피조물에게 돌리는 종교적 행위다. 칼빈은 우상 숭배를 인간의 교만함의 표현이라고 말한다. 참으로 교만과 결합된 자랑은, 언제나 그렇듯이, 불쌍한 사람들이 하나님을 찾으면서 그들 자신을 넘어서지 아니하고 위로 오르려고 하는 데서 포착된다.[38]

인간의 우상 숭배는 미신과 같은 행위가 뒤따른다. 사람들은 미신 행위가 "종교에 대한 어떤 종류의 열심"만 있으면 나쁘지 않다고 생각한다. 마치 그러한 미신 행위를 하나님이 기뻐하실 것처럼 여긴다. "그들은 그토록 담대하게 하나님을 농락하는 일을 저지를 때마다 자기들이 가진 쓸데없는 것들로 행하는 이러한 바보짓에 어울리는 어떤 하나님을 먼저 고안해" 낸다.[39] 그리하여 하나님을 아는 지식에 이르기는커녕 영광을 엉뚱한 피조물에 돌린다.

청교도 리차드 십스는, "하나님께서 우리의 노예적인 두려움을 기뻐하신다고 생각하는 것은 중대한 실수"라고 말한다. 이러한 "실수에서 약하고 노예적이며 미신적인 생각이 생겨"난다.[40] 바빙크에 따르면, 기독교를 제외한 모든 종교의 공통적인 특징은 인간의 힘으로 구원을 쟁취하려는 데 있다. 하나님께 드려야 할 예배가 사라지면 "객관적이며 역사적인 계시"가 토대를 잃고 곧바로 인간은 스스로 만들어낸 신들을 불러내기 위해 온갖 노력을 기울인다. 이로 인해 나타나는 현상들은 미신, 점술 그리고 마술이다.[41]

미신과 유사하게 위선적인 신앙도 하나님을 아는 지식의 일부를 드러낸다. 위선, 혹은 외식적인 신앙은 "하나님의 엄위를 경배하는 것으로부터 흘러나오는 자발적인 두려움"이 없이 그저 "하나님의 심판"에 대한 강압적인 두려움 때문에 하나님을 섬긴다.[42] 이러한 경외감은 진정한 의미의 경외감이 아니라 거짓된 두려움이다. 오늘날도 성도들 가운데에는 기복적인 신앙을 가지고 하나님을 미신 섬기듯 하는 위험에 노출되어 있는 이가 많다. 또한 겉치레와 악습과 구습에 매여 자원하는 마음 없이 그저 하나님의 심판을 두려워 하여 억지로나마 예배에 출석하기도 한다. 칼빈은 신앙의 위선을 비판한다.

> 위선자들은 삐뚤어진 방식으로 이러한 것을 추구하기를 원해서, 그들이 멀리 피하고자 하는 하나님과 가까이 있는 듯한 모습만 보일 뿐이다. 우리의 전 생애는 지속적인 순종의 행진이 되어야 한다. 그럼에도 불구하고, 이들은 거의 모든 일에 있어서 거침없는 반항을 하면서 단지 하찮은 희생 제물로 그를 즐겁게 하려고 열심을 내고 있다. 우리는 삶의 거룩함과 마음의 순수함으로 하나님을 섬겨야 한다.[43]

칼빈이 지적하는 신앙의 위선을 가리키는 대상은 누구일까? 이방 종교의 위선적인 신앙의 모습을 지적하면서도 우리는 로마 가톨릭의 위선적인 신앙을 고려하지 않을 수 없다.

종교개혁에서 우상 숭배에 대한 비판은 열방의 다른 신들의 문제와 더불어 로마 가톨릭의 우상 숭배를 지적하는 데 있었다. 칼빈 이전에 이미 루터는 로마 가톨릭교회의 우상 숭배의 관행들을 지적했다.

> 온갖 종류의 수도회들, 금식, 기도, 고행의 옷(hairy shirts, 거친 옷) 그리고 교황의 영토에서 가장 거룩하다고 여겨지는 카푸친 수도회[44]의 금욕 생활도 단지 육신의 일들일 뿐입니다. 왜냐하면 수사들은 자신들이 거룩하다고 생각하고, 그들이 엄격하고 분노한 재판장으로 여기는 그리스도로 말미암아 구원을 받을 것이라 생각하지 않고, 자신들의 수도회칙을 통해서 구원을 받는다고 생각하기 때문입니다…(중략)…그들은 그것[미사]이 하나님

에 대한 가장 바르고 위대한 예배라고 생각하는데, 실은 그것은 가장 크고 최고로 혐오스러운 우상 숭배입니다. 또한 그들은 우상 숭배를 하나님의 가장 올바르고 받으실 만한 예배라고 여기며, 그리스도를 인정하는 것과 그를 믿는 것이라고 생각합니다.[45]

수도회의 엄격한 고행과 우상 숭배에 대한 루터의 신랄한 비판은 엉뚱한 것이 아니었다. 중세의 수도회들은 수많은 성자를 기념하는 축일들을 지켰다. 다음의 기록은 1년 가운데 1월에 해당하는 성인들을 어떻게 숭배했는지를 보여 준다.

일출 후 하루의 첫 번째 시과(時課)[46]였던 아침 기도가 끝나면, 수도자들은 수도원의 회의실로 향했다. 그곳에서 그날의 성자가 살아왔던 삶에 대한 강독이 있었다. 예배당에서 행해진 설교는 당연히 그날의 성자의 삶에 있었던 한 사건을 구체적인 강론의 주제로 삼았다. 1월 5일은 기둥 위에서 살았던 은둔자 시메온 스틸리테스의 축일로 지냈다. 다른 날들은 각각 날짜에 따라 모든 주교구에 신학교가 있어야 한다고 주장했던 세빌리아의 이시도루스(Isidorus of Seville), 파리의 훈족의 아틸라(Attila the Hun)로부터 구해 냈고 깊은 밤에 기도를 하러 가던 중 악마에게 죽음을 당했던 즈느비에브 성녀(St. Genevieve), 신앙심 때문에 디오클레티안 황제에게 투옥을 당했던 루시엔 성자(St. Lucien), 사도 바울의 친구로 이교도들의 돌에 맞아 죽었던 티모시 성자(St. Timothy), 초기의 라틴어 성가를 아일랜드어로 옮겼던 세쿤디누스 성자(St. Secundinus), 사막에서 1백 년 이상을 기도와 금욕으로 살았다고 전해지는 테베의 바울 성자가 그 주인공들이었다.[47]

루터는 어려서부터 로마 가톨릭에서 그리스도를 심판자로 배워왔다. 그렇기에 로마 가톨릭교회의 행위 구원론은 그리스도를 두려워 떨어야 할 심판자로 이해하는 것과 밀접한 연관을 갖는다. 그들의 신앙은 하나님의 심판에 대한 두려움의 말로이기에 우상 숭배와 다르지 않다. 루터와 동시대 신학자였던 칼슈타트(1486-1541)는 루터에게 만일 하나님의 말씀이신 그리스도로 말미암지 않고도 경건한 삶을 살 수 있느냐고 물었다. 이에 루터는 하나님께 바치는 경외와 기도가 하나님의 말씀이신 그리스도 안에서 주어진 약속을 따라 은혜를 구하는 행위라면 그것이 곧 하나님을 경외하는 것이라고 대답한다.[48] 만일 그렇지 않고 "선행으로 구원을 받을 줄로 생각하고서 복음에서 율법으로 자리를 옮기는 사람은 하나님에 대한 참된 예배에서 우상 숭배로 떨어지는 사람과 마찬가지로 불안과 두려움에 떨어"지고 만다.[49]

칼빈에 의하면, "참된 경건은 하나님의 심판에서 벗어나기를 원함에도 피할 수 없기에 공포에 떠는 그런 두려움에 있지 않다." 오히려 하나님을 "아버지로 사랑하고 그의 의를 받아들이며 그를 성나시게 하기를 죽기보다 두려워하는 신실한 감정에 있다."[50] 요약하면, 미신과 위선은 사람의 마음에 본성적으로 "신격에 대한 의식이 새겨져 있다"(신의식, deitatis sensum)는 사실을 드러낸다. 유기(遺棄)된 자들도 이 사실을 고백할 수밖에 없다.[51]

5. 우주의 창조와 지탱에서 드러나는 지식

하나님이 인간을 창조하신 목적은 하나님을 아는 지식 가운데 복된 삶을 영위하는 것이다. 이러한 하나님의 목적이 창조하신 모든 피조물 가운데 나타난다. 바울은 말씀한다.

이는 하나님을 알 만한 것이 그들 속에 보임이라 하나님께서 이를 그들에게 보이셨느니라. 창세로부터 그의 보이지 아니하는 것들 곧 그의 영원하신 능력과 신성이 그가 만드신 만물에 분명히 보여 알려졌나니 그러므로 그들이 핑계하지 못할지니라(롬 1:19-20).

하나님은 인간을 자신의 형상을 따라 만드셨지만, 동시에 모든 피조물 가운데도 하나님의 어떠하심이 드러난다. 하나님이 자신의 말씀(성자 하나님)으로 세상을 창조하셨으므로 하나님 자신의 어떤 속성들이 천지만물에서 빛난다. "하나님은 자기의 작품 각각에 자기의 영광을 드러내는 확실한 표지를 아주 명확하고 뚜렷하게 새기셔서 아무리 거칠고 어리석은 사람들이라도 그 자신의 무지로 변명할 수 없도록 하셨다."[52]

시편 기자들은 우주 만상 가운데 하나님의 능력과 지혜가 나타남을 찬양했다. 그중 시편 104편은 피조물 가운데 드러나는 하나님의 능력과 신성을 잘 묘사한다. 시편 기자는 하나님의 위대하시며 존귀와 권위로 옷을 입으셨다고 표현한다. 하나님은 옷을 입음 같이 빛을 입으시고 휘장처럼 하늘을 치시고, 물에 자기 누각의 들보를 얹으시며 구름으로 수레를 삼아 바람 날개로 다니신다. 땅에 기초를 놓아 흔들리지 않게 하시고, 땅을 덮어 물이 산들 위로 솟아 오르나 꾸짖으시니 물이 도망한다. 하나님의 정하신 경계에 따라 물은 원래 자리로 흘러 돌아가고 산이 오르며 골짜기는 내려간다. 물의 경계를 정하여 땅을 덮지 못하게 하시며 각종 들짐승에게 물을 마시우신다. 공중의 새도 나뭇가지 사이에서 지저귀고 가축을 위한 풀과 사람을 위한 채소를 자라게 하시고, 땅에 먹을 것이 나게 만드셔서 포도주와 기름과 양식을 사람에게 주신다(시 104:1-15). 이러한 자연 현상들은 하나님의 무한하신 능력과 힘을 나타낸다. 하나님은 동물을 먹이시고 식물을 입히신다. 사막의 무수한 동물은 물이 없이 오래 생존할 수 없을 것 같은 척박한 환경에서 산다. 예수님은 말씀하셨다. '또 너희가 어찌 의복을 위하여 염려하느냐 들의 백합화가 어떻게 자라는가 생각하여 보라 수고도 아니하고 길쌈도 아니하느니라'(마 6:28).

　하나님의 지혜의 증거가 하늘과 땅에 나타나는가 하면 그 무엇보다 사람이야말로 하나님의 탁월한 능력의 증인이다. 인간은 자연 세계의 피상적인 물질에 대해 아무런 생각없이 바라보지 않는다. 오히려 자연 가운데 숨겨진 하나님의 지혜를 보게 된다. "모든 사람은 하나님의 작품 가운데서 그의 솜씨를 충분하고도 남을 만큼 분간하게 된다."[53]

　인간은 우주 세계를 관찰하면서 놀라움을 터뜨린다. "별들의 운행을 고찰하고, 그 자리를 나누고, 그 간격을 측정하고, 그 특성들을 표시하기 위해서는 기교와 함께 더욱 각고의 노력이 필요하다." 이러한 놀라운 질서를 발견할 때, 하나님의 섭리를 인정하지 않을 수 없다. 실제로 천문학자들 가운데 많은 이가 우주를 관찰하면서 어떤 신적 존재가 있다는 사실을 인정하게 된다는 말이 있다. 이유인즉, 우주에서 일어나는 일들이 놀라우리만치 질서를 갖추고 있기 때문이라는 것이다.

　만일 하나님이 계시지 않고, 모든 것이 우연히 일어난 것이라면 아무것도 없는 상태에서 피투된 존재의 모습은 흐트러져 있는 모습이어야 할 것이다. 하지만 하늘을 바라보면 바라볼수록 그토록이나 아름답고 조화로우며 질서 정연한 우주를 설명할 길이 없다. 멀리 갈 것 없이 사람의 육체만 해도 신비로 가득하다. "모든 사람이 인정하는 바와 같이, 인체는 놀랍도록 정교한 구성을 드러내므로, 이로부터 우리는 창조주를 당연히 기묘자로 여기게 된다."[54]

　고대의 그리스 철학자들은 사람을 소우주로 이해했다. 아리스토텔레스는 사람을 소우주라고 했다. 고대 로마의 건축가였던 비트루비우스는 『건축10서』 제3장 신전 건축 편에서 인체의 원리를 건축에 적용하는 비례 규칙을 신전 건축에 사용해야 한다고 주장한 것으로 알려져 있다. 레오나르도 다 빈치(1452-1519)는 비트루비우스의 아이디어를 도안화하여 '비트루비우스적 인간'이라는 인체 비례도를 그렸다. 그의 그림은 성인 남자가 누워서 팔과 다리를 뻗은 상태로 정사각형과 원에 들어맞는 모습을 묘사한다. 다 빈치는 인체의 중심은 배꼽이며, 등을 대고 누워서 팔 다리를 뻗어 배꼽을 중심으로 컴퍼스 원을 돌리면 두 팔의 손가락 끝과 두 발의 발가락 끝이 원의 선에 꼭 닿는다고 보았다. 그리고 사람이 두 팔을 반대 방향으로 쭉 뻗은 길이는 사람의 발바닥에서 정수리까지 잰 길이와 같다.

이와 유사한 원리는 많다. 대표적인 예가 피타고라스의 정리다. 이 수학적 원리는 직각 삼각형의 빗변을 변으로 하는 정사각형의 넓이는 두 직각변을 각각 한 변으로 하는 정사각형 넓이의 합과 같음을 증명한다. 이 외에도 수없이 많은 과학 법칙이 존재한다. 아인슈타인의 상대성 이론이나 다양한 물리 법칙, 화학 원소들의 결합 등 이 모든 자연 질서와 법칙들의 원리는 인간에 의해 만들어진 것이 아니다. 이미 존재하는 원리와 법칙을 인간이 생각과 연구를 통해 발견한 것이다. 없던 것이 새로이 만들어진 것이 아니라, 이미 존재하는 법칙이 뒤늦게 발견된 것이다. 사유는 본질을 앞서지 못한다. 본질이 있으므로 사유를 통해 본질의 원리가 발견되는 것이다. 자연은 하나님의 놀라우신 지혜와 능력과 인간을 향한 은혜를 드러낸다.

그럼에도 불구하고, 인간은 하나님을 깨닫는게 아니라 하나님께 배은망덕을 행한다. 마음속에서 하나님의 지혜와 일하심이 느껴지고, 심지어 그러한 인정을 요구 받는데도 "마음으로 그 표징들을 짓누른다."[55] 그들에게 기적과 같은 초자연적 현상은 사람들이 지어낸 이야기거나 환상에 불과할 뿐이다. 사람이 음식을 먹고 소화를 시키는 과정도 그저 자연적인 현상으로 치부해 버리고 만다. 칼빈은 말한다.

> 에피쿠로스에게 다음을 답하게 하자. 대체 어떤 원자 결합이 먹을 것과 마실 것을 소화시켜서 일부는 배설물로 일부는 피로 분배하고, 마치 많은 영혼이 동일한 계획으로 한 몸을 다스리듯이, 각각의 지체들에게 직분을 수

행하고도 남을 정도의 대단한 열심을 갖도록 만든단 말인가?[56]

에피쿠로스는 허공에서 원자들이 운동함에 따라 발생하는 비결정적 원리를 주장하며 인간의 자유가 우연 가운데 일어난다고 보았다. 그는 허공의 원자들이 세 가지 형태의 운동을 한다고 주장했다. 첫째는 낙하 운동, 둘째는 직선에서 벗어나는 운동, 마지막으로 원자들이 서로 충돌하여 생긴 운동이다. 원자들의 운동은 결정적인 방향만을 가진 필연성, 즉 수직 낙하 운동만을 하는 것이 아니라 직선에서 벗어나 이탈하는 원자의 운동으로 인하여 우연성을 만들어 낸다. 그 결과 세상의 모든 만물의 필연성과 신적 간섭을 제거하고 우연성을 내세워 신의 존재를 부정한다. 에피쿠로스는 진정한 행복은 사려 깊음(phronesis)에서 온다고 말한다.

> 왜냐하면, 사려 깊은 사람은 다음 사실을 알고 있기 때문이다. '필연에는 아무런 책임도 없으며, 우연은 유동적이며, 우리 힘에 의해 생겨나는 일은 다른 주체를 가지지 않는다. 그리고 이런 행동에 대해서는 칭찬이나 비난이 따라붙도록 되어 있다.' 정말로 자연철학자들이 주장하는 운명의 노예가 되는 것보다는 신에 대한 신화(신들이 착한 사람은 돕고 나쁜 사람은 벌준다는 대중들의 통상적 견해)를 따르는 편이 더 나을 것이다. 왜냐하면, 신화에 따르는 것은 신들을 존경함으로써 달랠 수 있다는 희망을 암시해 주는 반면, 운명의 노예가 되는 것은 달랠 수 없는 필연을 포함하기 때문이다. 사려 깊은 사람은 대부분의 사람들과는 달리 우연을 신으로 간주하지 않는다.[57]

에피쿠로스의 우연론에 관해 오유석은 다음과 같이 쓴다.

> 어떤 원자들은 비스듬하게 떨어져서 다른 원자들과 충돌하기 때문에, 일부의 원자들은 멀리 튕겨나가서 공기나 불처럼 입자가 성긴 복합체를 형성하

고, 다른 원자들은 짧은 거리만큼 튕겨나가므로 제자리에서 진동 운동을 한다. 여기서 원자가 비스듬하게 떨어진다는 주장은 원자론의 엄격한 결정론을 깨고 있다고 보이지만, 우주에 있어서의 자유 의지를 고려하기 위해서 도입되었다는 점에서 중요하다.[58]

엄밀한 의미에서, 에피쿠로스의 우연론은 신의 존재를 절대적으로 부정하는 것은 아니었다. 그에게 철학의 목적은 고통으로부터의 해방을 통해 정신적 쾌락인 아타락시아 상태, 즉 어떤 상황에도 동요되지 않는 마음의 상태를 추구하는 것이었다. 다시 말해, 그가 우연성을 주장한 근본적인 이유는 고통으로부터의 쾌락을 강조하기 위함이었다.

에피쿠로스는 인간에게 가장 큰 고통의 원인을 두 가지로 보았다. 하나는 죽음이며 다른 하나는 신이다. 인간이 마음의 평안을 얻으려면 죽음과 신의 문제를 극복해야 한다. 에피쿠로스는 신이란 사람들이 느끼는 고통을 알지 못하기에 인간에게 고통을 주지 않는다. 따라서 신들은 인간 세계에 아무런 영향을 끼치지 않으며 자연의 현상은 그저 우연하고도 다양한 자연법칙과 원인들에 의해 생겨날 따름이다. 둘째 죽음을 두려워 하지 말아야 할 이유는 인간이 죽는 순간 더 이상 죽음은 인간에게 존재하지 않기 때문이라고 강조했다.[59] 하지만 이러한 추상적인 에피쿠로스의 원자론은 인간 장기의 소화 현상 등과 같이 질서와 체계를 가진 매우 미묘하고 복잡한 현상을 조금도 설명할 수 없다.

6. 결론

하나님을 아는 지식을 인간의 사색과 탐구를 통해 알아내려는 시도는 하나님을 아는 지식으로부터 멀어질 뿐만 아니라, 영원히 자신의 목적에 다다를 수 없다. 칼빈은 그러한 관점이 얼마나 무익한지를 탄식한다. "도대체 세계에 생기와 활기를 불어넣어 준다는 우주 정신에 대한 저 메마른 사색이 사람들의 심장 속에 경건을 낳고 자라게 하는 데 무슨 작용을 한다는 말인가?"[60]

인간은 객관적 진리에 대한 수납이 아니라, 자기 자신의 주관에서 비롯된 사견(opinion)을 주장함으로써 하나님의 자리에 자연을 두려고 한다. 의견이라는 것은 인간 자신이 기준이 되어 옳고 그름을 판단하는 선택의 문제를 동반한다. '무엇을 선택할 것인가?'라고 할 때 하나님의 말씀에 기초하지 않은 상태에서 인간 스스로 어떤 결정을 선택하게 되는 경우를 두고 이단(heresis)이라고 한다. 이단의 영어 단어인 heresis의 어원이 다름 아닌 선택(choice)이다. 결국 의견이 발전하여 이단이 된다. "만약 사람들이 오직 본성으로부터만 배운다면 그들은 확실하거나 분명한 그 어떤 것도 붙들지 못하고 혼란스러운 원리들에만 고착되어 '알지 못하는 신'(행 17:23)을 숭배하게" 된다.[61]

그러므로 하나님을 아는 지식에 이르는 올바른 길은 나의 지식과 성찰의 방법이 아니라 하나님께서 계시 가운데 드러내 보이신 하나님을 자신의 어떠하심을 바라보고 깨닫는 것이다.

지금까지 세계관의 질문인 '나는 누구인가'에 대해 살펴보았다. 이제 우리는 다음 장에서 기독교 신앙 윤리로서의 개혁주의가 왜 세계관으로 정당한 위치를 확보하는지에 대해 알아볼 것이다.

> 세계가 다 내게 속하였나니 너희가 내 말을 잘 듣고 내 언약을 지키면 너희는 모든 민족 중에서 내 소유가 되겠고 너희가 내게 대하여 제사장 나라가 되며 거룩한 백성이 되리라 너는 이 말을 이스라엘 자손에게 전할지니라(출 19:5-6).

제3장

기독교 신앙 윤리의 정당성:
개혁주의란 무엇인가?

하나님이 세상을 이처럼 사랑하사 독생자를 주셨으니 이는 그를 믿는 자마다 멸망하지 않고 영생을 얻게 하려 하심이라 하나님이 그 아들을 세상에 보내신 것은 세상을 심판하려 하심이 아니요 그로 말미암아 세상이 구원을 받게 하려 하심이라 그를 믿는 자는 심판을 받지 아니하는 것이요 믿지 아니하는 자는 하나님의 독생자의 이름을 믿지 아니하므로 벌써 심판을 받은 것이니라 그 정죄는 이것이니 곧 빛이 세상에 왔으되 사람들이 자기 행위가 악하므로 빛보다 어둠을 더 사랑한 것이니라 악을 행하는 자마다 빛을 미워하여 빛으로 오지 아니하나니 이는 그 행위가 드러날까 함이요 진리를 따르는 자는 빛으로 오나니 이는 그 행위가 하나님 안에서 행한 것임을 나타내려 함이라 하시니라(요 3:16-21).

예수께서 빌립보 가이사랴 지방에 이르러 제자들에게 물어 이르시되 사람들이 인자를 누구라 하느냐 이르되 더러는 세례 요한, 더러는 엘리야, 어떤 이는 예레미야나 선지자 중의 하나라 하나이다 이르시되 너희는 나를 누구라 하느냐 시몬 베드로가 대답하여 이르되 주는 그리스도시요 살아 계신 하나님의 아들이시니이다 예수께서 대답하여 이르시되 바요나 시몬아 네가 복이 있도다 이를 네게 알게 한 이는 혈육이 아니요 하늘에 계신 내 아버지시니라(마 16:13-17).

1. 개혁주의에 대한 오해

개혁주의에 대해 호불호가 갈린다. 개혁신학을 선호하는 사람들은 개혁신학이 초대 교회로부터 정통 신학과 신앙을 계승한 가장 보수적이면서 가장 성경적이고 가장 탁원한 신학 사상으로 평가한다. 이러한 관점을 견지하는 이들은 주로 개혁주의 교단이나 신학교에 소속된 경우가 많다. 하지만 다수의 사람은 개혁주의 또는 칼빈주의라는 단어에서 다양한 거부감을 표출한다. 개혁주의를 칼빈이 만들어낸 신학이며 딱딱하고 건조한 교리를 가르치는 교조주의로 이해하는 이들을 만나는 것은 흔한 일이다.

또는 예정론에 대한 오해에서 비롯되기도 한다. 하나님이 만세 전에 택자와 유기된 자를 정해 놓음으로 인간 편에서의 선택지는 존재하지 않고 오롯이 하나님의 주권에 달렸있다고 하는 것이 이해가 되지 않는다고 불평한다. 개혁신학이 성경의 가르침과 전혀 상관없는 별개의 교리인 것처럼 생각하는 이도 많다. 개혁주의와 칼빈주의라는 용어에서 느껴지는 것처럼 마치 타 교단의 주장들은 모두 배격하며 자신들의 것만 주장하는 편협한 교리주의자들로 취급하는 것을 왕왕 접하게 된다.

개혁주의에 대한 외부의 평가도 문제이지만 내부적으로 개혁주의를 추구하는 이들의 생각이 천차만별이다. 어떤 이들은 칼빈의 신학만을 모든 신학의 총화(總和)로 여긴다. 이러한 관점을 고집하는 이들은 칼빈의 신학에서 손쉽게 찾아볼 수 있는 교리가 다른 이들의 글이나 주장에서 발견되지 않을 경우, 모두 이단적이거나 열등한 것으로 취급하는 성급한 판단의 오류에 빠진다. 학자들 사이에서는 자신이 전공한 분야의 권위만을 인정하며 자신의 전공 분야와 다른 이들의 주장을 쉽게 틀렸다고 말하는 우를 범하기도 한다.

어쩌면 그 시초에 칼 바르트(1886-1968)가 있을 것이다. 바르트는 칼빈과 개혁파 정통주의 신학자들을 대립시킨다. 칼빈을 전공한 사람들 가운데, 칼빈 이후의 개혁파 정통주의 시대를 칼빈의 신학에서 이탈했다고 주장하는 이들을 더러 만난다. 영국의 청교도를 전공한 이들 가운데는 유럽 대륙의 스콜라 개혁파 신학을 건조한 신학으로 간주하기도 한다. 하지만 이러한 사고적 틀은 지나간 역사 속에서 개혁주의가 아무런 발전이나 다양성이 존재하지 않았던 것처럼 이해하거나 지역과 시대에 따른 역사적 문맥을 간과함으로 발생한다.

개혁주의와 관련된 오해들에 대해 다양한 변호를 할 수 있을 것이다. 개혁주의는 칼빈이 홀로 고안하거나 만든 신학적 체계가 아니다. 개혁신학자들은 칼빈을 비롯하여 여러 신학자들과의 교류를 통해 서로의 신학 사상들에 영향을 주고 받았다. 오해와는 다르게, 개혁신학은 교리만 지나치게 강조하여 교조주의에 빠진 적이 없다. 개혁신학은 성경의 가르침을 바르게 세우기 위해 사력을 다하고, 그 가르침을 기독교의 삶에 적용하기 위해 부단히 노력했다.

대표적인 예가 예정론이다. 인간의 자유의지를 강조하는 사람들은 언제나 예정론에 반발심을 느끼기 마련이다. 하지만 예정론은 택자와 유기된 자를 정해 놓고 매정하게 판단해 버리는 교리가 아니다. 역사 속에서 모든 것이 정해진 대로 돌아가니 운명을 거스를 필요가 없다는 식의 운명론도 아니다. 후기 스토아 철학자 세네카는 지독히도 철저한 운명론자였다. 그는 운명이란 절대 바꿀 수 없다고 믿는다. 운명론적 사관에는 '기도'(prayer)도 '연민'(pity)도 '부탁'(favour)도 전혀 필요가 없다.[1]

예정에 대해 가장 명확히 말한 사람은 다름 아닌 바울이었다. 그는 '모든 일을 그 마음의 원대로 역사하시는 자의 뜻을 따라 우리가 예정을 입었다'고 말씀한다(엡 1:1). 이 말씀에 기초하여 윌리엄 에임스(1576-1633)는 예정의 정의를 간략히 진술한다. "예정이란 인간들의 영원한 상태에 대한 하나님의 작정으로 이는 하나님의 영광을 보여 준다."[2] 또한 "예정은 일정한 대상을 일정한 수단에 의해 일정한 목적에 이르게 하겠다고 결정하는 신적 의지의 행위다."[3] 예정에 담긴 1차적인 의미는 하나님의 놀라우신 작정과 경륜에 대한 의지를 경탄하는 데 있다. 예정론은 넓은 의미에서 불신자를 향하여 하나님의 택하심의 은혜를 강조함으로써 믿을 것을 강권하고, 신자에게는 죄로 타락하여 구원의 가능성이 없는 이들을 향한 하나님의 무한하신 자비와 은혜를 드러내고 확신하게 만들며, 은혜에 따른 영광의 삶을 추구할 것을 종용하는 차원에서 이해되었다.

> 찬송하리로다 하나님 곧 우리 주 예수 그리스도의 아버지께서 그리스도 안에서 하늘에 속한 모든 신령한 복을 우리에게 주시되 곧 창세 전에 그리스도 안에서 우리를 택하사 우리로 사랑 안에서 그 앞에 거룩하고 흠이 없게 하시려고 그 기쁘신 뜻대로 우리를 예정하사 예수 그리스도로 말미암아 자기의 아들들이 되게 하셨으니 이는 그가 사랑하시는 자 안에서 우리에게 거저 주시는 바 그의 은혜의 영광을 찬송하게 하려는 것이라 우리는 그리스도 안에서 그의 은혜의 풍성함을 따라 그의 피로 말미암아 속량 곧 죄 사함을 받았느니라(엡 1:3-7).

칼빈은 에베소서 주석에서 구원에 관하여 다음과 같이 말한다.

> 그러므로 사도가 에베소인들을 향한 하나님의 은혜의 부요함을 주장하는 이유는 그들의 믿음이 마치 그들의 부르심이 의심되거나 또는 구원이 다른 방식으로 추구되어야 할 것처럼 거짓 사도들에 의해 흔들리지 않도록 보호하기 위함이었다. 동시에 그는 미래의 행복의 충만한 확신이 하나님이 복음 안에서 이루신 그리스도 안에 있는 우리에 대한 하나님의 사랑을 보이시는 데 의존함을 보여 준다. 하지만 이 문제를 더 충분히 확실하게 하기 위하여 하나님은 그 첫 번째 동기를 우리가 태어나기 이전(롬 9:11)에 하나님의 영원한 작정에 의해 자녀로 입양된 원천으로 이끄신다. 그들의 구원은 어떤 우연적이거나 예견치 못했던 사건에 의해서가 아니라, 하

나님의 영원하시고 불변하시는 작정에 의해 성취되었다.[4]

『벨직 신앙고백서』는 16조에서 '하나님의 선택'이라는 주제로 신앙고백을 진술하는데, 두 가지 측면으로 제시한다. 먼저 선택에 있어서는 하나님의 자비로우심을 강조하고 유기에 있어서는 하나님의 공의로우심을 묘사한다.[5] 로마서 3장 11-12절의 말씀처럼, '깨닫는 자도 없고 하나님을 찾는 자도 없고 다 치우쳐 함께 무익하게 되고 선을 행하는 자는 없나니 하나도 없다.' 선택 교리는 기본적으로 신자에게 주는 위로를 내포한다. 하나님의 기뻐하시는 뜻에 따른 선택은 인간의 죄와 타락, 부패에도 불구하고 하나님이 부르신 부르심을 효과적으로 만든다. 예정론의 근본 원리는 하나님의 영원하심과 무한하신 자비하심에 놓여있다.

개혁신학자들은 에피쿠로스와 같은 무신론이야말로 사람의 인생을 건조하고 무의미하게 만든다고 탄식했다. 스토아 학파의 운명론은 사람을 운명의 노예로 전락시키고 하나님을 역사의 뒤안길에 앉아 관망만 하는 신으로 만들어 버리니 이신론(理神論)처럼 회의주의의 파국으로 치닫는다. 하지만 예정론은 운명론과 다르다.

윌리엄 퍼킨스(1558-1602)는 예정에 대한 운명론적 이해를 주의하면서 예정에 대한 올바른 분별을 할 필요가 있음을 지적했다. 김홍만에 따르면, 퍼킨스는 "어떤 누구도 자기 자신에게나 다른 사람에게 유기된 자라고 단호하게 결정을 내릴 수 없다"고 믿었다. 왜냐하면 "하나님께서 구원의 은혜로부터 가장 멀리 있다고 생각하는 자들을 부르시기 때문이다."[6]

개혁주의는 타 교단의 문제점과 오류를 예민하게 의식했다. 개혁주의는 종교개혁에서 태동하여 성격상 로마 가톨릭교회의 구원론과 교회론의 문제점들을 지적했다. 루터파의 한계를 극복해야 했기에 루터파와의 차이점을 정확히 인식할 필요가 있었다. 개혁신학은 역사의 다양한 상황 속에서 발전하면서 이론과 실천의 관계를 완성시켰다.

17세기와 18세기에는 종교개혁이 시작된 16세기와는 사뭇 다른 시대적 배경이 형성되었다. 합리주의가 성행하고 과학이 발전하면서 인간의 이성과 의지를 긍정하는 사조들이 등장하기 시작했다. 이 시대에 인간 이성을 강조했던 파우스토 소치니(1539-1604)가 정통 삼위일체를 반대하고, 그의 후예들이 소시니안주의를 주도했던 것과 인간의 자유의지를 강조하는 아르미니우스주의[7]가 큰 파장을 일으키며 등장한 것은 우연이 아니었다. 개혁신학자들에게 아르미니우스주의는 초대 교회의 펠라기우스주의[8]로 되돌아가는 것이었고, 로마 가톨릭의 반(半)펠라기우스주의와 상통하는 주장들이었다. 역사는 순환한다고 했던가?

> 이미 있던 것이 후에 다시 있겠고 이미 한 일을 후에 다시 할지라 해 아래에는 새 것이 없나니 무엇을 가리켜 이르기를 보라 이것이 새 것이라 할 것이 있으랴 우리가 있기 오래 전 세대들에도 이미 있었느니라(전 1:9-10).

세상이 역사 속에서 돌고 도는 것은 결국 세상을 바라보고 이해하는 주체가 바로 이성과 의지를 가진 인간이기 때문일 것이다. 이성적인 사람과 의지적인 사람이 있듯이, 세상을 바라보는 사람인 인간이 어디에 강조를 두느냐에 따라 세상의 역사는 진자 운동을 하는 시계추처럼 불안하게 흔들거리고 있다.

영원하신 하나님의 무오한 계시에 기초하지 않는 한, 현대 신학자들(쇼펜하우어, 니체, 키르케고르, 슐라이어마허, 앙리 베르그송, 사르트르, 바르트, 브루너, 불트만, 본회퍼, 몰트만 등)이 그랬던 것처럼 인간의 실존에서 삶의 의미와 행위를 구원의 길로 제시하고자 하는 어리석은 행동이 전혀 납득되지 못할 일도 아닌 것이다.

17세기의 개혁파 언약신학은 이러한 역사적 배경 속에서 태동되었다. 언약신학은 개혁신학자들이 임의로 만든 것이 아니었다. 언약의 개념은 이미 초대 교부들의 사상에서 발견되고, 성경에서는 가장 중요한 내용이자 흘러넘치도록 강조하는 개념이다. 구약성경은 오실 그리스도에 대한 은혜 언약의 성취와 구속의 역사다. 하나님은 아담과 언약을 맺으시고, 노아와, 그의 후손들 그리고 아브라함을 부르셔서 언약을 맺으시고, 그의 후손들에게 언약을 갱신하셨다. 그리스도의 예표 중에 예표였던 다윗과 영원한 언약을 맺으시고, 그의 후손들을 버리지 않으시고 오실 그리스도의 대를 이어가셨다. 열왕기하 25장 27-30절은 유다가 멸망하고 난 후 하나님이 유다 왕 여호야긴의 명예를 회복시키는 사건이 등장한다.

> 유다의 왕 여호야긴이 사로잡혀 간 지 삼십칠 년 곧 바벨론의 왕 에윌므로닥이 즉위한 원년 십이월 그 달 이십칠일에 유다의 왕 여호야긴을 옥에서 내놓아 그 머리를 들게 하고 그에게 좋게 말하고 그의 지위를 바벨론에 그와 함께 있는 모든 왕의 지위보다 높이고 그 죄수의 의복을 벗게 하고 그의 일평생에 항상 왕의 앞에서 양식을 먹게 하였고 그가 쓸 것은 날마다 왕에게서 받는 양이 있어서 종신토록 끊이지 아니하였더라(왕하 25:27-30).

본문을 단순히 유다 왕의 명예가 회복된 사건으로 읽지 말아야 한다. 본문은 하나님의 언약이 성취되고 있으며, 훗날 오실 그리스도에 대한 소망을 잃지 않도록 하나님의 언약적 신실하심을 드러내고 있다.

개혁주의 신학자들은 성경 기록자들의 계시와 신학을 연구하여 마침내 언약신학을 발전시켰다. 발전이라는 말은 성경에 없었던 개념을 새로 만드는 것을 의미하지 않는다. 오히려 성경 기록자들과 사도들과 선지자들에 대한 연구로부터 성경이 가르치는 본래의 의미를 더 충실하고 부요하게 발전시켰다는 것을 말한다. 17세기에는 성경신학과 조직신학이 따로 구분되지 않았다. 이는 개혁주의의 역사가 성경신학적 발전을 가져왔음을 보여 준다.

개혁주의는 종교개혁에서 시작하여 오늘날에 이르기까지 성경신학·역사신학·조직신학·실천신학적 국면을 집대성했다. 신학과 실천의 조화를 강조하는 신칼빈주의자들인 카이퍼와 바빙크가 19세기와 20세기의 개혁신학을 대변했던 것은 우연이 아니었다. 그들은 18세기 말에 시작하여 19세기부터 당대를 지배했던 "프랑스 혁명의 딸"[9]인 현대주의의 공격에 맞서 오직 성경의 가르침을 고수하여 참된 신앙의 원리를 지켜냈다.

개혁주의는 위대한 개혁신학자들을 극찬하기도 하고 그들의 신학을 계승하기도 했지만, 있는 그대로 모방한 것은 아니었다. 다시 말해, 개혁주의는 어느 한 개인의 신학 사상이 아니다. 한 시대를 풍미했던 개혁 운동의 사조를 말하는 것도 아니다. 개혁신학자들은 그들의 선조들이 그랬던 것처럼, 늘 성경의 가르침을 연구하고 성경 신학적 원리에 집중하여 성경이 가르치고자 하는 것을 전수하며 시대의 고민들을 풀어나간 사람들이었다. 이러한 점에서 개혁신학은 개혁신학의 모토인 교회의 계속적인 개혁을 진실하게 수행했다.

> 개혁된 교회는 계속해서 개혁되어야 한다!(Ecclesia reformata, semper reformanda est, the church reformed, always reforming)[10]

죄로 타락한 인류와 비록 그리스도인이어도 여전히 죄의 오염 가운데 있는 사람은 하나님의 말씀에 입각하여 원천으로 돌아가야 한다. 지금도 기독교에 다양한 지류가 있지만, 개혁주의는 하나의 대양을 이루어 기독교 세계의 주축을 이루었다. 이제 개혁주의가 어떻게 신앙 윤리로서 성경에 기초하면서도 역사적으로 정당성이 입증된 세계관이 될 수 있는지 살펴보자.

2. 기독교의 분류

오늘날 기독교는 개신교와 동의어로 사용된다. 하지만 넓은 의미에서 기독교는 네 가지로 나뉜다. 동방 정교회, 서방의 로마 가톨릭, 개신교 그리고 성공회다. 원래 기독교의 원류는 하나였으나, 초대 교회 때로부터 이미 서로마 지역과 동로마 지역의 지리적 차이와 교회 교부들의 신학적 차이가 존재해 왔다. 특히, 451년 칼케돈 공의회에서는 동방의 콘스탄티노플 감독들에게 옛 로마(Old Rome)의 감독들과 동일한 지위를 인정했는데, 이것은 서로마 교회의 감독들에게는 불만으로 작용했다.

8세기 경 동로마와 서로마는 성상 파괴 문제로 신학적 갈등을 겪었다. 1054년에는 삼위일체 교리 문제(필리오케[11])로 동방교회와 서방교회는 영구히 합할 수 없는 강을 건넜다. 오늘날 '세계교회협의회'(WCC: World Council of Churches)는 동방정교회의 영향을 상당히 받았음을 드러낸다. 문병호는 WCC가 전통적인 삼위일체론을 부인한다고 지적한다.[12]

성공회 또는 영국 국교회는 1534년 영국의 국왕인 헨리 8세가 형수와의 이혼 문제를 놓고 교황과 다투다가, 끝내 로마 가톨릭교회로부터 분리하여 나왔다. 헨리 8세는 기존 교회와의 단절로 인해 교회를 다스릴 지도자를 세우는 문제에 있어서 스스로 교회의 머리라고 천명했다(수장령, 1534년).

잘 알려진 바와 같이, 개신교는 종교개혁의 의미에서 독일의 루터파와 스위스의 개혁파에서 시작되었다. 종교개혁은 1517년 10월 31일에 마틴 루터가 비텐베르그성(城)교회(Castle Church)의 정문에 95개조 논제를 붙이면서 시작되었다.[13] 루터가 종교개혁을 처음부터 의도한 것은 아니었지만, 95개조 논제가 2주만에 독일 전역과 유럽으로 전파되면서 종교개혁 운동이 확산되었다. 하지만 종교개혁은 루터의 종교개혁만 있는 것이 아니다. 종교개혁은 크게 네 가지 운동이 존재하는데, 루터파(Lutheran), 개혁파

(Reformed), 급진파(Radical Reformation) 그리고 반동종교개혁(Counter-Reformation)이다.

급진파 종교개혁은 말 그대로 급진적인 개혁을 촉구했던 운동으로 재세례파가 대표적이다.[14] 재세례파는 로마 가톨릭교회를 반대함과 동시에 스위스 연방의 취리히에서 개혁을 주도했던 츠빙글리를 따르다가 그의 종교개혁에 불만을 토로하면서 파생되었다. 츠빙글리는 취리히 종교개혁 과정에서 행정 당국의 도움을 받았으며, 종교적인 문제에 있어서 당국자들의 결정을 존중하는 태도를 취했다. 이러한 미온적인 자세는 급진주의자들에게 좋아 보이지 않았다.

성경을 해석하는 관점에서도 큰 차이가 있었다. 콘라드 그레벨은 츠빙글리가 주장한 '오직 성경'의 원리는 잘못되었다고 보았다. 예컨대, 유아세례는 성경에서 예를 찾아 볼 수 없으며, 그리스도인들은 전쟁에 참여해서는 안 된다고 주장했다. 또한 재세례파는 교회와 국가의 단절을 주장하고 교회를 모든 기관 위에 군림시켰다. 그들에 따르면 원시 상태의 교회는 국가 교회가 아니라 순교하는 교회였다. 그들은 국가로부터 교회의 분리를 외쳤다. 이로 인하여 급진적인 종교운동은 반국가적, 반사회적 집단으로 간주되어 당국의 박해를 받았다. 대표적인 신학자로는 발타자르 후브마이어(Balthasar Hubmaier, 1480-1528), 필그림 마르펙(Pilgram Marpeck, d.1556) 그리고 메노 시몬스(Menno Simons, 1496-1561) 등이 있다.

반동종교개혁은 개신교 진영의 종교개혁에 맞서기 위한 일환으로 로마 가톨릭교회의 내부에서 일어난 운동이다. 혹자는 가톨릭교회의 종교개혁이 종교개혁을 반대한다는 의미에서 반동의 의미를 강조한다. 하지만 가톨릭 종교개혁은 개신교 종교개혁자들에 대한 반대뿐만 아니라 자체의 내부적 쇄신 운동과 연관된다.[15]

다양한 기독교의 부류에도 불구하고 엄밀한 의미에서의 종교개혁은 개신교 종교개혁(Protestant Reformation)이라 불리며 대표적인 교파는 루터파와 개혁파다. 개신교라는 용어는 독일에서 루터파에 대한 관용 정책을 번복하여 다시금 박해를 가하기로 한 제2차 슈파이어제국회의(Diet of Spyeyer, 1529년 2월)의 결정으로 생겨났다. 같은 해 4월에 독일 제후들과 개신교 도시들은 제국회의의 불법적인 결정에 반발하여 종교의 자유를 외치며 항의를 하였는데, 이때부터 붙은 별명이 항의자들을 의미하는 프로테스탄트, 즉 개신교도다.

루터파 종교개혁은 크게 세 가지 특징을 갖는다. 첫째, 루터파 종교개혁에서는 주로 독일 지역에 집중되었으며, 루터 한 개인의 영향력이 지대했다. 루터는 종교개혁의 1세대로서 이신칭의 교리를 통해 로마 가톨릭교회의 행위 구원론에 직격탄을 쏘았다. 구원은 십자가에 달리신 예수 그리스도를 믿음으로만 받을 수 있다. 루터는 인간의 지성과 의지의 가능성과 공로적 성격을 강조하는 로마 가톨릭교회의 영광의 신학을 비판하고, 십자가에 달리신 그리스도를 통해서만 하나님의 진정한 구원의 계시가 나타난다고 주장했다(십자가 신학).[16] 둘째, 루터의 이신칭의는 당시 혼란스러운 비텐베르그대학의 학문을 쇄신하기 위한 학문적 프로그램이었다. 마지막으로 루터가 스스로 종교개혁의 리더로 인식했을 때, 루터는 자신의 종교개혁을 "종교적, 사회적, 정치적 개혁 운동"으로 간주했다.[17]

개혁파 종교개혁은 스위스연방(the Swiss Confederation, 취리히, 베른, 바젤, 제네바 등)[18]에서 시작되었다. 독일의 종교개혁과는 달리, 스위스 연방 내에서만 활동한 것이 아니라 프랑스, 네덜란드, 독일, 스코틀랜드 그리고 영국 등 유럽 전역에 확산되었다. 개혁파는 처음부터 학문적 프로그램이 아닌 올바른 신학과 그에 합당한 예배 및 윤리의 회복에 초점을 두었다. 목사들은 기존에 성직자의 의복 대신 학자의 가운을 입었고, 도시의 교회들은 예배 시간을 알리는 종을 울렸다. 특별히 성찬식은 교회의 권징에서 중요한 역할을 했는데, 비록 성찬의 자격이 주어진 신자라고 하여도 도덕적으로 문제가 있는 이들은 참여 하지 못하게 함으로써 회개에 합당한 삶을 강조했다. 제네바의 목회자들은 재무조달관(procureurs)과 구빈원(hospitaliiers)을 통해 빈민과 병자, 고아와 난민들을 돌보았다. 제네바를 방문했던 존 낙스는 제네바 시민의 신앙과 행실만큼 개혁된 곳을 보지 못했다고 극찬한 바 있는데,[19] 이는 칼빈과 개혁파 종교개혁이 이신칭의에 대한 강조뿐만 아니라 성화의 삶을 강조했음을 실제적으로 증거한다.

3. 개신교의 분류

종교개혁 당시의 개신교는 루터파와 개혁파만 존재했으나 오늘날 개신교는 다양한 교단으로 이루어져 있다. 장로교, 감리교, 구세군, 성결교, 오순절, 침례교 등을 아우른다. 장로교는 칼빈이 스트라스부르의 마틴 부처에게서 배운 교회 체제를 제네바 교회에 적용한 교회 체제다. 하지만 이를 발전시킨 것은 스코틀랜드의 존 낙스(John Knox, 1513-1572)였다.

낙스는 1560년에 스코틀랜드의 의회를 통해 로마 가톨릭 체제를 몰아내고 『스코틀랜드 신앙고백서』를 작성했으며, 신앙고백서의 주요 내용은 칼빈주의 신학을 따라서 1장의 하나님, 2장의 인류 창조, 3장의 원죄 등의 순서로 되어 있으며, 조직신학적으로는 신론, 인간론, 기독론, 성령론과 교회론, 종말론, 성경론, 성례론으로 구성되어 있다. 이후 1567년에 스코틀랜드 의회가 장로교 제도를 승인한다.

감리교는 영국 국교회 신부였던 존 웨슬리(John Wesley, 1730-1791)와 그를 따랐던 제자들에 의해 창설되었다. 웨슬리는 분리된 교단을 만들지 않았으나 그의 후계자들이 감리교를 창설한다. 감리교는 영국 국교회의 형식적인 신앙으로 인해 교회의 생명력이 사라져 가는 현상에 대한 반발로 나타났다.

영국 교회가 신앙의 침체기에 있을 때 웨슬리는 자신의 동생 찰스 웨슬리와 동료였던 조지 휫필드와 함께 옥스퍼드대학교를 중심으로 종교 클럽을 조직한다. 소위 '홀리클럽'(Holy Club)으로 불리는데, 철저한 신앙생활을 강조했다. 웨슬리는 영국 국교회의 아르미니우스주의를 고스란히 물려받았기에 은혜를 강조하면서도 인간의 자유의지에 따른 믿음과 선행을 주장했다. 한편으로는 인간의 부패를 인정하면서도 다른 한편으로는 하나님이 주신 은혜를 통해 자유의지가 회복되어 인간 스스로 복음을 믿고 받아들일 수 있는 능력이 모든 사람에게 주어졌다고 믿었다.[20]

웨슬리 사후, 영국의 감리교는 독립적인 교단들로 세분화되어 여러 지류를 형성했다. 감리교는 감옥 개선 운동 등 사회 운동을 활발하게 펼쳤으며, 이러한 영향으로부터 구세군, 성결교 그리고 오순절 운동이 파생되었다.[21] 구세군은 1865년 영국의 감리교 목사였던 윌리엄 부스(William Booth, 1829-1912)가 만든 교파이며, 빈민 구제에 역점을 두어 오늘날 자선냄비 활동으로 유명하다. 마틴 로이드 존스에 따르면, 구세군은 감리교의 아르미니우스적 메소디즘에서 나왔으며 "오늘 중생했다가도 내일은 중생하지 않을 수 있고, 다시 중생했다가 그 다음에는 중생하지 않을 수 있다"라고 주장함으로, 중생 교리를 근본적으로 부정한다.[22]

성결교는 감리교에 뿌리를 두고, 웨슬리의 성화론인 완전주의를 표방하여 지상에서의 완전한 성화를 강조하여 나온 교단이다. 제2차 대각성 운동(1790-1840)의 부흥기에 미국 감리교에서 시작되었으며, 신학 사상은 완전주의, 즉 하나님의 은혜에 의해 원죄를 사함 받고 신자는 하나님을 섬기기에 부족함 없는 상태로 완전히 성화된다고 주장한다.

오순절 운동 역시 감리교에 뿌리를 두고 있으며, 미국 남북 전쟁(1861-1865) 이후 부흥을 갈망하던 상황에서, 1904년 미국 캘리포니아주 아주사에서 있었던 부흥 운동을 시작으로, 1914년 미국의 스프링필드(Springfield)에서 오순절교회가 조직되었다. 주요 특징으로는 오순절 마가 요한의 다락방에서 임한 성령의 임재를 주장하며 방언, 신유, 예언 등 은사를 강조한다.

마지막으로, 침례교의 기원은 다소 복잡하게 얽혀있으나 대체로 학자들은 스위스 종교개혁의 재세례파에서 나왔음에 동의한다. 그들은 츠빙글리가 이끈 종교개혁에 불만을 가진 이들로, 스위스 형제단으로 불리며 세례를 자신들의 공동체에 가입하기 위한 수단으로 강조했다.

위에서 언급한 교단들은 차이점들이 있으나 공통적인 특징을 가지고 있다. 각각 자신이 처한 역사적 배경 속에서 신앙과 삶에 대한 개별적인 목적을 지니고 있다. 감리교는 영국 국교회의 정형화된 틀에 대한 반발로 인한 신앙 부흥의 방법론적 회복에, 구세군은 빈민 구제를 경시했던 기존 교회의 세태에 대한 비판과 타개책에, 성결교는 감리교의 사회 복음적 요소보다는 신자의 내적 성화의 가능성과 완전성에, 오순절은 19세기의 전쟁으로 인한 영적 갈망화 세대주의적 부흥론에 그리고 침례교는 성경의 문자적 해석과 세속과의 단절에 무게 중심을 둠으로써 분파주의적인 입장에 각각 강조점을 두었다. 언급한 교단들은 저마다 자신이 처한 상황에 따라 자신만의 신앙의 기준을 제시했다는 점에서 공통적 기반을 가진다. 이러한 사실은 각 교단이 말하는 삶의 윤리가 참된 성경적 관점에서 파생된 것인지에 관한 질문을 야기한다.

다른 모든 교단과 비교해 볼 때, 장로교는 그 역사가 종교개혁 시대로 거슬러 올라간다. 장로교를 제외하고서 감리교, 구세군, 성결교 그리고 오순절 교단은 종교개혁의 개신교 뿌리를 가지고 있지 않으며 감리교의 뿌리를 가진다.

4. '칼빈주의'라는 용어

　엄밀한 의미에서 개혁주의는 보수적 교단을 지칭하는 용어는 아니다. 특별히 오늘날의 개혁주의의 용법은 개혁신학의 역사 속에서 세계관으로 정착한 칼빈주의와 동일한 의미로 이해된다. '칼빈주의'라는 용어는 처음에 루터파에 의해 시작되었다. 1549년, 츠빙글리의 제자였던 하인리히 불링거(1504-1575)와 칼빈은 주의 만찬 교리에 관해 『취리히 합의서』(*Zurich Consensus*)를 작성한다. 하지만 1552년, 루터파 신학자 요아킴 베스트팔(Joachim Westphal, 1510-1574)은 칼빈의 성찬론을 비판하면서 "성례주의자"라는 별명을 붙인다.[23] 그리고 칼빈의 성찬론을 따르는 이들을 두고 '칼빈주의자'라는 용어를 사용했다.[24] 하지만 칼빈은 이 용어에 동의하지 않았으며, 오히려 스스로를 복음주의 또는 개혁신학자로 강조했다.
　칼빈의 이후 세대인 개혁파 정통 신학자들도 칼빈을 자신들의 절대적인 기준으로 삼지 않았다. 예컨대, 17세기 개혁파 신학자인 앙드레 리베(1573-1654)는 단호하게 다음과 같이 말한다. "칼빈에 관하여, 우리는 그를 존경스러우리만큼 신실한 그리스도의 종으로 인정하되, 우리의 종교의 사람으로, 안내자로, 원류로 인정하는 것은 아니다."[25]
　칼빈주의에 대한 루터파의 비판은 칼빈주의를 개혁파 성례주의로 축소시키는 오해를 낳았다. 루터의 성찬론과 칼빈의 성찬론은 분명히 다르지만, 칼빈을 성례주의자로 취급하거나 칼빈주의자들을 동일한 의미로 취급하는 것은 칼빈 이후 오늘날에 이르기까지 상용되는 칼빈주의의 개념을 담아내지 못한다. 다만, '칼빈주의'라는 용어 논쟁은 16세기 중반이 지나서 루터파와 개혁파 사이에 "서로 구별되는 신앙을 고백하는 무리들"로 구분되기 시작했음을 보여 준다.[26]
　칼빈주의의 정의에 있어서 리차드 멀러(Richard A. Muller)는 중요한 통찰을 제공한다. 그에 따르면 칼빈주의의 정의를 크게 세 가지로 나눌 수 있다. 첫째는 "칼빈 자신의 견해"다. 하지만 칼빈은 자신의 주요 견해나 저서를 자신의 신학을 대변하는 것으로 제시한 적이 없다. 다수의 사람이 칼빈의 예정론을 칼빈 신학의 요체로 보기도 하지만, 실상 칼빈은 예정론을 자신의 신학적 기준으로 말한 적이 없다.

둘째, 칼빈주의를 "칼빈을 따르는 사람들"로 이해할 수도 있을 것이다. 하지만 앙드레 리베의 예시에서 볼 수 있는 바와 같이, 칼빈의 신학을 따랐던 무수한 신학자는 칼빈만 따른 것이 아니었다. 칼빈을 따르는 사람들은 "정밀한 모방자"가 아니었다. 또한 그들은 다른 개혁파 신학자들을 인용하거나 심지어 루터의 글을 인용하여 자신들의 주장을 펼치기도 했다. 그러므로 개혁파 정통주의 신학자들을 칼빈주의자로 규정할 수 없다.[27]

마지막으로 개혁파 전통을 칼빈주의로 이해하는 경우다. 하지만 이 역시도 개혁파 전통을 어떻게 규정하는가에 따라 복잡한 문제가 발생한다. 칼빈과 개혁파 정통 신학자들의 개혁신학 사이의 관계를 살펴보면 상당한 유사점과 다양한 차이점이 발견된다. 다시 말해, 칼빈주의를 개혁파 전통으로 간주할 경우, 칼빈과 개혁신학자들 사이에 연속성과 불연속성, 유사점과 차이점들이 있음을 인정해야 한다는 사실이 뒤따른다. 결론적으로, 칼빈은 칼빈주의자가 아니었으며, 칼빈주의자들 역시 칼빈주의자가 아니었다. 오히려 칼빈과 개혁파 정통 신학자들은 모두 개혁파 전통에 공헌한 이들이었다.[28]

많은 사람이 '칼빈주의'라는 용어를 『도르트 신경』의 '칼빈주의 5대 교리'와 동일시한다. 아르미니우스의 사후 그를 따르는 사람들은 아르미니우스주의의 사상을 다섯 가지로 제시한 '항론'(the Remonstrance, 1610)으로 알려진 문서를 출간했다. 항론파들의 주장에 맞서는 과정에서 네덜란드 개혁교회 안에 논쟁이 발생하여 1618년에 네덜란드의 도르트에서 총회가 열린다. 그 결과 소위 TULIP으로 알려진 5대 신조를 채택한다. T는 전적 타락(tatal depravity)을, U는 무조건적 선택(unconditional elect)을, L은 제한 속죄(limited atonment)를, I는 불가항력적 은혜(irresistable grace)를 그리고 P는 성도의 견인(perserverance of the saints)을 각각 의미한다.²⁹ 도르트 신경의 5대 교리는 칼빈의 신학과 맥을 같이 하기에, 칼빈주의 5대 교리라는 표현과 용례가 이미 일반화 되어 있는 이상, 시비를 걸 필요는 없다. 하지만 칼빈주의는 단지 도르트 신조인 5대 교리만을 의미하지 않는다. 도르트 신조는 아르미니우스주의자들의 다섯 가지 항변에 대한 응답으로서의 신앙고백이었기 때문이다.

개혁주의 전통 가운데에는 16-17세기의 다양한 신앙고백서가 존재한다. 예컨대, 『제네바 요리문답』(The Geneva Catechism, 1541), 『제2헬베틱(스위스) 신앙고백』(The Second Helvetic Confession, 1566), 『하이델베르크 요리문답』(The Heidelberg Catechism, 1563), 『프랑스 갈리칸 신앙고백서』(Galican Confession, 1559), 『스코틀랜드 신앙고백서』(The Scots Confession, 1560), 『벨직 신앙고백서』(Belgic Confession, 1561), 『도르트 신경』(Canon of Dort, 1618-1619), 『웨스트민스터 신앙고백서』(Westminster Confession of Faith, 1647) 등이다.

뿐만 아니라, 개혁신학자들은 서로 영향을 주고 받으며 개혁신학을 공유했다. 단적인 예로 칼빈은 버미글리의 성찬론에 상당한 영향을 받았다. 베자는 칼빈의 이중 예정(선택과 유기)을 강조했으나, 개혁파 츠빙글리의 제자였던 불링거는 단일 예정(선택)을 주장하면서 칼빈의 이중 예정을 지지하지는 않았다.³⁰ 이런 점에서, 칼빈주의는 "칼빈과 개혁파 신앙고백들, 16세기 후기와 17세기의 소위 칼빈주의자들이 서 있는 공동의 근거를 인식하고", 신앙고백의 테두리 안에서 전통의 다양성을 인정한다는 점에서 개혁파 전통을 가리키는 것으로 볼 수 있다.³¹

아르미니우스주의에 대한 반대는 18세기 칼빈주의에도 역력했다. 조나단 에드워즈(1703-1758)는 아르미니우스주의에 반대하여 칼빈주의 교리를 옹호했다. 에드워즈는 이단적 사설만을 반대한 것이 아니라 청교도의 후예로서 참된 개혁신학적 삶을 강조했다. 그는 구약과 신약성경을 구속사적 관점에서 이해하여 하나님의 나라가 오래지 않은 시대에 도래할 것이라고 순수하게 믿으며 그 시대의 사람들이 그랬듯 후천년설을 주장했다. 에드워즈는 참된 영적 부흥을 사모하며 그리스도인들의 거룩한 삶을 강조했다. 마침내, 19-20세기에는 아브라함 카이퍼와 헤르만 바빙크와 같은 개혁신학자들이 등장하여 칼빈주의를 신앙과 생활의 영역에 접목시키는 작업을 진행했다. 필자는 지면을 고려하여 카이퍼의 생애를 간단히 소개하고, 그가 주장한 칼빈주의를 소개한다.

5. 신칼빈주의자(neo-Calvinist) 아브라함 카이퍼

아브라함 카이퍼(1837-1920)는 소위 신칼빈주의(neo-Calvinism)를 대변하는 네덜란드 신학자다. 신칼빈주의란 하나님의 주권이 온 세상의 모든 영역에 미치고 있으며, 신자와 불신자 사이에 절대 양립할 수 없는 대립(antithesis)이 있다는 사실을 강조한다. 카이퍼와 바빙크가 대표적인 선두 주자다.[32] 카이퍼는 '열개의 머리와 백 개의 손'을 가진 사람으로 유명하다. 그만큼 그는 평생에 걸쳐 칼빈주의를 정치, 사회, 문화, 예술, 학교 등에 관해 광범위하게 적용하고자 애를 썼다.

카이퍼가 칼빈주의를 삶의 전 영역 속에 적용하게 된 배경은 그의 삶의 여정과 관련이 깊다. 카이퍼는 1837년 얀 프레데릭 카이퍼(Jan Frederick Kuyper) 목사의 아들로 태어나 부친의 목회를 보고 자랐다. 레이든(Leiden) 대학교에 입학하여 자유주의 신학과 철학에 능통하였으며, 26세의 젊은 나이에 신학박사 학위를 취득했다. 1864년 베이스트(Beesd)에서 목회를 하던 중 회심 체험하고, 1872년에는 네덜란드 개신교를 대변하는 정치 집단인 반혁명당(Anti-Revolutionary Party)에 입당하여 정치인으로 활동한다.

카이퍼는 프랑스 혁명(1789-1799)의 문제점을 깊이 인식했다. 프랑스 혁명은 표면상 민주주의지만 사실상 한 개인의 자유와 주권을 지나치게 강조한 나머지 인간 위에 어떤 권위도 인정하지 않는 혁명이었다. 프랑스 혁명의 근저에는 "악당을 타도하라"는 볼테르의 무신론적 사상이 자리하고 있다. 국민의회의 "하나님도 없고 주인도 없다"라는 표어는 "인간 해방을 모든 신적 권위로부터 해방으로 선전했던 신성 모독의 슬로건이었다."[33]

카이퍼는 1874년에 하원에 당선되고, 1880년에는 암스테르담 자유대학교를 설립했다. 자유대학교라는 이름에서 알 수 있듯, 카이퍼는 국가의 제제로부터 자유로운 기독교 학교를 만들어 참된 기독교 신앙에 기초한 대학을 만들고자 했다. 기독교 대학을 통해 학문과 삶이 통합적으로 실현되는 대학 교육을 통해 사회를 변화시킬 기독교 인재를 양성하길 원했기 때문이다. 카이퍼는 1901년에서 1905년에 이르기까지 네덜란드의 수상으로도 봉직했다. 카이퍼에게는 그 어떤 이름을 붙여도 어울리지 않는 것이 없다. 그는 목회자이자 행정가였으며, 정치 이론에 능한 정치인이었고, 교회의 개혁을 선도했던 교회 개혁가였다. 칼빈의 신학을 발전시킨 개혁신학자였으며, 기독교 문화를 발전시킨 문화신학자였고, 기독교 민주주의 이론가였다.

하지만 이 모든 타이틀에도 불구하고 그의 전 생애는 현대주의의 공격에 맞설 개혁주의 세계관을 확립하기 위해 바쳐졌다. 이런 의미에서 그는 칼빈주의자였다. 이는 칼빈주의가 단순히 개혁신학의 교리적 내용을 의미하는 것이 아님을 넌지시 암시한다. 칼빈주의는 그의 전 생애와 정신을 휘감아 온 몸과 마음을 불사르게 만들었던 주제였고, 실제 그가 살아갔던 삶의 방식이었으며, 세상을 바라보고 이해하는 기독교 세계관이었다.

6. 칼빈주의의 정의

카이퍼는 『칼빈주의 강연』의 첫 강연에서, 칼빈주의의 정의를 역사적으로 규명해야 한다고 말한다. 왜냐하면 칼빈주의의 정의는 시대별로 다양하게 이해될 수 있기 때문이다. 카이퍼가 살던 당시에 칼빈주의는 크게 네 가지 용법으로 사용되었다.

첫째는 '분파'(sectarian)라는 용어와 동일시되었다. 이는 로마 가톨릭교회가 개혁파 또는 칼빈주의를 취급하는 표현이다. 로마 가톨릭교회는 1555년에 루터파와 평화 조약을 맺는다(아우구스부르크 평화 조약). 개혁파와는 1648년에 이르러서야 공식적인 조약을 체결한다(베스트팔렌 조약). 하지만 표면상의 평화 조약일 뿐 로마 가톨릭교회는 루터파를 분리된 형제로 칭하는 한편, 개혁파를 이단으로 정죄한 상태를 유지해 오고 있다. 즉, 로마 가톨릭교회에서 개혁파 또는 칼빈주의를 분파라고 부르는 것은 이단의 한 분파로 여기는 것과 같다. 이러한 표현은 가톨릭 진영에서 비롯된 칼빈주의에 대한 부정 어린 평가를 수반한다.

두 번째 용법은 첫 번째 용법과 정반대 입장으로 "고백주의"(confessional)를 의미한다. 이 용법은 자칭 칼빈주의자라고 하는 이들 가운데 자신의 주요 신앙고백을 예정론으로 간주하는 이들에게서 발견된다. 이 경우 그들은 교리적으로 편협한 사람들로 취급을 받는다. 대표적인 인물로는 찰스 핫지(Charles Hodge)가 있다. 침례교의 영향을 받은 국가들에서는 지금도 아르미니우스의 예지 예정론을 따르는 이들이 많고, 그런 입장을 가진 이들은 개혁주의를 예정론과 동일시하면서 개혁신학이 사람을 아무런 의지도 없는 노예의지를 가진 존재, 한마디로 로봇처럼 이해한다고 비판한다. 하지만 이는 예정론을 운명론으로 오해한 것이며, 노예의지를 자발성이라곤 하나도 찾아볼 수 없는 개념이라고 치부하는 데서 오는 섣부른 판단이다.

세 번째 용법은 특정 교단(denomination)의 이름을 가리킨다.[34] 설교의 황태자라 불리는 찰스 스펄전(Charles Spurgeon, 1834-1892)은 어려서부터 청교도의 경건 서적들을 읽으며 자랐다. 그는 침례교에서 세례를 받고 침례교회 목사가 되었다. 하지만 그가 사역한 침례교회는 재세례파적인 색깔의 교회가 아니라 영국의 청교도와 개혁주의에 뿌리를 둔 교회였기에, '칼빈주의 침례교'(Calvinistic Baptists) 또는 '개혁 침례교'(Reformed Baptists)로도 불리며 청교도 신학에 지대한 영향을 받았다.

조지 휫필드(George Whitefield, 1714-1770)는 '칼빈주의 감리교'(Calvinistic Methodist church)의 유명한 설교자요 신학자였다. 이 교파는 18세기 웨일즈 지역의 감리교 부흥에서 나왔으나 칼빈주의 신학과 장로교의 예정론을 따른다. 마틴 로이드 존스에 따르면 칼빈주의 감리교는 아르미니우스 감리교와 구별된다. 웨슬리와 같은 아르미니우스주의 감리교는 믿음을 잃어버릴 수 있다고 주장하는 반면, 칼빈주의 감리교는 전적인 은혜를 강조하고, 구원의 확신을 완전히 소멸할 수 없다고 가르친다. 흥미롭게도 로이드 존스는 칼빈주의와 메소디즘의 관계가 어떻게 상호적으로 좋은 역할을 할 수 있는지를 설명한다. 그는 다음과 같이 쓴다.

> 칼빈주의 메소디즘은 이러한 여러 가지 이유들로 인해 진정한 메소디즘입니다. 또한 칼빈주의 메소디즘은 메소디즘이 신비주의로 변질되는 것을 막아 주었습니다. 언제나 이러한 위험이 있습니다. 감정에 강조점을 두어 '느껴진' 측면을 강조하면 신비주의로 빠질 위험이 있으며, 잘못된 환각주의나 일종의 '몽환주의'에 빠질 위험이 있습니다. 물론, 이 모든 것은 역사의 무대에 나타났습니다.
>
> 두 번째로 … 메소디즘이 아닌 칼빈주의는 지적이고 스콜라적인 데로 나아가는 경향이 있습니다. 이것은 칼빈주의에게 특별한 유혹입니다. 그 결과

사람들은 '우리를 붙잡아주는 진리'에 대해서보다 '우리가 주장하는 진리'에 대해서 더 많은 말을 하게 됩니다. … 메소디즘이 아닌 칼빈주의가 빠지기 쉬운 또 다른 위험은, 신앙고백을 부수적인 표준으로 삼지 않고 최상 최고의 표준으로 삼아 신앙고백을 성경의 위치에 놓는 위험입니다. … 성경이 먼저이고 이러한 신앙고백서는 그 다음입니다. 칼빈주의자들은 순서를 거꾸로 할 위험이 항상 존재합니다. … 칼빈주의 메소디스트들은 교리서를 통해 설교하지 않았습니다. 그들의 전체 성향은 일련의 여러 편의 설교를 하지 말아야 하고, 다만 각 설교는 '주어진' 것이어야 하며 매번 설교할 때마다 하나님을 보아야 한다는 것이었습니다. 찰스 스펄전은 이러한 경향을 갖고 있었습니다.

칼빈주의가 메소디즘으로 교정되지 않으면 생길 수 있는 경향의 세 번째 위험은, 기도할 마음을 막는 성향입니다. 이것은 매우 심각한 문제입니다. 칼빈주의 메소디스트들은 위대한 기도의 사람들이었습니다. 그들의 교회들은 기도가 특징이었습니다. 그 기도회는 뜨겁고 감동적인 기도 모임으로, 때로는 몇 시간씩 계속되었고 그곳에서 큰 체험을 하게 되었습니다.[35]

존스의 말을 오해하지 말아야 한다. 마치 감리교에서 말하는 메소디즘이 칼빈주의 신학의 내용을 변경할 수 있는 것처럼 말하는 것이 아니다. 만일 그렇게 한다면 웨슬리의 메소디즘처럼 중생과 구원의 확신은 사라져 버릴 것이다. 존스가 주장하는 핵심은 칼빈주의 메소디즘(감리교)에서 칼빈주의와 메소디즘이 상호 간 어떻게 영향을 주고 받는지를 묘사하는 데 있다. 칼빈주의 메소디즘이 제 역할을 할 수 있는 것은 칼빈주의 때문에 가능하다. 이러한 의미에서 카이퍼가 위에서 언급한 교단명으로서의 칼빈주의는 기존 칼빈주의의 신학과 크게 다르지 않다.[36]

마지막 용법은 학문적 의미로 사용된다. 카이퍼에 따르면, 위의 세 가지 용법은 모두 역사적인 요소가 결여되어 있어서 편협하다. 카이퍼는 칼빈주의라는 명칭은 분파적 고백적 교단적 용법을 넘어서, 학문적으로 이해되어야 한다고 주장한다.

학문적 용법은 다시금 역사적·철학적·정치적 의미로 구분된다. 역사적 측면에서 칼빈주의란, 종교개혁이 이동한 "경로"를 가리킨다. 칼빈주의는 루터파나 재세례파나 소키누스파와는 다른 방향으로 움직였다. 철학적으로는 "칼빈의 지도에 영향을 받아 인생의 몇몇 분야를 지배하게 된 개념 체계"를 말한다. 정치적 의미에서 칼빈주의는 화란에서 시작하여 영국을 거쳐 미국에 이르렀던 정치 형식, 즉 "입헌적 정치로 국가의 자유를 보장했던 정치적 운동"을 말한다.[37] 학문적 의미로서의 칼빈주의에 대한 카이퍼의 정의는 근본적으로 역사에 토대를 두고 그 안에서 발생한 흐름과 이동과 발전을 내포하는 유기적 성격을 지닌다.

칼빈주의는 자체의 유기적 특징으로 인해 순수한 형태의 칼빈주의뿐만 아니라 칼빈주의의 "다소 이탈한 이들 교회들도 포함"한다. 예를 들어, 영국 국교회는 39개 신조에서 엄격한 칼빈주의를 고수하는 한편, 예전에 있어서는 성경적 가르침으로부터 이탈했다. 독립교회주의자들은 개인주의로 인하여 교회의 유기적 결합을 해체한다. 웨슬리에게 영향을 받았던 감리교도들은 칼빈주의 신학을 반대하였으나 당시 영적 침체에 빠져 있던 영국 국교회의 영적 변화를 초래했다. 심지어 침례교조차도 "칼빈주의의 장막에서 은신처를 찾았다."[38] "칼빈주의가 의도했던 삶의 자유로운 발전과 더불어, 충만하고 순수한 활력과 능력을 가진 중심과 위협적이리만큼 변화가 심한 주변은 구별할 수 없어 보인다. 그러나 좀 더 순수한 중심과 좀 덜 순수한 주변 간의 갈등 속에 그 정신의 한결같은 활동이 칼빈주의에 보장되어 있었다."[39]

칼빈주의는 단연코 감리교와 침례교의 교리를 반대한다. 하지만 감리교인과 침례교인은 끌어안는다. 확실히, 인간의 자유의지를 강조하는 웨슬리의 교리는 부정된다. 하지만 그들이 구원 받는 것은 오직 은혜로 말미암는다. 존 웨슬리는 구원을 받았을까? 로이드 존스는 말한다.

> 존 웨슬리는 혼돈되고 그릇된 사상 체계에도 불구하고 구원 받은 사람이었습니다. 그가 어떤 사람인가에 상관없이 하나님의 은혜가 그를 구원했습니다. 바로 이것이 칼빈주의입니다. 만일 칼빈주의자인 여러분이 사람은 교리를 이해함으로써 구원을 받는다고 말한다면, 이것은 칼빈주의를 부정하는 것입니다. 이러한 사람은 칼빈주의자가 아닙니다. 우리는 우리의 모습과 상관없이 구원을 받습니다. 그래서 존 웨슬리나 다른 사람들같이 자기들 나름의 인간적 논리를 따름으로써 그처럼 혼돈되었던 사람들도 구원 받은 그리스도인들이 될 수 있는 것입니다. 왜냐하면 그것은 '전적으로 하나님의 은혜'에 속한 것이기 때문입니다. 우리의 모습에도 불구하고 말입니다.[40]

존스의 주장은 칼빈주의의 핵심이 은혜의 신학에 있음을 보여 준다. 칼빈도 구원의 원인을 하나님의 은혜에 돌리지 않을 때 믿음의 확신이 흔들릴 수 있다고 말한 바 있다.

한편 카이퍼가 칼빈주의의 유기적 성격에 대한 강조한 이유는 포괄적인 통일적 세계관을 제시하기 위함이었다. 칼빈주의가 통일적 세계관으로서의 역할을 감당할 수 있는 것은 지나간 역사 속에서 검증되어 살아남았기 때문이다. 그렇지 않고 잠시 잠깐 있다가 사라지거나 혹은 역사에서 힘과 영향력을 발휘하지 못했더라면 그것은 통일적인 세계관으로서의 기능을 감당하지 못하고 말 것이다. 하나님의 섭리적 관점에서 말하자면, 하나님은 칼빈주의를 역사적 과정을 통해 기독교 세계관으로 가능하게 만드셨다.

지난 역사를 돌아보면 로마 가톨릭은 자신만의 뚜렷한 삶의 목적을 제시했다. 비록 그 목적이 인간의 행위 구원이라는 잘못된 방식일지언정 통일된 체계를 구축했다. 심지어 다윈의 진화론의 등장으로 독일에서는 범신론이 인간 생활의 모든 영역에 깊이 파고들어 갔다. 하지만 개신교는 "목적이나 방향이 없이 이리저리 돌아다니며 아무런 진보 없이 황야에서 배회"할 수밖에 없었다.[41] 카이퍼는 이러한 연구 끝에 일반적 개념의 개신교가 아니라 학문적 의미에서 오직 칼빈주의만이 통일적 세계관을 제시할 수 있다고 주장한다.

> 인생 개념의 통일체는 온갖 우여곡절로 뒤흔들리는 개신교의 모호한 개념에서는 발견할 수 없고, 칼빈주의에서 인생의 강력한 물줄기를 바라고 자신의 수로를 파는 저 강력한 역사적 과정에서 발견한다. … 출발점과 삶의 체계에 대한 이런 통일성이 없이 우리는 독립된 위치를 유지할 능력을 잃어버리며 저항할 힘은 퇴조하고 말 것이다.[42]

카이퍼는 시대의 질문에 칼빈주의만이 유일한 대안이라고 확신한다.

7. 통일적 세계관

통일적 세계관으로서의 칼빈주의는 세 가지 조건을 갖추어야 하는데, 이는 '하나님과의 관계,' '인간과의 관계,' '세계와의 관계'다. 우리는 서론(1장)에서 이미 이 관계에 대해 간단히 설명했다. '인간과의 관계'와 '세계와의 관계'는 인간에 대한 이해와 세상에 대한 이해를 다루는 곳에서 부연하기로 하고, 여기서는 '하나님과의 관계'만을 다루기로 한다.

하나님과 인간의 사이의 관계는 어떠한 것인가? 하나님은 인간의 눈에 보이지 않는 추상적인 존재인가? 하나님은 인간의 삶에 얼만큼 관여하시는가? 인간이 기도할 때는 들으시고 기도하지 않으시면 방관하시는가? 하나님은 인간의 삶으로 가득한 역사를 어떤 방식으로 운행하시는가? 이러한 질문들은 기독교 세계관을 이해하는 출발점이다.

하나님과 인간과의 관계는 세상에 존재하는 다양한 종교들에서 공통적인 현상이다. 카이퍼는 세상에 존재하는 세계관들을 크게 네 가지로 구분한다. 이교, 이슬람교, 로마교, 칼빈주의가 그것이다. 이러한 종교들은 인간의 실존에 지대한 영향력을 행사한다. 그리하여 역사 속에서 그들 자신만의 삶의 체계를 형성한다.

먼저, 이교는 하나님을 "피조물 안"에 존재하는 것으로 이해한다. 이교에서 가장 발전한 형태의 종교는 불교다. 불교의 구원관은 피조물이 스스로 부처가 됨으로 신의 경지에 이르는 것이다. 인간이 신적 존재가 될 수 있다는 사상은 이미 인간 정신 안에 신적 배아가 내재하고 있다고 보는 것이나 다름없다. 이교 가운데 가장 저급한 종교는 정령 신앙이다. 이러한 종류의 신앙은 모든 사물과 자연 현상 속에 정령이 깃들어 있다고 본다. 일본의 애니메이션들은 정령 신앙의 가장 대표적인 사례들을 적나라하게 나타낸다. 인간과 동물의 구분이 없으며, 모든 것은 영의 산물로서 저급한 신들의 세계를 형성한다.

불교나 정령 신앙의 근본적인 문제점은 창조주와 피조물 사이의 차이점을 지운다는 데 있다. 이교의 경우는 신플라톤철학에서 그 전형을 찾아볼 수 있다. 신플라톤철학은 모든 만물이 최고선(hightest good)이신 하나님의 자기 유출 과정에서 파생되어 나온 일부라고 주장한다. 이와 같은 이방의 종교들은 "썩어지지 아니하는 하나님의 영광을 썩어질 사람과 금수와 버러지 형상의 우상으로" 바꾼다(롬 1:23). 불교나 정령 신앙은 "피조물을 넘어선 하나님의 독립적 존재"까지 오르지 못한다. 하지만 "불완전한 형태에서도 이교는 무한자와 유한자의 관계에 대한 명확한 해석을 출발점으로 갖고 있고, 이 해석 덕분에 인간 사회에 대한 완성된 형식을 산출할 능력을 갖는다."[43]

이슬람교는 하나님과 피조물 사이를 완전히 분리시켜 버린다. 따라서 위에서 언급한 이교와는 정반대의 신앙과 삶의 모습들을 지닌다. 이슬람교는 하나님과 피조물의 "혼합"을 피하기 위해, 둘 사이를 철저히 분리시킴으로 하나님을 전적으로 인간과 전혀 교제가 없는 신으로 취급한다.[44] 그들은 알라에게 맹목적으로 복종하고, 전도 방법 역시 권면이나 설득, 교리 전파가 아니라 철저한 정복의 형식을 띤다. 마호메트가 메카에서 이슬람교을 일으킨 후, 로마 지역들에 전쟁을 선포하고 강압적인 형태로 이슬람교을 전파한 것은 우연이 아니다. 몇몇 이슬람 지역에서 활동하는 기독교 선교사들은 이슬람 교인들이 우리가 생각하는 것처럼 과격한 근본주의자들이라거나 폭력적인 사람들이 아니라고 말한다.

물론, 그러한 부류의 이슬람교인도 있을 것이다. 하지만 근본적으로 마호메트의 코란은 불신자들을 만나면 손을 잘라야 한다고 가르친다. 이슬람교는 하나님을 높이는 한편, 인간을 신의 명령에 맹목적으로 복종해야 할 피조물로 전락시킨다. 원리적 측면에서 이슬람교에는 하나님과 인간 사이에 일방통행만 있을 뿐 소통이나 화목은 존재하지 않는다. 그들은 기독교처럼 하나님을 아빠 아버지(막 14:36; 롬 8:15; 갈 4:6)라 부르지 못하고, 그저 저 멀리 있는 신으로, 명령이 떨어지면 아무 생각 없이 움직일 따름이다. 그럼에도 불구하고, 이슬람교 역시 신과 인간의 관계를 다루고 있으므로 특이하기는 하나, 인간 생활을 창출한다.[45]

마지막으로 로마 가톨릭이 있다. 로마 가톨릭은 하나님과 인간 사이에 교회라는 중보자를 유형적 매개체로 세운다. "이 교회는 신비적 유기체가 아니라 눈에 보이고 손으로 만질 수 있는 유형적 제도"로서의 교회다.[46] 로마 가톨릭이 하나님과 인간 사이의 매개로 세운 대표적인 예가 교황 제도다. 가톨릭은 교황들을 베드로를 따라 교회의 열쇠를 가진 자로 믿는다. 교황은 교회를 세우는 권세를 가졌기에, 성경에 있지도 않은 면죄부를 판매할 권세를 지닌다. 11세기 중반에 이슬람 세력의 공격을 빙자하여 십자군 전쟁을 일으켰을 당시 면죄부가 등장하기 시작한다. 고해성사, 미사, 마리아 숭배, 성지 순례 그리고 연옥 교리 등 로마 가톨릭교회에서는 신자가 하나님께로 나아가기가 참으로 버겁다.

오늘날은 더욱 변질된 가톨릭의 모습을 본다. 제1차 바티칸 공의회(1869-1870)에서는 교황이 "모든 가톨릭 신자의 최고 목자이자 스승으로서 신앙이나 도덕에 관하여 고수해야 할 교리들을 확정적 행위로 선언하는 때 그의 임무에 의하여 교도권의 무류성을 지닌다"라고 함으로써 교황이 권좌에 올라 선언한 내용은 성령의 특별한 은사의 결과로 말미암기에 오류가 없다는 교황 무류설(Papal infallibility)를 주장했다.

제2차 바티칸 공의회(1962-1965)에서는 근대 과학의 발전과 빠르게 변화하는 현대 사회에 대처하기 위해 교회의 쇄신을 목적으로 회의를 개최하였는데, 정교회와의 화해, 사회에 대한 책임 등을 강조했다. 그 과정에서 하나님을 알지 못하는 사람도 선하게 살면 구원을 받을 수 있다고 주장했다.[47] 또한 마리아를 구속주와 동등되게 여기지 않는다고 말하면서도 마리아가 그리스도의 어머니로서 구속주를 가장 먼저 알아보았을 뿐만 아니라 그리스도의 사명을 도운 사람임을 강조한다.[48]

로마 가톨릭은 1984년 한국 최초의 영세자로 불리는 이승훈을 기념하여, 교황 요한 바오로2세가 내한하여 "이 땅의 겨레와 교회를 성모님의 보호에 맡겨 드리는 기도"를 드렸다. 이 기도문은 마리아를 "모든 사람과 민족들의 어머니", "자비의 어머니" 그리고 "그리스도의 어머니"로 표현한다. 특별히 그리스도의 어머니라 칭하는 대목에서는 "복되신 태중의 아들 예수님을" 신자들에게 보여주는 존재로 부각시킨다. 그럼에도 불구하고, 로마 가톨릭 "교회는 하나님과 사람 사이에" 서서 인간 세상에 영감을 불

어 넣음으로써, "인간 사회에 대한 자신의 형식을 산출한다."⁴⁹

위에 언급한 세 가지 형태의 종교는 세계관의 기본 요건인 하나님과 인간관계를 다룬다는 점에서는 세계관으로서의 기능을 가진다. 하지만 그러한 세계관으로부터 파생된 인간 사회의 형식들은 여전히 불완전한 것으로 남는다.

이에 반해 칼빈주의는 위의 세 가지 세계관들을 배척할 뿐만 아니라 그것들의 한계를 극복한다. 칼빈주의는 "이교처럼 피조물 안에서 하나님을 구하지 않으며, 이슬람교처럼 하나님을 피조물과 분리시키지 않으며, 로마교처럼 하나님과 피조물 사이에 매개적 종교 단체를 두지 않는다. 반대로, 하나님이 피조물 위에 높은 위엄 가운데 계시면서도 성령 하나님으로서 피조물과 직접적인 교제를 맺으신다."⁵⁰

카이퍼는 칼빈주의가 역사 속에서 하나님과의 관계를 충실하게 보여주고 있다고 말한다.

> 그러므로 나는, 모든 일반적인 삶의 체계를 지배하는 것이 우리와 하나님과의 관계에 대한 해석이며 우리에게 이 개념은 칼빈주의 안에 있고 그것은 하나님과 사람, 사람과 하나님의 직접적인 교제라는 칼빈주의의 근본 해석 덕택이라고 주장한다. 여기에 칼빈주의가 이런 근본 해석을 창안하거나 생각해 내지 않았고 하나님께서 칼빈주의의 영웅들과 전령의 마음에 그 해석을 심어 주셨다고 나는 덧붙인다. 우리는 여기서 영민한 지성주의의 산물을 접하는 게 아니라 마음속에 나타난 하나님의 활동 결과 혹은 역사의 영감을 접한다. 이 점은 반드시 강조되어야 한다. 칼빈주의는 천재의 제단에 그 향을 피우지 않았으며, 자기의 영웅을 위하여 기념비를 세우지 않았으며 그들의 이름을 부르는 일이 거의 없었다. 제네바의 오직 한 벽에 새겨진 하나의 이름이 남아 칼빈을 생각나게 한다. 그의 무덤조차 잊혀졌다. 이것이 배은망덕이었는가? 결코 그렇지 않다. 그러나 칼빈을 평가한다

면, 16세기와 17세기에도 칼빈보다 위대한 분이 자신의 일을 이루셨다는 인상이 생생했다. 그래서 인생의 일반적 운동 가운데 이보다 의도적 계약과 무관하고 관례를 벗어난 일이 없었다.[51]

인생 전체의 삶을 아우를 수 있는 통일적인 요소란 역사적으로 검증되어야 신빙성을 인정 받는다. 그리스도인들이 예수님으로 인해 죽음을 마다하지 않았던 것, 종교개혁자들이 로마 가톨릭교회의 잘못된 교리에 대해 용감히 맞서 싸우다가 죽임을 당했던 것, 자신의 훌륭한 작품들과 활동들을 자랑하지 않으며, 그들의 훌륭한 공적에도 불구하고 자신을 드러내지 않은 것은 모두 하나님과 직접적인 교제로 인해 가능했다.

이 하나님과의 교제에 의해 강해진 인간 마음은 삶의 모든 부분을 거룩히 바치라는 높고 거룩한 소명을 발견하고 하나님의 영광에 쓸 모든 힘을 발견했다. 그러므로 이 신적인 생명에 참여자가 된 이 남자들이나 여자들이 자신의 신앙을 버리라는 강요를 받았을 때, 자신의 주를 부인하는 일은 있을 수 없었다. 그리고 수많은 사람이 화형주에 달려 불에 타 죽었을 때 불평하지 않았고 오히려 마음으로 감사하고 그 입으로 찬송하며 기뻐했다. 칼빈은 이런 일을 일으키지 않았다. 하나님이 그 사람들 안에서 이루셨던 일을 성령을 통하여 칼빈 안에서 이루셨던 것이다. 칼빈은 그들보다 높이 서 있지 않았다. 그들과 나란히 형제로서 하나님의 복을 함께 받는 자로 서 있었다. 이리하여 칼빈주의는 하나님과의 직접적 교제라는 근본적 해석에 도달했다. 이는 칼빈이 그것을 창안했기 때문이 아니라 하나님과의 이런 직접적 교제 안에서 하나의 특권이 우리 조상에게 부여되었기 때문이다. 그리고 칼빈은 그것을 명확하게 의식하게 된 최초의 사람에 불과했다. 이는 역사 안에 나타나는 성령의 위대한 일이다. 칼빈주의는 이 일에 의하여 귀중히 바쳐졌고 또 이 일은 우리에게 그 놀라운 힘을 해석하여 알려 준다.[52]

비록 사람마다 차이가 있어서 하나님과의 교제가 동일한 수준으로 일어난 것은 아니었지만, 하나님과의 교제를 통해 마음에서 일어나는 활동들이 역사 속에서 나타났기에, "한 사람의 전체 생활을 하나님 앞에서 살아가야 한다는 확신이 칼빈주의의 근본 사상이 되었다."[53] 카이퍼는 인간 의식 혹은 인간 실존의 심층부로부터 나오는 행동들을 포괄할 수 있는 통일성의 원리로 사람의 이성이나 의지의 산물이 아니라, 오직 하나님와 관계 속에서 하나님에 의해 발생하다고 본다. 칼빈주의는 지난 역사 속에서 믿음이 없거나 약해서 흔들리는 인간의 관점이 아니라 오직 변함없이 흔들리지 않는 하나님의 계시에 입각하여 역사의 시련을 거쳐 하나님과의 친밀한 교제를 회복시킴으로써, 마침내 견고한 기독교 신앙 윤리의 자리에 당당하게 오른다.

8. 결론

하나님은 '온갖 좋은 은사와 온전한 선물이 다 위로부터 빛들의 아버지에게서 내려오니 그는 변함도 없으시고 회전하는 그림자도 없으신' 분이다(약 1:17). 하나님은 자신의 '뜻이 변하지 아니함을 충분히 나타내시려고 맹세로 보증'하셨다(히 6:17). 그 이유는 '소망을 얻으려고 피난처를 찾은 우리에게 큰 안위를 받게 하려 하심이'다(히 6:18). 그러므로 우리가 가지고 있는 이 소망은 "영혼의 닻 같아서 튼튼하고 견고하"다(히 6:19).
지나간 역사 속에서 칼빈과 칼빈주의자들은 삶을 통해 이러한 성경의 가르침을 고스란히 증명했다. 그들 가운데 자신의 명예를 드러내거나 이상적인 지도자들을 추앙하지 않았다. 오히려 그 모든 역사 속에서 하나님만이 주인공으로 등장한다. 칼빈주의자들의 마음의 활동과 삶 속에서 그 모든 역사를 일으킨 것은 그들이 겸손해서 또는 그들이 탁월한 성품을 지녔기 때문이 아니라, 하나님이 그들 속에서 그와 같이 친밀한 방식으로 역사하셨기 때문이다.

> 하나님도 한 분이시니 곧 만유의 아버지시라 만유 위에 계시고 만유를 통일하시고 만유 가운데 계시도다(엡 4:6).

제4장

기독교 신앙 윤리의 기초:
성경은 하나님의 무오한 말씀

> 우리 중에 이루어진 사실에 대하여 처음부터 목격자와 말씀의 일꾼 된 자들이 전하여 준 그대로 내력을 저술하려고 붓을 든 사람이 많은지라 그 모든 일을 근원부터 자세히 미루어 살핀 나도 데오빌로 각하에게 차례대로 써 보내는 것이 좋은 줄 알았노니 이는 각하가 알고 있는 바를 더 확실하게 하려 함이로라(눅 1:1-4).
>
> 그러나 너는 배우고 확신한 일에 거하라 너는 네가 누구에게서 배운 것을 알며 또 어려서부터 성경을 알았나니 성경은 능히 너로 하여금 그리스도 예수 안에 있는 믿음으로 말미암아 구원에 이르는 지혜가 있게 하느니라 모든 성경은 하나님의 감동으로 된 것으로 교훈과 책망과 바르게 함과 의로 교육하기에 유익하니 이는 하나님의 사람으로 온전하게 하며 모든 선한 일을 행할 능력을 갖추게 하려 함이라(딤후 3:14-17).

1. '오직 성경'이라는 슬로건

토머스 왓슨이 잘 묘사하듯, "경건한 사람은 말씀의 권고를 사랑한다. 그것은 삶의 지침이자 규칙이기 때문이다."[1] '오직 성경'은 종교개혁자들이 르네상스의 '아드 폰테스'(Ad fontes, 원천으로)를 모티브로 하여 교회의 회복을 위해 돌아가야 할 원천으로 성경을 주창한 데서 나온 슬로건이었다. 중세 로마 가톨릭은 성경이 아닌 교황의 교서와 가르침이 중요한 표준이 되었다. 종교개혁이 발발하기 전 유럽은 로마 가톨릭이 유럽인들의 생각과 삶을 지배하고 있었다. 신앙, 사회, 법, 경제, 문화 그리고 정치에 이르기까지 가톨릭의 손아귀에 있었다.²

당시 로마 가톨릭이 사용한 성경은 5세기 초 라틴어로 번역된 불가타 성경(the Vulgate)이었으며, 이 성경을 신적으로 무오한 성경이라고 믿었다. 하지만 불가타 역본의 신뢰성은 인문주의자였던 에라스무스에 의해 금가기 시작했다. 에라스무스는 원전의 중요성에 천착했다. 왜 원전을 버려 두고 라틴어 역본을 읽어야 하는가? 에라스무스는 라틴어 성경 본문 옆에 헬라어 성경 본문을 대조한 라틴어-헬라어 대조 성경을 출간했다.

에라스무스의 헬라어 성경 출판으로 인하여 다수의 사람들은 기존 로마 가톨릭의 표준 성경이 원전의 의미로부터 이탈해 있다는 사실을 깨닫게 된다. 루터는 에라스무스의 헬라어 성경을 통해 세례 요한의 회개 설교에 관해 두 본문 간의 차이를 확인할 수 있었다. 로마 가톨릭의 라틴어 역본은 회개를 '고행'(penance)으로 번역한 반면, 에라스무스의 헬라어 본문은 내적 마음의 돌이킴을 의미하는 '회개'(metanoia)를 말한다.³ 루터는 『탁상담화』에서 로마 가톨릭의 지배하에서 성경 본문이 얼마나 대충 읽히며, 또한 성경 본문보다 주석서들이 더욱 중요한 것으로 간주되는지를 지적한다.

> 내가 해 주고 싶은 조언은, 참된 우물에서 물을 길으라는 것입니다. 성경을 근실히 상고하라는 것입니다. 성경의 본문을 온전하게 파악한 사람이야말로 완숙한 신학자입니다. 본문의 한 절, 한 문장이 많은 분량의 주해와 주석보다 백 배나 훌륭한 교훈입니다. 본문에 대한 이해가 없다면 주해와 주석에 대한 지식이 아무리 많더라도 제대로 된 공격을 할 수도 없고, 공격을 제대로 막아낼 수도 없습니다. 예를 들어, 사도 바울은 "하나님께서 지으신 모든 것이 선하매 감사함으로 받으면 버릴 것이 없나니"(딤전 4:4) 하

고 가르쳤는데, 이 본문은 하나님께서 지으신 것이 선하다는 것을 입증합니다. 그런데 먹고 마시고 결혼하는 등의 행위는 하나님이 지으신 것이며, 따라서 선합니다. 그런데도 초기 교부들이 남긴 주해들은 이 본문에 반대됩니다. 베르나르, 바실리우스, 제롬 같은 이들은 하나님의 말씀에서 멀리 벗어난 목적을 위해서 글을 썼던 것입니다. 교황이 다스리는 영역에서는 정확하고 명쾌한 성경의 본문을 놔두고 주해들을 더 높게 평가하지만, 나는 모든 주해보다 본문이 더 좋습니다.[4]

일반적으로 '오직 성경'이라는 슬로건은 성경과 교부들의 가르침으로 돌아가고자 하는 의미를 지니고 있다. 이는 로마 가톨릭이 성경과 교부들의 가르침을 잘못 해석했기 때문이다.

한편 교부들의 글들에도 다양한 차이점이 존재한다. 살고 있는 지역에 따라 상호 간의 주장들에 차이가 있고, 자신들이 추구하고자 했던 이상들이 달랐기에 천편일률적으로 규정하기가 쉽지 않다. 칼빈은 아우구스티누스에 가서야 비로소 신학적으로 뚜렷한 모습들이 나타난다고 말한 바 있다. 이런 점에서 '오직 성경'은 모든 교부의 가르침에 의존하지 않으며 말 그대로 성경 본문에 의하여 교부들의 글조차 재평가될 수 있음을 의미한다.

교리들 가운데 성경에 관한 교리만큼 중요한 것이 없다. 17세기에 성경 교리는 신학 서론에서 가장 중요한 자리를 차지했는데, 그 이전에는 공식적인 신학 서론의 체계조차 존재하지 않았거니와 신학 서론에서 성경론이 다루어지는 경우는 거의 없었다. 하나님을 아는 지식은 오직 성경으로 말미암는다는 사실로부터 17세기 개혁파 정통은 성경론을 신학 서론의 맨 앞자리에 위치시킨다.

『웨스트민스터 신앙고백서』는 가장 먼저 성경의 신적 권위에 대해 서술한다.

사람들이 핑계하지 못하도록 본성의 빛과 창조와 섭리의 역사들이 하나님의 선, 지혜 그리고 능력을 그렇게 분명하게 나타낼지라도, 그러나 그것들은 구원에 필수적인 하나님과 하나님의 뜻에 대한 지식을 주기에는 충분하지 못하다. 그러므로 주님께서는 여러 시대 다양한 방식으로 자기 자신을 계시하시고 자신의 뜻을 자신의 교회에 선언하시기를 기뻐하셨다. 그리고 후에, 그 진리를 더 잘 보존하고 전달하기 위해서 그리고 육신의 타락과 사탄과 세상의 악에 대항해 교회를 보다 확실하게 세우고 위로하기 위해서 동일한 진리 전체를 기록하시기를 기뻐하셨다. 이것으로 인해 성경이 절대적으로 필요하게 되었다. 그러나 하나님이 자신의 뜻을 자신의 백성들에게 계시하시는 이전의 방법들은 이제 중지되었다.[5]

스프로울에 따르면 웨스트민스터 신학자들이 신앙고백서를 성경에 대한 진술로 시작하는 이유는 두 가지 원리에 대한 관심 때문이다. 그들은 17세기 합리주의적 사변 철학과 자연 계시에 대한 이신론적 경향을 반대하여 특별계시의 중요성을 강조했다. 둘째, 로마 가톨릭교회의 성경관에 대항하여 "신앙과 삶의 모든 논쟁들의 궁극적인 권위가" 오직 성경에 있음을 보여 줄 필요가 있었기 때문이다.[6] 동일한 의미에서, 『웨스트민스터 신앙고백서』는 성경의 신적 권위에 기초하여 성경을 오직 유일한 신앙과 삶의 규범으로 제시하고 있다.

2. 특별계시의 필요성

창조주 하나님은 만물을 자신의 말씀으로 창조하셨다. 창조하셨을 뿐만 아니라 보존하시고, 통치하신다. 보존은 존재하는 피조물을 지속적으로 존재하게 하는 것이고, 다스림은 피조 세계의 모든 운행을 관할하는 것을 말한다. 이 계시를 통해 하나님은 하나님의 능력과 신성을 분명히 깨닫도록 하셔서 죄인들이 유죄 상태에 있음을 알리신다. 하지만 자연을 통한 하나님을 아는 지식은 구원을 얻는 데 충분하지 못하다. 칼빈은 『기독교 강요』에서 성경 교리를 매우 이해하기 쉽게 묘사한다. 제2장에서 살펴본 바와 같이 하나님을 아는 지식과 인간을 아는 지식은 불가분의 관계를 맺고 있으며, 따라서 하나님을 아는 지식은 인간에게서 제거할 수 없다. 이러한 지식은 인간의 죄를 평계할 수 없게 만들지만, "우리는 우리를 세상의 창조주 자신에게로 순수하게 이끄는 다른 더 좋은 버팀목으로 가까이 나아가야 한다."[7]

워필드에 따르면, 칼빈은 "추상적인 학문적 충동으로 글을 쓴 게 아니라 영혼의 필요를 가지고, 특히 마음속에 그 시대의 특별한 요구를 채우기 위해 글을 썼다. 그리고 그의 목적이 특별히 경건에 관한 것이었던 만큼 그의 방법도 스콜라적이라기보다는 문학적이었다."[8] 워필드의 말은 칼빈이 하나님의 지식을 철학적으로 해석하는 것을 반대하고 하나님을 경외하는 마음으로 성경을 읽을 것을 강조했다는 것을 알게 한다.

칼빈은 특별계시의 필요성을 쉽게 전달하기 위해 성경에 대한 세 가지 은유를 제공한다. 첫째, 성경은 어두운 눈을 밝히는 '안경'이다. 노안이 와서 눈이 흐린 노인들에게 안경을 가져다 주면, 그 노인은 책을 또렷하게 읽을 수 있다. 성경이 이와 같아서 인간의 마음속에서 혼돈스러운 상태에 있는 하나님을 아는 지식을 깨우친다. 하나님은 교회를 가르치기 위해 성경이라는 교사와 안내자를 두셨다. 오직 성경이라는 버팀목을 통해서만 "하나님을 창조주로서뿐만 아니라 구속주로서 알" 수 있다. 순서상 먼저 세상을 창조하시고 통치하시는 하나님, 즉 창조주 하나님에 대한 지식이 있으며 그 다음 내적인 지식이 뒤따른다. 죽은 영혼을 살리는 내적인 지식은 하나님을 "중보자의 인격을 지니신 구속주"로 인식하게 만든다.[9]

두 번째 유비는 '실'이다. 아무리 복잡하고 혼란스러운 미로를 지나간다고 해도 실만 있으면 헤어 나오지 못할 미로가 없다. 사람의 마음이 허망하고 사악하여 모든 종류의 오류에 노출되어 있기에, 무모함 가운데 파멸되지 않도록 "하늘 교리의 인침이 얼마나 필요한지를 감지해야만" 한다. 인간은 죄악되기에 말씀으로부터 벗어나면 아무리 앞으로 나아간다 한들 목적지에 도착하지 못한다. "하나님의 얼굴의 광채"는 "말씀의 실"에 의해 이끄림을 받지 않는 이상 "불가해한 미궁"과 같다. 그러므로 인간의 힘과 노력으로 하나님을 향하는 길로 달려가려 하기보다, 말씀의 실을 이용하여 "길 가운데로 절며 가는 것이 더욱 만족"할 일이다.[10]

마지막으로 성경은 하나님의 자녀들의 '학교'다. 다윗은 고백했다. '여호와의 율법은 완전하여 영혼을 소성시키며 여호와의 증거는 확실하여 우둔한 자를 지혜롭게 하며 여호와의 교훈은 정직하여 마음을 기쁘게 하고 여호와의 계명은 순결하여 눈을 밝게 하시도다'(시19:7-8). 다윗은 하나님이 주신 율법을 "하나님의 자녀들의 고유한 학교"로 이해했다. 성도들은 말씀을 통해 이 세상의 모든 자연 만물이 하나님을 찬양하는 소리를 듣는다. 구약의 성도들을 제외한 이방인들은 하나님의 말씀으로부터 배우지 않았기에 공허함과 오류 가운데 살아가야 했다.[11]

칼빈은 하나님을 아는 지식을 인간의 마음과 자연의 관점에서 제시하고 특별계시로서의 성경의 안내를 받을 때에야 비로소 올바르게 하나님을 아는 지식에 다다를 수 있다고 말한다. 전자의 지식을 일반계시라고 하고 후자의 지식을 특별계시라고 한다. 일반계시로는 창조주 하나님을 알고 특별계시로는 구속주로서의 하나님을 알게 된다.

귀도 드 브레(1522-1576)가 작성한 『벨직 신앙고백서』(1561)는 칼빈의 두 가지 방편의 지식을 보다 명확하게 서술한다.

우리는 두 가지 방편으로 하나님을 압니다. 첫째는 천지만물의 창조와 보존과 다스리심으로인데, 이는 가장 아름다운 책으로서 우리 눈앞에 펼쳐져 있으며, 그 안에 있는 크고 작은 모든 창조물은 아주 수많은 글자로써 사도 바울이 로마서 1장 20절에서 말한 대로 하나님의 보이지 않는 것들, 곧 그분의 영원하신 능력과 신성을 분명히 깨닫도록 우리를 인도합니다. 이 모든 것은 사람들에게 유죄 선고하고 핑계할 여지가 없도록 하기에 충분합니다. 둘째로 하나님께서는 당신의 영광과 우리의 구원에 대하여 이 세상에서 우리에게 필요한 만큼 당신의 거룩하시고 신성한 말씀을 통해서 더욱 분명하고 충분하게 당신 자신을 우리에게 알려 주십니다.[12]

특별계시로서의 성경은 하나님을 죄로 타락한 인간을 구속하는 분으로 소개한다. '우리에게 필요한 만큼' 그리고 '거룩하시고 신성한 말씀'을 통해 구원에 대한 충분한 지식을 알려 주신다. '필요한 만큼'이란 구원을 얻기에 충분한 지식을 말하며 성경이 어떤 학문적 책이 아니라, 구원에 관한 책임을 시사한다. '거룩하시고 신성한 말씀'은 성경이 신적으로 영감된 무오한 하나님의 말씀이라는 뜻이다.

3. 성경의 유기적 영감

귀도 드 브레가 언급한 신성한 말씀이란 영감된 말씀을 의미한다. 오늘날 성도들은 영감론에 큰 관심을 가지지 않을지 모르지만, 성경 영감론은 그리스도인들의 신앙과 삶에 지대한 영향을 미치는 신앙 윤리의 항목이다. 하나님의 말씀을 믿고 순종하려면 그 말씀이 하나님의 말씀이라는 진리를 먼저 믿어야 한다. 만약 성경의 기록이 단지 인간의 저작물이라든가, 또는 하나님의 말씀이기는 하지만 어느 부분에 있어서는 동의가 안 된다고 하면 하나님의 말씀을 전적으로 순종하는 것은 불가능하다. 바울은 '모든 성경은 하나님의 감동으로 된 것으로 교훈과 책망과 바르게 함과 의로 교육하기에 유익하니'(딤후 3:16)라고 말씀한다. 하나님은 모든 성경 기록자를 감화해 말씀을 기록하고, 그 기록된 말씀이 성경을 읽는 이들에게 감화력을 제공하도록 역사하셨다. 그 결과, '하나님의 사람으로 온전하게 하며 모든 선한 일을 행할 능력을 갖추게' 된다(딤후3:17). 이처럼 성경이 하나님의 말씀이라는 사실은 성경이 영감된 말씀이라는 사실에 결부되고, 더 나아가 그리스도인들로 하여금 모든 선한 일을 행할 능력을 갖추게 한다. 성경은 신앙과 삶의 서고 넘어짐을 가르는 기준이자 절대 무오한 하나님의 규범이다.

성경의 영감 이론은 고등비평 또는 역사비평이 등장한 이래로 오늘날까지 학자들 사이에 중요한 주제다. 성경의 무오성을 부인하는 이들의 주장은 단순하지만 답변은 매우 복잡 미묘할 수 있다. 성경의 원본은 사라지고, 오직 사본만 남아 있는 상태에서 성경은 어떻게 무오한 하나님의 말씀일 수 있는가? 필사하는 과정에서 인간적 실수가 발견될 때, 이는 사본에 사소한 오류들이 존재할 수 있음을 암시한다. 그렇다면 어떤 본문이 영감된 말씀이고 또 어떤 본문은 영감되지 않았다고 단정할 수 있는가?

17세기 개혁파 신학자인 툴레틴(1623-1687)은 성경의 무오성에 대해 다음과 같이 말한다.

> 오늘날의 그리스도인들 중에는 이토록 신성한 진리의 약화를 모든 방면에서 도모하는 무신론자와 자유 사상가가 대단히 많다. 그러므로 우리의 믿음이 적절한 시기에 불경한 자들의 악마적인 트집을 불식시킬 정도로 강화되는 것은 우리의 구원에 가장 중요한 일이다.[13]

성경 영감설은 생각보다 매우 복잡한 문제들을 야기한다. 성경을 무오한 하나님의 말씀으로 믿지 않으면 성경에 대한 의심의 불화살이 찾아들게 되어 있다. 성경을 무오한 하나님의 말씀으로 믿는 것은 언제 어디서나 그리스도인들에게 요구되는 신앙의 항목 가운데 하나다. 그렇다면 우리는 어떻게 개혁주의 영감론을 신뢰할 수 있을까?

성경 영감론은 다양한 이론들로 구성되어 있다. 바빙크에 따르면, 영감론은 크게 개인적 영감, 근본적 영감, 기계적 영감 그리고 유기적 영감으로 구분할 수 있다. 개인적 영감은 후속 승인 이론, 소극적 보조 이론, 역동적 이론 등으로 구분된다. 후속 승인 이론은 성령이 성경 문서 속에 거짓이 없음을 추후에 증명함으로써 영감을 차후에 승인한다는 이론이다. 하지만 인간 기록자가 성경을 기록할 당시에는 성령의 도움 없이도 가능했음을 전제한다. 칼빈 당시에는 이와 유사한 이론이 로마 가톨릭교회에 의해 횡행하고 있었다. 칼빈은 다음과 같이 말한다.

> 대부분의 사람 가운데는 오직 교회의 승인에 의해서 허용될 때에만 성경이 내적으로 엄중한 가치를 지니게 된다고 보는 가장 치명적인 오류가 널리 횡행하고 있다. 마치 하나님의 영원하고 불가침한 진리가 사람들의 뜻에 달려 있기라도 하듯이 말이다.[14]

소극적 보조 이론은 성경 기록자들이 자신들이 이미 알고 있는 경험 지식을 통해 성경을 기록하고 성령은 소극적으로 저자들을 도와 오류로부터 보존했다고 하면서, 성령의 적극적 개입이 성경 기록시에는 작용하지 않는다고 본다. 역동적 영감론에 있어서 영감이란 성경의 특성이 아닌 성경 기록자들의 특성이다. 즉 영감은 성령의 은사가 아니라 저자들의 내재적 자질에 의한 것이므로 성경은 얼마든지 오류를 가질 수 있는 한편, 성경 기록자들의 마음에 종교적 정서가 고양되는 것을 영감과 결부시킨다.

근본적 영감론은 성경 비평자들의 공격에 맞서기 위해 나타난 이론으로, 영감을 성경 기록자들의 글들 가운데 연대나 역사적 사건들은 영감되지 못하고, 다만 종교-윤리적 차원에만 적용된다고 본다.

마지막 세 번째 영감 이론은 기계적 영감론으로 성경에 있는 모든 단어와 문자에 성령이 초자연적으로 개입했다고 본다. 이 이론에 따르면 성경 기록자들은 개인의 생각이나 습관, 성격과 관계없이 그저 성령의 손에 들려 있는 수금과 하프와 펜에 불과하다. 이러한 기계적 견해를 견지하는 것은 다름 아닌 몬타누스주의자들이다.[15]

위의 언급된 영감론들은 나름대로의 타당성을 주장하지만, 성경의 영감론을 온전히 설명하지 못한다. 진정한 의미에서의 성경 영감론은 성경의 1차 저자인 성령과 2차 저자인 인간 기록자들 사이의 관계를 올바로 해명할 수 있어야 한다. 바빙크는 이 관계를 설명할 길은 오직 유기적 영감(organic inspiration)밖에 없다고 주장한다. 유기적이라 함은 성령께서 인간 기록자들의 자연적 상태를 파괴하지 않은 상태로 은혜와 사연, 성령과 인간 기록자들 사이의 유기적 관계를 사용하여 성경의 기록적 영감을 가능케 했다는 것이다. 한마디로, 성령은 이미 성경을 기록하기 전부터 2차 저자들의 사고, 단어, 언어, 문체를 조성했고, 성경을 기록할 때 그러한 표현들을 "의식의 수면"으로 떠오르게 하셨다. 이러한 점에서 유기적 성격은 하나님이 인간 기록자들의 삶이 걸쳐 있는 모든 역사와 그들의 심리적 상태를 주관하셨다고 본다. 바빙크는 다음과 같이 쓴다.

> 그러나 만일 신적 영감이 좀 더 유기적으로, 즉 좀 더 역사적이고 심리학적으로 이해된다면 이러한 질문들의 중요성은 사라진다. 결국, 글을 기록하는 과정에서 성령의 활동은 다양한 방식으로 저자들의 인간 의식을 준비시킨 후(출생, 양육, 자연 은사, 연구, 기억, 숙고, 인생의 경험, 계시 등에 의해), 모든 민족과 시대로부터의 온갖 종류의 지위와 계급의 사람들을 위해 신

적인 생각들을 최선의 방법으로 해석할 수 있을 이러한 생각들과 단어들, 그 언어와 문체를 기록하는 과정 안에서와 그 과정 자체를 통해 저자들의 의식의 표면에 떠오르게 한다는 사실에 있다.[16]

유기적 영감론에 대한 바빙크의 관점은 오늘날 개혁주의가 따르고 있는 가장 완성된 형태의 영감론이며 가장 성경적인 영감론이다. 왜냐하면 성경의 1차 저자인 성령과 2차 저자인 선지자들과 사도들의 관계를 가장 적절하게 설명하기 때문이다.

유기적 영감론의 대표적인 예가 의사 누가의 표현에 등장한다. 누가는 데오빌로에게 보내는 편지에서 자신이 "그 모든 일을 근원부터 자세히 미루어 살폈다"라고 진술한다. 누가는 바울의 복음 전도를 통해 기독교인이 된 것으로 보인다. 다시 말해, 누가는 예수님을 직접 본 적이 없다. 그런데도 누가복음에는 예수님의 어린 시절 모습이 상세히 기록되어 있다. 누가는 마리아의 친척인 사가랴의 예언을 알고 있었으며, 예수님의 육신의 모친인 마리아 말고는 알지 못하는 이야기들을 서술한다. 물론 예수님이 사도들에게 말하고, 누가는 사도들로부터 정보를 수집했을 수도 있다. 하지만 사도들의 발언들은 다양해서 명확한 사건을 재구성하는 데 한계가 있었을 것이다. 이에 누가는 들은 이야기들을 단순히 들은 데서 그친 것이 아니라 직접 조사하고 비교·대조하여 복음서의 내용을 다른 어떤 사도들보다 객관적이고도 구체적으로 적을 수 있었다. 누가가 명석한 두뇌를 지닌 의사였던 것은 단순한 우연이 아니었을 것이다.

거슬러 올라가면 성령은 역사 속에서 누가의 출생, 가정, 교육, 신앙 등 모든 환경을 준비시키시고 기록할 때 그의 마음에 역사하셔서 성경이 기록될 수 있었다. 툴레틴 역시 성경 무오성에 대해 깊이 이해하고 있었다. "모든 기록자를 무오한 자로 간주하는 것이 아니라 하나님의 섭리가 그들을 지도하여 올바른 독법이 언제나 찾아질 수 있도록 했기 때문에, 이 성경이 다른 어떤 책보다 순수성에 있어서 훨씬 뛰어난 책이라는 것은 필연적인 사실이다."[17]

성경의 저자들은 본인이 기록한 성경이 정경이 될 줄 알지 못하고 쓴 이가 많다. 그만큼 모든 것은 성경 저자들의 글이었지만, 그들을 사용하셔서 성경을 기록하신 원저자는 성령 하나님이시다.

4. 성경의 신적 권위

성경의 1차 저자(하나님)와 2차 저자(선지자와 사도들) 사이의 관계로부터, 인간이 성경을 기록했지만 근본적인 기록의 당사자는 하나님 자신이라는 사실이 밝혀졌다. 그렇다면 하나님이 말씀하신 성경의 내용은 어떻게 신적인 권위를 가질 수 있는가? 성경의 내용이 단순히 인간의 생각이나 견해, 혹은 자유주의 신학자들이 흥얼거리며 노래하듯 고대 근동의 신화가 유입된 내용이 아니라는 보장은 어디에 있는가?

구약은 대략 1100여 년에 걸쳐 기록되었고, 신약은 약 50년 정도가 걸렸다. 구약 시대의 중간기인 400여 년을 포함하여 합산하면 약 1500-1600년의 기록 기간이 존재한다. 구약을 기록한 선지자들은 약 32명이며 신약은 8명으로, 총 40여 명이다. 그렇다면 이토록 오랫동안 여러 선지자들과 사도들을 통해 기록된 성경이 오늘날까지 순수하게 보존되었다는 것을 어떻게 증명할 수 있는가? 칼빈은 "우리 영혼이 성경에 대하여 경의를 표하고 성경에 대한 모든 의심을 버리도록 준비되기 위하여 성경의 권위와 관련된 몇 가지를 덧붙일 필요가 있다"라고 말한다.[18]

성경의 권위는 두 가지 방식으로 증거된다. 첫째는 신적 증거이며, 이는 다시금 성경의 외적 증거와 내적 증거로 나뉜다. 귀도 드 브레는 『벨직 신앙고백서』 제5조, "성경의 권위"에서 성경의 내용을 믿어야 하는 이유는

"교회가 이 책들을 정경으로 받아들이고 승인했기 때문만이 아니라, 특별히 성령께서 우리의 마음속에서 그 책들이 하나님께로부터 왔음을 증거해 주시기 때문이며, 또한 그 책들이 그 자체로 그것에 대한 증거를 포함하고 있기 때문"이라고 진술한다. 드 브레는 성경을 정경적 의미에서 채택된 과정이 교회의 승인 때문이 아니라 성령과 성경 자체가 증언하기 때문이라고 설명한다.

성경의 신적 증거는 내적(주관적 측면) 증거로서의 성령의 증언과 외적(객관적 측면) 증거로서의 성경 자체의 증언을 구분된다. 성경이 신자에게 믿어지는 것은 주관적인 측면이기에 먼저 객관적 측면의 외적 증거를 먼저 살펴볼 필요가 있다.[19] 성경의 외적 증거는 자증성(autopistia)이라고 불리는데, 이는 성경이 자체 안에 신적 기원의 증거들을 드러내기 때문이다.[20] 예를 들어, 예수님은 베드로가 주를 '그리스도시요 살아 계신 하나님의 아들이시니이다'라고 고백했을 때 '너는 베드로라 내가 이 반석 위에 내 교회를 세'울 것이라고 말씀하셨다(마 16:18).

이 말씀을 근거로, 로마 가톨릭은 베드로가 교회를 대변하는 초대 교황이며, 교회가 성경들의 정경을 확정하였다고 하면서 교회의 권위를 성경 위에 둔다. 하지만 순서가 잘못되었다. 교회가 성경을 수납했기에 교회가 존재할 수 있었다.[21] 베드로는 교황을 지칭하는 것이 아니라, 다른 제자들의 대표성을 가진 인물이며, 그의 고백은 여느 제자들을 비롯하여 모든 신자의 고백을 포함한다. 즉, 예수가 그리스도이시며 살아 계신 하나님의 말씀이라는 고백 위에 교회가 세워진 것이다.

지금도 그러한 고백 위에 교회가 선다. 말씀의 선언이 먼저 있고, 그 다음에 교회가 세워진다. 성경의 권위는 말씀이 스스로 선언한 것이지, "교회의 자의적인 승인"에 기초하는 것이 아니다. 이런 의미에서 교회가 정경의 목록을 정하고, 성경의 말씀의 확실성에 대해 강조한 것은 교황의 권위를 보여주는 것이 아니라 교회의 역할을 말할 따름이다.[22] 성경은 스스로 하나님의 말씀임을 선언함으로 자신의 신성을 자증한다.

신적 증거의 또 다른 측면은 객관적인 성경의 자증이 '어떻게 인간 속에서 믿어질 수 있는가'다. 신자는 성령의 내적 증언에 의해 성경의 외적 증거를 수납한다. 주관적 측면에서, 성경의 가르침을 하나님의 말씀으로 확고히 믿으며 의심하지 않을 수 있는 것은 개인의 주관적 감정 때문이 아니다. "성경에 대한 최고 증거"는 "친히 말씀하시는 하나님의 인격에 의해서다." 성경은 선지자와 사도들이 그들의 논리를 주장한 것이 아니라 하나님의 말씀에 순종하여 말씀을 기록했다고 증거한다. 그러한 순종은 성령께서 신자의 마음을 감화하여 발생한다.

성경은 단순히 인간의 이성을 사용하여 파악할 수 있는 계시가 아니다. 성령께서 성경의 말씀에 대해 증언해 주심으로 믿어지는 것이다. 성경에 대한 견고한 믿음은 인간의 이성이나 의지에 달려 있는 것이 아니라 오직 성령의 증언에 달려 있다. 그러므로 우리는 "성령의 은밀한 증언으로부터 간구해야 한다." 왜냐하면 "성령의 증언이 모든 이성보다 더욱 뛰어나"기 때문이다.[23]

성경의 권위를 증거하는 두 번째 방식은 인간 이성에의 호소다. 성경은 인간의 이성으로 받아들일 만한 증거들을 드러낸다. 첫째, 성경 내용의 고상함이다. 성경의 내용은 "지상적인 것의 냄새"를 전혀 풍기지 않으며, 반대로 "천상적"이어서 하나님의 지혜의 경륜과 아름다움과 조화로움을 보여줌으로 신자의 마음에 "성경에 대한 경탄"을 불러 일으킨다. "세련되지 않고 미숙하다시피 한 단순성"이 그 어떤 웅변가들보다 더 탁월한 존경심을 불러 일으킨다.

둘째, 성경 내용의 초월성이다. 성경을 기록한 선지자들의 글들은 "사람들이 아무리 나서서 그것을 헐뜯으려 해도, 인간으로서는 품을 수 없는 문장들로 가득 차 있다."

셋째, 성경의 태고성이다.[24] 현존하는 모든 종교 유적조차 모세의 시대를 앞서지 못한다. 모세가 고대의 역사와 전승을 되살림으로써 성경의 기록이 모든 책보다 태고성에서 뛰어나기에 신뢰할 만하다.

넷째, 성경의 진실성이다. 모세는 자신의 관심사에 따라 내용을 치장하거나 포장하지 않았으며, 있는 그대로 진리를 기록했다.

다섯째, 모세의 기적들이다. 모세 때에 나타난 다양한 기적들(출 34:29; 19:16; 민 16:24; 20:10-11; 11:9 등)은 모세가 하나님의 선지자임을 비준한다.

여섯째, 기적의 증인들이다. 모세가 일으킨 기적들을 당시 사람들이 목격하고 경험했다.

일곱째, 성경 예언의 성취다. 구약의 예언들이 역사 속에서 성취된 것을 감안할 때 이 모든 내용이 하나님으로부터 나온 것임이 분명하다.

여덟째, 성경의 보존이다. 모세의 율법은 놀랍게 보존되었을 뿐 아니라, 지난 역사에서 성경을 없애려는 시도에도 불구하고 성경은 살아남았다.

아홉째, 신약의 저자들의 가르침이다. 그들이 가르친 내용들은 "사람들의 학교에서 배운 것이 하나도 없었"기에 그 말씀들은 결국 하나님으로부터 말미암는다.[25]

열째, 사도 시대 이후의 모든 교회의 지체가 성경의 진리를 믿고 순종한다.

성경의 신적 증거와 이성적 증거에 있어서 칼빈은 다음과 같이 결론을 내린다.

> 진정 성경을 확증하기 위하여 존재하는 이러한 인간적 증언들은, 우리의 연약함을 돕는 이차적인 보조물들로서, 저 주요하고 최고인 증언을 뒤따라간다면 헛되지 않을 것이다. 그러나 믿지 않는 사람들에게 성경이 하나님의 말씀이라는 사실이 증명되기를 원하는 자들은 어리석은 일을 하고 있는 것이다. 왜냐하면 그 사실은 오직 믿음으로만 인식될 수 있기 때문이

다. 그러므로 아우구스티누스가 다음과 같이 타당하게 경고하는 바, 만약 어떤 사람이 이런 대단한 것들에 대해서 이해하려고 든다면, 그에게는 먼저 마음의 경건과 평강이 선행되어야 된다.[26]

5. 성경 해석자의 자세

성경이 정확무오한 하나님의 말씀이라면, 성경을 읽고 해석하는 태도 역시 경건을 함양하는 차원에서 이해되어야 한다.

성경에 대한 경외로부터 종교개혁자들은 성경을 어떻게 해석해야 하는지에 대한 기본적인 원리를 제공했다. 루터는 "성경은 하나님의 은사들과 덕목들로 가득 찬 책"이라고 말한다. 세상에 있는 책들은 하나님에 대한 사랑과 믿음과 소망과 사랑을 말하지 않는다. 반면 성경은 온갖 시련과 고난 속에서 충분한 위로를 제공한다. 따라서 인간의 이성을 가지고서 성경을 읽어서는 안 되고, "기도의 심정을 품고 근실하게 묵상하여 그 뜻을 찾아야" 한다.[27] 루터는 사람들이 성경보다는 여느 책들을 더 많이 보거나 혹은 성경을 안다고 하면서도 가볍게 취급하는 행태를 꼬집었다.[28] 칼빈 역시 성경을 해석하고 읽는 태도에 대해 주의를 기울인다. "성경의 가르침을 유치하고 비천하다고 감히 경멸하는 사람들은"[29] 성경을 전혀 이해하지 못한다.

개혁주의 신학자들은 성경을 해석하는 몇 가지 원리를 공유했다. 첫째, 성경의 의미는 매우 단순하고 명백하기에 문자적으로(literally) 해석해야 한다. 문자적 해석은 로마 가톨릭의 알레고리적 해석을 반대한다. 비록 개혁주의는 모형론적 해석이나 알레고리적 해석을 모두 거부하지는 않았지만 가톨릭의 알레고리적 해석은 성경 본문을 그들의 교회론을 지지하기 위해 사용되었기에 부정적인 입장을 취했다. 가톨릭은 성경을 읽는 독자들이

스스로 성경을 읽고 해석할 경우, 다양한 종파와 교파와 분파가 생겨날 것을 두려워했다.[30]

종교개혁자들은 그러한 해석을 매우 싫어했다. 성경은 매우 단순히 소박하게 인간의 언어로, 모든 이가 구원 받을 만한 지혜의 언어로 기록되었기에, 그 의미는 단순해야 하고, 심지어 어린아이도 읽고 이해할 수 있는 것이어야 했기에, 누구든지 성경을 읽고서 구원의 지혜를 얻을 수 있다고 보았다. 이 해석 방식에 따라 해당 본문은 단 하나의 의미만을 지닌다. 그러나 이것은 융통성 없는 해석을 말하는 것이 아니다. 의미는 하나이되 적용은 다양하게 할 수 있다.

둘째, 성경은 성경이 해석해야 한다. 이를 두고 믿음의 유비(rule of faith)라고 한다. 성경 본문 가운데 모호한 부분은 보다 분명한 의미를 담고 있는 본문에 의해 해석되어야 한다. 『웨스트민스터 신앙고백서』 제1장 9항에 의하면, "성경 해석의 무오한 규칙은 성경 자체다. 그러므로 어떤 성경 구절에 대해 참되고 완전한 의미에 관해 의문이 생길 때는, 보다 명확하게 말하는 다른 부분들을 통해서 검토하고 알아내야 한다."[31]

셋째, 성경을 읽고 해석할 때, 성령의 조명을 구해야 한다. 종교개혁은 개인이 성경을 읽고 해석할 수 있다고 생각했다. 루터는 성경을 신자들에게 유익이 된다고 생각하여 독일어로 된 자국어 성경을 출간했다. 그들은 성경 번역의 문제점을 인식하고 있었다. 성경 역본들은 번역하는 과정에서 원문의 의미를 온전히 살리지 못하거나 훼손시킬 수 있을 오류들이 발생한다. 그럼에도 종교개혁자들이 성경 번역을 통해 독자들이 성경을 접할 수 있도록 한 것은 말씀을 깨닫게 하시는 분이 하나님이라고 믿었기 때문이다.

그렇다고 해서 성경 본문을 사사로이 읽고 해석해도 된다는 뜻은 아니다. 어느 불자(佛者)는 성경과 불경의 가르침이 서로 다르지 않다고 주장한다. 또 어떤 성도는 성경 속에는 돈을 잘 벌 수 있는 원리가 들어 있다고 진심을 담아 말하기도 한다. 하지만 이러한 해석들은 잘못된 것이다. 성경을 읽고 깨닫는 것은 성령이 우리의 지성과 마음을 열어 주심으로 가능하게 된다. 성령이 아니고서는 성경의 열쇠를 열 수 없다.

넷째, 성경 해석에 있어서 역사비평을 주의해야 한다. 어떤 이들은 고고학적 방법으로 성경의 내용을 접근하여 성경의 진리를 증명하려고 시도한다. 언젠가 텔레비전에서 성경 지리에 관한 다큐멘터리를 방영한 적이 있다. 영상에서는 모세가 이스라엘 백성들을 데리고 건너려 했던 홍해가 좌우에 벽이 된 바다가 아니라, 단지 밀물과 썰물에 의한 간조 현상으로 인해 잠시 잠깐 물밑이 드러나는 현상을 촬영하여 보여 준다. 그 장면을 보면서 내레이터는 놀라움을 금치 못하며 홍해의 기적을 만났다고 표현한다.

오병이어의 기적 사건을 어린아이의 헌신으로 이해하는 것은 감화설적 접근이다. 한 어린아이의 헌신을 통해 많은 이가 마음에 감화를 받아 품에 숨겨 놓았던 있던 떡과 물고기를 내놓았다는 식의 해석은 본문이 말하고자 하는 그리스도의 신성에 대한 메시지에 흙탕물을 뿌리는 것과 진배없다. 어린아이에게서 가져온 떡 두 덩이와 물고기 다섯 마리의 양이 매우 적었다고 표현해야 본문의 의미에 들어 맞는다. 말도 안 되는 적은 양으로 수만 명을 먹이신 사건의 주인공은 어린아이도, 주변에 모인 무리도, 그 말씀을 듣는 청중도 아니라, 하나님의 아들로서 하나님과 동등하신 분이신 그리스도다.

한 가지 예를 더하면, 요즘은 역사적 예수 이야기가 대세다. 예수 그리스도라는 인물을 역사적으로 증명한다는 것이 무슨 의미가 있는가? 무덤이 발견되고 그분의 옷이 발견된다 한들, 그것이 예수 그리스도의 신성을 증명하는 것은 아니다. 이러한 해석들은 근대 자유주의의 이성적 접근을 통한 비성경적 해석들의 위험에 노출되어 있다. "근대 자유주의는 성경을 인문 과학적 지식으로 해석하고, 첨삭하고, 급기야 대체하려는 계몽주의적 사상에서 태동되었다."[32] 결국 이러한 접근들은 성경이 말하는 예수 그리스도의 가르침을 왜곡하고, 성경의 신적 증거들을 인본주의적으로 이해하며, 결국 그리스도를 인간의 모범에 불과한 존재로 만들어 버리게 된다.

마지막으로, 성경을 읽고 해석할 때에 성경에 대한 순종의 자세가 요구된다. 성경은 지적 호기심이나 이성적인 태도로 대해서는 안 된다.

> 하나님이 성경에서 자기에 관하여 증언하고자 하시는 것을 경외함으로 포용할 때, 참된 지성의 시작이 어디인지 우리에게 밝혀지게 된다. 왜냐하면 완전하고 모든 면에서 완성된 믿음뿐만 아니라 하나님을 아는 모든 올바른 지식은 순종으로부터 태어나기 때문이다.[33]

6. 성경과 교리의 관계

성경의 무오성과 관련하여 교리와의 관계를 잘 이해할 필요가 있다. 많은 사람이 성경과 교리의 관계를 오해한다. 성경은 하나님의 말씀이지만 교리는 인간이 만들어낸 한낱 개인적인 혹은 교단적인 의견에 불과한 것으로 이해한다. 예를 들어, 성경에는 삼위일체론이라는 단어가 없으므로 삼위일체 개념은 그저 초대 교회의 몇몇 인물이 만들어 낸 교리라고 생각한다. 그래서 성경의 말씀은 믿겠는데 삼위일체교리는 받아들일 수 없다며 왕왕 불만을 토로한다. 하지만 교리는 단순히 사람의 개인적 관점을 서술한 신학적 고안물이 아님을 기억해야 한다. 제3장에서 살펴본 것처럼, 개혁주의 혹은 칼빈주의는 어느 한 개인의 신학 사조나 종교개혁 활동을 그들의 이정표로 삼지 않았다. 또한 그리스도인들의 모든 활동은 하나님과의 친밀한 교제 속에서 경건의 능력을 얻어 지나간 역사를 장식했다.

개혁주의 또는 칼빈주의가 정당한 기독교 세계관인 이유는 오직 성경의 가르침에 순종하여 하나님의 말씀을 통해 하나님을 사랑하고 그로부터 이웃을 사랑할 수 있는 의지와 힘을 얻었기 때문이다. 포도나무 가지는 나무의 원 줄기를 떠나서는 아무 열매를 맺지 못한다(요 15:5). 인간관계에서 상대를 신뢰하기 위해서는 맹목적인 개인의 결심만으로는 안 된다. 객체의 진리가 존재해야 그에 상응하는 주체의 믿음이 올바른 토대 위에 서게 되어 믿음에 따른 삶을 산출한다.

세상의 여느 세계관들은 모두 신적 존재를 상정하고 그들에 대한 신앙과 신앙에 따른 삶을 형성한다. 하지만 그러한 신들과 교리들은 결국 인간 편에서 고안되거나 강화되거나 왜곡된 개념의 신들이다. 불교나 정령 신앙은 인간이 기록하여 고안된 계시를 따른다. 이슬람교는 마호메트가 40세에 동굴에서 받았다고 알려진 코란을 경전으로 여겨 신성시한다. 하지만 신적 계시의 객관적 증거는 찾아볼 수 없으며, 코란의 내용조차 불합리한 것으로 채워져 있다.

로마 가톨릭은 성경을 하나님의 계시로 인정하지만 계시로 인정되지 못하는 외경들까지도 영감된 말씀으로 이해한다.[34] 무엇보다 교황에게 성경을 최종적으로 해석할 권세가 주어진다. 교회가 성경의 해석자가 되어 성경의 원의미를 상실하고 계시를 인간의 생각에 맞추어 계시의 본연의 뜻을 곡해함으로 성경의 교리가 아니라 교황의 교리를 가르침과 다름없다. 이러한 모든 세계관은 아래로부터의 계시관을 가지고 있다. 위로부터 수납하는 것이 아니라 인간의 이성과 감정에 기초하여 계시를 이해하고 교리를 만들어 접근한다.

아래로부터의 계시관은 이단이 생겨나는 이유와 유사하다. 알리스터 맥그래스는 이단이 출현하는 이유로 전통과 권위에 대한 불신이 작용하고 있다고 보았다. 현대인들은 전통적인 교회와 습관적으로 간주된 권위에 대해 반감을 가진다. 전통의 내용을 알아보려 하지도 않은 채, 무조건 옛 것이나 고리타분한 것으로 여긴다는 것이다. 현대 예술의 특징 중 하나가 바로 "전통을 거스르고 싶은 욕망의 표현"이다. 이런 관점에서 전통은 메마르고 건조한 죽은 정통에 지나지 않으며, 오늘날의 삶에 하등 도움이 되지 않으므로 걷어 치워야 하는 애물단지로 전락하고 만다.

한때 전 세계에 센세이션을 일으켰던 영화 <다빈치 코드>가 대표적인 예다. 영화 속의 주인공 티빙은 예수 그리스도의 신성이 325년 니케아 공의회 때 결정된 것이라고 비판한다. 원래 한낱 인간에 불과했던 사람 예수가 교회 회의의 결정으로 신성을 가진 존재가 되었다는 것이다. <다빈치 코드>는 교회가 온갖 부패와 타락의 현장들을 감추기 위해 진실을 숨겨 왔다고 비판한다.[35]

맥그래스가 잘 지적하고 있는 것처럼 권위에 대한 불신은 결국 인간의 주체적인 선택에 대한 죄성과 연결되어 있다. 현대인들은 "선택을 진정한 인간 실존의 특징으로 삼는 풍조"를 보인다. 이단을 뜻하는 heresy의 어원은 헬라어 hairesis인데, 이 단어는 선택을 의미한다.[36] 아담이 선악과 열매를 먹고 난 후 스스로의 행위를 규정하고 선을 선택하려 했던 것처럼, 죄인은 본능적으로 자신을 주인으로 삼아 모든 결정의 주체자가 되려고 한다. 그토록 전통을 강조하는 로마 가톨릭교회조차 성경의 정경성을 교회가 결정했다고 하여 교황과 교회의 권위를 성경보다 더 높인 것은 원리적으로 말해서 아담의 죄를 반복하는 것이다.

다양한 교파의 관점을 통해 교리에 대한 관점을 다섯 가지로 구분해 볼 수 있다. 첫째는 로마 가톨릭의 관점이다. 이 경우에 교황이 신조를 제작하므로 전혀 오류가 없으며, 나머지 사람들은 그저 동의할 따름이다. 하지만 교리를 만드는 사람은 죄인으로서 불완전한 존재다. 그러므로 교리는 성경과 동일한 권위를 지닐 수 없다.

두 번째 관점은 재세례파의 경우다. 그들은 교리를 사람을 속박하는 족쇄로 간주하고 모든 형태의 교리와 형식, 전통을 제거하며, 성령의 초자연적인 직통 계시에 의존한다. 하지만 성령은 성경 이외의 새로운 계시를 주시지 않는다는 점을 망각한다.

셋째, 아르미니우스주의의 관점이다. 이들에게 교리는 개인의 신앙을 안내하는 길잡이에 불과하며, 개인의 자유의지의 선택으로 어떤 교리는 버리고 어떤 교리는 선택한다. 이 역시 개인의 주관적 판단과 자유의지에 의한 결정으로 객관적 진리를 왜곡하는 우를 범한다.

네 번째의 관점은 하르낙이 주장한 것으로, 광의의 공교회만이 교리를 만들 수 있다고 믿는다. 하지만 개혁파는 처음부터 자신들이 섬기는 하나님에 대한 지식을 성경으로부터 배웠다. 그들이 만든 교리는 성경에 기초하여 성경이 가르치는 교리이며, 성경의 권위에 복종하여 인간의 부족한 표현으로 성경의 가르침을 요약한 것이다. 확실히, 개혁신학자들이 만든 신앙고백서나 요리문답들은 성경에 관한한 철저히 수동적이었다. '수동적'이라 함은 인간의 자의적 의지를 배제하는 표현이다. 좀 더 적극적으로 말하자면, 그들은 성경을 하나님의 살아 계신 말씀을 있는 그대로 믿고, 성경의 순수한 가르침에 의거하여 혼자만이 아니라 여러 신학자와 함께 논구하여 교리를 만들었다.

사도신경이 오늘날까지 공교회의 신앙고백으로 자리매김하고 있다는 사실은 교리가 메마른 가르침도 아니고 개인의 단순한 의견이 아니라 성경이 말하는 규범을 제시하는 중요한 수단이라는 것을 드러낸다. 아무리 현대인들이 예배에서 사도신경을 제거하고 삼위일체와 같은 교리를 부정하려 할 지라도, 성경의 입김을 받아 생성된 교리는 하나님의 말씀을 효과적으로 전달하며 자신의 목소리를 높인다.

『하이델베르크 요리문답』은 몇몇 사람의 "개인적인 사색의 산물"이 아니다. 요리문답의 주요 책임을 맡았던 우르시누스는 주요 저자이기는 했으나 사실상 전체 개혁교회의 지지를 받았다.[37] 존 W. 네빈(John W. Nevin)은 다음과 같이 쓴다.

요리문답은 그 당시의 개혁신앙이 한 개인을 통하여 발설되고 표현된 것이다. 이러한 사실은 교회의 편에-팔츠 지방의 교회뿐 아니라 다른 나라의 교회들까지도-이것을 자유로이 완전하게 받아들인 데서 드러난다. 이는 마치 개혁교회 전체가 하이델베르크 요리문답에서 자기 자신의 음성을 듣고 기쁨으로 그것을 인정한 것과도 같았다. 그저 사사로운 판단이나 사사로운 뜻에서 나온 것이었다면, 결코 그런 보편적인 호응을 받게 될 수가 없었을 것이다.[38]

개혁파 신앙고백서와 요리문답은 개혁신학자들이 살던 시대와 당대의 신학적 경향뿐만 아니라 시대별로 이어져 온 개혁신학의 전통을 담아내고 있다. 이렇게 점점이 모여 하나의 거대한 개혁신학의 흐름을 형성했다.

『벨직 신앙고백서』도 마찬가지다. 이 신앙고백서는 프랑스에서 박해를 받는 그리스도인들이 믿음으로 승리할 것을 강조한다. 당시 로마 가톨릭 당국의 박해는 극에 달했다. 견딜 수 없는 악랄한 고문들의 자행되었다. 그런 상황에서 귀도는 자신이 작성한 신앙고백서를 다음과 같이 시작한다.

우리 모두는 오직 한 분 하나님만이 계신다는 것을 마음으로 믿고 입으로 고백합니다. 그분은 단순하시고 영적인 존재이십니다. 그분은 영원하시고 다 이해될 수 없으시고, 보이지 않으시며, 변하지 않으시며, 한정이 없으시며, 전능하시고, 완전히 지혜로우시며, 공의로우시고, 선하시고, 모든 선이 흘러나오는 근원이십니다.[39]

바우만은 드 브레가 첫 글자에 쓴 "우리 모두"에 주목한다. 비록 벨직 신앙고백서는 드 브레가 쓴 것이나, 신앙고백서의 내용은 신앙을 고백하는 그리스도인들의 신앙을 반영하고 있다. 우리가 고백하는 믿음은 드 브레의 고백과 다르지 않다. 그렇게 『벨직 신앙고백서』는 "우리의 고백"이

된다.⁴⁰ 개혁파 신앙고백서와 요리문답서들에 나타난 교리들은 그저 사람이 축조해 놓은 개인의 생각의 결과가 아니라 오직 성경에 기초하여 나오게 된 기독교의 기본 가르침으로 봐야 한다.

교리의 요점들은 다음과 같다. 첫째, 교리는 "교회의 서고 넘어짐의 근본 진리"다. 교리는 교회가 성경에 기초한 근본 진리를 "신앙고백의 형식으로 표현한 명제"다. 교리라 함은 교회의 교리를 말하는 바, 교리는 교회의 신앙고백이다. 교회는 신앙고백을 통해 교리를 규범화한다. 또한 교리는 단순히 한 개인이 자신의 의견을 반영해 축조해 놓은 이론이나 이전 세대의 사람들의 의견들이 반영된 수집물이 아니다. 교리는 "성경 계시의 내용, 곧 구원 진리를 공식화한 것"이기 때문에 "성경적인 권위를 갖는다"⁴¹라는 성경의 신적 권위에 기초하여 신학함에 있어서 규범으로 작용한다.⁴² 성경과 교리의 관계에 대해, 성경이 원 규범이라면 교리는 이차적 규범이며, 성경이 규범하는 규범이라면 교리는 성경에 의해 규범된 규범(norma normata)이다.⁴³ 교리가 중요한 이유는 성경에 기초를 두기 때문이며, 성경적 근거 위에서 교회의 일치를 이루어 참된 교회의 신앙을 대변하기 때문이다.

7. 결론

신앙고백은 "지금 내가 사는 방식에 영향을 미친다."⁴⁴ 로마서 10장 9-10절은 말씀한다. '네가 만일 입으로 예수를 주로 시인하며 또 하나님께서 그를 죽은 자 가운데서 살리신 것을 네 마음에 믿으면 구원을 받으리라 사람이 마음으로 믿어 의에 이르고 입으로 시인하여 구원에 이르느니라.' 참된 신앙고백은 자신의 신앙을 고백한다. 그리고 이 고백은 다시금 자신의 신앙을 성장시키는 데 중요한 역할을 한다. "마음은 입술을 필요로 하는데, 사람들 앞에서 공적인 고백이 없이 마음만으로 믿는 것"은 열매를 맺지 못한다.[45] 마음속에 있는 신앙은 입술의 열매를 맺고, 입술의 열매는 다시금 신자의 삶을 강화한다. "믿고 고백하는 신자의 삶 그 자체가 예수 그리스도안에서 하나님을 기쁘시게 하는 살아 있고 거룩한 제사"가 된다.[46] 개혁주의 교리들은 성경의 진리에 기초하여 개혁신학자들이 사는 삶의 방식을 담아내고, 그러한 삶을 유도하는 것은 이미 성경의 진리이며, 그 진리를 그리스도인들로 하여금 믿고 순종하고 실천하게 만드는 분은 성령을 통해 역사하시는 하나님이시다.

> 너희가 성경에서 영생을 얻는 줄 생각하고 성경을 연구하거니와 이 성경이 곧 내게 대하여 증언하는 것이니라 그러나 너희가 영생을 얻기 위하여 내게 오기를 원하지 아니하는도다(요 5:39-40).

제2부

기독교 신앙 윤리의 주제

제5장 삼위일체 하나님에 대한 기독교 신앙 윤리:
　　　호기심이 아닌 세 인격에 대한 분명한 믿음

제6장 하나님의 일하심에 대한 기독교 신앙 윤리:
　　　작정과 창조는 진화론을 반대함

제7장 섭리에 대한 기독교 신앙 윤리:
　　　하나님의 은밀한 손과 인간의 자유의지 문제

제8장 율법에 대한 기독교 신앙 윤리:
　　　행위 구원이 아닌 삶의 의무

제9장 경건에 대한 기독교 신앙 윤리:
　　　십계명의 원리와 실천

제10장 그리스도에 대한 기독교 신앙 윤리:
　　　경건의 요체

제5장

삼위일체 하나님에 대한 기독교 신앙 윤리: 호기심이 아닌 세 인격에 대한 분명한 믿음

> 하나님이 이르시되 땅은 생물을 그 종류대로 내되 가축과 기는 것과 땅의 짐승을 종류대로 내라 하시니 그대로 되니라 하나님이 땅의 짐승을 그 종류대로, 가축을 그 종류대로, 땅에 기는 모든 것을 그 종류대로 만드시니 하나님이 보시기에 좋았더라 하나님이 이르시되 우리의 형상을 따라 우리의 모양대로 우리가 사람을 만들고 그들로 바다의 물고기와 하늘의 새와 가축과 온 땅에 기는 모든 것을 다스리게 하자 하시고 (창 1:24-27).
>
> 태초에 말씀이 계시니라 이 말씀이 하나님과 함께 계셨으니 이 말씀은 곧 하나님이시니라(요 1:1).

1. 삼위일체에 대한 성경의 가르침

특별계시로서의 성경은 하나님에 대해 무엇을 가르치는가?

성경은 구속주로서의 하나님에 관해 가르친다. 하나님은 눈에 보이는 형상에 빗대어 섬길 수 있는 분이 아니다. 하나님은 출애굽 시에 모세에게 십계명을 주시고 곧 들어가게 될 가나안 족속의 신들을 섬기지 말 것을 명하신다. 제1계명은 '너는 나 외에는 다른 신들을 네게 있게 말지니라'고 명령한다. 하나님은 영으로 계시기에 형상 숭배의 대상이 아니시다. 이러한 십계명의 명령은 앞으로 들어가게 될 가나안 족속의 우상 숭배에 대한 경계를 염두에 두고 있다.

실제로 가나안 족속은 다신론을 숭배하였으며 주변 국가들인 에돔, 모압, 암몬 등의 신들도 섬겼다. 성경에 기록된 가나안의 신들만 해도, 바알을 비롯하여 바알 브릿(삿 8:33), 바알 브올(민 25:3), 바알 세붑(왕하 1:2-3), 아세라(왕상 14:15)와 아스다롯(왕상 11:5), 몰렉(레 18:21), 그모스(왕상 11:7) 그리고 다곤(삼상 5:2) 등이 있다. 하나님은 가나안 땅에 들어갈 때, 그들의 제단을 헐며 주상을 깨뜨리며 아세라 목상을 찍으며 조각한 우상들을 불사를 것을 명령하셨다(신 7:5).

성경은 처음부터 하나님께서 추상적인 개념이 아니라 삼위일체로 존재한다는 사실을 강조한다. 창세기는 삼위일체에 대한 기록으로 시작한다. 창세기 1장 1절은 '태초에 하나님이 천지를 창조하시니라'고 말씀하심으로 성부 하나님을 드러낸다. 창세기 1장 2절은 창조의 운행 능력의 주체가 성령 하나님임을 드러낸다.

> 땅이 혼돈하고 공허하며 흑암이 깊음 위에 있고 하나님의 영은 수면 위에 운행하시니라(창 1:2).

하나님의 영은 성령 하나님을 가리킨다. 창세기 1장 3절은 하나님이 '빛이 있으라 하시니 빛이 있었'다고 선언한다. 하나님이 공허한 상태에서 아직 사람을 창조하지도 않은 상태였기 때문에, 사람처럼 음성을 발하였다고 생각하지 말아야 한다. 오히려 본문은 사람의 귀에 들리는 소리가 아니라 하나님 안에 계신 말씀에 의해 빛이 창조된 사건으로 이해해야 한다. 성부 하나님이 자신 안에 계신 말씀을 통해 성령의 능력으로 세상을 창조하셨다.

다윗은 구약 시대의 선지자들 가운데 그리스도에 대해 가장 탁월한 지식을 가지고 있었던 인물 가운데 한 사람이다. 다윗은 고백했다. '여호와께서 내 주에게 말씀하시기를 내가 네 원수들로 네 발판이 되게 하기까지 너는 내 오른편에 앉아 있으라 하셨도다'(시 110:1). 다윗의 고백은 하나님이 삼위일체로 계심을 암시하고 있다. 예수 그리스도에 따르면 다윗은 그리스도를 자신의 주로 칭했다(마 22:45). 베드로는 다윗이 그리스도의 부활을 미리 보고 그의 육신이 썩음을 당하지 않게 될 것을 예언했다고 설교한다(행 2:31).

처음부터 제자들이 그리스도가 하나님의 말씀이라는 사실을 안 것은 아니었다. 제자들은 처음에 그리스도를 자신의 선생님으로, 독립 투사로, 선지자로 알고 따랐다. 자신들이 눈으로 직접 보고 만지는 예수가 살아 계신 하나님의 말씀 그 자체라는 것을 믿을 수가 없었다.

이러한 사실은 사도 요한에 의해서 드러난다. 요한은 그리스도가 처음부터 성부 하나님과 본질에 있어서 동등되신 분임을 증명하기 위해 매우 단순하면서도 심오한 말씀으로 요한복음을 시작한다. '태초에 말씀이 계시니라 이 말씀이 하나님과 함께 계셨으니 이 말씀은 곧 하나님이시니라'(요 1:1). 요한은 요한복음의 독자들에게 그리스도의 제자들이 이 사실을 얼마나 받아들이기 힘들었는지를 여러 사건을 통해 묘사한다. 예수님이 십자가에 달려 돌아가실 것을 말씀하시니, 제자들은 근심했다. 예수님은 곧바로 성부 하나님에 대해 가르치며 그 길을 너희가 안다고 말씀하셨다. 도마는 '주께서 어디로 가시는지 우리가 알지 못하거늘 그 길을 어찌 알겠사옵나이까'라고 되물었다(요 14:5). 지금 눈 앞에 그 길이 있는데 보지 못한다. 이에 예수님은 '내가 곧 길이요 진리요 생명이니 나로 말미암지 않고는 아버지께로 올 자가 없'다고 대답하셨다(요 14:6).

예수님이 '길'인 이유는 예수님이 하나님과 하나이시기 때문이다. 성자는 하나님이 나타내신 하나님 자신의 말씀이다. 그럼에도 제자들은 이해하지 못했다. 빌립이 답답하다는 듯 "아버지를 보여 달라고" 채근한다(요 14:8). 예수님의 답변은 유명하다. '빌립아 내가 이렇게 오래 너희와 함께 있으되 네가 나를 알지 못하느냐 나를 본 자는 아버지를 보았거늘 어찌하여 아버지를 보이라 하느냐'(요 14:9).

예수님의 부활 후에도 제자들은 예수님을 하나님으로 인정하기가 어려웠다. 자신의 손가락을 예수님의 못 자국에 넣으며 자신의 손을 그 옆구리에 넣어 보지 않고는 믿지 않을 것이라 했던 도마는 그토록 인정할 수 없었던 사실을 입술로 시인한다. '도마가 대답하여 이르되 나의 주님이시오 나의 하나님이시니이다'(요 20:28). 요한은 자신의 복음서를 통해 그리스도가 하나님의 아들이시자, 하나님의 살아 계신 말씀이자 하나님과 동등된 분이라는 사실을 증명하고자 했으며, 도마의 고백을 통해 그 진리를 여실히 증거했다.

요한의 관점에 대한 칼빈의 서술은 그리스도가 하나님의 아들로서 신격을 가진 분임을 잘 묘사한다.

> 요한은 이를 그 무엇보다 더욱 명확하게 전하고 있는데, 말씀이 태초부터 하나님과 함께 계셨던 하나님이시고, 동시에 하나님 아버지와 함께 만물의 원인이었다고 선언하였다. 참으로 요한은 완전하고 영원한 본질을 말씀에 부여하고 고유한 어떤 것을 그것에 돌린다. 그리고 어떻게 말씀하심으로 천지의 창조주가 되셨는지를 선명하게 보여 준다.
>
> 따라서 하나님으로부터 나온 모든 계시를 '하나님의 말씀'이라는 말로 식별하는 것이 올바르기 때문에, 그 본질적인 말씀을 모든 신적인 명령의 원천으로 여겨 최고의 자리에 두는 것이 마땅하다. 이 말씀은 어떤 변화에도 구애 받지 않으신 채, 영원히 한 분 그리고 동일하신 분으로 하나님과 함께 머무시고, 그 자신이 하나님이시다(요 1:1-3).[1]

예수님을 그리스도로 인식한 이후부터, 사도들은 하나님을 삼위일체 하나님으로 고백하기 시작했다. 사도들의 고백인 사도신경은 성경이 계시한 하나님을 삼위일체로 묘사한다. 사도신경의 가르침의 순서는 성부, 성자, 성령과 교회로 되어 있다. 성부는 천지를 창조하신 만물의 기원이시다. 성자는 하나님의 독생자로서 죄로 타락한 인간을 구속하기 위해 오신 제2위 하나님이시다. 그리고 성령은 그리스도께서 행하신 구속의 효력을 신자와 신자들의 공동체로서의 교회에 효과적으로 적용하신다.

구약성경과 그리스도와 사도들의 가르침에 근거할 때 엄밀한 의미에서의 '신앙'은 다름 아닌 삼위일체 신앙을 가리킨다. 삼위일체 교리는 '신앙 윤리'에서 가장 근본이 되는 교리다. '신앙'이라는 단어는 그저 한 개인의 이성적 사고나 감정적 표현이 아니다. 신앙은 객관적 대상으로서의 하나님에 대해 나오는 믿음과 신뢰의 표현이다. 개혁주의는 추상적인 하나님의 존재를 어렴풋이 생각하거나 두루뭉술하게 표현하지 않는다. 성경이 말씀하시는 대로 말하고, 말씀하시지 않는 곳에서는 더 이상 말하지 않는다.

그러므로 삼위일체 하나님에 대한 지식은 비합리적이거나 난해한 지식이 아니라, 성경의 가르침에 의해 성령의 조명과 감화를 받은 그리스도인이 참 하나님이 어떤 분이신지를 알고 경외와 찬송을 올려 드리는 살아 있는 지식이다. 삼위일체는 하나님의 자기 백성을 향한 계획과 일하심을 드러내어 신자로 하여금 하나님께 합당한 영광을 돌리게 만든다.

2. 삼위일체 교리의 역사적 배경

하나님이 삼위일체로 계신다는 사실이 그저 사람이 축조한 교리가 아니라 지난 역사 속에서 검증을 받은 성경의 교리임을 이해하려면, 먼저 역사적 배경을 간단히 살펴볼 필요가 있다. 본서의 목적상 삼위일체 교리의 역사를 다 서술할 필요는 없다. 다만 독자들의 이해를 위해 간략히 언급하고 지나간다. 초대 교회 당시 사도들의 제자들였던 속사도들은 삼위일체 교리를 분명하게 강조하지는 않았는데, 이는 로마 당국의 박해와 복음 전파에 집중하던 시기이기 때문이다.

하지만 2세기에 변증가 시대를 지나면서 삼위일체 개념은 그리스도의 신성과 관련하여 학문적인 작업이 이루어지기 시작했다. 삼위일체 교리가 교회사 속에서 결정적인 사건으로 등장한 것은 4세기 초 알렉산드리아 교회의 장로였던 아리우스 때문이다. 당시 알렉산드리아 교회의 감독인 알렉산더는 삼위일체의 통일성에 대해 말했는데, 아리우스에게는 거슬리는 것이었다. 아리우스는 만일 성부가 성자를 낳았다면 태어난 자는 존재를 가지지 않았던 적이 있었을 것이라고 생각했다. 즉, 아들은 성부로부터 태어난 존재이지 성부와 동일한 본질을 갖는 것은 아니라고 주장한 것이다. 이 문제가 발단이 되어 실로 복잡한 논쟁이 발생하고 이 논쟁을 불식시키기 위해 325년에 콘스탄틴 대제의 주재 하에 318명의 감독들이 모인 니케아 공의회에서 아리우스주의를 이단으로 정죄하고, '동일본질'(consubstantialis)이라는 용어를 사용하여 삼위일체 교리를 확립하게 된다.[2]

3. 성부, 성자, 성령의 세 인격

칼빈은 기독교 강요에서 삼위일체 하나님을 다루기 전에, 하나님의 형상에 대한 인간의 오해들을 설명한다. 성경은 삼위일체 교리 가운데 성부에 대해 다룰 때, 하나님의 형상을 우상화하는 것을 극히 경계한다. 로마 가톨릭은 형상 숭배를 합리화하기 위해 성경의 내용을 잘못 해석하고 오용한다. 그들은 숭배를 뜻하는 '라트리아'[3]와 섬김을 의미하는 '둘리아'를 구별하여, 자신들이 천사들에게 돌리는 영예는 숭배가 아니라 섬김이라고 강조한다. '라트리아'는 하나님께 드려지는 예배라고 말하고, '둘리아'는 천사들과 성인(成人)들에게 드리는 봉사라고 믿는다.

칼빈에 따르면, '라트리아'는 헬라 사람들 가운데 '라트레이아'(λατρεία)로 사용되었으며, 이 단어는 라틴 사람들 사이에 사용된 '쿨투스'(예배)와 동의어다. 한편 '둘레이아'(δουλεία)는 '세르비투스'(servitus)를 의미하는데, 이 단어는 노예 상태를 뜻한다. '둘레이아'는 노예 상태에서 주인을 섬기는 것을 의미하는데, 로마서 8장 15절에서 "무서워하는 종의 영"의 표현으로 사용되었다. 섬김의 의미가 예배의 의미보다 더 높은 의미를 담고 있다는 점에서 사실상 존경의 의미라기보다 숭배의 의미로 쓰인다. "예배 드리는 것을 거부하지 않는 어떤 대상이 있다고 하더라도 그를 섬기는 것은 어려운 경우가 많기 때문이다."[4]

한마디로 말해서, 성경에서 두 용어의 사용은 구별이 희미하다. 우르시누스 역시 성인 숭배를 지지하는 교황주의자들의 '라트레이아'와 '둘레이아'의 구분을 비판하면서 두 단어가 사실상 동일한 의미를 담고 있음을 증명한다.[5]

세네카는 하나님을 범신론적으로 이해하여 "우리가 보는 것은 무엇이든지, 또 우리가 보지 못하는 것은 무엇이든지 하나님이다"라고 말했다.[6] 하지만, "하나님은 자기를 더욱 분명하게 진단할 수 있는 다른 특별한 표지를 사용하셔서 자기가 누구라고 지정하신다. 그리하여 이렇듯 자기가 한 분이심을 선포하시면서 자기가 세 인격으로 분명히 헤아려지게 하신다. 만약 우리가 이 인격들을 붙들지 않는다면 참 하나님이 없는, 단지 허명(虛名, 허망한 이름)에 불과하고 무익한 하나님의 이름만 우리 뇌 속에서 날아다니게 될 것이다."[7]

4. 삼위일체 용어의 의미

　삼위일체 교리를 이해할 때 가장 논란이 되는 것은 다름 아닌 '삼위일체'라는 용어다. 삼위일체 개념은 이 세상에 존재하지 않는다. 하나가 셋이고 셋이 하나라는 것은 이성적 논리로는 파악할 수 없다. 존재가 하나이면, 그 존재는 다수일 수 없다. 존재가 다수라면 그 존재는 하나일 수 없다. 이로부터 기독교 선조들은 위(位)라는 개념을 사용했다. 예를 들면, 왕이 아들에게 자신의 인장 반지를 끼워 주면, 그 아들은 왕의 위엄을 가지게 된다. 왕이 자신의 권한을 위임할 경우, 그 위를 받은 아들이 비록 어릴지라도 왕처럼 여김을 받는다.

　하지만 아들은 자신의 아버지인 왕이 아니다. 왕의 위를 가지지만 아버지 왕은 아니듯, 아버지와 아들의 위가 구분된다. 이것을 하나님께 적용하면, 위가 셋이고, 세 위가 한 존재의 위엄을 가진다고 설명할 수 있다. 또 다른 예는 태양 비유다. 태양은 가스 덩어리로 이루어진 본체가 있고, 가스의 폭발로 발생하는 빛과 열로 구분된다. 빛은 본체에서 나와 뻗어 나가지만 본체 자체는 아니며, 열은 빛에서 나오지만 가스 덩어리 자체와 빛은 아니다. 이렇듯, 성자는 성부에게서 영원히 나시고, 성령은 성부와 성자로부터 나오시므로, 하나이시면서 세 위가 설명된다.

　하지만 위의 개념은 부왕(父王)과 왕의 위를 받은 아들의 본질이 동일할 수 없으며, 마찬가지로 태양의 경우도 위의 구분은 말할 수 있지만, 그 위가 동일 본질을 가지고 있다는 것을 설명하지 못한다. 삼위 하나님에게 위는 그저 이름만이 아니라 존재를 칭한다. 이러한 의미에서 문병호는 "한 분 하나님은 세 위격적 존재로 존재하신다"라고 표현한다. 세 위만 있는 게 아니라, 정확히 세 위격적 존재가 있다.[8]

　삼위일체를 반대하는 이들은 성경에 삼위일체라는 용어가 없다는 사실 하나에 사활을 걸려고 한다. 성경에 기록되지 않은 '낯선 용어'라는 것을 빌미로 성경의 가르침이 아니라고 주장하는 것이다. 물론 성경의 가르침을 교리로 정할 때에는 특정한 해석학적 규범이 뒤따라야 한다. "인식하는 것과 말하는 것 모두에 대한 확실한 규범이 성경으로부터 추구되어, 마음으로부터 나온 모든 인식과 입으로부터 나온 모든 말이 그 규범에 따라서 판단되어야 한다는 어떤 표준은 지켜져야" 하기 때문이다.

> 하지만 성경 가운데서 너무나 혼란스럽고 막막해서 우리의 이해력으로는 가닿을 수 없다고 여겨지는 부분들을 한층 더 명확한 용어들로 설명하는 것을 막을 명분이 어디에 있겠는가? 이러한 설명은 성경 자체의 진리를 독실하고 신실하게 따르는 가운데 조심스럽고 겸손하며 경우에 합당하게 사용되어야 한다.
>
> 교회가 어쩔 수 없이 삼위일체와 인격이라는 용어들을 사용할 수밖에 없는 절대적인 필요성이 있다고 입증됨에도 불구하고 그 용어들의 새로움을 빌미로 삼아 비난을 일삼는 사람이 있다면, 그 비난은 단지 진리를 명백하고 선명하게 풀어 쓰는 것을 헐뜯는 것에 지나지 않으므로 그는 진리의 빛을 무가치하게 만들고 있다는 정죄를 받아야 함이 마땅하지 않겠는가?[9]

오늘날 이단의 교주들은 삼위일체라는 단어를 사용하여 스스로 성령이라고 말하거나, 성부와 성자와 성령이 한 존재라고 하면서 자신을 성령에서 다시금 성부로 만들어 버린다. 또 다른 이들은 그리스도의 영이 자신에게 임했다고 주장하면서 스스로 그리스도로 자처한다. 그리스도인들 가운데는 삼위일체를 복잡한 교리라 여겨 그저 추상적으로 하나님을 부르는 것이 마음 편하다고 생각하는 이들이 적지 않다. 하지만 '한 본질 안에 있는 세 인격들의 삼위일체'를 고백하지 않는다면 하나님과의 인격적인 교제와 그분의 사역을 이해하는 데 조금도 가까이 다가갈 수 없을 것이다.

5. 어떤 분: 맞추어 주심

삼위일체라는 용어는 우리에게 하나님이 누구이신가에 대한 답을 해 주지 않고, 어떤 분이신가에 대한 답을 알려 준다. 유한은 무한을 파악할 수 없다. 즉, 누구도 하나님이 누구인지를 정확히 다 알 수 없다. 다만 성경의 계시를 따라 하나님이 어떤 분이신지를 알게 된다. 하나님은 인간에게 자신을 나타내시기 위해 인간의 수준에 맞추어 사람의 언어와 표현을 사용하신다. 하나님은 당신이 어떤 분이신지를 "유창하게" 표현하지 않으시고 "우리의 연약함에 맞추"어 주신다. "아주 낮은 지능을 가진 자일지라도 마치 유모가 유아들에게 하듯이, 하나님이 우리에게 일종의 옹알이를 하고 계신다는 것을 그 누가 깨닫지 못하겠는가?"[10]

그러므로 인간은 하나님을 알려고 할 때에, 개인적인 호기심이나 상상으로 다가가서는 안 된다. 그렇게 할 경우에 우상 숭배에 빠진다. 모세는 말씀한다. '여호와께서 호렙 산 불길 중에서 너희에게 말씀하시던 날에 너희가 어떤 형상도 보지 못하였은즉 너희는 깊이 삼가라. 그리하여 스스로 부패하여 자기를 위해 어떤 형상대로든지 우상을 새겨 만들지 말라'(신 4:15-16). 죄로 타락한 인간은 하나님을 정확히 묘사할 수 없다. 하나님을 자신의 이성과 지식과 사색과 호기심으로 파악하려다가 미궁 속을 헤매게 된다.

삼위일체를 이해할 때는 하나님이 알려 주시는 대로 받아들이되 믿음으로 받아야 한다. 정확히 이것이 칼빈이 성경 교리에서 삼위일체 교리로 넘어가기 전에 다루는 부분이다. 칼빈은 말한다.

> 참으로 성경은 사람들의 무식하고 거친 천품을 고려하여 통상 일반 사람들에게 말하듯이 하는 바, 참 하나님을 거짓 신들과 분별함에 있어 그를 우상들과 현저히 대조시킨다. 이렇게 하는 것은 철학자들에 의해 가르쳐

진 좀 더 섬세하고 좀 더 품위 있어 보이는 것들을 증명하고자 함이 아니라, 오히려 각자가 자기 자신의 사변에 붙들린 채 하나님을 찾고자 하는, 세계의 어리석음, 나아가 세계의 광기를 더 잘 들춰내고자 함이다.[11]

하나님에 대한 성경의 신인동형론(神人同形論)적 표현도 마찬가지다. 성경은 하나님을 사람처럼 입, 귀, 눈, 코, 손을 가진 분으로 묘사한다. 이는 하나님이 어떤 육체를 가지고 있음을 말하는 것이 아니라, 하나님께서 인간의 이해를 위해 맞추어 주신 표현이다.

6. 삼위일체 교리는 호기심을 금함

이런 점을 고려할 때, 삼위일체 하나님을 아는 지식에 있어서 주의해야 할 세 가지 사항이 있다. 첫째, 성경이 하나님을 계시할 때 자신이 누구인지를 말씀하시는 것보다 우리를 향하여 어떠한 분임을 알리시고자 함을 알아야 한다. 인간의 이성으로 하나님의 본질에까지 뚫고 들어가 알고자 하는 시도는 애시당초 불가능하다. 하나님은 불가해한(incomprehensive) 분이시다. 인간은 하나님을 다 알 수 없다. 그러나 이것은 하나님을 알 수 없다는 불가지론을 의미하지 않는다. 하나님은 자신을 우리들이 알 수 있도록 드러내시고 계시하셨다. 즉, 계시하신 수준에서 하나님을 안다. 그러므로 성경이 계시하는 곳까지 가고, 계시하지 않는 곳에 머물러 있어야 한다. "우리의 생각이나 우리의 말이 하나님의 말씀의 경계를 넘어가지 않도록 주의를 다하자."[12]

둘째, 하나님이 말씀을 통해 알려 주심으로 알게 되는 것임을 명심해야 한다. 삼위일체 교리는 성경에 용어가 없을 뿐, 사람이 만들어 낸 개념이 아니라 성경이 가르치는 교리다. 어린아이도 성경을 통해 삼위일체 하나님을 안다. 그러니 용어를 빌미삼아 삼위일체 교리를 무시하는 일이 없어야 한다. 이것이 성경을 하나님의 말씀으로 존중하는 태도다.

마지막으로, 성경 어디서든 하나님의 부성적 선하심과 자비로우신 의지를 파악해야 한다. 삼위일체 하나님은 그저 메마르고 건조한 교리가 아니라, 조금만 생각해도 신자들의 마음에 하나님 아버지의 지혜와 사랑과 경륜을 깨닫게 하여 진정 경건한 마음을 불러 일으킨다. 삼위일체 교리는 교회를 세우는 데 필수적인 교리다. 어려운 단어를 복잡하게 꼬아 말하는 것이 아니다. 사람의 이성으로 지어낸 교리도 아니다. 다양한 이단과 교묘한 사색들로 인하여 성경의 교리가 해치지 않도록 성경 스스로 삼위일체 하나님을 선언한다. 칼빈 스스로도 삼위일체 교리를 다루면서 가능한 한 복잡한 내용은 삼가고 오직 교회를 세우는 데 목적이 있음을 밝힌다.[13]

삼위일체 교리는 그리스도인의 삶을 위한 교리다. 성경은 삼위일체 교리를 통해 "우리에게 추상적인 신 개념을 제시하기를 원치 않고 오히려 우리 모두가 살아 계시고 참되신 하나님을 인격적으로 대면하기를 원하신다"라는 점을 분명히 계시한다. 인간적인 "사고와 개념들을 끊어 내고 우리를 하나님 자신에게로 인도해 준다."[14]

7. 결론

삼위일체 교리는 그리스도인들을 향해 하나님이 맞추어 주신 위로의 교리다. 리차드 십스는 말한다. "성부께서는 그리스도에게 임무를 주셨으며, 성령께서는 그것을 공급하고 거룩하게 하셨습니다. 그리고 그리스도께서는 중보자의 직무를 수행하셨습니다. 이처럼 구속은 삼위일체의 세 인격 모두의 연합에 근거하고 있는 것입니다."[15]

그리스도의 중보자 직분에는 하나님의 풍성한 자비와 긍휼이 나타난다. 마태는 기록한다. '예수께서 세례를 받으시고 곧 물에서 올라오실새 하늘이 열리고 하나님의 성령이 비둘기같이 내려 자기 위에 임하심을 보시더니 하늘로서 소리가 있어 말씀하시되 이는 내 사랑하는 아들이요 내 기뻐하는 자라 하시니라'(마 3:16-17). 예수님이 세례 요한으로부터 세례를 받으실 때, 성령이 비둘기 같이 그리스도 위에 내리셨다. 이는 그리스도께서 "비둘기와 같은 친절한 중보자임을 보이기 위"함 이었다.¹⁶

> 하나님은 한 분이시오, 또 하나님과 사람 사이에 중보자도 한 분이신, 곧 사람이신 그리스도 예수라(딤전 2:5).

> 이는 한 아기가 우리에게 났고 한 아들을 우리에게 주신 바 되었는데 그의 어깨에는 정사를 메었고 그 이름은 기묘자라, 모사라, 전능하신 하나님이라, 영존하시는 아버지라, 평강의 왕이라 할 것임이라(사 9:6).

제6장

하나님의 일하심에 대한 기독교 신앙 윤리:
작정과 창조는 진화론을 반대함

> 태초에 하나님이 천지를 창조하시니라 땅이 혼돈하고 공허하며 흑암이 깊음 위에 있고 하나님의 영은 수면 위에 운행하시니라 하나님이 이르시되 빛이 있으라 하시니 빛이 있었고 빛이 하나님이 보시기에 좋았더라 하나님이 빛과 어둠을 나누사 하나님이 빛을 낮이라 부르시고 어둠을 밤이라 부르시니라 저녁이 되고 아침이 되니 이는 첫째 날이니라(창 1:1-5).
>
> 하나님이 이르시되 우리의 형상을 따라 우리의 모양대로 우리가 사람을 만들고 그들로 바다의 물고기와 하늘의 새와 가축과 온 땅과 땅에 기는 모든 것을 다스리게 하자 하시고(창 1:26).

1. 하나님의 작정

삼위일체 하나님은 자신의 기뻐하신 뜻에 따라 일하신다. 하지만 일하시는 방식은 인간의 생각과 다르게 은밀하다. 루터는 하나님의 사역이 인간의 눈에 감추어져 있다고 말했다. 하나님의 계시와 성령의 조명과 감화가 없이는 죄로 부패한 인간은 하나님의 일을 알 수 없다. 사람들이 예수님에게 몰려와 물었다. '어떻게 하여야 하나님의 일을 하오리이까?' 예수님은 '하나님께서 보내신 이를 믿는 것이 하나님의 일'이라고 말씀하셨다

(요 6:28-29). 사람들은 예수님을 믿고 따를 만한 표적을 요구했다. 이러한 요구에는 하나님이 스스로 자신의 뜻을 정하고 행하기를 바라는 마음이 전혀 발견되지 않는다. 오히려 하나님이 우리의 소원대로 이루어 주기를 바라는 얄팍한 인간의 속셈이 작용하는 간구다. 만약 원하는 대로 되지 않으면 곧바로 하나님의 뜻에 대해 불평하는 것도, 결국 하나님의 뜻에 순응하기보다는 자신의 뜻을 하나님에게 관철시키려는 행위와 같다.

부패한 본성으로 가득한 인간이 영생을 얻기 위해 행하고자 하는 일은 로마 가톨릭의 스콜라 신학, 즉 '영광의 신학'과 같다. '영광의 신학'은 인간의 능력과 자질을 구원의 수단으로 본다. '영광의 신학'은 인간의 능력과 자연을 통하여 하나님을 알고 그리스도 안에 있는 구원을 인간 스스로 성취할 수 있다고 주장한다. 하지만 루터는 '영광의 신학'을 비판하며, "참된 신학과 하나님에 대한 참된 지식은 십자가에 못 박히신 그리스도 안에서만 발견된다"라고 함으로써 '십자가 신학'을 주장했다.[1] 하나님은 미련해 보이는 십자가를 통해 자신의 뜻을 계시하신다. 하나님은 스스로 숨어 계시는 분이시다. 그리하여 아무도 스스로 하나님을 찾아 알 수 없다.

루터는 십자가 신학의 근거로 고린도전서의 말씀을 제시했다. '십자가의 도가 멸망하는 자들에게는 미련한 것이요 구원을 받는 우리에게는 하나님의 능력이라 기록된 바 내가 지혜있는 자들의 지혜를 멸하고 총명한 자들의 총명을 폐하리라 하였으니 지혜있는 자가 어디 있느냐 선비가 어디 있느냐 이 세대에 변론가가 어디 있느냐 하나님께서 이세상의 지혜를 미련하게 하신 것이 아니냐 하나님의 지혜에 있어서는 이 세상이 자기 지혜로 하나님을 알지 못하므로 하나님께서 전도의 미련한 것으로 믿는 자들을 구원하시기를 기뻐하셨도다'(고전 1:11-21).

하나님의 일하심은 인간의 자의적 또는 임시 변통의 의지에 의해서가 아니라, 처음부터 하나님의 기뻐하시는 뜻에 따라 영원 전에 다 이루었다. 그리스도는 말씀하셨다. '아버지여 창세 전에 내가 아버지와 함께 가졌던 영화로써 지금도 아버지와 함께 나를 영화롭게 하옵소서'(요 17:5). 그리스도는 창세 전에 가지고 있었던 "신적인 위엄"을 중보자의 인격 안에, 자신이 옷 입고 있는 육신에 드러내신다. 그리스도는 창조 이전에 이미 "영원하신 하나님일 뿐만 아니라 나신 말씀이다."² 창조된 만물의 계획은 영원 전에 하나님의 말씀 가운데 온전히 이루었다. 하나님의 작정과 뜻에 아무도 가감할 수 없다. 삼위일체 하나님은 불변하시며 영원하신 분이므로 그 작정 또한 시간 안에서 변덕스럽게 발생하는 것이 아니라, 영원 전에 이룬다.

『웨스트민스터 신앙고백서』 제3장은 '하나님의 영원한 작정에 대하여'라는 주제로 제1항과 제2항에서 다음과 같이 진술한다.

> 제1항: 하나님께서는 영원 전부터 하나님 자신의 뜻의 가장 지혜롭고 거룩한 계획에 의해서 일어날 모든 것을 자유롭고 불변하게 작정하신다. 그렇지만 그 때문에 하나님께서 죄의 조성자가 아니시며 피조물의 의지가 침해 당하는 것도 아니며, 제2원인들의 자유나 우연성이 제거되는 것도 아니고 오히려 확립된다.
>
> 제2항: 하나님께서는 가정된 모든 조건에서 발생할지 모르는 혹은 발생할 수 있는 것은 무엇이든지 아실지라도, 그는 어떤 것을 작정하실 때, 그것을 장래 일로 예지했거나 그런 조건들에 근거해서 발생할 것이라고 예지했기 때문에 어떤 것을 작정하신 것이 아니다.³

개혁신학자들은 아르미니우스주의의 예지 예정론을 반대했다. 예지 예정은 만세 전에 미래에 나타나게 될 현상들을 다 아시는 하나님이 자신의 전지(全智), 즉 어떤 이들이 하나님과 그리스도를 믿을 것인지에 대한 사람의 의지적 선택을 내다 보신 지식에 기초해 그를 택자로 정하셨다고 주장한다. 하지만 이러한 논리는 하나님의 구원을 인간의 의지적 선택에 의존하게 만들어 버린다. 천국을 만드신 분은 하나님이신데, 천국에 들어가는 것을 인간이 선택하게 되니, 예지 예정론에는 성경이 말하는 은혜가 도무지 발견되지 않는다.

예지 예정은 겉으로는 은혜를 말하는 것처럼 보이지만 인간의 의지와 공로를 강조하게 되어 성경적 가르침에 위배된다. 성경은 하나님의 은혜를 강조하고, 그 은혜는 처음부터 불변하시는 하나님의 영원한 작정으로 거슬러 올라간다. 개혁신학자들은 예지를 아르미니우스의 예지와는 다르게 설명한다. 『하이델베르크 요리문답』에 따르면, "예지란 하나님 자신이 행하실 것은 물론 다른 존재들이 그의 허용하심을 받아 행하게 될 것들(예컨대, 죄를 짓는 일)까지도 영원 전부터 미리 아시는 하나님의 지식"이다. 예정은 "하나님께서 각 사람이 창조되기 전부터 그 각 사람에 대하여 특정한 용도와 목적을 정해 놓으신 지극히 지혜롭고 영원하며 불변하는 하나님의 작정"이다.[4]

예지에 대한 아르미니우스와 개혁파의 차이점은 예지가 하나님이 기뻐하시는 뜻에 기초하고 있느냐 아니냐에 달려 있다. 전자는 예정의 기초가 예지에 그리고 다시 그 예지는 인간의 의지에 놓여 있다. 반면 개혁주의는 예지와 예정 모두를 하나님의 불변하시는 뜻에 둔다.

하지만 곧바로 다른 편에서 하나님의 작정 교리에 대해 비판이 쇄도한다. 하나님이 만세 전에 모든 것을 작정하셨다고 하면, 곧바로 하나님의 주권과 인간의 자유의지 문제가 충돌하는 것처럼 보이기 때문이다. 오늘날도 사람들은 작정 교리에 대해 불만을 표한다. 왜 하나님은 아담을 선악과 열매를 따먹도록 내버려 두셨는가? 왜 하나님이 살아 계신데, 이 땅에는 범죄가 끊이지 않는가? 그러한 범죄조차 하나님이 적극적으로 허용하셨는가? 그들은 모든 것이 만세 전에 작정되었다면, 인간의 행위는 무용지물이요 아무런 의미가 없다고 말한다.

17세기 정통주의 학자들은 하나님의 작정과 인간의 자유의지에 관해 논쟁했다. 대표적인 사건이 뉴잉글랜드에서 있었던 정통주의 신학자 새뮤얼 윌러드와 한때 퀘이커교도였다가 영국 국교회로 전향한 조지 키이쓰 사이의 논쟁이다. 키이쓰(c.1638-1716)는 개혁신학의 작정 교리를 비판했다. 어떤 죄의 원인이 그 죄를 지은 사람일지라도, 그 사람이 죄를 짓도록 작정한 존재가 하나님이라면 죄의 책임이 하나님께 있다는 것이기에, 키이쓰는 하나님의 작정 교리를 받아들일 수 없다고 주장했다.

  하지만 윌러드는 인간의 행위를 물리적 원인과 도덕적 측면으로 구분해야 한다고 응수했다. 하나님은 악한 행동의 물리적 사건을 작정하시지만, 도덕적인 측면은 결정하시지 않을 수 있다는 것이다. 이 원리에 따르면, 도덕적 결정은 결국 인간의 자유 선택에 의한 결정이고, 따라서 악한 행위의 원인과 책임은 하나님이 아니라 인간에게로 돌아간다. 전광수에 따르면, 윌러드의 주장은 "제일원인으로서의 하나님의 작정과 섭리의 범위가 인간의 모든 행위를 포함하면서도 제2차원인들의 도덕적 선택의 자유가 가능함을 보여"주고 있다.[5]

  자유 선택의 행위는 도덕적 의지의 의미를 담고 있는 자유의지를 말하는 것이 아니라 도덕적 판단이나 죄와는 상관이 없는 것과 연관된다. 예를 들어, 컵을 왼쪽에 놓을까 오른쪽에 놓을까, 또는 물을 마실까 마시지 않을까 등의 문제와 같은 것들이다. 이것을 하고 저것을 선택할 수 있는 의지가 인간에게 있는데, 이 의지는 하나님의 의지와 상충되거나, 또는 인간의 기계적 의지를 말하는 것이 아니다. 인간의 자유의지 역시 하나님의 작정 안에 들어 있지만, 인간의 편에서 보면 인간이 선택한다는 것이다. 하나님 견지에서 작정이지 인간의 견지에서는 자발적이다. 하나님의 작정 가운데 모든 사물의 존재와 생성 행동의 과정에는 한 가지 원인이 아니라 다양한 원인이 작용하나, 제일원인은 하나님이시다.

그렇다면 처음 질문으로 돌아가, 하나님은 왜 아담으로 하여금 타락하게 만드셨을까? 답은 '허용'이다. 허용을 인정하는 관점은 다시금 '적극적 허용'과 '소극적 허용'으로 구분된다. 적극적인 허용을 주장하는 이들은 하나님의 주권을 강조하여, 하나님이 작정하실 때 처음부터 아담이 타락할 것을 적극적으로 허용하셨다고 말한다. 하지만 이 경우, 하나님의 주권을 강조하는 장점은 있으나 하나님을 죄의 유발자로 만든다는 비판을 받는다. 또 다른 이론은 소극적인 허용이다. 이 관점을 지지하는 이들은 하나님이 죄의 저자(author)가 아니라 아담이 죄를 적극적으로 지은 주체자요 하나님은 단지 아담이 죄를 짓도록 소극적으로 허용했다고 주장한다.

두 관점 가운데 어떤 것이 더 타당한가? 어떻게 보느냐에 따라 달라질 수 있다. 하지만 하나님의 영원한 작정과 주권을 인정한다면, 적극적인 허용으로 보는 것이 옳다. 설령 그렇게 본다고 하더라도, 성경은 죄의 저자를 하나님에게 돌리지 않는다. 아담이 타락한 것은 아담이 자유의지를 잘못 사용한 것이나, 하나님은 이미 만세 전에 모든 일을 아신다. 심지어 아담의 죄악을 사용하셔서 자신의 경륜을 이루신다.

여기에서 중요한 사실은 성경의 가르침을 인간의 이성적 논리로 파악하려 해서는 안 된다는 점이다. 성경은 하나님이 우리에게 악을 행하시는 분이 아니라 선을 행하시는 분이라고 가르친다. 칼빈은 삼위일체 교리에 관해 말하길, 하나님의 말씀이 알려 주시는 데까지 알 수 있다고 고백했다.[6] 개혁파 정통신학자 콕세이우스는 말한다.

> 우리는 하나님의 말씀들(utterances)을 믿으면서 여기에서 멈추어야 한다. 만일 하나님이 계시하지 않으시고 우리의 이해를 넘어서는 하나님의 은밀한 것들 가운데 그분의 자유의지의 거룩한 운동과 통치를 탐험하려 한다면, 우리는 하나님의 영광에 의해 압도되어, 가까이 가지 못할 빛에서 어둠으로 쫓겨나게 될 것이다. 이러한 일이 계시된 것 이상의 것을 이해하기

원했던 사람들에게 일어나곤 했다. 하지만 계시된 것 만큼만 믿어져야 하고, 모든 각 사람의 능력에 헤아릴 수 없는 것만큼만 하나님의 영광을 위해 경이로운 것으로 간주되고 경건하게 무지되어져야 한다."⁷

성경은 성경을 읽는 독자들에게 무지되어지는 것을 요구한다. 무지되어지는 것은 하나님이 우리를 위하여 정해 놓으신 것이다. 하나님이 갈대아 지역에 살던 아브람에게 본토와 친척과 아비집을 떠나 지시할 땅으로 가라고 명령하셨던 것처럼, 하나님은 우리에게 믿음으로 하나님의 뜻을 바라볼 것을, 한없는 선하심과 자비하심으로 지시하신다.

하나님의 작정과 인간의 자유의지 사이의 조화를 설명하려는 다양한 개혁신학자들의 노력은 그 기여점이 크다. 하지만 위에서 살펴본 것처럼, 하나님의 작정 교리에 다양한 오해들이 존재하고, 비판과 변증 가운데 더욱 복잡한 일들이 유입된다. 그리고 한 세대가 가면 또 다른 세대가 오고, 그렇게 논쟁들은 끊임없이 반복되고 재현된다. 자유의지 문제를 놓고서 초대 교회 때에는 아우구스티누스와 펠라기우스가 다투었다. 종교개혁 시대에는 루터와 에라스무스가 싸웠으며, 이후에는 고마루스와 아르미니우스가, 또 이후에는 에드워즈와 아르미니우스주의가, 휫필드와 웨슬리가, 그리고 오늘날에는 장로교와 감리교가 논쟁한다.

앞으로도 이 문제는 인간적인 방법으로는 해결할 수 없으며, 지속적인 논쟁으로 이어질 것이다. 그러한 복잡한 사안을 이해하는 사람도 많지 않고 관심이 없는 이들은 더욱 많다. 많은 그리스도인이, 심지어 개혁주의 교단에 속한 이들조차 그 문제에 관심이 없고 논쟁만 된다고 부정적인 인식을 가진다. 그렇다면, 이 문제는 사람이 해결할 수 없음으로 그냥 내버려 두어야 하는가?

결국 모든 것은 성경이 말하는 것이 무엇인지에 달려 있다. 성경은 유일한 재판관으로서 아주 간단하게 판단을 내린다. 선지자와 사도들은 하나님의 주권을 인정하고 인간의 죄악상을 고발했다. 이런 큰 테두리 안에서 보면 인간의 의지는 결코 선할 수 없으며, 하나님이 인간의 도덕적, 의지적 선택을 보고 구원할 수 있으리라 상상하기 어렵다. 전도서 기자는 인간 타락의 기원을 살피고 다음과 같이 결론을 내린다.

> 전도자가 이르되 보라 내가 낱낱이 살펴 그 이치를 연구하여 이것을 깨달았노라 내 마음이 계속 찾아 보았으나 아직도 찾지 못한 것이 이것이라 천 사람 가운데서 한 사람을 내가 찾았으나 이 모든 사람들 중에서 여자는 한 사람도 찾지 못하였느니라 내가 깨달은 것은 오직 이것이라 곧 하나님은 사람을 정직하게 지으셨으나 사람이 많은 꾀들을 낸 것이니라(전 7:27-29).

성경은 하나님이 사람을 선하게 창조하셨으나, 작정 가운데 사람으로 하여금 악한 꾀를 내도록 허용하셨다고 가르친다. 그렇게 하여 성경은 죄인으로 하여금 자기 죄의 책임이 자신에게 있음을 보게 한다.

성경은 아무도 자신의 죄로 인하여 하나님을 탓할 수 없다고 가르친다. 성경 인물들 가운데 인간의 죄악상을 다윗만큼 철저하게 인식했던 사람은 없다. 그는 그 유명한 시편에서 하나님 '내 영혼을 소생시키시고 자기 이름을 위하여 의의 길로 인도'하신다고 고백한다(시 23:3). 이사야는 하나님이 '내 이름을 위하여 내가 노하기를 더디 할 것이며 내 영광을 위하여 내가 참고 너를 멸절하지 아니하리라'고 말씀한다(사 48:9). 성경은 죄인의 이성에 호소하여 이해해 달라고 말하지 않고, 하나님은 선하시며 인간은 죄악되다고 선언한다.

성경은 교리를 해석하는 원리도 가르친다. 성경은 삼위일체 교리든지 작정 교리든지 그리스도인들에게 인간의 한계를 인정하고 믿을 것을 요구한다. 개혁신학자들은 성경의 정당한 가르침을 따라 인간의 이성으로 하나님을 이해하려 해서는 안 된다고 못을 박았다. "정도껏 호기심을 갖고,

자기들에게 마땅한 바를 넘어서서 성가시고 혼돈스러운 논쟁들에 너무 지나치게 사로잡히는 일만 없다면 이 교리[삼위일체]의 요체 전부가 여기에 받아들여질 만하게 설명"[8]된다고 말한 칼빈의 말은 작정 교리를 포함하여 성경의 모든 교리를 어떻게 이해할 것인가에 대한 질문에 얼마나 타당하고 명쾌한 답변이란 말인가!

2. 진화론에 대한 반대

하나님의 작정은 창조 사역으로 실현된다. "살아 계신 하나님은 활동하시는 하나님이시다."[9] 어떤 활동인가? 무엇을 위한 활동인가? 그 활동은 어떠한 식으로 일어나는가? 작정이 영원 전에 하나님의 말씀 가운데 이루신 일이라면, 하나님의 말씀은 세상을 창조하심으로 작정을 드러내신다. 하나님이 계획하신 것이 역사 가운데 이룬다. 창조란 그저 없던 물건이 생기는 것 정도가 아니라, 하나님이 피조물에게 자신에 대한 말씀을 전하시는 하나님의 활동이다.

창조의 주제 가운데 가장 중요한 것은 무(無)로부터의 창조(creatio ex nihilo)다. 하나님은 말씀으로 모든 것을 무로부터 창조하셨다. 바빙크에 따르면 '무로부터 지으셨다'라는 직접적인 용어나 표현은 성경에 나타나지 않는다. 하지만 삼위일체 교리와 같이 직접적인 표현이 없다고 무로부터의 창조 자체가 부정되는 것은 아니다. 성경을 조금만 들여다보면, 창세기의 기록이 처음부터 하나님이 세상을 무로부터 창조하셨다는 것을 말씀한다는 사실을 어렵지 않게 발견할 수 있다. '태초에 하나님이 천지를 창조하시니라'(창1:1). 세상의 창조 이전에 하나님만 계셨고, 그 후에 창조하셨다면 무로부터의 창조가 자동적으로 성립된다.

오늘날 과학자들이 말하는 '우주 팽창 이론'의 문제가 무엇인가? 우주 자체가 폭발하게 된 동기를 설명하지 못한다. 즉 모든 원인의 제일원인인 하나님을 설명하지 못한다. 스프로울은 이 점을 잘 지적한다. "우주 자체 이외의 다른 어떤 것에 의해 야기된 폭발로, 우주가 존재하게 되었다는 것과 우주가 그 자신의 힘으로 폭발하여 존재하게 되었다는 것은 전혀 다른 것이다. 왜냐하면 그러한 주장은 비존재에서 존재가 나올 수 있다는 말이기 때문이다. 만약 폭발로 말미암아 비존재로부터 우주가 존재하게 된다면 그것은 스스로를 창조한 것이다."[10] 스프로울이 주장하는 바에 따르면, 결국 우주 팽창 이론은 자기 폭발을 말하는 것에 불과하다. 우주 팽창 이론은 무로부터의 폭발을 설명하지 못한다. "세상의 존재 이전에 절대적인 비존재(非存在, non-being)가 선행하며, 이런 의미에서 우리는 하나님이 세상을 무로부터 지으셨다고 올바르게 말할 수 있는 것이다."[11]

창조론에 대한 성경의 가르침은 현대인들의 진화론적 사고를 정면으로 반대한다. 찰스 다윈(1809-1882)은 진화론을 발전시킨 혁명적인 인물이었다.[12] 다윈은 동물들이 무의식적인(unconsious) 선택에 의해 보다 강한 자손 개체를 고르고 양육한다고 믿는다. 또한 환경적인 변화에 잘 적응하는 개체들은 진화를 통해 환경에 적응하게 되는데, 그렇지 못하는 개체는 도태된다(자연선택설). 다윈은 조상의 유전적 형질이 후손에게 진화된다고 보았다. 후손 종의 신체적 특징 가운데 기존에 없던 것이 생겼을 경우, 그것은 이미 조상에게 있었던 것이다. 다윈은 얼룩말의 외형을 연구하면서 목, 배, 등, 다리의 줄무늬들을 관찰하고서 줄무늬들의 모양과 간격이 모두 다르다는 사실을 발견한다. 그리고 조상의 줄무늬는 후손들에게 물려진다고 주장했다. 문제는 다윈이 말의 종류의 다양한 개체들이 각각 따로 '창조되었다'는 사실을 부정한다는 점이다. 다윈은 창조 교리가 세상에 존재하는 수없이 많은 변종과 그들 사이의 유사성과 차이점들을 온전히 설명할 수 없다고 생각했다.

다윈은 세상의 모든 종이 이와 같은 원리를 따라 변화했고, 계속해서 성공적인 변종들에 의해 서서히 변화하고 있다고 주장한다. 결론부에서 다윈은 개체의 변종이 오늘날 존재하는 모든 생물에 대해 어떠한 자세를 가지도록 생각하는지 의미심장한 말을 남긴다.

> 우리가 한 종이 다른 종을 낳았다고 인정하기 꺼려하는 본질적인 이유는 우리가 중간 단계를 보지 못한 큰 변화를 인정하는 데 항상 느리다는 데 있습니다. 이 어려움은 많은 지질학자가 처음에 리엘(Lyell)이 연안 파도의 느린 작용으로 내륙 절벽이 형성되었고, 거대한 계곡이 파내졌다고 주장할 때 느꼈던 것과 같습니다. [사람의] 마음(the mind)은 아마도 수억 년이라는 기간의 전체 의미를 파악할 수 없을 것입니다. 그것[마음]은 거의 무한한 수의 세대 동안 축적된 여러 가지 미묘한 변이의 완전한 영향들을 계산하고 인식할 수 없습니다.[13]

다윈은 한 종이 다른 종을 만들어낼 수 있다고 믿을 뿐 아니라 전혀 다른 군에 속하는 것들의 차이점을 없앤다. 물론 오늘날도 그런 일들은 일어난다. 수컷 사자와 암컷 호랑이의 교배를 통해 라이거가 만들어진다. 하지만 라이거는 생식 능력을 갖지 못한다. 동일한 종의 자손 번식이 불가능하다는 말이다. 그럼에도 불구하고, 다윈의 이론에 따르면 언젠가 수백만 년이 흐른 후에는 가능할 수도 있다. 고양이와 호랑이는 같은 과(科, 가족)에 속한다. 다윈의 진화론에 따르면 고양이와 호랑이는 한 조상에게서 나온 동물들이다.

오늘날 진화론자들이 사람의 조상을 원인(猿人)으로 간주하는 것도 이러한 맥락에서다. 어떤 이들은 기독교인들이 진화론을 오해한다고 말한다. 진화론에서는 사람의 조상을 현생 유인원인 침팬지라고 보는 것이 아니라, 침팬지와 유사한 종에 속한다고 말함으로써 기독교인들이 진화론에 무지하거나, 관대하게는 오해했다고 나무란다. 즉 인류의 조상과 유인원의 차이점을 인식하지 못한다고 비판한다. 그들에 따르면, 인류의 진화라고 말할 때 그 진화는 한 종이 다른 종과 분명히 구별되어 나타난 시점을 말한다. 그러한 의미에서 진화론자들은 인류에 현생이라는 단어를 덧붙인다. 즉 현재 인간의 조상을 오스트랄로피테쿠스와 같은 초창기 원숭이 상태의 어느 종으로 보는 것이다. 그런가 하면 그와 유사한 인간의 형태를 띤 다른 인류의 조상들도 존재했다고 믿는다.

하지만 역사 속에서 그러한 또 다른 인류가 세상에 존재케 할 수 있었을 조상 뻘되는 동물들은 이미 자연 현상이나 자연 도태 등으로 멸종했고, 오직 현생 인류만 남게 되었으며, 현생 인류의 조상은 단순히 유사종 가운데 하나인 오랑우탄, 침팬지, 고릴라와는 전혀 다른 조상이라고 역설적인 말을 한다. 하지만 진화론자들의 주장은 다윈이 언급한 수억 년이라는 세월의 기간 앞에서 자가당착에 빠지고 만다. 결국 다른 인류들의 조상뻘되는 동물들도 나누어지기 이전의 상태로 거슬러 올라가면, 결국 같은 조상 아래에서 나오고 만 것이기 때문이다.

어느 기사에서 진술된 것처럼, "약 30억 년 전, 최초의 생명체가 어느 물렁물렁한 것에서 출현한 이후, 이런 차이는 생명체가 진화의 배를 갈아타고 분기하면서 여기까지 오면서 생긴 것이다. 우리는 운이 좋아서 인간의 배를 탔을 뿐이다"라는 말은 진화론의 한결같은 우매함을 고스란히 묘사하고 있다.[14] 바빙크가 지적한다.

> 인간과 동물 사이에 존재하는 정신적, 신체적 차이는 과거에 그랬던 것처럼 지금도 그 차이가 여전히 유지된다. 예를 들면, 포유류와 원숭이 사이의 차이는 두개골과 뇌 구조의 맥락 속에서 그 차이가 줄어들 수 있겠지만, 원숭이와 사람 사이에서는 이런 줄어듦 자체가 불가능하다. 현존하는 모든 포유류들 가운데 인간과 견줄 수 있는 포유류는 없다.

진화론자들은 다양한 주장을 제시하여 원숭이와 인간이 공통의 조상을 가진다고 주장하곤 한다. 그리고 그러한 원인(猿人)들이 갑자기 사라졌다고 설명한다. 그들의 주장은 사실상 과학적 근거가 없는 "단순한 생각"(ein blosses Gedankending)에 불과하며 "동물과 최초의 인간을 연결시키는 모든 추론은 확고한 과학적 근거가 결핍되어 있다."[15]

다윈의 진화론은 시작에 불과할 뿐 현대 과학은 성경의 창조론으로부터 훨씬 더 멀어졌다. 최근 카로 교수는 한 논문에서 얼룩말의 줄무늬들이 신체 부위별로 모양이나 간격 등이 다양한 이유를 체체파리(tsetse fly)의 흡혈 때문이라고 주장했다. 검은색과 흰색의 줄무늬는 착시 현상을 일으켜 체체파리의 흡혈을 방해한다는 것이다.[16]

이 이론은 얼룩말이 처음부터 얼룩을 가지고 있지 않았을 것이라는 전제를 가지고 있다. 그렇다면 얼룩을 가지지 않은 말은 그 자신의 특성을 가지고 있었을 것이며, 그 특성조차 진화에 의해서라면, 또 거슬러 올라가 진화하기 이전의 상태로 이해되야 한다. 이런 식의 반복은 무한하여 결국 종과 종의 차이를 지우고, 모든 것을 배아적인 단계로 귀착시킨다. 새가 있기 전에 땅에 동물이 있고, 땅의 동물이 있기 전에 땅과 물을 함께 오갈 수 있는 양서류가 있고, 양서류가 있기 전에는 오직 물에서만 살 수 있는 수중 생물의 상태로, 지느러미가 있는 것과 없는 것의 차이로, 무한한 수의 진화 과정이 전제된다.

하지만, 성경은 물에서 사는 생물, 땅에 사는 생물, 하늘을 나는 새들을 구분한다. 바빙크의 요약은 복잡한 진화론의 원리를 간단히 이해하는 데 도움이 된다.

진화론은 계속해서 사람의 기원에 관한 자체의 논지를 다음과 같은 방식으로 전개한다. 땅이 식어서 생물이 탄생하기에 적절하게 되자, 그 당시의 정황 하에서 생명이 생겨났다고 한다. 십중팔구, 처음에는 생명이 없는 단백질 복합체들이 스스로 형성되었고, 그 다음 그것들이 갖가지 영향을 받아 갖가지 개체들로 발전되었고, 이 단백질 개체들이 서로 복합되고 뒤섞여 최초의 생명의 배아(胚芽)가 되는 원형질(protoplasm)이 생겨나게 되었을 것이라고 한다. 그리고 거기서부터 시작하여 수억 년의 세월에 걸쳐서 생물의 발생 과정과 생물의 발달 과정이 진행되었다는 것이다.

이 원형질이 오늘날 식물이든 동물이든 사람이든 간에 모든 생명체의 기본 구성 요소로 인정되고 있는 세포의 단백질 핵을 형성하였고, 그리하여 최초의 유기체인 단세포 원형 동물(protozoa)이 생겨났다고 한다. 그리고 시간이 흐르면서 그것들이 움직일 수 있느냐 없느냐에 따라서, 식물과 동물로 발전하였다. 동물 중에서는 적충류(滴蟲類)가 가장 하등에 속하는데, 이것들에서부터 갖가지 중간적인 변화의 단계를 거치면서 점차적으로 척추 동물, 무척추 동물, 연체 동물 등으로 알려진 고등 동물들이 생겨나게 되었고, 거기서 다시 척추 동물들이 어류, 양서류, 조류, 포유류 등 네 가지 부류로 갈라졌다고 한다. 그리고 이것들이 다시 부리 동물, 유대류(有袋類)[17], 맹수류(猛獸類), 영장류(靈長類) 등으로 갈라지고, 영장류가 다시 반(半)원숭이류, 원숭이류, 유인원류(類人猿類) 등으로 분류된다는 것이다.[18]

진화론의 근본적인 문제점은 최초 존재에 대한 기원을 설명하지 못한다는 것이며, 더 나아가 세상에 일어나는 모든 현상 가운데 하나님의 섭리를 제거한다는 데 있다. 바빙크에 따르면 진화론은 본래의 진화되지 않은 상태를 설명할 수 없다.[19]

어떤 이들은 바빙크의 관점을 오해한다. 왜냐하면 바빙크가 진화론의 요소를 인정하는 것처럼 말하기 때문이다. "진화는 분명 놀라운 것이다."[20] "세상도 처음 창조될 때에는 그 종말이 아니라 출발점에 서 있었다"다.[21] 창조 이후의 생물계에 발전이 일어날 수 있다. "창조와 그 이후의 발전은 서

로 이반(離反)되는 것이 아니다."²² 하지만 바빙크가 사용하는 용어 '진화'
나 '발전'은 진화론의 관점에서 이해되어서는 안 된다. 그것은 하나님의
창조 목적에 따른 '발전'의 의미다. 살기 좋은 환경에서 풍부한 음식과 건
강한 생활은 사람의 평균 신장을 높이고, 건강하고 유리한 신체적 조건들
을 갖춘 부부들은 자녀를 많이 생산할 수 있다. 코로나 바이러스도 변이가
생겨나는 것처럼 더 강한 바이러스들이 만들어질 수 있다. 이러한 점 때문
에 혹자는 바빙크의 창조론은 유신진화론과 상충되지 않는다고 주장한다.
유신진화론은 하나님이 만물의 창조 시에 자연계의 생명체들에게 진화 능
력을 내재시켰으므로, 생명체들이 스스로 진화의 과정을 거쳐서 오늘날에
이르렀다고 본다.

하지만 바빙크를 얕고 피상적으로 읽는 이들은 바빙크가 진화론에 대해
말하고자 하는 핵심적인 의도를 전혀 파악하지 못한다. 바빙크의 관점에
서 창조론과 유신진화론 사이에는 전혀 공통점이 없다. 바빙크가 말하는
발전이란 자체적 속성 안에서의 적응과 발전이지, 종의 구별을 뛰어넘는
진화가 아니다. "하나님이 세상을 그 풍성한 다양성 속에 있도록 그리고,
그 다양성 속에서도 피조물들이 각 종류마다 그 고유한 본질들을 지니고
또한 그 본질 속에서 그 자체의 사상과 속성과 법칙을 소유하도록 창조하
셨기 때문에, 오로지 그렇게 창조하셨기 때문에 진화가 가능한 것이다."²³
바빙크는 진화론의 근본적인 문제점을 지적하면서 기독교적 발전의 의미
를 설명하고 있다. 피조물은 하나님의 창조에 의해 자체의 속성과 법칙을
소유한다.

예를 들어, 사람이 사회적 동물이라고 할 때, 사람의 본성에는 사회를
형성하고자 하는 내재적 속성이 있는 것과 같다. 하나님은 창조하실 때에
자신의 영광을 위해 창조하셨으므로 하나님의 목적에 따른 속성과 원리들
이 피조물 가운데 내재하고 그로 인하여 발전을 통해 궁극적인 목적인 하
나님의 영광에 도달하게 하시는 것이다. 이런 관점에서 진화론은 세상의

역사 속에서 하나님을 제거하고 이신론 (理神論)²⁴으로 기운다.

　진화론적 사고는 성경의 가르침과 조화할 수 없으며, 어떤 이유를 댄다고 하더라도 창조 사건을 조금도 설명하지 못한다. 오히려 성경의 가르침을 왜곡되게 해석, 적용하거나 성경 자체의 내용들을 서로 상충되는 것으로 만들 뿐이다. 성경은 하나님이 세상을 진화를 통해 형성했다고 말하지 않고 처음부터 하나님께서 말씀으로 만물을 창조하셨다고 가르친다. 하나님이 빛이 있으라 하시니 빛이 있었다(창 3:3). 궁창을 나누시고 물과 물로 나뉘어 하늘 공간이 있게 하셨다(창 3:7). 천하의 물을 한 곳으로 모으사 땅이 드러나게 하셨다(창 1:9). 하늘과 땅이 구별된 후, 하나님은 땅에서 '풀과 씨 맺는 채소와 각기 종류대로 씨 가진 열매 맺는 나무를 내게' 하셨다(창 1:11). 하늘에 광명체들을 만드시고 날과 달과 절기를 이루셨다(창 1:14-19). 하늘의 새와 땅의 동물들을 만드시고 마지막으로 사람을 창조하셨다. 하나님이 말씀하시니 '땅은 생물을 그 종류대로 내되 가축과 기는 것과 땅의 짐승을 종류대로 내었다.'

　유신진화론자들은 땅이 생물들을 내었다고 주장하면서 땅으로부터 오랜 세월에 걸쳐 진화의 과정을 통해 지면에 수많은 생물이 점차적으로 생겨났다고 주장한다. 하지만 이러한 주장은 전혀 성경의 근거에 기초하고 있지 않다. 하나님이 사람을 창조하신 것을 보면, 역으로 6일째 창조된 모든 피조물의 직접적인 창조 행위자가 하나님이라는 것을 보여 준다. '여호와 하나님이 땅의 흙으로 사람을 지으시고 생기를 그 코에 불어넣으시니 사람이 생령이 되니라'(창 2:7). 하나님은 땅의 흙으로 사람을 지으셨다.

　닭이 먼저인가 아니면 달걀이 먼저인가? 진화론은 달걀이라고 말할 것이다. 그러나 달걀을 선택하는 이들은 곧바로 자신들이 실수했다는 사실을 발견한다. 왜냐하면 달걀을 낳은 존재는 다름 아닌 닭이기 때문이다. 이 사실을 알게 된 진화론자들은 '닭이 먼저냐 달걀이 먼저냐'라는 질문 자체가 모순되다고 말할 수도 있다. 이성적으로 생각해 볼 때 모순이기 때문이다. 모순처럼 보이는 이 질문은 미시적 차원에서 볼 때 진화론자들이 반드시 풀어야 할 과제이나, 결론적으로 풀 수 없는 문제다. 그 다음에 그들은 그러한 관찰을 통해서 닭이 먼저라고 말할 것이다. 달걀은 생식 기관을 통해서 나온 것이니, 먼저 한 개체가 진화를 거듭하여 달걀을 낳을 수 있는 성장체의 상태로 되었다면 얼마든지 그리 답변할 수 있기 때문이다.

하지만 또 다시 어려운 난관에 봉착한다. 왜 하필 달걀인가? 왜 새끼 병아리는 아닌가? 적자 생존의 원리에 따라 뱀에게 삼켜지는 달걀보다, 스스로 피할 수 있는 병아리의 상태가 그리고 가능하면 더 빨리 달려갈 수 있는 다리를 가진 개체가 태어나야 하지 않겠는가? 아니면 당시에 달걀의 상태를 위협할 만한 그 어떤 것도 존재하지 않았다고 말할 것인가? 아니면 현재는 아니지만 앞으로 수백만 년이 지난 시점에서는 닭이 알이 아닌 새끼를 낳을 것이라고 주장할 것인가?

성경은 처음부터 사람을 갓난아이로 지은 것이 아니라 자녀를 생산할 수 있는 성인의 상태로 만드셨다고 선언한다. 하나님은 동물들의 이름을 어떻게 짓나 보시려고 동물들을 아담에게 데려가셨다. 아담은 그 동물들을 보는 즉시 이름을 지을 수 있었다. "아담은 모든 피조물을 이해하였다. 그들의 본질을 꿰뚫어 보았고, 그들을 분류하고 나눌 수 있었고, 그 하나하나를 그에 합당한 위치에 놓을 수 있었다."[25] 아담에게 데려가신 후, '생육하고 번성하여 땅에 충만하라'고 말씀하셨다(창 1:28). 사람을 땅의 흙으로 만드신 것처럼, 하나님은 자연의 모든 만물을 땅의 흙으로 만드셨다. 모든 것이 하나님의 말씀대로, 뜻대로, 분명한 구별을 가지고 존재하게 되었다.

아담이 동물들의 이름을 짓고 그것들을 다스려야 할 사명을 부여 받았다는 것은 동물이 창조된 목적이 바로 인간이 다스림을 받기 위해서라는 사실을 보여 준다.

그러므로 진화론이든 유신진화론이든 성경의 가르침에 정면으로 배치된다. 이 이론들은 근본적으로 하나님의 말씀 창조와 하나님의 섭리를 거부한다. 베드로 당시에도 그러한 일들이 있었으니, 어쩌면 이상한 일은 아닐 것이다. '먼저 이것을 알지니 말세에 조롱하는 자들이 와서 자기의 정욕을 따라 행하며 조롱하여 이르되 주께서 강림하신다는 약속이 어디 있느냐 조상들이 잔 후로부터 만물이 처음 창조될 때와 같이 그냥 있다 하니 이는 하늘이 옛적부터 있는 것과 땅이 물에서 나와 물로 성립된 것도 하나님의 말씀으로 된 것을 일부러 잊으려 함이로다'(벧후 3:3-5).

3. 6일 창조와 시간

사람들은 만물이 창조될 때, 어떤 식으로 창조되었는지 궁금해 한다. 하나님이 말씀하시니 갑자기 모든 것이 오늘날의 상태처럼 질서정연한 모습을 갖춘 채 '짠' 하고 사진 찍히듯 나타났는가? 6일 창조에 대해 다양한 의견들이 존재한다. 어떤 이들은 창세기 1장 1절의 기록에 기초하여 하나님이 천지를 하루 동안 모두 창조했다고 생각한다. 나머지 창조 기사들은 새로운 것을 만든 사건이라기보다는 창세기 1장 1절의 부연 설명 정도로 취급한다. 창세기 1장 2절은 땅이 혼돈하고 흑암이 깊음 위에 있다고 묘사한다. 그리고 빛이 있으니 모든 것이 드러났다. 땅이 혼돈하고 흑암이 깊음 위에 있다는 사실은 매우 난해한 표현이다.

마찬가지로 수면 위에 하나님의 영이 운행하셨다는 점도 해석하기가 쉽지 않다. 존 밀턴은 흑암이 깊음 위에 있다는 표현과 하나님의 영이 수면 위를 운행한다는 표현을 통합하여, '수면'을 '심연'으로 이해하고, '운행하다'는 것을 '품는다'로 해석하여. 성령이 심연을 품고 있었던 것으로 이해한다.[26] 수면을 어떤 물질이라기보다는 깊은 심연을 상징하는 단어로 이해한 것이다. 땅은 셋째 날 가서야 등장하기 시작한다. 하나님이 셋째 날에 물을 한 곳으로 모으시니 땅이 드러났다. 이런 점 때문에, 하나님이 천지를 창조하셨다는 진술(창 1:1)로부터 모든 만물이 단번에 창조되었다고 주장한다. 이 관점에 따르면, 나머지 2일부터 6일까지는 우주의 질서를 세워가는 과정이다. 어느 정도 일리는 있으나, 하루 창조설은 적어도 동물들과 인간의 창조를 설명하지 못한다.

또 어떤 이들은 오늘날의 하루처럼 정확히 해가 뜨고 지는 시간을 기준으로 24시간을 정하여 첫째 날에 이것을, 둘째 날에 저것을 창조하셨다고 말함으로 젊은 지구론을 주장하기도 한다. 하지만 하나님은 해와 달과 같은 광명체로 넷째 날을 주관하게 하셨다. 그렇다면 첫째 날부터 셋째 날까지의 낮과 밤에 대한 시간은 오늘날의 시간 기준을 적용하기에 곤란한 면이 있다. 다시 말해서, 24시간의 기준이 첫 3일과 나머지 3일 모두에 동일하게 적용하기 어렵다.

또 다른 이들은 창조 시의 하루가 오늘날의 하루보다 훨씬 더 긴 기간으로 본다. 소위 '오래된 지구론'을 주장하는 이들 모두가 그런 것은 아니지만 오래된 창조 사건과 진화론을 조화시키려고 한다. 또 어떤 이들은 하나님의 능력을 강조하여 그 모든 창조의 날이 오늘날의 하루 기간보다 훨씬 더 짧은 것으로도 이해하기도 한다. 예컨대, 하나님은 단번에 창조하고 질서 역시 단번에 이루실 수 있다고 보는 것이다.

성경은 창조 기간의 날과 시간에 대해 분명하게 언급하지 않는다. 바빙크는 하늘의 광명체로 인하여 낮과 밤의 주기가 형성되기 이전 3일 동안은 오늘날의 하루와는 다른 방식으로 시간이 계산되었을 것으로 생각한다. 넷째 날부터는 일상적인 방식을 따라 밤과 낮의 주기가 있는 하루로 계산되어야 한다고 보는 한편, 후반의 3일이라는 기간조차도 노아의 홍수 이후에 발생한 우주적 변화로 인해 형성된 이후의 하루, 즉 오늘날의 하루와는 달랐을 것으로 추정한다. 게다가 6일 동안 일어난 사건들은 오늘날의 24시간 안에 행해질 수 없는 무수한 일이 있었다는 것(단적인 예로, 아담이 모든 동물의 이름을 지은 것 등)을 감안할 때, 최소한 여섯째 날은 오늘날의 시간보다 훨씬 더 길었을 것이라고 말한다.[27]

한편 카이퍼는 관점은 바빙크의 주장과 구분된다. 카이퍼는 시간 자체에 대한 관심보다는 창조 기사에 대한 성경의 묘사를 어떻게 이해할 것인가에 대한 통찰을 제공한다. 그에 따르면, 피조의 방식은 피조물의 종류에 따라 다르다고 주장한다. 카이퍼는 인간을 제외한 피조물들의 피조 상황들을 보다 상세하게 설명한다. 식물은 성체(成體)가 되기까지 자체의 성장 기간을 갖는다.

하지만 그는 나무가 완전히 자라나기까지의 기간을 오늘날의 24시간의 개념으로 설명하지 않는다. 하나님은 셋째 날 '땅은 풀과 씨 맺는 채소와 각기 종류대로 씨 가진 열매 맺는 나무를 내라'고 하셨다(창1:11). 이 명령에 따라 채소와 나무는 각기 그대로 되었다. 셋째 날에 채소는 씨를 맺는 상태로 되었고, 나무 역시 열매 맺는 상태로 되었다. "만일 첫 번째 종려나무가 크게 자라는 데는 여러 해가 걸리며 따라서 식물계가 충분히 굳세게 서려면 50년 이상의 시간이 지난 뒤였을 것이라는 식으로 설명하려 한다면," 이러한 설명은 창세기 1장 13절의 '저녁이 되고 아침이 되니 이는 셋째 날이니라'는 구절과 충돌한다. "하루를 24시간으로 생각해야 하느냐 마느냐는 문제를 다루지 않더라도, 저녁과 아침이라는 묘사에서 도출되는 결론은 일련의 긴 연속적인 빛의 변화들이 아니라 한 차례의 빛의 변화를 의미한다는 것이다."[28]

한 차례의 빛은 매우 빠른 시간으로 이해된다. 심지어 오늘날의 24시간보다 더 빠른 시간으로 이해될 수 있으며 한순간으로도 가능한 사건으로도 볼 수 있다. 카이퍼는 식물계의 창조 사건을 땅에서 내어 성체에 이르기까지의 시간으로 보면서도, 이 시간을 결코 길게 이해하지 않는다. 그는 다음과 같이 말한다.

이 때문에 우리는 하나님이 씨앗들만을 창조하여 씨앗들이 자연스럽게 싹을 틔우고 자라는 데 지금처럼 충분한 시간을 가질 것이라는 식으로 이 구절을 이해하지 말아야 한다. 오히려 성경의 명백한 취지는 하나님이 자신의 기적적인 창조의 능력을 통해 땅에서 성숙된 식물이 즉시 출현하게 하고 과수들이 다 익은 열매를 매단 채 나타나게 했다는 것이다. 이와 동시에 명백한 것은 나무들이 외부로부터 땅에 심겨진 것이 아니라 땅에서 속성 과정으로 자라 나왔고, 오늘날 하나님의 지속적인 전능성 덕택에 50년 이상의 시간이 걸려야 성취되는 것과 동일한 결과가 하나님의 전능성을 통해 한순간에 생겨나게 되었다는 점이다.[29]

카이퍼는 하나님이 식물계를 창조함에 있어서 성장의 가속화를 행하셨다고 주장한다. 성장의 가속화 개념에는 성경의 가르침에 상응하는 유익이 있다. 즉, 카이퍼가 땅으로부터 속성 과정으로 자라난 식물의 피조 사건에 대한 성경의 묘사가 하나님의 전능하신 능력을 드러냄에 있다고 강조한다는 점이다.

하나님의 전능성에 대한 강조는 동물과 인간 창조에 대한 카이퍼의 해석에서도 마찬가지다. 동물의 창조는 식물의 창조와 조금 다르다. 창세기 1장 24절은 '땅은 생물을 그 종류대로 내되 가축과 기는 것과 땅의 짐승을 종류대로 내라 하시니 그대로 되니라'고 서술하는 반면, 25절은 땅의 모든 짐승과 가축과 기는 모든 것을 종류대로 만드셨다고 기록한다. 땅은 식물을 낸 반면 동물을 내지 않았다. 다시 말해, 땅은 동물을 만들 때 쓰인 물질인 반면, 식물처럼 "싹이 트거나 가속화된 성장 같은 것"에 대한 기록이 전혀 없다. 즉, 하나님은 처음부터 직접 동물을 성체로 만드셨으며, 땅은 동물의 매개체가 될 수 없다.[30]

사람의 창조는 동물과 유사하면서도 역시 큰 차이를 보인다. 하나님은 사람을 창조하실 때에 동물의 경우에 사용된 땅에 관해 전혀 언급하지 않는다. 그저 '우리의 형상을 따라 우리의 모양대로 우리가 사람을 만들고'(창 1:26)라고 기록하며, "땅의 흙을 가져다가 아담의 몸을 빚는다."

카이퍼에 따르면 이같은 성경의 기록에는 인간 피조의 가속화 과정에 대한 언급이 전혀 발견되지 않는다. 아담의 피조는 가속화 성장이 아니라 처음부터 어른의 몸으로 "즉각적이며 직접적으로 형성된 것"으로 봐야 하며, 이것이 성경의 진술에 더 가까운 해석이다.[31] 비록 카이퍼는 태양의 창조 이전과 이후의 시간들의 길이와 차이점들에 대해 언급하지 않지만, 식물과 동물과 인간 창조 기사에 대한 진술은 창조 기간이 그리 길지 않았을 것이라는 카이퍼의 암묵적 관점을 드러낸다. 성인으로서의 육체의 창조뿐만 아니라 정신의 발달 역시 처음부터 하나님은 직접적인 창조를 통해 완전히 발달된 상태로 인간을 만드셨다.[32]

식물과 동물과 인간 창조에 대한 카이퍼의 관점은 오롯이 성경의 묘사에 천착해 있으며, 하나님의 전능하신 피조 능력을 강조하고 있으며, 더 나아가 성경 자체의 기록에 대한 그리스도인의 믿음을 여실히 드러내고 있다. 바빙크와 카이퍼의 관점은 창조 기사에 대한 그리스도인들의 접근 방법에 중요한 신앙적 윤리를 제공한다. 성경이 창조에 대해 말하는 것은 말 그대로 하나님이 6일 동안 창조하셨다는 사실을 믿어야 한다는 것이다. 6일이 길든지 짧든지, 중요한 사실은 변하지 않는다. 첫째 날부터 셋째 날까지의 시간이 넷째 날부터 여섯째 날의 시간과 계산법이 다르다는 것은 사실상 하나님의 창조 기사에 아무것도 보태거나 뺄 수 없다. 즉 아무런 의미가 없다는 뜻이다. 그리고 그 6일이 오늘날의 시간 계산과 다르다는 것도 전혀 창조 기사를 변경하지 못한다.

오늘날의 하루보다 더 길다고 하는 것이 수백만 년이 될 수 있을까? 창조 기사가 하나님의 전능하심을 드러내는 사건이라고 한다면, 이러한 관점은 배격되어야 마땅하다. 하나님이 창조 사역을 시작하셨을 때, 전능하신 하나님의 능력을 보이시는 것이 그토록 느리게 진행될 수 있을까? 설사 길다고 하더라고 진화론자들이 생각하는 것처럼 수만 년 혹은 수백만 년처럼 길어야 할 이유를 전혀 발견하기 어렵다. 한마디로, 6일 창조의 기간에 대한 논의들은 이성적 혹은 과학적 접근으로 성경의 창조 기사를 이해하려 시도한다는 점에서 성경적인 접근법이 아니다.

성경은 하나님이 자신의 말씀으로 6일 동안 창조하셨다는 것을 믿어야 한다는 신앙의 윤리를 가르친다. 베드로는 주의 재림을 부정하는 이들을 향해 말했다. '이는 하늘이 옛적부터 있는 것과 땅이 물에서 나와 물로 성립된 것도 하나님의 말씀으로 된 것을 그들이 일부러 잊으려 함이로다'(벧후 3:5). 창조 기사에 대한 베드로의 관점은 하나님의 말씀의 능력을 믿는 데 맞추어져 있다.

아우구스티누스는 이 점에 있어서 매우 중요한 혜안을 제공했다. 그에 따르면, 당시 어떤 사람들은 이집트의 천문학이 10만 년 전에 발전했다고 주장했다. 하지만 그들은 어떠한 근거도 제시하지 못했다. 아우구스티누스는 아담의 창조 시로부터 자신의 시대에 이르기까지 6000년이 다 지나지 않았다고 생각했다.[33] 아우구스티누스가 제시하는 더 중요한 관점은 성경의 가르침에 대한 자세다. 그는 말한다.

> 세계 각지에 퍼진 불신자의 도성의 시민들은 가장 유식한 저술가들이 가장 오랜 상고의 사건들에 대한 기록에서 서로 일치하지 않을 때에, 누구를 믿을 것인지를 몰라 당황한다. 그러나 성경의 역사 기록을 권위로 믿는 우리는 이 권위에 반대하는 것은 무엇이든지 아주 거짓이라는 것을 의심하지 않는다. 우리가 의롭고 축복된 생활을 하도록 감동시키는 데 도움이 되지 않는 세속적인 서적들은 다른 내용이 어떻든 간에, 우리는 그것을 문제시[신경쓰지] 하지 않는다.[34]

창조 기간을 빌미로 진화론이나 유신진화론을 설명하려 하는 이들은 성경의 가르침과 의도를 헤친다. 마치 과학 서적 읽듯이 성경을 대하는 태도와 다르지 않으니, 사실상 성경을 인간의 이성으로 짜맞추려는 노력과 진배없다. 성경은 하나님만 아시는 우주의 창조와 질서와 섭리를 인간의 사색으로 파악할 수 없다고 가르친다.

칼빈은 이 점을 명확하게 인식했다. 하나님이 세상을 창조하시기 이전에 무엇을 하셨는가? 가만히 홀로 앉아 계시거나, 생각하고 계셨는가? 칼빈은 답한다. "하나님이 왜 그렇게 오랫동안 미루셨는지 묻는 것은 합법적이지도 유익하지도 않다." "우리 신앙의 절제를 시험하시려고 하나님이 일부러 감춰 두려 하신 것을 우리가 알려고 한들, 그것은 조금도 유익이 없을 것이다." 성경은 하나님이 6일 동안 세상을 창조하셨다는 사실을 믿을 것을 요구한다. "그러므로 하나님이 우리를 위하여 경계를 정하고자 원하신, 우리의 마음이 방종에 빠져 방황하며 떠돌지 않도록 제한하시는 이 울타리에 둘러싸여 기꺼이 그 안에 머물도록 하자!"[35]

창조에서 우리가 정작 주목해야 하는 사실은 하나님이 얼마나 선하신 분인가 하는 점이다. 하나님이 말씀으로 세상을 창조하심으로 자신이 어떤 분이신지를 피조물과 피조 세계의 역사를 통해 드러내신다. 성경은 피조물들을 창조하실 때 '하나님이 보시기에 좋았더라'고 기록한다. 피조계가 하나님 보시기에 좋았다는 사실은 그냥 그렇게 좋아 보였다는 말이 아니라, 말 그대로 선하고 아름다웠다는 뜻이다. 하나님이 선하신 것처럼 하나님이 만드신 피조물에 하나님의 선하심이 묻어났다. 고려청자가 매우 아름답다고 할 때, 자태와 영롱한 색깔에 경탄하는 이유가 무엇인가? 누가 저 아름다운 도자기를 만들었으며, 어떤 의미를 담아 만들었는지, 또 어떻게 저렇게 아름다운 것을 만들 수 있었는지 등에 대해 궁금하기 때문이다. 아무리 도자기가 아름답다고 할지라도 도자기의 아름다움의 영광은 그것을 만든 도공에게 있다. 도자기는 그저 도자기일 뿐 영광을 취하는 사람은 도공이다. 마찬가지로 모든 피조물들은 하나님의 선하심과 아름다우심을 드러낸다.

칼빈은 창조의 사건을 통해, "사물들의 질서 그 자체 가운데서 인류를 향한 하나님의 부성적인 사랑을 부지런히 마음에 새겨야 한다"라고 권면한다.[36] 모든 선한 것을 창조하신 이유는 아담에게 주시기 위함이었다. '땅을 정복하라 바다의 물고기와 하늘의 새와 땅에 움직이는 모든 생물을 다스리라'(창 1:28b). 하나님은 아담에게 공허한 땅을 주시지 않으셨다. 빛이 없는 상태로 아담을 먼저 만드셨다면, 참으로 아담에게는 뭔가가 더 필요할 것처럼 보였을 것이다. 해와 별들의 운행은 아담이 살기에 가장 적절하게 맞추신 것이다. "가족을 위해 염려하고 부지런히 일하는 아버지의 직책을 취하심으로 하나님은 우리를 향한 자기의 놀라운 선하심을 보이신다."[37]

『벨직 신앙고백서』는 제12조에서 창조의 목적을 진술한다. "우리는 성부께서 말씀, 곧 당신의 아들을 통하여 천지만물을 무에서 창조하셨고, 그때에 그 천지만물이 당신께 선하게 보였고, 당신께서 모든 창조물의 존재와 모양과 형태를 부여하시고, 창조주를 섬기도록 하기 위해서 각각의 창조물에게 특별한 사역과 기능을 부여하셨다는 것을 믿습니다."[38]

4. 천사와 마귀의 실재

창조의 목적은 모든 피조물들로 하여금 하나님을 섬기도록 하는 데 있다. 심지어 천사를 창조하신 것도 그러하다. 히브리서 기자는 말씀한다. '모든 천사들은 부리는 영으로서 구원 받을 상속자들을 위하여 섬기라고 보내심이 아니냐'(히 1:14). 창세기는 천사들의 창조 시기에 관해서 정확한 기간을 측정할 만한 단서를 제공하지 않는다. 왜냐하면 모세는 당시 "일반인의 어법을 좇아, 기본 원리들을 수립하는 데 있어 맨 처음부터 천사들을

하나님의 피조물들로 헤아리는 일을 하지는 않았"기 때문이다.[39]

천사들은 두 가지 목적으로 창조되었다. 첫째, 하나님의 명령들을 수행하도록 임명 받은 일꾼들이다. "천사들은 하나님이 작정하신 모든 것을 이루시려고" 사용하시는 "하늘의 영들이다"(시 103:20-21).[40] 구약은 선지자들을 돕는 천사들에 대한 많은 기록을 제공한다. 신약 시대에도 천사의 존재는 증명된다. 베드로가 옥에서 나와 마가 요한의 다락방에서 대문을 두드렸을 때 여자아이가 놀라서 다른 제자들에게 알렸더니 제자들은 '그러면 그의 천사'라고 말했다(행 12:15). 천사들은 하나님이 자신의 "바람"으로 "자신의 사역자들을 불꽃으로 삼으"신 존재다. 둘째 목적은 신자들을 섬기도록 창조되었다. 천사들은 "하나님이 우리에게 베푸시는 자애(慈愛)의 관리자들이자 경영자들이다."[41]

천사들에겐 수와 계급과 역할이 정해져 있다. 다니엘은 천사 미가엘을 하나님의 백성을 호위하는 '큰 군주'(단 12:1)로 말씀한다. 유다는 동일한 미가엘을 '천사장'이라고 부른다(유 1:9). 엘리야가 기도하니 게하시의 눈이 열려 '불말과 불병거'를 보게 되었다(왕하 6:16-17). 여호와의 사자가 마노아의 아내에게 나타나 임신에 대한 소식을 전한다(삿 13:3). 누가는 목자들이 보았던 '천군'이 천사들과 함께 하나님을 찬양하는 것을 기록한다(눅 2:13). 가브리엘은 다니엘이 기도를 시작할 즈음에 명령을 받아 다니엘에게 와서 다니엘의 환상을 해석해 준다(단 9:21-27). 또한 마리아에게 나타나 잉태와 출산에 대해 말씀한다(눅 1:26-38). 하지만 수와 계급과 역할들이 구분된다고 할 지라도, 천사에 대한 내용들은 극히 빈약하다. 그러므로 "과도한 호기심을 가지고 탐색하거나 너무 당찬 말들을 하는 것을 피하도록 하자."[42]

하나님이 창조하신 것 가운데는 천사만이 아니라 사탄과 마귀들도 있다. 성경은 천사의 창조와 타락에 대해 구체적으로 다루지 않는다. 그렇다 보니, 사탄과 마귀들의 존재에 대해 다양한 오해들이 생겨난다. '사탄'

이라는 단어는 '원수' 또는 '반대자'를 뜻한다. 오늘날 사람들에게는 루시퍼라는 이름으로 잘 알려져 있다. 성경에서 '루시퍼'라는 단어는 맨 처음 제롬이 번역한 불가타 성경에 등장한다. 원문은 다음과 같다. "quomodo cecidisti de caelo lucifer qui mane oriebaris corruisti in terram qui vulnerabas gentes." 번역해 보면, "아침에 뜨는 루시퍼여! 너는 어찌하여 하늘로부터 떨어졌으며, 민족들에게 상처를 입힌 너는 어찌하여 땅으로 떨어졌는가!"다. 루시퍼는 킹제임스역의 이사야 14장 12절에도 등장한다. '루시퍼'라는 단어는 라틴어로 lux와 ferre가 합하여져서 "빛을 가져오는"이라는 뜻을 가지고 있다. 따라서 계명성으로 번역하든지 샛별로 번역하든지 크게 차이 나지는 않는다. 하지만 다른 성경은 모두 계명성으로 번역한다. 이는 '루시퍼'를 사탄이나 마귀로 이해하는 것이 이사야 본문의 의도와는 맞지 않기 때문이다.

이사야는 바벨론의 멸망을 예언하고 있기에, 실상 이 샛별은 바벨론 왕을 지칭한다. 넓은 의미에서 본다면, 이스라엘에 대한 바벨론의 횡포도 결국 사탄의 역사라고도 볼 수 있겠지만, 문자적 의미에서만 보면 본문이 사탄의 이름을 루시퍼로 꼬집어 말하는 것은 아니다. 그럼에도 불구하고, 오늘날 루시퍼를 사탄으로 이해한다고 해도 크게 잘못된 것은 아닌데, 이미 루시퍼라는 이름이 사탄을 지칭하는 용례로 외래어처럼 일반화되었기 때문이다. 루시퍼가 사탄이 아니라고 애써 해명하는 것도 그리 중요한 사안은 되지 못한다.

사탄에 대한 가장 심각한 오해는 창조 시 하와를 시험했던 사탄의 유혹을 단순히 하와의 마음속에서만 일어났던 심리적인 현상으로 이해하는 것이다. 존 딕스트라 유스덴은 청교도 신학자 윌리엄 에임스의 책을 잘 번역했음에도 불구하고, 번역서의 서문에서 창조 기사에 대한 잘못된 해석의 예를 드러낸다. 그는 사탄의 유혹을 인간의 죄성을 표현하는 심리적 현상으로 이해한다.

인간 본성에 대한 묘사는 아담에 대한 성경적 진술에서 가장 잘 표현되어 있다. 창조 설화에서 최초의 인간은 천사와 같이 우선적으로 개인적 인격으로 간주된 것이 아니다(비록 에임스가 최초의 역사적 인간이라고 확신했지만), 아담은 무엇보다도 공인(公人)이며 인간 본성의 척도요 대표였다. 그는 인간에게 부여된 하나님의 형상과 인간의 죄악의 실재성의 상징으로 제시된다. 아담은 원래의 불순종으로 인해 시행된 인간에게 부과된 형벌의 원인이라고 말할 수 있다. 하지만 아담의 실제적인 중요성은 원인으로서라기보다는 모형으로서다. 아담은 하나님을 신뢰하지 못하고 지속적으로 하위의 능력들과 미혹들의 유혹에 굴복했다. 창세기의 진술은 사단의 형태로 유혹을 인격화시켜 묘사한다.[43]

유스덴은 사탄의 유혹 사건을 유혹에 대한 인간의 본성을 상징적으로 드러내는 사건으로 이해한다. 사탄이 뱀에게 들어가 하와에게 말을 걸었던 사건은 실제로 일어난 사건이 아니라, 아담과 하와가 마음의 유혹을 받은 사건을 문학적 장치인 의인화의 표현에 불과한 것으로 본다. 오늘날 미국이나 유럽의 신학교들에서 이와 같이 사탄이 뱀에게 들어간 사건을 실제적 사건으로 간주하지 않는 이들을 심심치 않게 보게 된다.

하지만 이것은 성경의 가르침에 정면으로 위배된다. 성경은 타락한 천사에 대해 여러 곳에서 말씀한다. 타락한 천사의 우두머리가 있고, 또한 그의 졸개들도 있으며, 타락의 시기가 아담의 타락 이전에 있었다는 정도의 정보를 제공한다. 다섯째 날에 피조물에 대해 하나님이 보시기에 좋았다고 말씀하셨다는 사실과 육지 동물과 이성적 피조물인 인간을 여섯째 날 창조했다는 말씀을 고려할 때, 천사들의 타락은 여섯째 날의 창조 이후였을 것으로 보인다.[44] 사탄은 하나님이 지으신 뱀에게 들어가 하와를 금단의 열매로 유혹했다(창 3:1).

칼빈은 수호 천사에 대한 논의를 하면서, 당시 일반 사람들이 "마치 서로 다른 두 수호신이라도 되듯이 각각의 사람에게 맡겨진 선하고 악한 두 천사를 상상한다"라고 진술한다.[45] 마치 애니메이션이나 드라마에서 곧잘 등장하듯이 어떤 결정을 놓고서 천사의 모습을 한 존재가 선한 선택을 하라고 권면하는 반면, 다른 쪽에서 뿔 달리고 검은 색의 옷에 꼬리까지 한 마귀가 인간의 마음속에 나쁜 생각을 부추기듯이 이해한다. 하지만 창세기의 기록은 뱀을 실제적으로 묘사한다. 하와를 유혹했던 뱀이란 실제적인 뱀이 아니라 사탄이 여자의 마음속에 들어가 속삭이는 것이라는 주장은 반드시 거부되어야 한다.

마귀의 존재에 대해 성경이 가르치는 것으로 만족하는 것이 바람직하다. 마귀는 타락하여 하늘에서 '미가엘과 그의 사자들'과 더불어 영적 전쟁을 치르나 패배한다(계 12:7-9). 또한 무저갱으로부터 올라와 전쟁을 일으키는 존재로 묘사된다(계 11:7-8). 귀신들의 아비는 다름 아닌 사탄이다. 요한은 옛 뱀을 마귀와 사탄으로 부른다(계 12:9). 마귀는 '처음부터 살인한 자요 진리가 그 속에 없으므로 진리에 서지 못하고 거짓을 말할 때마다 제 것으로' 말한다(요 8:44). 마귀는 처음부터 범죄했다(요일 3:8). 마귀는 모세의 시체에 관해 천사장 미가엘과 다투었다(유 1:9). '사탄도 자기를 광명의 천사로 가장'한다(고후 11:14).

사탄은 타락할 때 혼자서만 아니라 다른 천사들도 꾀어 함께 하나님을 대적했다. 성경은 마귀들의 수가 결코 적지 않다고 말한다. 예수님은 공생애 사역 기간 수많은 귀신을 쫓아 내셨다. 거라사인의 지방에서 만난 사람은 2000 개체가 넘는 귀신에게 사로잡혀 있었다. 귀신들은 예수님께 '무저갱으로 들어가라 하지 마시기를 간구'했다(눅 8:21-33). 오늘날도 사탄과 마귀들은 '우는 사자 같이 두루 다니며 곳곳에 삼킬 자를 찾'으며(벧전 5:8), 간계를 통해 신자들을 공격한다(엡 6:11). 마귀는 '자기의 때가 얼마 남지 않은 줄을 알므로 크게 분내어' 신자들에게 다가간다(계 12:12). 구약성경과 신약성경은 마귀들이 사람들과의 접신을 통하여 활동하는 사건들을 보도한다(삼상 28장; 행 16:16-18). 오늘날 전 세계의 무속인들은 마귀의 영향 아래에서 귀신들과 대화하고 그들에게 이용 당한다.

사탄과 그의 졸개들인 타락한 천사 관해 존 밀턴(1608-1674)[46]의 『실낙원』만큼 성경적이면서도 생동감있게 묘사한 책은 없을 것이다. 하나님은 사람을 창조하시기 전에 천사를 먼저 창조하셨다. 밀턴은 이렇게 쓴다.

> 먼저 말해 달라. 천국이나 저 깊은 지옥에서 일어나는 그 어떤 일도 그대의 눈길에서 숨겨질 수 없으니, 먼저 말해 달라. 도대체 무엇이 천국의 은총을 한 몸에 받으며 저 복된 상태에서 살아가던 우리의 시조들[아담과 하와]을 움직여서 그들을 지으신 창조주로부터 떨어져 나가게 하고, 한 가지 금령 때문에 하나님의 뜻을 어기고서 세계의 주들이 되지 못하게 한 것인가. 처음에 그들을 유혹해서 저 추악한 반역을 행하게 만든 자는 누구였던가.
>
> 저 지옥의 뱀, 바로 그 자였다. 그가 질투와 복수심에 불타서 교활한 술수로 인류의 어머니를 속였다. 그때에 그는 자신의 교만 때문에 자신의 군대인 반역 천사들과 함께 천국으로부터 쫓겨나 있었다. 반역을 일으키기만 한다면, 그들의 도움으로 자신의 동료들보다 더 큰 영광을 얻어서 지존자와 대등해질 것이라고 믿고서, 야망을 품고 하나님의 보좌와 왕권에 대항하여 천국에서 불경스러운 전쟁이자 오만방자한 싸움을 일으켰지만, 그것은 헛된 시도였다. 전능자에게 도전하여 반기를 든 그는 전능하신 분에 의해 불길에 휩싸여서 타들어가는 가운데 영기천으로부터 거꾸로 내던져져서 무저갱으로 끔찍하게 추락하여, 거기에서 금강 사슬에 묶인 채로 형벌의 불 속에서 살게 되었다.[47]

5. 창조의 면류관인 '사람'

창조의 면류관은 사람이다. 모든 피조물의 창조 목적은 사람에게서 최고의 빛을 발한다. 카이퍼는 말한다.

> 인간은 동물에서 나오지 않았다. 동물계는 사람을 위해 창조되었고 사람을 염두에 두고 창조되었다. 동물을 창조할 때 하나님은 자신이 창조할 사람이라는 존재를 미리 알았고, 인간이 영혼과 육체로 되어 있다는 것을 알았다. 동물계가 사람에게 적합하게 되고 사람에게 너무 이질적인 것이 되지 않게, 말하자면 사람의 삶의 일부가 되게 하기 위해, 하나님은 동물계를 창조할 때 동물의 몸을 하나님이 사람을 위해 의도하고 정해 놓은 몸의 명확한 전조를 점점 더 많이 포함하는 방식으로 창조했다. 우리는 이것을 간명하게 "하나님이 동물을 인류의 형상과 모양으로 창조했다"라고 표현한다.[48]

> 하나님이 동물을 사람의 형상으로 창조했다는 부정할 수 없는 사실에서, 사람이 동물에서 왔을 것이라고 결론 내릴 권리는 우리에게 없다. [사람과 동물 사이에] 통일성, 동등성, 관계성이 있다. 우리는 이것을 부정하지 말아야 한다. 통일성, 동등성, 일치성, 관계성의 기원은 하나님의 마음이다. 하나님의 생각 속에서는 사람이 먼저였고, 그 다음이 동물이었지만, 나온 순서는 동물이 먼저였고 사람이 그 다음이었다. 이 사실을 명확하게 지각하는 사람은 조금도 당황하지 않고 다원주의에 맞선다.[49]

카이퍼는 사람과 동물의 유사성을 하나님의 형상이라는 관점에서 접근한다. 동물계의 창조는 인간 창조와 전혀 별개의 사건이 아니라 인간의 창조를 위해 이루어진 것이다. 이와 같은 방식으로 모든 피조계가 창조의 면류관인 인간과 관련된다.

바빙크는 사람과 동물의 관계에 있어서 창조 순서에 따른 인간 창조의 영광스러움의 관점에서 접근하지 않는다. 오히려 그는 하나님이 동물을 통해 인간에게 종교와 도덕성에 관해 말씀하신다고 강조한다.

> 동물의 세계가 사람에게 얼마나 풍성한 도덕적 의의가 있는가! 동물은 밑의 영역을 향하고 있으니, 사람은 반드시 그보다 높이 수준을 올려야 하고 절대로 그리로 빠져 들어가서는 안 된다. 이성의 빛을 무디게 만들고, 하늘과의 끈을 깨버리고, 땅의 모든 정욕을 만족시키기를 추구하게 되면, 사람이 동물이 될 수 있고, 심지어 동물보다 못하게 될 수도 있는 것이다. 동물들은 우리의 덕행과 악행의 상징이다. 개(犬)는 충성의 상징이요, 거미는 근면의 상징이요, 사자는 용기의 상징이요, 양은 무죄함의 상징이요, 비둘기는 순결의 상징이요, 사슴은 하나님을 향하여 갈급한 심령의 상징이며, 또한 여우는 간교함의 상징이요, 구더기는 비참의 상징이요, 호랑이는 잔인함의 상징이요, 돼지는 탐욕의 상징이요, 뱀은 마귀의 간교함의 상징이요, 또한 사람과 형체가 흡사하게 닮은 원숭이는 위로부터 난 영혼이 없이 육체적인 조직만 있는 것이 과연 어떠한지를 잘 보여 주고 있다. 사람은 원숭이에게서 자기 자신의 모습을 보는 것이다.[50]

바빙크는 종교와 도덕적 의미에서 개, 거미, 사자, 양, 비둘기, 사슴은 덕행의 상징으로 묘사한다. 그런가 하면 여우, 구더기, 호랑이, 돼지, 뱀, 간교함, 원숭이는 악행의 상징이다. 인간은 하나님의 형상으로 지음 받았기에, '영'이 없는 동물보다 못할 수가 없고, 더 나아가 동물들은 인간의 종교와 도덕적 수준을 끌어올리는 데 상징이 된다는 점에서 유익하다.

카이퍼와 바빙크가 제시하는 동물과 인간의 관계는 결국 인간이 최고의 피조물로 창조되었음을 보여 준다. 모든 만물은 인간의 창조를 위함이다. 하나님이 '우리의 형상을 따라 우리의 모양대로 우리가 사람을 만들자'고

하셨던 것(창 1:26)은 갑자기 일어난 일이 아니었다. 육지 동물을 창조하실 때부터, 그 전날인 하늘에 나는 생물들을 만드실 때부터, 거슬러 올라가 인간을 위한 자연환경을 조성하실 때부터, 천지를 창조하실 때부터, 더 거슬러 올라가 이미 창세 전에 하나님의 생각 속에 있었던 계획이었다.

칼빈이 말하듯 인간은 "하나님의 모든 작품 가운데서 그의 의와 지혜와 선하심을 드러내는 최고로 고상하고 가장 화려한 표본"이다.[51] 인간은 처음 창조되었을 때 본성에 어떤 사악함도 있지 않았다. 만일 그렇게 되었다면 사람이 모든 죄의 책임을 하나님께 돌리려 했을 것이기 때문이다. 하나님이 인간을 창조하실 때, 어떤 인간도 자신을 높이지 않도록 하나님은 사람을 흙으로 만드셨다. 자신이 만들어진 재료가 흙과 재인 까닭에 사람은 더 이상 자신의 우월함을 자랑하지 못한다. 그리고 흙으로 지어진 사람에게 생기를 불어 생령이 되게 하심으로 아담은 자신의 "창조주의 그 큰 후하심을 자랑할 수 있었다."[52]

하나님이 만드신 사람은 영혼과 육체로 구성되어 있다. 영혼은 불멸적인 것으로 사람의 본질에서 더욱 고상한 부분을 차지한다. 영혼은 '영'이라고 불리는데, 이는 "신적으로 육체에 주입된 힘"이기 때문이다. "불멸하는 영의 표징"은 다름 아닌 "양심"인데, 양심은 "선악을 분별하는 데 있어서 하나님의 심판에 부응"한다. 이는 영이 본질로 창조되었음을 말해준다. 만약 영이 본질이 아니라면, "어떻게 본질이 없는 움직임이 하나님의 심판좌에까지 관통하여 스스로 죄과에 대한 공포를 유발하겠는가?"[53] 영이 본질이기에 영은 불멸의 존재다. 바울은 말씀한다. "우리 각 사람이 자기 일을 하나님께 직고하리라"(롬 14:12).

영혼이 사람의 본질이므로, 하나님의 형상의 고유한 좌소는 "영혼"이다. 칼빈이 영혼을 강조하는 이유는 영혼과 몸의 구별을 제거하려는 이단들의 주장 때문이다. 예를 들어, 오시안더는 아담이 타락하지 않았다고 할지라도 그리스도가 사람이 되셨을 것이라는 근거 없는 추론을 내놓는다. 오시안더에 따르면, 하나님은 사람을 앞으로 오게 될 그리스도의 육체의 형상을 따라 만들었다. 이 점을 그리스도에게 대입해 보면, "아담이 취함을 받게 된 원형"인 그리스도는 반드시 육신을 입기로 되어 있는 한에서만 그리스도로 인정을 받는다.[54] 하나님의 형상과 모양이라는 단어를 사용하여 본질로서의 영의 의미를 왜곡하는 이들도 있다. 그들은 형상을 뜻하는 단어인 '첼렘'을 영혼의 실체에, 모양을 뜻하는 '데무트'는 영혼들의 특성에 돌린다. 하지만 이들의 주장은 형상과 모양이 같은 의미로 사용된 것을 알지 못하는 무지에 기인한다. 하나님의 형상은 그저 "아담이 처음에 받았던 그 순전함"을 뜻한다.[55]

하나님의 형상의 구성 요소에 관해 의견이 나뉜다. 교부 시대부터 인간의 형상에 대한 잘못된 인식이 있었다. 헬라 철학의 영향을 많이 받은 오리겐은 영혼을 영·혼·육으로 구분한다. 삼분설에 의하면 영은 신의식(God-consciousness)을 가지고 있으며, 혼은 인간의 자의식(self-consciousness)을 그리고 몸은 세상에 대한 의식(world-consciousness)을 가진다. 영은 신적 세계에 속하고 혼과 몸은 물질계에 속한다. 이러한 관점에서 오리겐은 인간의 영혼이 창조되기 이전에 존재한다는 영혼 선재설을 주장한다. 이러한 관점은 성경의 말씀을 오용한다. '평강의 하나님이 친히 너희를 온전히 거룩하게 하시고 또 너희의 온 영과 혼과 몸이 우리 주 예수 그리스도께서 강림하실 때 흠 없게 보전되기를 원하노라'(살전 5:23). 이러한 관점은 영은 선하고 물질은 악하다고 하는 헬라 철학의 이원론에 영향을 받은 것이다.[56]

개혁주의는 사람을 영혼과 육체로 이루어진 전인(全人)으로 생각했다. 칼빈은 영혼의 중요성을 강조하지만 동시에 육체 역시 영혼과 매우 깊이 연관되어 있다고 말한다. 하나님의 형상의 좌소가 영혼일지라도, "그 섬광의 얼마가 반짝이지 않는 곳은 없다."[57] 영혼은 "형체가 없는 실체"이지만, 몸에 들어가 거주함으로 "몸의 모든 부분에 생기가 돌게 되고 몸의 기관들이 영혼의 여러 활동에 적절하고 유익하게 맞춰진다."[58] 바빙크는 영혼과 몸의 관계를 더욱 구체적으로 설명한다. 인간은 본질적으로 영(spirit)으로 지음 받았다. 이 영은 '혼'(soul)으로도 불린다. 혼은 본질상 영적인 성격을 띤다. 반면 동물 역시 혼은 있으나 독자적인 영은 없다.[59] 혼은 동물의 "영적 본질"이 아니라 "생명"만을 의미한다. 이 생명은 동물이 살아 있는 동안 동물 안에 존재하다가 동물이 죽으면 사라진다.[60]

사람과 동일한 감각 기관을 가진 고등 동물들은 사물을 듣고, 보고, 냄새 맡고, 맛을 알 수 있다. 이미지들을 서로 연관 지을 수도 있다. 하지만 동물들은 이성을 가지고 있지 않기 때문에, "이미지를 구체적이고 개별적인 실체들과 분리시킬 수가 없다." 이미지를 변형시키거나 개념화할 수 없고, 개념들 사이의 연관성을 통해 판단할 수도 없다.[61] 요약하면, 사람에게는 영과 혼이 동일한 의미로 사용되며, 영혼과 몸으로 구분된다. 반면, 동물은 혼과 몸으로 구성되어 있으나, 그 혼은 인간의 혼과 다르게 영적 본질을 가지지 않는다.

성경은 하나님의 형상에 대해 '하나님으로부터 나서 그리스도 예수 안에 있고 예수는 하나님으로부터 나와서 우리에게 지혜와 의로움과 거룩함과 구원함이 되셨다'(고전 1:30)라고 말씀한다. 믿음 가운데 그리스도와 친밀한 교제를 하는 새 사람은 '하나님을 따라 의와 진리의 거룩함으로 지으심을 입은 새 사람을 입'는다(엡 4:24).

개혁신학자들 사이에 하나님의 형상에 대한 해석은 거의 동일한 것으로 나타난다. 칼빈에 따르면, 하나님의 형상의 요소는 세 가지로, "지식"과 "순직(純直)한 의와 거룩함"이다.[62] 카이퍼에 의하면, 개혁주의 관점에서 "의는 하나님 앞에서 올바른 위치에 있는 것"을 말한다.[63] 아담이 영적인 존재이므로 "지적으로는 온전히 지혜롭고, 도덕적 본성에서는 온전히 거룩하고, 하나님 앞에 선다는 점에서는 온전히 의로웠다."[64] 바빙크는 거룩함과 의(義)를 지식의 열매로 본다. 즉 진리에 관한 지식으로 인하여 사람은 "죄의 더러움 없이 창조"된 거룩함을 가지고 있었으며, 진리에 대한 지식, 욕망으로부터 자유한 거룩한 상태로 인하여 사람은 하나님의 법 앞에서 일치하고, 그의 면전에서 죄책이 없는 상태로 서 있었기에 의로웠다.[65] 최홍석은 사람이 "본유적으로 지성적 면에서는 참된 지식을 가지도록, 의지의 국면에 있어서는 의롭게, 마음에는 거룩함으로 지음을 받았"다고 묘사한다.[66] 사람은 타락 이후에도 하나님의 형상으로 불린다(창 9:6, 약 3:9). 그러므로 타락 이후 하나님의 형상이 형체를 알아볼 수 없을 정도로 망가졌다고 할지라도, 하나님의 형상이 남아 있다.[67] 죄로 말미암아 원의를 잃어버렸어도 사람은 본성상 하나님의 형상인데, "본래 창조된 바 하나님의 형상이 아주 미량(微量)이나마 남아 있"기 때문이다.[68]

> 여호와 우리 주여 주의 이름이 온 땅에 어찌 그리 아름다운지요 주의 영광이 하늘을 덮었나이다 주의 대적으로 말미암아 어린아이들과 젖먹이들의 입으로 권능을 세우심이여 이는 원수들과 보복자들을 잠잠하게 하려 하심이니이다 주의 손가락으로 만드신 주의 하늘과 주께서 베풀어 두신 달과 별들을 내가 보오니 사람이 무엇이기에 주께서 그를 생각하시며 인자가 무엇이기에 주께서 그를 돌보시나이까(시 8:1-4).

제7장

섭리에 대한 기독교 신앙 윤리:
하나님의 은밀한 손과 인간의 자유의지 문제

> 예수께서 길을 가실 때에 날 때부터 맹인 된 사람을 보신지라 제자들이 물어 이르되 랍비여 이 사람이 맹인으로 난 것이 누구의 죄로 인함이니이까 자기니이까 그의 부모니이까 예수께서 대답하시되 이 사람이나 그 부모의 죄로 인한 것이 아니라 그에게서 하나님이 하시는 일을 나타내고자 하심이라(요 9:1-3).
>
> 그 때 마침 두어 사람이 와서 빌라도가 어떤 갈릴리 사람들의 피를 그들의 재물에 섞은 일로 예수께 아뢰니 대답하여 이르시되 너희는 이 갈릴리 사람들이 이같이 해 받으므로 다른 모든 갈릴리 사람보다 죄가 더 있는 줄 아느냐 너희에게 이르노니 아니라 너희도 만일 회개하지 아니하면 다 이와 같이 망하리라. 또 실로암 망대가 무너져 치어 죽은 열여덟 사람이 예루살렘에 거한 다른 모든 사람보다 죄가 더 있는 줄 아느냐 너희에게 이르노니 아니라 너희도 만일 회개하지 아니하면 다 이와 같이 망하리라(눅 13:1-5).

1. 섭리 신앙: 하나님의 주권과 불합리해 보이는 일들

세상을 창조하신 하나님은 모든 피조물을 보존하시고 통치하신다. 성경은 세상의 모든 일들이 하나님의 주권적 역사 가운데 일어난다고 말씀한다. 하나님은 공중의 새를 기르신다(마 6:26). 백합화를 '솔로몬의 모든 영광으로도 입은 것'보다 더 훌륭하게 입히신다(마 6:28-30). 하나님은 새를 창조하시고 새로 하여금 하늘을 날게 하신다. 아무도 모를 들의 꽃을 돌보시고 아궁이에 던져지게 하신다. 이스라엘 백성들의 애굽 탈출을 도우시면서도 바로의 마음을 완악하게 하심으로 이스라엘 자손을 보내지 않게 하신다(출 10:20). 이것을 하나님의 섭리라고 말한다.

하나님의 주권을 인정하는 데에는 큰 어려움이 없다. 하지만 하나님의 주권과 세상에서의 시련이 상충되는 것처럼 보일 때, 섭리를 인정하는 일은 믿음의 인내를 요구한다. '하나님이 선하시다면 왜 세상에 악이 존재하는가'라는 질문은 아우구스티누스의 인생 질문이었다. 우리들도 유사한 고민을 되풀이한다. 하나님이 선하시다면, 왜 그분이 다스리는 세상에 불합리한 일들이 일어나는가?

성경은 인생의 시련과 관련된 질문들에 대해 고민하고 답을 제시한다. 예수님의 제자들은 길을 가다가 맹인으로 태어난 사람을 보았다. 그들은 왜 어떤 사람은 날 때부터 맹인으로 태어나는 것인지 이해할 수 없었다. 하나님이 선하시다면 누군가는 장애를 가진 이로, 또 누군가는 그렇지 않은 상태로 태어나게 하실 수 없다고 가정했다. 결국 장애와 불우한 일들은 사람의 죄로 인함일 수밖에 없었다. 하지만 장애를 가지고 태어난 경우 문제가 복잡해진다. 태어나지도 않았는데 어떻게 죄를 지을 수 있는가? 엄마 뱃속의 태아로 있으면서 마음으로 무슨 죄를 지었는가? 만약 그것이 가능하다면, 그 죄의 무게가 과연 맹인으로 태어나게 할 만큼 큰 죄인가? 차라리 그쪽보다는 부모의 죄로 인한 결과라고 보는 것이 더 편리한 답변일 것이다. 하지만 부모의 죄로 자녀가 장애인으로 출생한다면 그 또한 하나님은 불합리한 분이시다.

예레미야 시대에 이스라엘이 죄악으로 인하여 하나님의 심판을 받을 때, 속담이 하나 생겼다. '아버지가 신 포도를 먹었으므로 그의 아들의 이가 시다'(겔 18:2). 사람들은 하나님이 조상의 죗값을 후손들에게 지운다고 불평했다. 하지만 하나님은 '모든 영혼이 다 내게 속한지라 아버지의 영혼이 내게 속함 같이 그의 아들의 영혼도 내게 속하였나니 범죄하는 그 영혼은 죽으리라'고 말씀하셨다(겔 18:4).

그렇다면 왜 어떤 사람은 맹인으로 태어나는가? 예수님은 제자들에게 '이 사람이나 그 부모의 죄로 인한 것이 아니라 그에게서 하나님이 하시는 일을 나타내고자 하심이라'(요 9:3)고 대답하셨다. 이 본문을 잘못 이해하는 경우가 있다. 첫째, 하나님이 하시는 일을 나타내시려고 사람을 태어나면서부터 고통 가운데 내버려두셨느냐고 하면서 매우 불공평한 처사라고 비판한다. 이 경우 하나님은 잔인한 하나님이 되고 말 것이다. 둘째, 하나님이 나타내고자 하시는 일이 소경의 눈을 뜨게 하는 예수님의 기적적인 치료를 의미하는 것이라면, 단지 그러한 기적을 보이려고 한 사람을 십수 년 동안 앞을 못 보게 하는 상태로 사회로부터 단절되어 살게 하셨는가라고 반문할 수 있다.

하지만 두 가지 해석 모두 올바른 이해가 아니다. 하나님이 하시는 일을 나타내고자 한다는 말은 오직 섭리적 관점에서만 이해가 된다. 쉽게 말해, 하나님의 뜻이 있으며 인간은 그것을 다 헤아리지 못한다는 것이다. 블레즈 파스칼은 "만약 신이 어떤 사람들을 눈멀게 하고 또 어떤 사람들을 눈뜨게 하고자 원했다는 것을 원리로 삼지 않는다면, 우리는 신의 역사에 대해 아무것도 이해하지 못한다"라고 지적한다.[1] 성경은 불합리해 보이는 일로 인하여 하나님께 불평하지 말고, 하나님의 깊은 뜻을 헤아리지 못하는 우리 자신의 한계를 생각하며 오직 하나님의 뜻에 맡기며 경외해야 한다는 것을 말씀하고 있다. 오직 이러한 해석만이 신자의 마음을 충족시킨다.

우연한 사건으로 인해 발생하는 사건 사고들은 어떻게 설명해야 하는가? 길을 지나 가다가 갑자기 들이닥친 자동차에 치어 운명을 달리한다면 제아무리 그리스도인이라고 해도 그리 쉽게 수용할 수는 없다. 그렇다면 그 경우에는 확실히 죄를 지었기 때문에 보응을 받은 것인가? 성경은 그렇지 않다고 답하고, 시련 자체보다는 시련을 통하여 하나님이 나타내시고자 하는 뜻에 주목하라고 말씀한다.

욥은 어느날 갑자기 찾아온 재난을 이해할 수 없었다. 하루 아침에 모든 소유를 잃고, 또 그토록 사랑했던 자녀들를 한순간에 잃었다. 욥의 친구들은 욥이 죄를 지었기 때문이라고, 재난이 들이닥친 것처럼 말했다. 하지만 그들이 하나님에 대해 가리켜 말한 것이 '욥의 말 같이 정당하지 못'했다(욥 42:7). 예수님은 실로암 망대가 무너진 사건을 통해 하나님의 뜻에 대해 말씀하셨다. '실로암 망대가 무너져 치어 죽은 열여덟 사람이 예루살렘에 거한 다른 모든 사람보다 죄가 더 있는 줄 아느냐 너희에게 이르노니 아니라 너희도 만일 회개하지 아니하면 다 이와 같이 망하리라'(눅 13:4-5). 표면적으로 보면 예수님의 말씀은 그들도 죄가 있었기에 그런 재난을 당한 것처럼 들린다. 하지만 예수님의 말씀은 역으로 망대에 치어 죽은 사람들이 죄 때문에 그리 되었을 거라고 생각하는 이들의 생각을 들추어 내어 꼬집어 말씀하신 것이다. 그런 일이 남의 일인 것처럼 안일한 생각에 빠져 살지 말고, 지금 하나님 앞에 회개해야 할 것을 말씀하신다.

하나님의 섭리는 하나님의 주권을 다시금 철저하게 인정하게 하는 믿음의 교리다. 섭리 신앙은 인간이 이성으로 자연 세계의 일들을 이해할 수 없기에 믿음으로 하나님의 존재와 주권을 인정하게 만든다.

칼빈은 세상의 모든 사건이 "하나님의 결정에 따른다"라는 말의 의미를 세 가지로 설명한다. 첫째, 하나님의 결정은 "미래의 시간에도 미친다." 둘째, 섭리는 "중간 매개들을 통하여, 때로는 매개들 없이, 때로는 매개들 모두에 역행하는 작용"을 포함한다. 셋째, 섭리는 하나님께서 인류 전체를 돌보신다는 사실과 특별히 교회를 다스리고 계심을 보여 준다. 섭리는 "아버지의 부성적 호의와 자애나 심판의 엄정함이 섭리의 전체 역정(歷程)[2] 가운데 자주 빛나고 있음에도 불구하고 그 과정에서 일어나는 사건들의

원인들은 때로는 감춰져 있다."³

사람은 재난을 보거나 당할 때, 하나님의 뜻으로 돌리며 두루뭉술하게 넘겨버리곤 한다. 하지만 성경은 이해할 수 없는 시련을 무작정 하나님의 뜻이나 탓으로 돌릴 것이 아니라, 세상만사가 연약한 인간으로서는 도저히 이해할 수 없는 하나님만의 영역임을 인정하고, 재난 가운데 드러난 하나님의 뜻을 깨달으려고 자신을 살펴보며, 그 모든 상황 속에서도 하나님이 선하신 분이라는 사실을 믿음으로 붙잡기를 원하신다. 인간의 이성으로 이해할 수 있다면 그것은 더 이상 섭리가 아닐 것이다.

섭리는 하나님의 은밀한 사역이다. 은밀한 사역이라 함은 인간이 단지 이해할 수 없음을 말하지 않는다. 오히려 역사와 삶 속에서 하나님의 지혜의 탁월하심을 찬미하게 하려는 것이다. 아담이 타락하여 온 인류에 죄가 임했다. 그러나 인류를 죄 가운데 가두어 주심은 하나님의 은혜를 베풀기 위함이다. 그러면 하나님이 은혜를 베풀기 위해 죄악 가운데 가두어 두셨다는 것이 말이 되느냐고 반문할 수 있다. 하지만 하나님의 계획과 의도를 믿음으로 바라본다면 아담의 타락과 하나님의 구원의 역사가 결국 사람으로 하여금 하나님의 지혜를 찬미하는 데 있음을 보게 될 것이다. '모든 것이 주에게서 나오고 주로 말미암고 주에게로 돌아간다'(롬 11:36)라는 바울의 고백이 하나님의 섭리가 우리에게 요구하는 신앙이다. 성경 속 인물들의 고백은 섭리에 대한 최고의 신앙고백을 보여 준다. 욥과 바울의 찬미를 들어보자.

> 내가 모태에서 알몸으로 나왔사온즉 또한 알몸이 그리로 돌아가올지라 주신 이도 여호와시오 거두신 이도 여호와시오니 여호와의 이름이 찬송을 받을지니이다(욥 1:21).

> 주께서는 못 하실 일이 없사오며 무슨 계획이든지 못 이루실 것이 없는 줄 아오니 무지한 말로 이치를 가린느 자가 누구니이까 나는 깨닫지도 못한 일을 말하였고 스스로

알 수도 없고 헤아리기도 어려운 일을 말하였나이다 내가 말하겠사오니 주는 들으시고 내가 주께 묻겠사오니 주여 내게 알게 하옵소서 내가 주께 대하여 귀로 듣기만 하였사오나 이제는 눈으로 주를 뵈옵나이다 그러므로 내가 스스로 거두어들이고 티끌과 재 가운데에서 회개하나이다(욥 42:2-6).

하나님이 모든 사람을 순종하지 아니하는 가운데 가두어 두심은 모든 사람에게 긍휼을 베풀려 하심이로다 깊도다 하나님의 지혜와 지식의 풍성함이여, 그의 판단은 헤아리지 못할 것이며 그의 길은 찾지 못할 것이로다 누가 주의 마음을 알았느냐 누가 그의 모사가 되었느냐 누가 주께 먼저 드려서 갚으심을 받겠느냐 이는 만물이 주에게서 나오고 주로 말미암고 주에게로 돌아감이라 그에게 영광이 세세에 있을지어다 아멘(롬 11:32-36).

칼빈은 정확히 이 점을 인식한다. "그러므로 자기의 일이, 자기를 지으신 옹기장이요 세계의 조성자이신 하나님과 함께하는 데 있다는 사실을 깊이 생각하고 겸손하게 낮아져서 두려움과 경의 가운데 자기를 드리고자 힘쓰는 사람이 아니라면 아무도 하나님의 섭리를 올바르고 유익하게 측량할 수 없다."[4]

2. 운명도 없고 우연도 없다!

만약 하나님의 섭리가 세상의 모든 피조 세계에 역사한다는 것을 믿는다면, 운명이나 우연은 없다는 사실이 뒤따른다. 하나님의 섭리는 운명도 아니고 우연도 아니다. 사람이 길에서 강도를 만나거나 맹수를 만나거나 집이 무너져 내려 죽었다고 할 때, 사람들은 운명의 탓으로 돌린다.

소위 사주팔자가 대표적인 예다. 사주팔자에 따르면, 사람이 태어나는 생년월일시에 의해 우주로부터 개개인이 사주를 부여 받는다. 한국에는 사주팔자에 관한 속담과 표현들이 많다. '사주에 없는 관을 쓰면 이마가 벗어진다'라는 표현은 타고난 운명에 없는 벼슬을 할 경우 이마가 벗어진 다는 말로 분수에 지나친 벼슬은 도리어 괴롭다는 뜻이다. '여편네 팔자는 뒤웅박 팔자'라는 말은 여자의 운명이 남편에게 달려 있다는 것을 표현한 다. '제 팔자 개 못 준다'는 말은 타고난 운명을 버릴 수 없음을 가리킨다. '팔자는 독에 들어가서도 못 피한다'라는 말도 같은 의미다. '미인박명'이 란 말은 용모가 아름다운 사람의 운명은 가혹하다는 말이다. '접싯물에 코 박는다'는 표현은 절대 죽을 수 없는 상황에서 죽게 된 것을 가리켜 죽을 수밖에 없는 기막힌 처지를 나타내는 말이다. 팔자가 사납거나 드세서 그 렇다고 하거나, 혹은 팔자를 잘못 타고나서 그렇다고 하는 것도 운명을 잘 못 타고 남을 안타까워 하는 말이다. 흔히 사용하는 '재수(財數)가 좋다'라 는 말도 '재물이나 좋은 일이 일어날 수 있는 운수'를 가리키는데, 운명론 을 내포하고 있다.

> 만약 누군가 도둑들이나 야수들의 함정에 빠지거나, 만약 갑작스런 돌풍 으로 인해 바다에서 난파 당하거나, 만약 쓰러진 집이나 나무에 깔려 죽게 된다고 하자. 만약 다른 사람이 광야를 이리저리 헤매다가 배고픔을 이길 구호품을 발견하게 되고, 파도에 던져졌다가 항구에 이르게 되면, 오직 한 손가락 차이로 죽음에서 벗어나게 된다고 하자. 그러면 육체적 이성은 이 모든 것을 순경(順境)이든 역경(逆境)이든 운명에 돌릴 것이다.[5]

운명론적 사관은 맹목적으로 자연 과학을 추구하고 무신론을 주장하는 과학과 친밀하다. 자연 과학이 종종 모든 자연이 자연에 내재된 법칙에 따 라 결정론적으로 돌아간다고 생각한다. 라이프니츠 (1646-1716)는 몸과 영혼의 유기적 상호 작용을 설명하기 위해 예정 조화설을 제시한다. 그에 따르면, 모든 자연 세계를 미분하면 최소한의 단자(monard)만 남는다.[6] 이 단자 안에 본성적으로 내재된 설계에 따라 최소 단자가 움직이고, 그러한 단자들의 기계적 결합과 활동에 의해 힘과 에너지가 발생하여 운동이 일어나는 방식으로 우주가 작동한다.

창조 시 피조계에 내장된 진리(truth)는 하나님으로 하여금 예정하게 하고, 그것을 예지하게 만든다. 익히 알려진 바와 같이 예지 예정의 문제는 예정을 하나님의 뜻에 기초시키는 것이 아니라 예지에 기초시킴으로, 창조될 피조계에 대한 예지가 하나님을 하나님 자신으로부터 나온 하나님의 존재론적 지식이 아닌 자신이 지은 피조물에 대한 지식에 종속시킨다는 데 있다. 예지 예정에서 하나님은 더 이상 자유로운 존재가 아니다. 예지 예정은 하나님에게서 자유를 빼앗아 인간에게 던져 준다.

라이프니츠는 한 걸음 더 나아가 피조계에 대한 예지가 예정을 초래한 것은 아니라고 말하면서도, 진리가 예지하게 만들고 따라서 예정하게 만든다고 주장한다. 예지는 가설적일 수 있을지라도, 예정과 함께 묶일 때는 진리에 족송되는 개념이기에 필연적인 예지가 된다.[7] 라이프니츠는 장황한 논의를 걸쳐, "하나님의 의지가 지혜의 규칙과 무관하지 않다는 것"을 증명한다.[8] 하지만 라이프니츠의 주장은 결정론과 다름없다. 하나님도 진리에 제한을 받아 필연적으로 창조할 수밖에 없는 존재로 전락한다. 더욱이 하나님의 섭리, 즉 은밀한 간섭은 필요하지 않다. 왜냐하면 하나님이 우주의 모든 만물들 속에 본성적으로 정교하게 작동하도록 설계해 놓았기에, 모든 우주가 질서 가운데 운행되기 때문이다.

요약하면, 라이프니츠는 하나님이 진리라는 절대적 필연성에 따라 창조 시에 필연적으로 예지하시고, 그 예지에 따라 예정해 놓았기 때문에 온 우주 만물이 질서 정연하게 돌아간다고 보았다. 라이프니츠의 궤변은 세상에 대한 하나님의 간섭을 제거하고, 자연이 스스로의 법칙에 따라 움직이도록 설정되어 있음을 강조함으로, 필연적인 숙명, 즉 결정론 혹은 운명론으로 귀결된다.

하지만, 이러한 결정론적 주장은 성경의 가르침을 거스를 뿐 아니라 우주에 존재하는 이치와 질서와 조화와 상호 작용을 온전히 설명하지 못한다. 세상에 일어나는 모든 일은 하나님의 섭리가 아니면 발생하지 않는다. 성경적 세계관은 기본적으로 초자연적 성격을 가진다. 벤저민 B. 워필드가 강조한 바와 같이, 성경의 종교는 초자연적이다. 인간은 하나님 안에서 살고 움직이며 존재를 가진다. 이는 하나님이 죄악된 세상의 발전 과정에서조차 초자연적으로 간섭하고 있다는 사실을 말한다.[9]

모든 피조 세계에서 하나님이 모르시는 일은 일어나지 않으며 오히려 하나님이 원하셔서 다양한 사건과 기적이 발생한다. 하나님은 '계절을 바꾸시며 왕들을 폐하시고 왕들을 세우시며 지혜자에게 지혜를 주시고 총명한 자에게 지식을' 주신다(단 2:21). 봄과 여름과 가을과 겨울이 바뀌는 것도, 태양계의 행성들이 주기적으로 공전과 자전을 하는 것도 모두 하나님이 일하시기 때문에 가능하다. 칼빈은 이에 대한 성경의 증거로 태양에 대한 성경의 기적들을 제시한다.

> 여호수아의 기도로 태양이 이틀 동안 한 지점에 머물렀고(수 10:13), 그 그림자가 히스기야 왕을 위하여 십도 뒤로 물러갔다(왕하 20:11; 사 38:8). 이 몇몇 기적을 통하여 하나님은 태양이 날마다 뜨고 지는 것은 자연의 맹목적인 본능이 아니라 그 길을 자기가 직접 다스리시기 때문이라는 사실을 적시하심으로써 우리로 하여금 우리를 향한 그의 부성적 호의에 대한 기억을 새롭게 되살리도록 하신다. 봄이 겨울을 따르고, 여름은 봄을 그리고 가을은 여름을 차례로 따르는 것보다 더 자연스러운 것은 어디에도 없으나, 이 계절의 연속 가운데서 서로 동일하지 않은 다양성이 우리에게 보이게 됨으로써 매년, 매월, 매일이 새롭고 특별한 하나님의 섭리에 의해서

조정된다는 사실이 쉽게 드러난다.[10]

사람들은 기독교의 섭리를 스토아주의와 같은 운명론으로 오해한다. 그들은 그리스도인들이 "자연 속에 내포되어 있는 원인들의 항구적인 고리와 어떤 내밀한 순차로부터 필연이라는 개념을 고안해" 낸다고 주장한다. 하지만 섭리 교리는 이러한 운명론과는 다르다. 왜냐하면 섭리는 우주의 모든 존재와 생성과 활동들이 오직 하나님의 작정에 따라 하나님의 목적하신 바를 이루기 위해 하나님이 간섭하심으로 일어나기 때문이다.[11]

운명론의 맞은편에 우연론이 고개를 들고 서 있다. 아리스토텔레스는 어떤 의미에서는 우연론자이기도 했다. 그는 하나님이 우주계와 행성들을 운행하시는 데까지 인정한다. 하지만 행성들 안에 일어나는 현상들까지는 관여하지 않는다고 보았다. 칼빈에 따르면, 우연론적 관점은 섭리를 부정한다. "우주적이라고 불리는 이 섭리에 대해 그들은 모든 피조물이 뜻하지 않게 우유(偶有)적으로 움직이는 것이나 사람이 자기의 뜻에 따른 자유의지를 발휘하여 이곳 저곳으로 향하는 것을 어떤 것도 방해하지 않는다."[12]

영국의 초기 종교개혁자 윌리엄 틴데일(1494-1536)은 아리스토텔레스의 철학이 인간의 행위 구원론과 맞닿아 있음을 잘 지적한다.

> 이와 같이 그리스도가 부활 시에 각 사람의 행위에 따라서 상급을 준다고 성경이 말할 때 아리스토텔레스의 윤리 교본은 당신의 선행의 양에 따라서 영생을 얻을 것이라고 말할 것이다. 그리고 당신의 행위의 다소에 따라서 하늘에서 높은 혹은 낮은 지위를 차지할 것이라고 말할 것이다. 그러나 실상은 그리스도가 선한 행위에 대해 말할 때 그것이 무엇을 의미하는지 그는 알지 못한다.[13]

세상의 모든 사건을 우연으로 간주하는 이들은 결국 인간의 자유의지를 강조하는 이들과 동일한 결론에 이른다.

하지만 운명과 우연은 상호 연관된다. 아우구스티누스는 "만약 어떤 것이 운명에 내버려진다면 세계는 우연히 돌아갈 것"이라고 비판했다. 운명은 사람 개인의 내부적 필연성에 따라 돌아가는 무엇과 연결되어 있다. 만약 섭리가 없다면, 결국 하나님의 정하심이 없이 일이 발생하는 것이 되고 우연히 일어나는 것이 되고 만다. 칼빈에 따르면 아우구스티누스는 우발성이란 사람의 뜻에 의지하고 있으므로 배제해야 하며, 더 나아가 "하나님의 뜻의 원인을 찾으려 해서는 안 된다"라고 했다. 하나님은 "제일원인이므로 그의 명령이나 허용이 없으면 아무것도 일어나지 않는다." 하나님은 모든 일이 일어나도록 허용하시나, "한가로운 망대에서 쉬면서 무엇을 허용하기를 원하시"지 않는다. 오히려 하나님의 뜻이 "언제나 이른바 실질적인 뜻으로 개입한다."[14] 하나님은 그저 인간 안에 "운동력을 불어넣으심으로써 그것에 의해서 사람이 자기 속에 심겨진 본성에 일치하는 행위를 할 수 있도록 하시지만, 사람은 자기의 의지적인 계획으로 자기의 행위들을 조정한다고" 말하기 때문이다.[15] 하지만 "믿음은 우리에게 우발성으로 보이는 것에도 하나님의 은밀한 격동이 있었음을 인식"시킨다.[16]

칼빈이 언급한 섭리, 운명, 우연, 필연과 같은 개념과 구분은 『하이델베르크 요리문답』에 영향을 끼친 것으로 보인다. 『하이델베르크 요리문답』은 위에서 다룬 내용들을 세 가지로 쉽게 구분한다. 첫째는 에피쿠로스철학자들의 우연론이다. 이들은 세상에서 이루어지는 일들에 섭리가 있음을 부정한다.[17] 그들은 인생의 목적을 행복이라고 말한다. 행복을 가져다 주는 것은 쾌락이다. 쾌락은 도덕적으로 선한 삶을 살 때 발생하고, 그것은 어떤 욕심도 가지지 않은 상태의 아타락시아(ataraxia, 평정심) 상태에서만 가능하다. 이러한 쾌락에 걸림돌이 되는 것은 모두 제거되어야 하기 때문에, 신이나 지옥 같은 것은 부정되어야 한다. 이 관점은 무신론이다.

둘째 종류의 철학자들은 운명론을 대변하는 스토아 철학자들이다. 이들은 만물이 하나님의 섭리가 아니라 만물의 본질 자체에 절대적 필연성이 내재하여, 그 필연성에 따라 세상이 돌아가며, 하나님 자신도 그것의 지배를 받는다고 생각한다. 그들은 이 필연성을 운명이라 부르는데, 이신론과 같다. 마지막으로 아리스토텔레스주의자들은 중간적 입장을 취한다. 이들은 하나님이 우주의 천체들을 운행하시나, 천체들의 영향력을 통하여 자연에 어떤 능력이나 덕을 미침으로서 자연의 작용과 운동들을 발생시킨다고 함으로써 자연계의 일들이 전적으로 물질과 사람의 의지에 달려 있다고 주장한다.[18] 하나님은 멀리서 바라보며 도와주고 인간은 가까이에서 자신을 돕는다.

운명론과 우연론 그리고 둘 사이에 어정쩡한 입장을 취하는 절충론의 중대한 오류는 인간의 관점으로 자연 세계를 관찰하여 파악한 결과들이라는 점이다. 하지만 성경은 자연 세계를 훨씬 더 탁월하게 설명하는 바 하나님의 뜻을 계시에 입각하여 해석한다. 성경은 드러난 계시와 드러나지 않은 계시를 구분한다. 모세는 이 신비를 깨달았다. '오묘한 일은 우리 하나님 여호와께 속하였거니와 나타난 일은 영구히 우리와 우리 자손에게 속하였나니 이는 우리로 이 율법의 모든 말씀을 행하게 하심이니라'(신 29:29). 특별히 드러나지 않은 계시에 관하여 우리는 "사물의 원인들은 그 누구도 감지할 수도 없고 가늠할 수도 없다고 하더라도 하나님 안에 감추어져 있다는 사실을 확실히 견지해야 한다."[19]

인간은 이해하지 못하나 하나님은 자신만 아시는 숨겨진 뜻을 가지고 계신다. 바울은 '깊도다 하나님의 지혜와 지식의 풍성함이여, 그의 판단은 헤아리지 못할 것이며 그의 길은 찾지 못할 것이로다 누가 주의 마음을 알았느냐 누가 그의 모사가 되었느냐 누가 주께 먼저 드려서 갚으심을 받겠느냐 이는 만물이 주에게서 나오고 주로 말미암고 주에게로 돌아감이라'(롬 11:33-36)고 찬탄의 고백을 한다.

하나님에 뜻에 관해 토머스 후커(1586-1647)는 다음과 같이 쓴다. "이것을 주목하십시오. 여러분은 하나님의 영원한 예정의 사다리를 기어오르려 하고, 하나님의 비밀스런 마음이 무엇인지 알기 위해서 천국에 올라가려고 합니다. 그러나 여러분의 위치를 현명하게 지키십시오. 사탄도 지옥에 있는 모든 귀신도 주님의 마음을 결코 알지 못하기 때문입니다."[20]

성경은 우연과 운명을 모두 거부하고 모든 최종적인 원인을 하나님의 '뜻'에 돌린다. 섭리에 대해 『벨직 신앙고백서』는 진술한다.

> 인간의 이해를 초월하는 하나님의 행위에 대하여, 우리는 호기심으로 우리의 능력이 허용하는 이상의 것을 물어서는 안 되고, 최대의 겸손과 경외로 우리에게 감추어진 하나님의 공정한 판단을 찬양하면서, 하나님께서 당신의 말씀에서 가르치신 모든 것을 배우고, 이 말씀의 한계를 넘어서지 않는 그리스도의 학생이라는 사실로 만족해야 합니다.

섭리는 불합리한 것이 아니라 그리스도인들에게 "위로"를 주는 교리다. "하늘 아버지께서 아버지 같은 돌보심으로 우리를 돌보아 주시고" 지켜주신다.[21] "그러므로 세상의 창조를 마치 배를 건조하는 일과 같은 것으로 보아서 배가 완성되면 즉시 선장에게 맡겨서 운영하게 하고 자신은 물러나는 것처럼 생각해서는 안 된다."[22]

『하이델베르크 요리문답』은 섭리의 깔끔하게 잘 정의한다. "섭리란 하나님께서 그의 피조물들에게 모든 선한 일을 이루시며, 악한 일들이 행해지는 것을 허용하시고, 선하고 악한 모든 것에 역사하사 그 자신의 영광과 그의 백성들의 구원을 이루도록 하시는, 영원하고 지극히 자유로우며 불변하고 지혜롭고 의롭고 선한 하나님의 계획이다."[23]

요약하면, 그리스도인들은 전능하신 하나님이 천지를 창조하셨다는 것을 믿는다. 하나님이 창조하신 모든 피조물을 다스리신다는 것을 믿는다.

다만 은밀한 사역 가운데 수행하시므로, 인간이 모든 것을 다 파악할 수 없음을 겸손히 인정하는 믿음이 요구된다. 그럼에도 불구하고, 하나님이 일하시므로 모든 일은 하나님 자신의 선하신 뜻대로 이루신다. 때로 삶의 역경 속에서 이해할 수 없는 상황에 빠져 슬픔과 좌절을 경험하지만, 모든 일 가운데 하나님이 섭리하고 계심을 믿으며 하나님께 감사하며 영광을 돌린다. 하나님은 오늘도 일하신다. 일상에서 일거수일투족 하나님의 보호하심이 아니면 우리는 한시도 살 수 없다. '그는 우리 각 사람에게서 멀리 계시지 아니하도다 우리가 그를 힘입어 살며 기동하며 존재하느니라'(행 17:17b-18a).

3. 자유의지 vs 노예의지

하나님이 모든 것을 작정하신 대로 자신의 선하신 뜻에 따라 이루신다면, 인간은 자신의 삶과 죄와 세상 일들에 대해 전혀 책임이 없는가? 우연은 인간의 책임이라고 당당하면서도 뻔뻔하게 답할 것이다. 운명론은 오롯이 하나님의 탓으로 책임을 전가할 것이다. 모든 것이 운명적으로 이미 결정되어 있으니, 운명에 순응할 뿐이다.

언젠가 한 지인에게 첫 사람 아담의 죄와 죄의 유전에 대해 말한 적이 있다. 모든 사람이 죄악 가운데 태어난다고 했더니, 그분은 답하기를, '그렇다면 나의 모든 죄는 나의 책임이 아닐 것'이라고 대꾸했다. 또 어떤 분에게 하나님은 택한 자를 버리지 않으시고 반드시 천국으로 인도하시기 때문에 우리가 연약하여 때로 흔들리고 넘어져도 하나님은 신실하셔서 만세 전에 택정하신 자기 백성을 구원하신다고 강조했다. 그 사람은 답하기를, 자신이 하나님의 택함을 받은 사람이라면 언젠가는 자신도 교회에 나가거나 구원을 받게 되지 않겠느냐고 반문했다. 반대로 택함을 받지 않은 사람이라면 교회를 나간다 한들 언젠가 교회를 떠나서 결국 예수님을 믿지 않게 될 것이니, 지금 굳이 예수를 믿어야 할 이유가 없다는 궤변을 늘어 놓았다. 한국 속담에 '잘되면 제 탓, 못되면 조상 탓'이라는 말이 있다. 이 속담은 위에 언급한 두 가지 경우를 모두 포함한다. 일이 안 되면 책임을 남에게 떠넘기려는 인간의 죄악된 속성을 잘 표현하고 있으며, 동시에 한국 사회 전반에 퍼져 있는 운명론적인 사고를 지적하고 있다.

인간에게 자유의지가 있는가? '자유'는 '노예'의 상태와 반대되는 개념이다. 자유란 사람이 의지나 본성으로 스스로 선택하여 행하고자 할 때, 사람이나 사물에 대해 갖는 "하나의 관계, 능력, 혹은 권리"를 뜻한다. 자유는 억압과 반대되나, 지성적 피조물의 "의지와 일치하는 본성적인 능력"이다. 의지의 자유는 이성적 존재인 하나님, 천사들 그리고 사람에게 있으며 사람이 의지의 자유를 발휘하여 무언가를 선택할 때, 이를 두고 "자유로운 선택의 능력"이라고 한다.[24]

인간에게 자유의지가 있느냐 없느냐 하는 질문은 인간의 상태를 어떻게 이해하느냐에 따라 달라진다. 인간이 전적으로 타락했다고 말하면 자유의지는 인정되지 않는다. 전적으로 타락한 의지, 즉 노예의지다. 만일 인간이 전적으로 타락하지 않았다고 하면, 자유의지가 인정되어 인간은 자신의 공로와 행위를 통해 구원을 스스로 획득할 수 있다고 믿게 될 것이다. 이러한 의미에서 자유의지는 죄의 문제와 직결된다. 보수적인 교단은 노예의지를 주장한다. 진보적인 교단은 자유의지를 지지한다.

그렇다면 성경은 우리에게 무엇을 말씀하고 있는가? 성경에서 하나님의 선하신 창조와 인간의 타락 사건을 다루는 것은 온 인류의 고민을 해결해 줄 수 있는 놀라운 계시다. 그렇다면 다시금 성경이라는 재판관 앞에서 판단을 받는 것이 옳지 않을까?

창세기 3장은 사람이 타락한 이유와 불순종의 결과를 통해 최초의 원죄에 대해 묘사한다. 하나님은 아담에게 에덴 동산 중앙에 선과 악을 알게 하는 나무를 만드시고, 나무의 열매를 먹지 말라고 경고하셨다(창 2:16). 타락 전에 아담과 하와는 자유의지가 있었다. 의지의 자유를 통해 하나님의 말씀에 순종할 수 있었다. 하나님 앞에서 선을 행하고자 하는 의지가 있었다.

하지만 죄를 범한 이후에는 하나님 앞에서 선을 행할 의지를 잃어버렸다. 사탄이 아담의 아내 하와를 찾아와 유혹한다. '뱀이 여자에게 이르되 너희가 결코 죽지 아니하리라 너희가 그것을 먹는 날에는 너희 눈이 밝아져 하나님과 같이 되어 선악을 알 줄 하나님이 아심이니라'(창 3:4-5). 선악과 나무의 종류를 궁금해 하는 이들이 많다. 특히나 이단들은 마치 자신들이 특별한 비밀을 알게 된 듯 교회의 성도들에게 찾아와 이단의 미끼를 던진다. 하지만 나무의 종류는 중요한 것이 아니다. 열매가 달든지 그렇지 않든지, 과즙이 풍성하든지 그렇지 않든지, 색깔이 붉은 색이든지 아니면 흰색이든지 하는 것들은 비성경적인 질문이다. 오히려 선악과 열매에 대한 하와의 내적 변화를 감지해야 한다. 사탄의 말을 들었을 때, 하와에게는 그 열매가 '보암직도 하고 지혜롭게 할 만큼 탐스럽기도 한 나무'로 보이기 시작했다(창 3:6).

하와가 사탄의 말에 유혹된 것은 하나님과 같이 되고 싶었기 때문이다. 사탄의 말을 들었을 때, 하와는 선악과 나무가 있는 한에서는 언제나 하나님의 말씀에 순종해야만 하는 자신의 처지가 불만스럽게 느껴졌을 것이다. 왜 내가 하나님의 말을 들어야 하는가? 내 인생의 주권은 나에게 있으며, 모든 중요한 결정 사항은 내가 선택해야 한다는 교만과 불충의 마음이 하와에게 들어오기 시작했다. 하지만 하와는 열매를 건네기 전까지는 아직 본인이 행한 잘못을 깨우치지 못했다. 그리고 아담이 열매를 먹으니 그제서야 그들의 눈이 밝아져 자신들의 죄악과 부끄러움이 양심을 통해 밀려 왔다. 아담이 열매를 먹음은 하나님의 말씀을 어겼다는 지식적 깨달음의 결과를 알리는 사건이었다. 그 결과 죄의 유입으로 하나님의 형상대로 지음 받은 인간에게 본성적으로 고유한 지성의 영역에 속한 표징으로서의 양심이 상응하기 시작했다.[25] 아담과 하와는 선과 악을 아는 일에 하나님과 같이 되었으나(창 3:22), 이는 하나님처럼 지혜로웠다는 말이 아니고, 이제 그들의 인생을 하나님의 말씀에 기초하지 않고, 스스로 선과 악을 결정하는 주체자가 되었다는 것을 양심이 알게 되었다는 것을 의미한다.[26]

다음의 칼빈의 말은 아담의 죄와 아담의 후손들이 가지고 있는 원죄의 영향을 여실히 보여 준다.

> 육체의 판단에 따르면 사람은 자기 자신을 아주 잘 탐색하고 있는 것같이 보인다. 그는 자기의 지성과 순전함 모두를 신뢰하며 그 가운데 담대함을 얻어 덕성의 의무를 수행하고자 자기 자신을 내던지고 악에 대해서는 전쟁을 선포하면서 모든 열정을 쏟아 아름다운 것과 정직한 것을 해 내고자 온갖 시도를 다한다. 그러나 사람이 하나님의 판단을 잣대로 삼아 자기 자신을 돌아보고 살펴보게 될 때 그 자신 속에서 발견하는 것은 스스로 용기를 북돋아 견고한 확신에 이르려는 자기 마음밖에 없다.[27]

아담이 지은 죄의 시작은 '교만'이었다. 하와는 "불충"하여 하나님의 말씀에서 떠났으며, "불순종의 파멸"이 시작되었다. 불충이 하나님의 말씀을 멸시한 것이라면, 그 불충은 더 이상 하나님의 말씀을 순종하지 않게 되는 불순종으로 이어진다. 말씀을 멸시하면 예배를 순전하게 드릴 수 없다. 그러므로 "불충"이 "배역(背逆)의 뿌리"다.[28] 아담의 불충은 오늘날도 계속된다. 후커가 언급한 것처럼, 사람들이 자신의 행위와 봉사들을 구원의 통로로 삼는 것은 불충의 대표적인 모습이다.[29]

아담의 범죄로 인하여 하나님과 아담 사이에 맺어졌던 친밀한 관계가 끊어졌다. "자기를 지으신 분에게 결합되어 묶인 채로 머무는 것이 영적 생명이었다면 그로부터의 소외가 영혼의 멸망이었다."[30] 아담이 타락하지 않았다면 영적 생명력은 조금도 감소하지 않았을 것이다. 왜냐하면 아담의 생명은 하나님이 생명에 연결되어 있었기 때문이다. 아담 한 사람의 죄로 인하여 온 세상에 죄가 들어왔다. '아담 안에서 모든 사람이 죽'었다(고전 15:22). 아담의 '죄과'(罪科)로 온 세상이 죄로 물들게 되었다. 아담이 죄로 인하여 하나님의 형상으로서 소유하고 있었던 모든 본성적 덕성이 파괴되었다. 자기만 아니라 후손들도 동일한 원죄로 인하여 죄의 비참에 연루시켰다. 요약하면, 죄는 이전에 지녔던 "선하고 순수한 본성의 상실"을, 죄책은 죄에 마땅한 형벌을 그리고 오염은 죄로 인해 비참한 상태로서 전적으로 선을 행하기에 무능하며 전적으로 계속해서 부패할 수밖에 없는 상태를 각각 의미한다. 원죄가 아담에게서 후손들에게 전염될 때, 하나님이 창조하시는 영혼들에게 죄책과 오염이 동시에 전가된다.[31]

  아담의 원죄가 그의 후손들에게 전가되는 것을 두고서 우리는 쉽게 불평한다. 만약 '아담이 선악과 열매를 먹기 전에 하나님이 가로막으셨다면, 아니 처음부터 그 열매를 만들어 놓지 않으셨다면'이라는 가설을 제시한다. 하지만 이러한 가설들은 다시 한번 하나님의 주권적 작정과 목적 자체를 헤아리지 못한다. 그것은 마치 처음부터 하나님이 아담에게 말씀을 주지 않음으로 사람들끼리 홀로 살아가라는 말과 같은 의미이며, 동시에 말씀에 순종함으로써 아담이 하나님과의 교제로부터 얻게 되는 영적 생명의 부요함을 누리지 못하게 하라는 말과 같다.

  아담의 죄가 자손들에게 전가되었다고 하나, 그렇다고 하여 자신은 죄가 전혀 없는데, 아담 때문에 어쩔 수 없었다고 말하는 것은 죄를 핑계하는 인간의 사악함의 본성을 다시금 반증한다. 우리는 아담의 범죄를 단순히 아담이 죄를 지은 것이지, 내가 범죄한 것이 아니라고 생각하지 말아야 한다. 아담이 지은 죄가 곧 내가 지은 죄다. 죄의 "전염은 그 원인이 육체나 영혼의 실체에 있지 않고, 하나님이 처음 사람에게 부여하신 선물들을 그 사람이 자기 자신과 자기의 후손 모두를 위하여 지니자마자 상실하여 자기의 후손들도 그 선물을 상실하게 되리라고 하나님에 의해서 정해졌기 때문이다."³² 바울이 언급한 바와 같이 하나님은 자신의 선하고 기뻐하신 뜻에 따라 모든 사람을 죄악 가운데 두셨다(롬 11:32). 모든 이가 원죄 가운데 태어나 죄악 가운데 행한다.

원죄에 대한 불평은 죄가 후손들에게 전가되게 하신 하나님의 작정과 목적을 이해하지 못하기 때문에 발생한다. 하나님은 죄로 저주 받은 이들을 구원하시기 위해 자신의 독생자를 보내시기로 약속하셨다. 그리스도를 믿음으로써 잃어버린 영적 생명을 회복하고, 아담이 순종했더라면 얻게 되었을 그 영생을 그리스도로 인하여 더욱 충만히 받게 하시려는 것이 그 모든 사안의 핵심이다. "아담은 그의 죄에 우리를 연루시켜 우리를 그와 함께 멸망에 이르게 했고, 그리스도는 그의 은혜로 우리를 회복시켜 구원에 이르게 하신다."³³ 사실상 아담의 타락을 허용하신 하나님 아버지의 뜻을 헤아린다면, 비록 타락하여 세상에 죽음이 들어왔으나, 하나님의 언약을 통해 멀리서 그리스도를 바라보았던 구약의 모든 성도와 오신 예수 그리스도를 믿는 모든 이에게는 은혜 중에 은혜다.

참된 의미에서 자유의지는 상실되었다. 그렇다면 인간이 원하는 것을 선택하는 것은 자유의지가 아닌가? 엄밀한 의미에서 자유의지라고 볼 수 없다. 인간이 순수한 본성을 잃어버렸기에, 그러한 본성에서 나오는 것은 순수하게 자유로운 의지의 결과가 아니다. 그 의지는 단지 본성의 이끌림에서 나온 욕구에 지나지 않는다. 죄로 타락한 본성에 따라 왜곡된 이성과 그에 따른 의지가 합작하여 나오게 된 것이니, 역시 죄의 노예로 이끌리는 의지에 불과하다.

아담과 하와가 죄를 범하고 난 후 보인 행동이 이것을 증거한다. 그들은 눈이 밝아져 벌거벗은 것을 보고 수치심을 느꼈다. 그들은 몸과 수치심을 가리기 위해 곧바로 무화과나무 잎을 엮어 치마로 삼았다(창 3:7). 이는 단순히 부끄러움을 막기 위한 행동처럼 보인다. 하지만, 이것은 그들이 스스로 구원의 자구책을 만든 것과 같다. 그렇게라도 자신들의 죄를 가리고, 마치 죄가 없는 것처럼 보이려 했다. 두 번째 증거는 그들이 숨는 모습에서 나타난다. 하나님의 소리를 듣고 숨으면 자신들의 죄를 숨길 수 있을 것 같다고 생각했다. 죄를 모면하고자 하나님으로부터 도망간 것이다. 이것 역시 타락한 의지의 결과다. 마지막으로 그들은 책임을 서로에게 떠넘긴다.

하나님은 마치 재판관처럼 그들의 죄를 추궁하여 죄의 근원을 밝히신다. 사실 하나님은 죄의 문제를 해결하기 위해 오신 것이다. 하지만 그들은 마치 자신들이 받지 말아야 할 책임 추궁을 받는다는 식으로 변명하고, 자신들의 과오를 인정하려 하지 않는다. 하나님은 아담에게 열매를 먹었는지를 물으신다. 법대로 하자면 '네' 또는 '아니오'만 있어야 한다. 하지만 아담은 인정하는 말은 고사하고 오히려 하나님을 고소한다. '아담이 이르되 하나님이 주셔서 나와 함께 있게 하신 여자 그가 그 나무 열매를 내게 주므로 내가 먹었나이다'(창 3:13).

아담의 말을 현미경적으로 관찰해 보면, 그가 크게 세 가지 변명을 대는 것을 알 수 있다. 첫째, '하나님이 주셔서 함께 있게 하신 여자'라는 표현은 배은망덕의 표현이다. 하나님이 하와를 만들어 데려가셨을 때, 아담은 '내 뼈 중의 뼈요 살 중의 살'(창 2:23)이라고 탄성을 질렀다. 이 표현은 단순히 여자의 아름다움을 보고 여자를 칭찬한 것이 아니라, 하나님이 아담의 뼈에서 취하여 여자를 만드신 것을 보고, 또 자기의 본성에 맞는 짝을 주신 것을 보고 하나님의 창조를 찬양한 것이다. 그랬던 아담이 죄를 범하고 나서는 가장 먼저 하나님께 책임을 떠넘긴다. 처음부터 자신에게 여자를 주지 않았더라면 좋았을 것이라고 반박하는 것이다.

둘째, 여자에게 죄의 책임을 전가한다. 쉽게 말해, 자신은 먹지 않으려 했는데 여자가 한사코 먹으라고 권하는 바람에 먹게 되었다고 둘러댄 것이다. 마지막으로, 나무 열매를 왜 만들어 놓아서 이 사달이 나게 만들었냐고 따진다. 죄에 대한 아담의 변명은 그의 후손들에게 동일하게 나타난다. 죄를 지은 이들이 가장 먼저 하는 말은 어떻게 해서든지 자신에게는 책임이 없다고 얼버무리는 변명이기 때문이다. 심지어 유아들이라고 해도 상황은 크게 달라지지 않는다. 칼빈은 다음과 같이 쓴다.

> 심지어 유아들도 어머니의 모태로부터 저주를 몸에 지니게 되는 것은 다른 사람으로부터 온 외부의 악 때문이 아니라 각자 자신의 악에서 기인하는 것이다. 비록 유아들 자신이 저지른 불법의 열매들이 아직 표출되지는 않을지라도 불법의 씨는 이미 그들 안에 담겨 있다. 그 씨는 오로지 하나님을 미워하며 혐오할 수 있을 뿐이다. 이러한 점을 염두에 두고 우리는 죄를 하나님의 시각에서 올바르게 헤아려야 한다. 왜냐하면 죄과가 없이는 죄책이 없을 것이기 때문이다.[34]

어머니의 뱃속에 있는 태아도 죄악에서 자유롭지 못하다. 유아도 원죄를 물려받는 순간 죄책과 오염이 동시에 전가된다. 시편 기자는 고백했다. '내가 죄악 중에서 출생하였음이여 어머니가 죄 중에서 나를 잉태하였나이다'(시 51:5). 바울도 변증한다. '모든 사람이 죄를 범하였으매 하나님의 영광에 이르지 못하더니'(롬 3:23). 아우구스티누스는 아이가 유모의 젖을 빨다가 젖이 나오지 않자 이빨로 유모의 젖을 깨무는 것을 보고 유아 때의 죄를 회개했다.

하나님은 아담에게 자유의지를 주셔서 뜻을 다한 순종을 받고자 했는데, 아담은 죄악으로 인해 타락했다. 죄가 유입된 이후에 아담은 자유의지를 상실했으며 그의 후손들도 머리인 아담의 범죄로 인하여 동일한 원죄 가운데 태어난다.

자유의지라는 용어는 인간이 죄를 자발적으로 짓는다는 의미에서 유익하게 쓰일 수 있다. 하지만 누구든지 의지의 자유를 말할 때에는 아담이 죄를 범한 이후 행동했던 것처럼 여전히 자기 구원의 자구책을 위해 노력하지 않는 이가 없다. 또는 하나님을 죄의 원인으로 삼지 않기 위해서라는 선한 의도라고 말하지만 원하든 원하지 않든, 결국 인간의 능력을 높이는 데로 귀결된다. 칼빈은 '자유'라는 단어에 내포된 위험성을 경계한다.

> 만약 어떤 사람이 아무 오해에 빠짐이 없이 '자유의지'라는 말을 사용할 수 있다면 나는 이런 설명으로 그를 성가시게 할 마음이 없다. '자유의지'라는 말을 지니고 있으면 교회에 아주 큰 위험이 생길 수밖에 없으나 그것이 없어진다면 교회에 큰 유익이 될 것이라고 나는 생각한다. 나 자신은 이 말을 사용하지 않기를 바라며, 다른 사람들이 나에게 충고를 구한다면, 그들 역시 이 말을 멀리하기를 바란다.[35]

인간은 전적으로 타락했으므로 자신의 의지로는 하나님 앞에서 선을 행할 자가 아무도 없다. 아우구스티누스는 말했다.

> 어느 수사학자는 웅변의 규범을 가운데 첫 번째가 무엇이냐고 질문을 받았을 때 '화술'이라고 대답했다. 그리고 두 번째도 '화술,' 세 번째도 '화술'이라고 대답했다. 만약 당신이 기독교와 규범들에 관해서 묻는다면 나는 항상 첫째도, 둘째도, 셋째도 '겸손'이라고 대답하기를 좋아했을 것이다.

> 누구든지 자기 안에는 아무것도 없다는 사실과 자기 힘으로는 아무 도움도 얻을 수 없다는 사실을 깨달을 때 자기 안에 있는 무기들은 부서지고 전쟁은 끝이 난다. 당신이 자기 안에서 약해질수록 여호와는 더욱더 당신을 받아들이실 것이다.[36]

인간은 자유의지가 없다. 자유의지에 수반되는 다양한 오해와 인간 본성의 부패함으로 인한 오용을 고려할 때, '자유의지'라는 용어는 일단 삼가는 것이 좋겠다. 그러므로 자유의지를 운운할 것이 아니라 자신의 비참한 처지 가운데 온전히 낮아지는 것이 바람직한 자세일 것이다.

그렇다면 인간이 자신의 생각에 따라 선택지를 결정하는 의지는 무슨 의지인가? 칼빈은 이 의지를 동물적 본성의 의지로 설명한다.

> 만약 사람 안에 있는 선에 대한 본성적인 갈망이 어떤지 살펴본다면 사람은 그 갈망을 짐승들과 공유하고 있음을 당신은 발견할 것이다. 왜냐하면 짐승들도 잘 살기를 갈망하고 그들의 지각을 자극하는 어떤 종류의 선이 나타나면 그것을 따르기 때문이다. 그러나 사람은 불멸하는 자기 본성의 탁월함에 걸맞은 참으로 선한 것을 이성으로 택하여 열심을 다해 추구하지도 않고, 그의 이성을 사용하여 계획을 잡지도 않고, 그것에 마음을 기울이지도 않는다. 오히려 이성 없이, 계획 없이, 마치 짐승처럼 본성의 의도를 따른다.[37]

죄의 본성으로 사물을 인식하고 그에 따른 의지로 행하니, 인간의 의지는 죄의 본성을 따라가는 노예의지로 전락하게 되었다. 노예의지에 대해 자신에게는 책임이 없다고 말하는 이들에겐 어떻게 대답을 해야 할까? 칼빈은 자유의 문제를 "강제"와 "필연"으로 나누어 설명한다.[38] 강제는 책임이 없으나 필연은 책임이 뒤따른다. 이에 대해 몇 가지 반론이 제기된다. 첫째, 죄가 필연이라면 그것은 죄가 될 수 없다는 반론으로, 인간은 죄에 대해 무능력하기에 죄에 대한 책임을 져서는 안 된다고 주장한다. 하지만 죄를 지은 주체는 다름 아닌 인간의 본성이다. 즉, 필연에 의해서 죄를 짓는다고 해도 자발적으로 짓는 것이다. "우리의 필연성은 자원적이기 때문에 더욱 우리를 비참하게 함에도 불구하고 우리를 사로잡아 얽매어 죄의

종이 되도록 한다."³⁹

두 번째 반론은, 만일 덕행과 악행이 의지의 자유로운 선택에서 비롯되는 것이 아니라면 덕행과 악행에 따른 상과 벌을 받는다는 것은 모순이다. 하지만 이 역시 첫 번째 답변과 같이 인간이 악행을 행하여 벌을 받는 것이요, 하나님의 자비에 따른 상급이라면 더 모순적인 일이 있을 수 있겠는가고 칼빈은 반문한다.⁴⁰

셋째, 선과 악을 택하는 일이 의지의 행위가 아니라면 모든 인간은 동일한 본성을 가지고 있으므로 악하거나 선하거나 둘 중에 하나에 속해야만 한다고 반론을 제기한다. 칼빈은 "우리 모두가 본성상 동일한 병을 앓고 있지만" 하나님은 "기뻐하시는 바 된 자들만"을 회복시키신다고 답한다.⁴¹

넷째, 죄인이 순종할 능력이 없다면 책망하거나 권고해야 할 하등의 이유가 없다고 주장한다. 하지만 "하나님은 올바른 것을 명령하셨을 때 자기의 택함을 받은 자들이 그것을 성취하도록 값없이 능력을 부여하신다."⁴²

결론적으로, 타락한 인간은 죄로 인하여 필연적으로 죄를 지을 수밖에 없으나 자발적으로 짓기에 책임을 회피할 수 없다.

4. 그리스도인의 순종할 자유

비록 죄로 인하여 의지의 자유를 상실하였으나, 믿는 그리스도인들은 자유를 회복한다. 택함 받은 그리스도인들은 그들의 이성과 의지 위에 하나님의 은혜가 역사하고 머물러서 순종에 따른 상급을 받는다. 신자들은 그리스도 안에서 회복된 자유의지를 가진다. 이때의 자유의지라는 단어는 하나님 앞에서 선을 행할 자유를 말한다. 이것을 하거나 저것을 선택하거나 할 때의 선택은 선택하는 주체의 본성의 영향을 받는다. 이성과 의지가 죄로 뒤틀려 있는 불신자들에게는 참된 의미의 자유의지는 없고 다만 죄의 본성을 따라 사는 노예의지만 있다. 그리스도 안에서 죄책을 사함 받은 신자들에게도 본성이 죄로부터 완전히 자유로운 것은 아니다. 리차드 십스는 말한다.

> 어떤 목사들은 본성에서 우러나오는 생각들은 자연적으로 나오는 것이기 때문에 아무래도 괜찮다고 말합니다. 그러나 그들의 그러한 위로는 옳지 못합니다. 하나님의 손으로 지음 받은 우리의 본성 속에 처음부터 그런 것들이 있었던 것이 아님을 우리는 반드시 알아야 합니다. 하나님께서 호흡을 불어 넣어 주신 우리 영혼은 처음에는 그렇게 불쾌한 것을 내뿜지 않았습니다. 그러나 죄로 그 정체를 드러낸 우리 영혼은 이제 죄악 된 상상들을 뿜어내고 그런 불꽃을 용광로같이 피워 내는 것이 어느 정도 자연스럽게 되어 버렸습니다. 그리고 이것이 우리 본성에 너무 깊이 뿌리를 내리고 전반적으로 퍼져서 우리 본성의 부패를 더 뿌리 깊은 죄악으로, 더 심각하게 만드는 것입니다.[43]

하지만 구원 받은 백성들은 본성의 쓰임새의 방향 자체가 바뀐다. 그리스도인들은 죄로부터 회복된 본성을 통해 성령의 은혜로 인하여 올바르게 사고하고 그에 따라 의지를 발휘하여 하나님 보시기에 선을 행하고자 한다. 회복된 그리스도인의 자유의지가 선을 원하고 행하는 것은 하나님의 은혜에 돌려진다.[44]

그리스도인들의 자유는 세 부분으로 구성된다. 첫째, 신자들의 양심이 칭의에 대한 확신을 추구하면서 율법의 의를 모두 잊어버리는데 그리스도인의 자유가 있다.[45] 그리스도인들은 율법의 의식에서만 아니라 저주에서도 자유롭다. 신자들은 그리스도를 통하여 율법의 정죄로부터 자유롭게 되었으므로 그리스도 안에서 영적인 쉼을 누린다.[46]

둘째, 그리스도인들은 하나님의 뜻에 자발적으로 순종할 자유를 가진다. 이 자유는 "양심이 율법의 필연성에 억눌려 강압적으로가 아니라 율법의 멍에에서 해방되어 자발적으로 하나님의 뜻에 순종"하는 것을 말한다. 만일 "이런 자유가 주어지지 않는다면 열심을 다해 기민하게 하나님께 순종할 자세를 갖출 수 없을 것이다."[47]

마지막으로 구원에 관하여 중립적인 것들(아디아포라)에 대한 자유다. 그리스도인의 자유는 중립적인 것들에 양심의 부담을 지우지 않는다. 중립적인 것이란 선도 아니고 악도 아닌 것을 말하는 바, 멜랑흐톤은 이를 두고 '아디아포라'라는 단어를 사용했다. '육식이 성경적인가 채식이 성경적인가' 하는 질문과 같다. 칼빈은 이러한 문제를 다루는 것이 신자의 양심에 있어서 결코 가벼운 문제가 아님을 지적한다. 칼빈은 다음과 같이 쓴다.

> 만약 누군가 천, 내의, 손수건, 식탁 수건을 아마포로 사용해도 되는지 의심하기 시작하면 이후에는 대마포를 사용하는 것에 대해서도 불안할 것이고 끝내는 삼 부스러기를 사용하는 것에 대해서도 의심을 가지게 될 것이다. 그리하여 급기야 식탁 수건이 없이도 식사를 할 수 있는 것 아닌지, 손수건이 없어도 괜찮지 않은지에 대해서도 심중에 골똘히 생각하게 될 것이다. 만약 조금 더 맛있는 음식이 불법으로 보이기 시작하면, 값싼 빵을 먹든지 보통 음식을 먹든지 간에, 더 거친 음식으로도 자기의 몸을 지킬 수 있을 것이라고 마음속으로 받아들이기 때문에, 하나님 앞에서 평화롭게 식탁을 대할 수 없을 것이다. 조금 더 단 포도주를 주저하는 사람은 심지어 맛없는 포도주도 선량한 양심의 평화를 누리며 마시지 못하게 될 것이다. 그리하여 이윽고 다른 물보다 더욱 맛있고 더 맑은 물은 감히 손도 대지 않을 것이다. 그리고 마지막에는 이른바 지푸라기를 비스듬히 밟는 것도 불법이라고 여기는 데 이르고 말 것이다.[48]

모든 것은 하나님이 주신 것이므로 감사함으로 받으면 모든 것이 거룩하다. 바울은 말씀한다. '자기가 옳다 하는 바로 자기를 정죄하지 아니하는 자는 복이 있도다 의심하고 먹는 자는 정죄 되었나니 이는 믿음을 따라 하지 아니하였기 때문이라 믿음을 따라 하지 아니하는 것은 다 죄니라'(롬 14:22-23).

중립적인 것이라 할지라도 아무렇지도 않듯 자유를 사용해도 된다는 말은 아니다. 중립적인 문제들에 있어서 가장 중요한 기준이 하나 있다. 하나님이 자유를 주신 목적을 위해 믿음으로 행하느냐 아니냐다. 값비싼 음식이나 값진 액세서리, 고가의 휴양 생활이 어떠한 목적을 가지는가? 만약 자신의 정욕을 위한 목적으로 이러한 자유를 사용한다면 이는 진정한 자유라기보다는 방종에 가깝다. 그리스도인들이 자유를 행사할 때 두 가지를 조심해야 한다. 첫째는 자신의 정욕을 채우는 것을 조심해야 한다.

> 오늘날 재력을 내세워 호화롭게 살 수 있는 사람들 치고 허영에 찬 화려한 연회, 몸치장, 대저택에 빠져 과도한 영화를 즐기거나, 갖은 허세를 다 부리며 자기 이웃들보다 뛰어남을 과시하려고 들거나, 자기 재산을 헤아리며 허장성세(虛張聲勢)를 부리거나 하지 않는 경우는 거의 없다. 그들은 이 모든 것을 그리스도인의 자유라는 구실 아래 변호하려고 든다. 중립적인 것들은 행하든 행하지 않든 상관없으므로 아무렇게나 해도 된다는 주장을 편다.[49]

그렇다면 고가의 옷을 입어서는 안 될까? 칼빈은 말한다.

> 역으로 이러한 절제가 결여되면 심지어 평범하고 일상적인 즐거움조차도 지나친 것이 된다. 비단과 자색 옷 아래에도 간혹 어리석은 영혼이 감추어져 있는 반면, 거칠고 우둔한 누더기 아래에도 자주 자색 영혼이 깃들어

있다는 옛말은 참되다. 그러므로 모든 사람이 각자 빈곤하게, 혹은 모자람도 남음도 없이, 혹은 부유하게 자기의 자리에서 살아가도록 하자. 그리하여 하나님이 그들을 부양하셔서 사치하도록 하시는 것이 아니라 생활할 수 있도록 하신다는 것을 그들 모두 기억하게끔 하자. 그리고 그들이 바울에게서 배운 이 그리스도인의 자유의 법을 생각하도록 하자. 즉 어떠한 형편에든지 자족하고, 비천에 처할 줄도 알고, 높음에 처할 줄도 알아야 하며, 어느 곳에 있든지, 무슨 일을 당하든지, 배부름과 배고픔과 풍부와 궁핍에도 처할 줄 알아야 한다(빌 4:11-12).[50]

둘째는 연약한 지체들을 고려해서 삼가는 쪽을 택해야 한다. 믿음이 연약한 형제와 자매들 앞에서 자신의 자유를 내세우는 것은 현명한 처사가 아니다. 고기를 먹는 문제나 옷을 입는 문제에 있어서 진정한 자유는 "자유를 사용하는 데 있을 뿐만 아니라 삼가는 데도 있다는 사실을 생각해야 했음에도 불구하고 그렇게 하지 못"하는 것이다.[51] 바울은 고린도 교회에게 말씀한다. '만일 음식이 내 형제를 실족하게 한다면 나는 영원히 고기를 먹지 아니하여 내 형제를 실족하지 않게 하리라'(고전 8:13). 그러므로 사랑으로 이웃에게 덕을 세우기 위할 목적 가운데 그리스도인은 선한 양심에 따라 자유를 사용해야 한다. 리차드 십스는 말한다. "우리의 자유가 사람들에게 거치는 것이 되"지 않도록 해야 한다. 이웃의 "양심의 평화를 지켜 주는 것을 우리의 책임으로 여기도록 합시다. 양심은 예민하고 섬세하므로 정교하고도 섬세하게 사용해야만 합니다."[52]

그렇다면 어떻게 양심의 자유를 사용하면서 형제가 걸려 넘어지지 않도록 유의할 수 있는가? 칼빈은 두 가지 통치 방식을 제시한다. 사람에게는 이중적 통치가 있다. 하나는 "영적인 통치"로서 양심이 이 통치에 의해 "교육을 받아 경건과 하나님에 대한 예배에 이르게 된다." 다른 하나는 "정치적인 통치"로서 이 통치에 의해 사람은 "가르침을 받아 한 사람으로서의 직분과 한 시민으로서의 의무를 다하며 서로 간에 섬기게 된다."[53] 영적 통치가 이루어지는 영역은 "영적 왕국"이며 시민의 법을 통해 이루어지는 영역은 "정치적 왕국"이다. 바울은 "형벌에 대한 두려움 때문만이 아니라 양심을 위해서도 위정자에게 순종해야 한다고 명령"했는데, 칼빈은 이 말로 인하여 양심의 법과 시민 법의 구분을 혼동하지 말아야 한다고 말한다.

> 법이 어느 사람의 양심을 구속한다고 일컬어지는 것은 그것이 다른 사람들과 상관없이, 혹은 다른 사람들을 고려하지 않고, 단순히 그 사람을 얽어맨다는 뜻이다. 예컨대, 하나님은 우리가 우리 마음을 순수하게 지키고 모든 육욕을 멀리하여 더럽혀지지 않도록 하실 뿐만 아니라 음란한 말이나 외적인 방탕함을 모두 금하신다. 지상에 사람이 하나도 없다고 치더라도 나의 양심은 이 법을 준수해야 한다. 그러므로 절조 없이 처신하는 자는 자기 형제들에게 나쁜 사례를 보인다는 점에서 죄를 짓게 될 뿐만 아니라 하나님 앞에서 죄책에 사로잡힌 양심을 지니게 된다.

하지만, 이 점을 기억해야 한다.

> 그 자체로 행함과 행하지 않음이 무관한 것들에 대해서는 다른 이치에 따라야 한다. 왜냐하면 우리는 남을 걸려 넘어지게 하는 것을 행하지 않도록 사가야 하되 자유로운 양심을 가지고 그렇게 해야 하기 때문이다. … 하나님이 명령하신 대로 고기를 삼가는 것이 자기의 형제를 위해서는 필요하다 하더라도, 양심의 자유는 하나님이 명령하신 대로 그대로 지키고 포기하지 말아야 한다. 우리는 이러한 법이 외적인 행위는 얽어매지만 양심은 자유롭게 내버려 둔다는 것을 깨닫게 된다.[54]

5. 결론

세상의 모든 일은 하나님의 섭리에 따라 일어난다. 운명론과 우연론은 정당하지 못한 인생관을 만들어 낸다. 전자는 모든 것을 하나님의 탓으로 돌린다. 후자는 모든 사건에서 하나님을 몰아낸다. 세상 만사가 우연히 발생하는 것 같아도, 하나님의 은밀한 일하심이 작용하고 있다. 천제의 운행뿐만 아니라 인간의 생각과 행동에도 하나님은 역사하고 계신다. 하나님의 뜻 가운데 모든 일이 필연적으로 일어나지만, 하나님의 무한하신 지혜 가운데 인간이 스스로 타락하여 자발적으로 죄를 짓는다. '사람이 마음으로 자기의 길을 계획할지라도 그의 걸음을 인도하시는 이는 여호와시니라'(잠 16:9).

섭리 신앙은 자유의지에 대한 개념과 매듭지어져 있다. 이것을 하거나 저것을 하거나 할 때의 선택은 주체의 본성의 영향을 받는다. 이성과 의지가 죄로 뒤틀려 있는 불신자들에게는 참된 의미의 자유의지는 없고 다만 죄의 본성을 따라 행하고자 하는 노예의지만 있다. 반면, 그리스도인들은 그리스도 안에서 회복된 자유의지를 가진다. 이때 자유의지라는 단어는 하나님 앞에서 선을 행할 자유를 말한다. 그리스도 안에서 죄책을 사함 받은 그리스도인들은 변화된 본성을 통해 성령의 은혜로 인하여 올바로 사고하고 그에 따라 의지를 발휘하여 하나님 보시기에 선을 행하고자 한다. 회복된 자유의지로 선을 행하는 것은 하나님의 은혜에 돌려진다.

> 네가 하나님의 오묘함을 어찌 능히 측량하며 전능자를 어찌 능히 완전히 알겠느냐 하늘보다 높으시니 네가 무엇을 하겠으며 스올보다 깊으시니 네가 어찌 알겠느냐 그의 크심은 땅보다 길고 바다보다 넓으니라 하나님이 두루 다니시며 사람을 잡아 가두시고 재판을 여시면 누가 능히 막소냐 하나님은 허망한 사람을 아시나니 악한 일은 상관하지 않으시는 듯하나 다 보시느니라(욥 11:7-11).

제8장

율법에 대한 기독교 신앙 윤리:
행위 구원이 아닌 삶의 의무

형제들아 내가 사람의 예대로 말하노니 사람의 언약이라도 정한 후에는 아무도 폐하거나 더하거나 하지 못하느니라 이 약속들은 아브라함과 그 자손에게 말씀하신 것인데 여럿을 가리켜 그 자손들이라 하지 아니하시고 오직 한 사람을 가리켜 네 자손이라 하셨으니 곧 그리스도라 내가 이것을 말하노니 하나님께서 미리 정하신 언약을 사백삼십 년 후에 생긴 율법이 폐기하지 못하고 그 약속을 헛되게 하지 못하리라 만일 그 유업이 율법에서 난 것이면 약속에서 난 것이 아니리라 그러나 하나님이 약속으로 말미암아 아브라함에게 주신 것이라 그런즉 율법은 무엇이냐 범법하므로 더하여진 것이라 천사들을 통하여 한 중보자의 손으로 베푸신 것인데 약속하신 자손이 오시기까지 있을 것이라(갈 3:15-19).

이와 같이 우리도 어렸을 때에 이 세상의 초등학문 아래에 있어서 종 노릇 하였더니 때가 차매 하나님이 그 아들을 보내사 여자에게서 나게 하시고 율법 아래에 나게 하신 것은 율법 아래에 있는 자들을 속량하시고 우리로 아들의 명분을 얻게 하려 하심이라 너희가 아들이므로 하나님이 그의 영을 우리 마음 가운데 보내사 아빠 아버지라 부르게 하셨느니라(갈 4:3-6).

1. 이순신 장군은 구원을 받았을까?

한국인들은 이순신 장군을 매우 존경한다. 이순신은 나라를 위해 자신의 몸을 바쳐 희생한 대명사적 인물이다. 불신자들에게 복음을 전하다 보면 그리스도인들이 당혹스러운 질문을 만나게 된다. 이순신 장군은 구원을 받았는가 그렇지 않은가? 이 질문은 단순히 이순신 장군 한 개인에 관한 질문은 아니다. 인간이라면 누구나 구원에 관해 한 번쯤 고민하는 질문이다. 한마디로 '예수님이 오시기 전, 복음이 전파되지 않은 나라의 사람들은 어떻게 되었는가?'라는 질문과 동일하다. 어떤 이들은 사도행전의 '알지 못하던 시대에는 하나님이 간과하셨거니와 이제는 어디든지 사람에게 다 명하사 회개하라 하셨으니'(행 17:30)라는 구절에 근거하여, 예수님이 오시기 이전인 구약 시대에는 인간의 양심이 구원의 기준이 되어 양심에 따라 선하게 살았으면 구원을 받고, 그렇지 않았다면 구원 받지 않았을 것이라고 속단하기도 한다.

그렇다면 왜 굳이 이순신 장군인가? 불교의 창시자인 시타르타는 '자비'를 통해 오고 오는 세상에 종교적 영향력을 끼쳤으니 구원을 받아야 마땅하지 않을까? 더 나아가 한국에만 이순신 장군 같은 위인이 있는 것이 아니다. 가까운 나라인 일본은 한국을 침략할 때 공을 세운 위대한 장군들을 신사에 모셔놓고 신으로 떠받든다. 다시 말하면, 이순신 장군이 구원을 받았으면 좋겠다고 하는 생각의 근저에는 한국인의 고유한 주관적인 정서가 작동하고 있으며, 더 나아가 행위를 통한 구원의 가능성을 긍정하는 타락한 인류의 염원을 반영하고 있다.

로마 가톨릭의 연옥이나 불교의 윤회 사상은 역설적으로 인간의 행위로는 구원에 이르지 못한다는 사실을 드러낸다. 가톨릭은 천국에 가기 전에 연옥에서 고통스러운 정화의 과정을 거쳐야 천국에 올라갈 수 있다고 믿는다. 언젠가 유튜브에서 신부와 수녀의 대화를 시청한 적이 있다. 수녀는 매우 헌신적이며 봉사를 잘하여 신부들에게 칭찬이 자자한 사람이었다. 신부가 수녀를 향하여 "수녀님이야말로 천국에 가실 수 있을 것"이라고 말을 건네니, 수녀가 하는 말이, "저 같은 사람이 어떻게 천국에 가느냐"라고 부정했다. 수녀의 말은 겸양의 표현만이 아니라 실제 자신이 믿고 있는대로 고백한 것이다. 불교에서는 전생의 업보에 따라 다음 생에 새로운 존재로 태어난다. 소위 '육도 윤회'(六道輪廻)라 칭한다. 사람이 지고 지순한 상태로 인간의 번뇌를 벗어나지(해탈) 못하면 그 업보에 따라 지옥도, 아귀도, 축생도, 수라도, 인간도, 천상도로 빠지게 된다. 이 과정은 불법(佛法), 즉 부처의 가르침을 깨우치는 과정인데, 최고의 좋은 상태가 인간도라고 한다. 인간으로서 덕을 많이 쌓을 기회가 있기에 해탈을 위한 최고의 나라가 인간도라는 것이다. 천상도에서 신선으로 태어났다고 해도 제대로 살지 못했으면 다시금 인간이나 그 이하의 수준인 동물로도 태어날 수 있다.

여기에서 질문이 하나 생긴다. 축생도에 빠질 경우, 도대체 동물로서 선하게 살 수 있는 방법은 무엇이 있단 말인가? 유치한 질문처럼 보이지만 여기에는 일말의 진리가 있다. 불교는 답을 해 보라. 곤충이나 기타 짐승을 잡아먹지 않으면 좀 더 나은 상태의 나라로 올라 갈 수 있다는 말인가?

인간이 행위로 구원을 받을 수 있는가, 아닌가에 대한 질문은 우리를 율법에 대한 관점으로 이끈다. 성경은 인간이 율법을 지킬 수 있다고 말하는가? 아니면 지킬 수 없다고 말하는가? 성경은 처음부터 인간의 타락을 고발한다. 아담의 타락 사건에서 보듯이 죄로 타락한 인간은 결국 하나님의 말씀을 순전하게 지킬 수 없다.

그렇다면 그 율법은 우리에게 무슨 의미가 있는가? 율법은 약속에 대한 믿음을 지시한다. 아담이 타락했을 때, 하나님은 아담을 완전히 멸하지 않으시고 작정 가운데 후사에 대한 약속을 하셨다.

내가 너로 여자와 원수가 되게 하고 네 후손도 여자의 후손과 원수가 되게 하리니 여자의 후손은 네 머리를 상하게 할 것이요 너는 그의 발꿈치를 상하게 할 것이니라(창 3:15).

아담의 후손 가운데 택한 백성은 하나님이 제정하신 율법을 따라 살았다. 하지만 동시에 율법 이면에 있는 약속을 믿음으로 살았다.

성경에 나오는 첫 제사의 예를 보라. 아벨은 양의 첫 새끼와 그 기름으로 하나님께 제사를 드렸다. 가인은 땅의 소산으로 제물을 삼아 드렸는데, 하나님은 받지 않으셨다. 이 사건을 너무 구속사적/영적으로 성급하게 이해해서 하나님이 받으시는 예배는 땅의 소산이 아니라 어린 양의 피의 제사라고 해석하는 것은 너무 성급한 결론이다. 히브리서 기자는 아벨이 가인보다 더 나은 제사를 드린 것은 그가 '믿음으로' 드렸기 때문이라고 적시한다. 그럼에도 불구하고, 피의 제사라는 제사법의 원리가 감소되어서도 안 된다.

아벨은 무엇을 믿음으로 드렸는가? 하나님의 살아 계심인가? 아니면 하나님이 그 제물을 받아 주실 것이라는 믿음인가? 아니면 하나님이 양의 제사라는 성례전을 통해 앞으로 오시게 될 중보자 그리스도에 대한 믿음인가? 아벨이 양의 첫 새끼를 제물로 드린 제사의 방법은 아담에게서 배웠을 것이다. 아담이 피의 제사법을 개발했을 리가 없기에, 역시 하나님께서 그에게 가죽옷을 입히시는 사건을 통해 제사법을 마련하게 되었을 것이다. 결국 아벨이 드린 제사는 하나님으로부터 말미암고, 제사라는 의식 안에 담겨진 그리스도에 대한 약속을 믿게 하는 의식법이었다. 아벨은 중보자 그리스도를 믿음으로 제사를 드렸기에 하나님이 그의 예물을 받아주셨다고 봐야 한다.

성경이 공식적인 하나님의 말씀으로 기록된 것은 모세 때다. 구약 시대의 율법은 초창기에 구전으로 전해졌다. 갈라디아서 3장 15-19절에서 바울이 언급한 율법은 아브라함에게 약속을 주신 이후 약 430여 년 후에 생긴 종합적인 율법책, 즉 모세오경을 말한다. 율법은 전에는 없었다가 갑자기 생겨난 것이 아니다. 하나님의 언약은 유대인들이 생각하는 모세오경보다 훨씬 더 이전에 존재하고 있었다. 하나님은 모세를 통해 율법을 집대성하여 이스라엘 백성의 삶의 규범으로 제시하실 뿐만 아니라, 율법 속에서 여전히 하나님의 언약을 바라보도록 하셨다. 구약의 모든 성도는 모세의 책이 있기 전이나 후나, 모두 율법을 통해 하나님의 뜻을 깨달았다.

  타락 이전에 인간은 자연이라는 학교를 통해 경건을 배우고 완전한 복락으로 옮겨가기로 되어 있었다.[1] 하지만 인간은 타락하였으니, 절망 가운데 살 수밖에 없는 존재가 되었다. 율법은 인간이 자신의 자유의지를 발휘하여 구원을 얻을 수 없다는 사실을 적시한다. '여호와께서 하늘에서 인생을 굽어 살피사 지각이 있어 하나님을 찾는 자가 있는가 보려 하신즉 다 치우쳐 함께 더러운 자가 되고 선을 행하는 자가 없으니 하나도 없도다'(시 14:2-3). 아담의 타락으로 온 인류가 죄 아래에 있게 되었다. 의인은 없나니 하나도 없다(롬 3:9-10). '누구든지 온 율법을 지키다가 그 하나를 범하면 모두 범한 자가' 된다(약 2:10). '율법은 거룩하고 계명도 거룩하고 의로우며 선하'다(롬 7:12). 하지만 죄로 타락한 인류 가운데 선을 행할 수 있는 자는 한 사람도 없다.

  어느 부자 청년이 예수님께 '선한 선생님'이라고 부르며 구원의 방법을 요청했다. 예수님은 '하나님 한 분 외에는 선한 이가 없느니라'고 대답하신 후, 계명대로 하면 살 것이라 대답하셨다(막 10:18-19). 하지만 이 말씀은 한편으로는 사실이면서도 한편으로는 반어적인 표현이다. 자신의 의를 믿고 당당하게 나아왔던 부자 청년에게 계명대로 살 수 없다는 것을 드러내기 위함이셨다. 예수님의 해석은 율법이 가지고 있는 용도를 잘 드러내고 있다. 율법은 지킬 수 있기 때문에 주신 것이 아니라, 해야 할 의무를 지시함과 동시에 지킬 수 없음을 알게 하기 위해 주신 바 되었다.

하지만 놀랍게도 하나님은 자신의 택자들를 사랑하셔서 그들을 구원하시기 위해 가장 큰 선물을 율법 가운데 약속하셨다. 칼빈은 말한다.

> 아브라함의 죽음 이후 약 400년이 지나서 율법이 더해진 목적은(갈 3:17) 우리가 지금까지 계속해서 살펴보았던 것에 유추해 볼 때, 택함 받은 백성을 그리스도로부터 떼어 놓으려는 것이 아니라 그들의 마음을 그가 오실 때까지 준비시키고 나아가 그를 향한 갈망에 불을 붙이며 그에 대한 기대를 확정시킴으로써 그가 오심이 더욱 지체되더라도 상심치 않게 하려 함이었다.[2]

그리스도는 이미 구약에서 약속된 구원자다. 하나님이 그리스도가 나실 곳을 다윗의 고향인 베들레헴으로 명확하게 기록해 둔 사실은 은혜의 말씀이 아닐 수 없다. 혹자는 왜 아시아인들이 유럽의 종교를 믿어야 하느냐고 불평한다. 여기에는 두 가지 오류가 있다. 첫째, 마치 기독교가 유럽에서 나온 종교인 것처럼 이해한다. 하지만 기독교는 유럽에서 꽃을 피운 것이지 유럽에서 기원한 것이 아니다. 기독교는 아시아, 즉 이스라엘에서 시작되었다. 둘째, 만약 구약에서 그리스도가 어느 곳에서 태어나실지에 대해 예언하지 않았다라면 그 누가 그리스도가 왔다고 한들 믿을 수 있겠는가? 예수님을 오해했던 이들은 예수님을 갈릴리 사람 또는 나사렛 사람이라고 하여 믿음의 부딪힘을 경험했다. 하지만 그리스도가 다윗의 고향인 베들레헴에서 나셔야 한다는 예언은 비단 이스라엘뿐만 아니라 전 인류에게 복된 소식이다. '베들레헴 에브라다야 너는 유다 족속 중에 작을지라도 이스라엘을 다스릴 자가 네게서 내게로 나올 것이라 그의 근본은 상고에, 영원에 있느니라'(미 5:2). 오늘날 수많은 자칭 예수라는 교주는 모두 가짜 그리스도다. 왜냐하면 그들은 적어도 베들레헴에서 태어나지 않았기 때문이다.

아무도 율법으로 완전할 자가 없다. 오히려 율법을 통하여 자신의 비참한 처지를 발견하고 오직 하나님의 언약을 통해 그리스도를 바라보게 된다. 율법이 그리스도에 대한 약속을 내포하고 있다는 사실은 구약과 신약, 율법과 복음의 관계를 이해하는 데 매우 중요하다. 어떤 이들은 구약의 성도와 신약의 성도가 구원 받는 방식이 다르다고 주장하곤 한다. 이는 마니교적, 재세례파적, 반율법주의적 그리고 세대주의적 해석이다.

구약의 성도들이 구원 받은 방법이나 신약의 성도들이 구원 받는 방법은 동일하다. 구약과 신약은 바로 이 점에서 동일한 하나님의 율법과 약속이다. 구약이나 신약이나, 그리스도를 믿는 믿음이 구원에 필수적인 요소이며, 구약의 하나님이나 신약의 하나님은 동일하신 한 분이시다. 칼빈은 다음과 같이 쓴다.

> 주님은 제자들이 "누가 구원을 얻을 수 있으리이까"(마 19:25)라고 물었을 때 "사람으로서는 할 수 없으나 하나님으로서는 다 하실 수 있느니라"(마 19:26)고 대답하셨다. 또한 아우구스티누스는 육체로 있는 동안 우리는 결코 법적으로 빚진 만큼의 사랑을 하나님께 돌려 드릴 수 없다는 더할 나위 없이 강력한 논리를 펼친다. 그는 말한다. "사랑은 지식에 뒤따르는 것이므로 먼저 하나님의 선하심을 아는 지식을 충만히 가지지 않는 한 아무도 그를 완전히 사랑할 수 없다. 땅에서 나그네의 삶을 사는 동안 우리는 거울을 통하여 희미하게 본다(고전 13:12). 그러므로 우리의 사랑은 불안전하다는 결론이 나온다."
>
> 이러하니 우리 본성의 무능함을 헤아려 볼 때 이 육신의 삶 가운데 있을 동안 율법의 완성은 불가능하다는 점에 이견을 갖지 말고 잠잠하도록 하자. 바울은 다른 곳에서도 이를 같은 방식으로 보여 주고 있다(롬 8:3).[3]

과거에 부모에게 죄를 지어 집을 나간 아들이 새로운 거처에서 죄를 깨우친 후 선하게 살아간다 한들, 부모에게 지은 죄는 사라지지 않는다. 마찬가지로, 죄로 타락한 인류는 하나님의 편에서 은혜가 부어지지 않는 한에서는 어떤 인간적인 노력으로도 죄의 값을 치를 수 없으며 구원에 이르지 못한다. 율법으로 의로울 자가 한 사람도 없다. 그러나 놀랍게도 이 사실로 인하여 율법은 우리에게 구원의 길을 제시하는 하나님의 은혜의 통로 역할을 묵묵히 수행한다.

2. 율법의 종류와 도덕법

율법은 세 가지 종류로 구분된다. 첫째, 의식법으로 구약의 제사와 관련된 모든 의식을 다룬다. 율법의 의식 전체는 진리를 드러내는 "그림자"와 "형상", 즉 그러한 의식 속에서 유대인들이 나아가야 할 방향이 제시되어 있다. 만약 그렇지 않다면, "사람들이 하나님과 화목하기 위하여 가축의 기름에서 취한 혐오스러운 악취를 봉헌하는 것보다 더 어리석고 하찮은" 일은 없을 것이다. 지상의 희생제사를 통해 "그들의 정신을 더 위로 들어 올리시고자 함이었다."[4]

율법의 폐지를 주장하는 이들은 누가복음의 말씀을 인용한다. '율법과 선지자는 요한의 때까지요 그 후부터는 하나님 나라의 복음이 전파되어 사람마다 그리로 침입하느니라'(눅 16:16). 반율법주의자 존 이튼은 이 말씀을 이용하여 구약 시대에는 율법을 행함으로 구원을 받았으나 율법과 복음의 과도기적 인물이었던 세례 요한의 때 이후로는 구약의 율법이 모두 폐지되어 더 이상 율법에 연연해서는 안 된다는 주장을 내세움으로 오늘날 구원파와 유사한 주장을 펼쳤다. 하지만, 그리스도의 오심으로 의식의 준수는 폐지되었으나 의식들의 거룩함은 조금도 감해지지 않았다.[5] 이는 단순한 의식법의 폐지를 말하기 위함이 아니라, 그리스도안에서 성취되었다는 사실을 말하고자 함이기 때문이다.[6]

둘째, 시민법은 구약 시대에 이스라엘 백성에게 주어진 하나님 나라의 시민들의 생활에 관한 법적 문제를 다룬다. 이 역시 당시에 자기 백성을 위해 주어진 법이므로 신약 시대에는 더 이상 적용되지 않는다. 예를 들어, 조선 시대의 시민법이 오늘날의 시민들에게 적용되지 않는 것과 같다. 하지만 시민법의 정신은 여전히 신약의 신자들에게 적용될 수 있다.

마지막으로 도덕법은 인간의 도리, 윤리, 가정생활, 타인에 대한 사랑 등에 관련된다. 의식법과 시민법은 폐지되었으나 각각 효력과 정신의 어떠함을 우리에게 인식시킨다. 반면 도덕법은 처음부터 구약과 신약의 모든 성도에게 삶의 규범으로 주어졌는데, 개혁신학자들은 이 점을 매우 강조했다. 이 점은 루터파와 비교해 볼 때, 그 차이점이 두드러진다. 루터는 율법의 용법을 두 가지로 제시했다. 먼저는 억제의 용법이다. 율법은 현세의 삶에서 죄를 억제한다. 두 번째 용법은 '영적으로'(spiritually) 설명되며, 사람들이 자신의 죄를 깨닫게 하기 위함, 즉 정죄의 역할을 말한다.[7]

중요한 사실은 루터가 두 번째 용법으로 언급한 정죄의 기능을 매우 강조한다는 점이다. 사실 그는 율법의 첫째 용법으로서의 억제의 용법을 언급하기 이전에 "율법의 특별하고 유일한 직분은 사도 바울이 가르치는 대로 죄를 범한 것이 깨달아 지는" 데 있다고 진술하며 시작한다.[8] '독특하고도 유일한'(the particular and only office of the law)의 표현에서 알 수 있듯, 루터는 두 번째 용법인 정죄의 용법을 강조하면서 율법에 대한 논의를 시작한다. 또한 두 번째 용법으로서의 정죄의 기능을 설명하면서 이 용법을 아는 것이 "극도로 필연적"(exceeding necessary)이라고 강조한다. 루터에게는 이러한 율법의 기능이 전제될 때에야 비로소 율법은 선하고 유익하게 받아들여진다.[9] 루터는 율법과 행위 자체를 반대하지 않는다. 심지어 장려한다. 그럼에도 불구하고, 루터가 율법에서 가장 중요시 여기는 것은 죄를 깨달게 하는 정죄의 기능이다.

이러한 루터의 관점은 1522년의 독일어 신약성경 서문에서 야고보서를 "지푸라기 서신"(epistle of straw)라고 했던 그의 생각과 일맥상통한다. 신앙과 윤리에 대한 루터 및 루터파의 구별과 개념은 교리와 삶의 분리로 이어진다.[10] 단적인 예가 루터파 신학자 스펜서와 프랑케를 통해 발전한 독일의 경건주의다. "독일의 경건주의는 복음과 율법, 신학과 삶, 이론과 실천의 관계를 본의 아니게 이원화시켰을 뿐만 아니라, 경건 의식을 공동체가 아니라 협소한 의미의 개인의 주관적인 경건 개념으로 환원시켰다."[11]

개혁주의는 두 가지 용법이 아니라 세 가지 용법을 가르친다. 첫째, 정죄의 기능이다. 칼빈은 다음과 같이 쓴다.

> 사람은 자기애(自己愛)로 눈멀고 거기에 취해 있으므로 자기 자신의 연약함과 불순함에 대한 지식과 고백에 동시에 이르러야 하기 때문이다. 그가 만약 자기 자신의 헛됨에 대해 책망 받지 않는다면 자기 자신의 힘을 과도하게 신뢰하여 우쭐거리게 될 것이며 자기 자신의 방식대로 자의적으로 그것을 측량하는 한 결코 그 변변찮음에 대해 의식할 수 없게 될 것이다. 그러나 그는 자기의 힘을 율법의 어려움과 비교하게 되자마자 자기의 기세를 꺾는 무엇을 거기서 얻게 될 것이다. 왜냐하면 그가 이전에 어마어마한 것으로 여겼던 자기의 힘이 율법의 대단한 무게에 짓눌려 숨이 가쁘고, 다음으로는 비틀거리고 쓰러지려 하고, 끝내 넘어져 혼절하고 말 것이기 때문이다. 그러므로 율법이라는 선생에 의해 가르침을 받은 자는 이전에 자기의 눈을 멀게 했던 오만을 깨뜨리게 된다.[12]

정죄의 기능은 택자와 유기된 자들에게 각각 달리 적용된다. 신자에게는 자신의 죄로 인하여 그리스도를 바라보도록 "하나님의 은혜를 탄원하는 유익"을 제공한다. 아우구스티누스는 말하길, "우리는 연약하기 때문에 율법의 명령들을 행하고자 애쓸수록 그 아래에 매여 지쳐 간다. 그때 율법은 우리에게 지시하여 은혜의 도움을 간청하는 방법을 알게 한다"라고 했다.¹³ 아우구스티누스는 말했다.

> 주님, 그렇게 행하옵소서. 자비로우신 주님, 그렇게 행하옵소서. 이루어질 수 없는 것을 명령하옵소서. 오직 당신의 은혜로써 이루어질 수 있는 것을 명령하옵소서. 그리하여 사람들이 자기들의 힘으로 그것을 이룰 수 없으므로 모든 입이 막히고 아무도 그들 자신을 위대하게 보지 말게 하옵소서. 모든 사람이 작은 자들이 되게 하시고 온 세상이 하나님 앞에서 죄인인 것을 알게 하옵소서.¹⁴

율법은 유기된 이들에게는 양심의 고통을 느끼게 하여 하나님의 심판이 공정함을 알게 한다. 비록 율법의 공포에 짓눌려 절망에 빠져 있으나, 자신들의 양심이 고통을 느끼는 것을 경험하는 것은 "하나님의 심판이 공평하다는 사실을 드러내는 데 도움이 된다."¹⁵

두 번째 용법은 억제의 기능이다. 이 역시 신자와 불신자에게 각각 적용된다. 첫째는 인간 사회의 질서를 유지하는 역할을 수행한다. 율법의 공포로 인해 "자기들의 마음에 품었던 것을 감히 실행하지도 못하고 자기들의 거센 육욕을 감히 불태우지도 못하"게 된다. 둘째는 신자가 성령으로 거듭나기 이전에 상태에 작용하는 억제의 기능이다. "하나님은 자기 나라의 유업을 주시고자 지정하신 자들을 즉시 중생시키지 아니하실 경우 자기의 방문 때까지는 율법의 사역을 통하여 그들을 두렵게 함으로써 지키신다(참조. 벧전 2:12). 이는 하나님의 자녀들에게 있어야 할 순결하고 순수한 두려움이 아니라 그들이 받아들일 분량에 맞추어 참 경건에 이르도록 가르치기에 유용한 두려움이다."¹⁶

세 번째 용법은 삶의 규범으로서의 기능이다. 이 용법은 "주요할 뿐만 아니라 율법의 고유한 목적에 더욱 가까운 것"으로 신자들에게 가르침과 권고로 작용한다. 삶의 규범으로서의 율법은 두 가지 기능을 한다. 첫째, 율법은 주님의 뜻을 더욱 확실히 배우고 이해하도록 하는 "최고의 기관"(器官)으로서의 기능이다. 신자는 율법을 통해 하나님을 아는 순수한 지식에서 자라간다. 둘째, 율법은 가르칠 뿐만 아니라 배우고 알게 된 말씀에 순종하게 한다. "율법을 빈번히 묵상함으로써 경성되어 순종에 이르고, 그 가운데서 강하여지며, 범법하도록 미끄러지게 하는 것으로 돌이키게 될 것이다."[17]

이 마지막 용법에서 칼빈이 강조한 가르침과 권고는 인간 이해에 대한 그의 포괄적인 관점에 서려 있다. 죄로 타락한 인간은 이성과 의지가 죄로 물들어 율법을 제대로 이해하지 못하고, 올바로 알지 못하기에 죄로 치닫는다. 하지만 율법은 택함 받은 백성들의 이성과 의지를 새롭게 하셔서 하나님의 자녀로 살아가는 데 중요한 규범으로 작용한다. 주목해야 할 점은 칼빈이 정죄의 용법을 말하는 중에도 "삶의 규범으로서 사람들로 하여금 하나님의 뜻을 올바르게 깨닫게 하는 직분을 수행함을 강조한다"는 사실이다.[18]

3. 결론

율법은 의식법, 시민법, 도덕법으로 나뉜다. 의식법은 구약의 희생제사로 그리스도를 가리키는 그림자와 상징을 위해 제시되었다. 예를 들어, 희생제사를 주신 것은 상징을 통해 마음을 높이 들어 올려, 죄의 굴레 가운데 있는 이들을 구원할 구원자가 하나님으로부터 말미암는다는 사실을 깨닫게 하기 위함이었다. 시민법은 구약 시대의 특수한 상황에 주어진 것으로 폐지되었으나, 그 정신은 신자에게 적용될 수 있다. 마지막으로 도덕법으로서의 율법은 불신자에게나 신자에게나 올바른 삶의 규범으로 작용한다.

도덕법에는 세 가지 기능이 있다. 첫째 기능은 정죄의 기능이다. 불신자에게는 정죄의 기능을 통해 율법의 공포를, 신자에게는 소명 이전의 부르심에 합당한 준비의 상태를 위해 은혜를 구하도록 만든다. 두 번째 기능은 억제의 기능이다. 율법의 공포에 의한 죄의 억제 기능을 통해, 이 세상의 공공질서의 유지를 가능케 한다. 이는 두 부류의 종류에 적용된다. 먼저, 자신의 덕과 의에 대한 확신으로 가득 차 있는 이들의 마음에 비참한 처지를 깨닫게 하여 그리스도의 은혜를 구하는 마음의 자세를 유도한다. 둘째, 육체의 정욕대로 살아가고자 하는 이들에게 의를 추구하는 데서 완전히 멀어지지 않게 만든다. 마지막으로 도덕법은 삶의 규범으로서의 기능을 가지며 신자들에게 적용된다. 이는 구약과 신약의 모든 택한 이들에게 적용되며, 특별히 가르침과 권고함을 통해서 이루어진다.

율법은 하나님의 순전하심에 대하여 가르침으로 우리를 깨닫게 하고, 더 나아가 율법에 대한 순종을 부지런히 채근하여, 스스로 나태한 상태에 빠져 있지 않도록 권고한다. 도덕법은 여전히 지속되는 바, 율법은 여전히 가르치고 권면하고 책망하고 교정함으로 모든 선행을 위해 우리를 준비시킨다.

> 여호와의 율법은 완전하여 영혼을 소성시키며 여호와의 증거는 확실하여 우둔한 자를 지혜롭게 하며 여호와의 교훈은 정직하여 마음을 기쁘게 하고 여호와의 계명은 순결하여 눈을 밝게 하시도다(신 19:7-8).

> 제9장

경건에 대한 기독교 신앙 윤리:
십계명의 원리와 실천

모세가 온 이스라엘을 불러 그들에게 이르되 이스라엘아 오늘 내가 너희의 귀에 말하는 규례와 법도를 듣고 그것을 배우며 지켜 행하라. … 나는 너를 애굽 땅, 종 되었던 집에서 인도하여 낸 네 하나님 여호와라 나 외에는 다른 신들을 네게 두지 말지니라. … 네 이웃의 아내를 탐내지 말지니라 네 이웃의 집이나 그의 밭이나 그의 남종이나 그의 여종이나 그의 소나 그의 나귀나 네 이웃의 모든 소유를 탐내지 말지니라 여호와께서 이 모든 말씀을 산 위 불 가운데, 구름 가운데, 흑암 가운데에서 큰 음성으로 너희 총회에 이르신 후에 더 말씀하지 아니하시고 그것을 써서 내게 주셨느니라(신 5:1-22).

어떤 율법교사가 일어나 예수를 시험하여 이르되 선생님 내가 무엇을 하여야 영생을 얻으리이까 예수께서 이르시되 율법에 무엇이라 기록되었으며 네가 어떻게 읽느냐 대답하여 이르되 네 마음을 다하며 목숨을 다하며 힘을 다하며 뜻을 다하여 주 너의 하나님을 사랑하고 또한 네 이웃을 네 자신 같이 사랑하라 하였나이다. 예수께서 이르시되 네 대답이 옳도다 이를 행하라 그러면 살리라 하시니 그 사람이 자기를 옳게 보이려고 예수께 여짜오되 그러면 네 이웃이 누구니이까(눅 10:25-29).

1. 십계명에 대한 오해

도덕법의 요체는 십계명에 잘 요약되어 있다. 십계명은 구약 시대에 하나님께서 이스라엘 백성들에게 주신 삶의 규범이었다. 십계명은 신약 시대를 살아가는 우리에게도 동일한 삶의 규범으로 작용한다. 어떤 이들은 구약과 신약 시대의 구분을 칼로 자르듯 이해하여 십계명은 더 이상 신약 시대에 적용되지 않을 것처럼 주장하기도 한다. 존 이튼(John Eaton, d.1619)은 구약의 율법은 이스라엘 백성을 공포에 떨게 하고, 하나님의 은혜에 대한 감사의 차원이 아니라, 순종 행위에 따른 보상 및 상급과 연관된다고 주장했다. 상벌 제도를 통해 이스라엘 백성들로 하여금 심판의 대한 두려움 때문에 율법을 지키도록 했다는 것이다.

그는 구약의 율법은 몽학선생으로 신약 시대에 도래하게 될 복음의 빛에 대한 희미한 그림자였을 뿐, 그리스도인들의 삶의 규범은 아니라고 주장했다. 이러한 발상은 구약과 신약을, 율법과 복음을, 그림자와 실체를 완전히 분리함으로써 구약 시대의 구원의 방법이 신약 시대의 구원의 방법과 다른 것으로 만들어 버린다. 즉, 구약 시대에는 율법을 얼마나 잘 이행했느냐에 따라 구원을 받는 반면, 신약 시대에는 율법이 아닌 오직 믿음으로만 구원을 얻는다고 본다. 구약 시대의 성도들은 하나님의 자녀가 아니라 율법에 순종하지 않는 악인들에 더 가깝고, 신약 시대의 성도들은 율법과 상관없이 믿음으로 구원을 얻은 은혜의 수혜자로 간주된다.

이튼은 복음 시대를 살고 있는 이들이 예수 그리스도의 십자가의 대속과 그 사실에 대한 믿음을 통해 더 이상 하나님이 그 속의 죄를 보실 수도, 발견하실 수도 없다고 주장했다. 만일 그리스도인들이 하나님의 말씀을 순종하지 못했다는 사실로 인하여 두려워 한다면, 그리스도의 십자가 사건을 온전히 믿지 못하는 것이며, 따라서 여전히 구약의 율법 아래에 있는 것처럼 구원 받지 못한 상태라는 것이다.[1]

지금도 이단들은 구원과 구원의 확신, 믿음과 믿음의 확신 사이를 오해하여, 확신이 없으면 믿음이 없는 것으로 간주한다. 대학교나 거리에서 '구원을 받았느냐'라는 질문을 던지는 이들이 많다. 구원을 받았다고 대답하면 곧바로 다음 질문으로 이어진다. '그렇다면 당신은 언제 구원을 받았습니까?' 이단들은 그리스도인이 구원 받은 날짜를 알지 못하거나 기억하지 못한다면 구원 받은 상태가 아니라고 강조한다. 하지만 이러한 주장들은 구원과 구원의 확신의 차이를 구별하지 못한 오류다.

구원은 확신과 다른 문제다. 확신이 없다고 믿음이 없는 것은 아니다. 반대로 확신이 있다고 해도 믿는다는 것을 객관적으로 보장할 수는 없다. 구원의 확신은 구원 받은 하나님의 자녀들에게 매우 중요한 요소임에는 틀림없다. 하지만 참된 확신이 아닌 피상적인 구원의 확신이라면 이야기는 달라진다. 교회에는 '가만히 들어온 거짓 형제들'이 존재한다(갈 2:4). 바울은 거짓 형제들 때문에 위험을 당했다(고후 11:26). 사탄은 괴기스러운 모양과 형체로 나타나는 것이 아니라 교회 내에 광명한 천사의 얼굴로 나타나는 법이다(고후 11:14).

아우구스티누스는 "밖에도 양이 많고, 안에도 이리가 많다"라고 했다. 겉보기에 믿음을 가진 것 같고, 확신을 가진 것 같지만, 실상 위선적인 신앙을 가지고서 교회에 가입되어 있는 경우도 많다. 칼빈은 성도의 자녀들 가운데 어려서부터 신앙생활을 잘 하다가도 주의 교회를 떠나는 이가 더러 있다고 했다. 구원의 확신은 구원 받은 이들의 믿음과 영적 성장에 매우 필수적인 요소다. 성령은 신자의 성화 과정에서 구원의 확신을 사용하신다. 그럼에도 불구하고, 구원의 확신의 유무를 가지고서 타인의 믿음을 판단하거나 정죄하여서는 안 된다. 오직 하나님만이 구원 받을 자를 아신다.

십계명에 대한 또 다른 오해는 율법을 구원의 방편으로 이해하는 것이다. 위에서 인용된 본문들 가운데 두 명의 율법 교사가 나온다. 첫 번째 율법 교사는 예수님에게 무엇을 해야 영생을 얻을 수 있겠느냐고 묻는다. 이에 대해 예수님은 십계명을 행하면 살 것이라고 말씀한다. 율법 교사는 곧바로 자신을 옳게 보이려고 노력한다. 과연 십계명을 완벽히 준수하면 영생을 얻을 수 있는가? 지난 역사 속에서 그러한 주장들은 늘 있었다. 초대교회에는 펠라기우스가 있었다. 그는 사람이 출생 시에 죄의 타락 이전 상태의 아담처럼 태어나게 됨으로 얼마든지 선을 행할 수 있으며, 그 쌓은 선에 따라 구원을 받을 수 있다고 믿었다.

이러한 관점의 선두 주자는 단연 로마 가톨릭이다. 그들은 믿음에 행함을 더하여 인간의 공로를 통한 구원론을 펼친다. 같은 선상에서 아르미니우스주의는 인간에게 자유의지가 있다고 주장함으로써 사람이 그리스도를 자유의지로 믿어서 구원에 이른다고 주장했다. 아르미누우스주의의 관점은 비단 믿음에만 적용되는 것만이 아니다. 믿음을 선택하는 일은 곧바로 선행을 행하는 자유의지의 선택 문제로 연결된다. 펠라기우스로 시작하여 아르미니우스주의에 이르기까지 그들 모두에게 십계명이란 인간이 자유의지를 발휘하여 선을 행함으로 구원과 상을 얻는 수단일 뿐이다.

하지만 예수님이 '이것을 행하면 살리라'고 말씀하신 의도를 잘 파악할 필요가 있다. 예수님은 십계명을 완전히 준수할 수 있다고 말씀하지 않으신다. 오히려 이 말씀은 율법사가 십계명을 준수하지 못했으며 준수할 수도 없다는 사실을 반어적으로 표현한 것이다. 기록된 내용 자체도 중요하지만 어떻게 읽는가는 더 중요하다.

예수님은 율법사에게 '율법에 무엇이라 기록되었으며 네가 어떻게 읽느냐'고 물으셨다(눅 10:26). 율법사는 율법 준수를 통해 영생을 얻을 수 있다고 읽었다. 영생을 얻으려면 마음과 목숨과 힘과 뜻을 다해서 하나님을 사랑하고 이웃을 사랑해야 한다고 대답하자, 예수님은 곧바로 그의 이웃이 누구인지를 예로 들어주신다. 율법 준수로 치면 둘째가라면 서러워 할 제사장과 레위인은 사마리아 사람을 외면하고 지나갔다. 반면 유대인들이 경멸하는 사마리아 사람은 거반 죽은 사람을 보살폈다.

이 비유는 메시지는 참된 이웃 사랑을 말하는 것이기도 하지만, 최소한 1차 청중이었던 율법사에게는 자신을 옳게 보이려고 십계명 준수에 대해 말했던 자신이 과연 이웃을 자신의 몸처럼 사랑했는지를 생각해 볼 것을 가르쳐 준다. 다시 말해, '이것을 행하면 살리라'는 말씀은 이것을 완전히 행할 수 없다는 사실을 강조하는 역설법으로 쓰였다.

십계명에 대해 물었던 서기관의 경우는 달랐다. 그는 '율법 중에서 어느 계명이 크니이까'라고 물었다(마 22:36). 그가 큰 계명에 대해 질문하는 것은 십계명을 어떻게 이해했는지를 단적으로 보여 준다. 그는 이 질문을 통해 예수님을 난처하게 만들려고 시험한 게 아니었다. 율법사는 예수님에 대한 호의를 가지고 이 질문을 한 것으로 보인다.

질문의 배경은 이렇다. 바리새인과 사두개인들이 내세와 천사의 존재 여부를 놓고 논쟁했다. 바리새인들은 내세와 부활과 천사의 존재를 주장한 반면, 사두개인들은 그런 영적인 세계는 없다고 반박했다. 예수님은 그들의 논쟁을 눈여겨보시고, 바리새인들 가운데 복음을 전할 기회로 여기시고, 말씀을 통해 천국이 있다는 것을 증명해 보이셨다. 그 결과 바리새인들 가운데 예수님에게 호감을 가진 한 서기관이 찾아와 계명들 가운데 가장 큰 계명이 무엇이냐고 물었다. 서기관이 이러한 질문을 던진 것은 자신의 동료인 바리새인들이 예수님을 반대하고 제거하려는 시도가 정당해 보이지 않았을 것이기 때문이다. 마치 니고데모가 '우리 율법은 사람의 말을 듣고 그 행한 것을 알기 전에 심판하느냐'라고 따졌던 것처럼(요 7:51), 서기관 역시 예수님을 옹호하고 싶어서 질문했다.

예수님은 십계명을 영생을 위한 방법으로 이해하지 않으시고, 하나님의 백성으로서 어떻게 하나님을 섬기고 이웃을 사랑해야 하는지 규범으로서 대답하셨다. '네 마음을 다하고 목숨을 다하고 뜻을 다하고 힘을 다하여 주 너의 하나님을 사랑하라 하신 것이요 둘째는 이것이니 네 이웃을 네 자신과 같이 사랑하라 하신 것이라 이보다 더 큰 계명이 없느니라'(막 12:30-31). 이에 서기관이 답한다. '서기관이 이르되 선생님이여 옳소이다 하나님은 한 분이시요 그 외에 다른 이가 없다 하신 말씀이 참이니이다'(막 12:32). 예수님은 '그가 지혜 있게 대답함을 보시고 이르시되 네가 하나님의 나라에서 멀지 않도다 하시니 그 후에 감히 묻는 자가 없더라'고 칭찬하셨다(막 12:34). 서기관은 십계명을 구원의 조건으로가 아니라 하나님의 자녀에게 마땅한 삶의 규범으로 이해했으며, 예수님은 서기관의 십계명 해석을 칭찬하셨다.

2. 경건에 대한 오해: 경건주의

17세기 중반에서 18세기에 이르기까지의 유럽 사회는 30년에 걸쳐 치러진 종교 전쟁(1618-1648)의 결과로 종교에 대한 적대감이 팽배했다. 30년 전쟁 이후, 유럽 사회는 국가와 종교 사이의 분리를 주장하고, 교리적인 문제로 이단들을 정죄하는 것에 반대하면서 비정통 교파들에 대해 관용 정책을 추구한다. 종교에 대한 불신이 심해지고, 이단들이 발흥하였으며, 신앙은 나태해지기 시작했다.

이런 배경 가운데 태동한 운동이 바로 독일의 경건주의다. 경건주의의 아버지로 불리는 필립 야콥 스페너(1635-1705)는 교리주의에 대한 반감으로 신앙을 교리보다 앞세워 경건 운동을 개진했다. 그는 '경건한 모임'(collegia pietatis)이라는 수요일 모임을 만들고 성경 공부 형식의 경건 운동을 시작했다. 스페너는 『경건한 열망』(pia desideria)에서 그리스도인들이 기독교 신앙만 가져서는 안 되며 오히려 실천적인 삶을 살아야 할 것을 강조한다.[2]

논쟁과 관련된 지식은 신학 연구에 적절하게 속하기는 하지만, 논쟁이 유일하거나 가장 중요한 일인 것은 아닙니다. 논쟁을 따라가기 위해서는 무엇이 참된 것인지를 알아야 합니다. 또한, 논쟁을 반박하기 위해서는 무엇이 거짓인지를 알아야 합니다. 하지만, 적지 않은 사람들이 논쟁에 거의 모든 것을 걸고 있습니다. 그들은 가톨릭교회나 개혁파, 혹은 재세례파 등의 오류에 대한 해답을 부여할 수 있다면, 모든 일이 잘 풀렸다고 생각합니다. 그들은 우리 모두가 공동으로 인정하는 도덕적 규율이나 공동으로 신봉하는 신조들의 열매에는 주의를 기울이지 않습니다.[3]

스페너가 이와 같이 쓰는 이유는 17세기 정통주의 신학을 철학적 논쟁에 매몰된 신학으로 이해하기 때문이다. 즉 17세기 신학에 대한 반동 현상으로 나온 것이 루터파 경건주의의 배경이다. 그는 다음과 같이 쓴다.

하나님의 말씀을 해석하거나 기독교 신앙의 신조들을 다룬 루터의 글들을 루터의 시대와 그 직후에 살았던 다른 신학자들의 저술이나 오늘날 출판되는 책들과 비교해 보십시오. 솔직히 말해서 우리는 루터의 저술에서 최고로 단순한 형태로 서술된 지혜와 더불어 위대한 영적 능력을 만나고 경험하게 됩니다. 반면에 후자의 글들은 매우 공허하게 느껴질 것입니다. 최근에 발간된 책에서는 성경의 테두리를 벗어나는 주제들을 인간적인 박식함이나 인위적인 가식, 주제넘은 솜씨로 다룬 내용을 발견하게 될 것입니다. 루터 박사가 다시 살아서 돌아온다면, 자신이 맹렬하게 책망했던 당대의 학교들의 결점들을 발견하게 될지 궁금합니다.[4]

17세기 정통주의 시대에 대한 스페너의 진단은 옳은 것일까? 곤잘레스는 스페너의 주장에 동의한다. 그는 독일의 "경건주의는 신학자들의 교조주의와 철학자들의 합리주의에 대한 반동이었다. 경건주의는 기독교의 진수인 살아 있는 믿음이라는 점에서 교조주의와 합리주의와 대조되었다"라고 진술한다.[5] 하지만 17세기 정통주의 신학에 대한 스페너와 곤잘레스의 평가는 매우 편협한 관점에 기초한다. 단적인 예로, 스페너는 루터의 공재설을 지지하면서 개혁주의자들의 성찬론을 비판한다. 그는 다음과 같이 쓴다.

> 나는 성찬에서 주님의 몸과 피를 먹고 마시는 것은 영적으로뿐 아니라 성례전적(sacramental)으로도 영광스러운 능력이 있음을 기쁘게 인정합니다. 그것은 입으로 먹고 마시는 행위에도 해당합니다. 이러한 이유로 나는 우리가 떡과 포도주 안에서, 그와 더불어, 또한 그 아래에서 구원의 보증을 받는다는 사실을 부정하는 개혁주의자들의 입장을 진심으로 거부합니다. 그들은 성찬의 능력을 약화시키고, 영적으로 먹고 마시는 것 외에는 성찬의 의미가 없다고 생각합니다.[6]

개혁주의자들이 성찬의 의미를 약화시켰다고 주장하는 스페너의 관점은 매우 과장되어 있다. 두 가지만 살펴보면, 먼저 개혁주의에 있어서 성례는 성화에 있어서 매우 중요한 요소였다. 세례는 그리스도와의 연합의 시작의 표였으며, 성찬은 그리스도와의 연합의 계속을 의미했다. 그러한 의미에서 개혁신학자들은 윤리적으로 합당하지 못한 행실로 자기 몸을 더럽힌 성도들은 성찬에 참여하지 않도록 했다. 그들은 성찬에 참여하기 위해 성찬식이 있기 전부터 자기 몸과 마음을 돌아볼 수 있도록 강권했다.

성찬은 참된 경건과 직결되는 성례였다. 토머스 왓슨은 성찬에 대해 다음과 같이 말한다.

> 성도들이 하나님의 말씀과 성찬을 즐거워하는 이유는 여기서 그들의 남편되신 그리스도를 만나기 때문이다. 아내는 남편과 함께 있고 싶어 한다. 성

찬식은 그리스도께서 타신 마차다. 그분은 그 창문을 통하여 고개를 내밀고 웃으신다. 그런 다음 사랑의 기를 높이 드신다(아 2:4). 주의 만찬은 성도가 천국에서 그리스도와 함께할 영원한 교제를 보증하는 것이다. 그리스도께서는 천국에서 우리를 꼭 껴안으실 것이다. 성찬에서 믿음으로 그리스도를 얼핏 보는 것만으로도 그토록 달콤한데, 천국에서 사랑하는 이의 품에 안겨 영원히 그분의 얼굴을 바라보게 될 때에는 얼마나 기쁘고 황홀하겠는가!⁷

더 나아가, 성찬은 그리스도인들의 연약한 믿음을 강화하기 위해 주신 은혜의 방편이다. 리차드 십스는 성찬이 신앙과 윤리적으로 "완전한 사람들을 위해 주신 것이 아니라 연약한 사람들을 위해 주신 것"이라고 강조한다. "성찬은 죄악되고 불신하는 마음으로 진리 자체를 의심하기 쉬운 우리를 위해 주신 것이다." 비록 성찬에 참여할 준비를 충분히 갖추지 못했다고 할지라도, "우리는 편한 마음으로 이 성례에 참여하게 되고 많은 유익을 얻게 될 것"이다. "왜냐하면 우리가 자신의 부패를 혐오하고 그것에 대항해서 싸우고 있다면, 우리의 부패가 더 이상 우리의 것으로 여겨지지 않을 것이기 때문"이다.[8]

둘째, 스페너가 성찬을 구원의 보증으로 설명하는 점은 반드시 거부되어야 한다. 구원의 보증은 객관적 증거로서의 하나님의 말씀과 주관적 증거로서의 성령의 내적 증언으로만 이루어진다. 성찬 행위를 구원의 보증으로 간주하는 스페너의 관점은 루터의 공재설에서 한 걸음도 나아가지 못하고 있다. 참된 경건의 필요성에 대한 그의 강조는 인정되나, 경건에 대한 열망이 철저하지 못한 자신의 교리적 관점과 밀접하게 결부되어 있음으로 인해 신학과 교리의 중요성을 간과함으로 교리와 삶의 관계를 통합적으로 이해하지 못했다.

스페너의 제자였던 진센도르프(Nicholas Ludwig Von Zinzendorf, 1700-1760)는 스페너의 경건주의 이상을 실천하여 '보헤미아형제단'을 창설하고 모라비안 교도의 지도자가 되었다. 그는 종교적 억압으로 고생하는 이들을 위해 막대한 자금을 들여 '헤른후트'(주님의 마을)를 조성했다. 그들은 오늘날도 평등과 교회의 하나 됨을 강조하여 인종 차별, 사회적 불평등, 성별의 장벽을 극복하려고 한다.[9] 오늘날 진센도르프와 모라비안공동체의 영성을 칭찬하는 모습들은 왕왕 발견된다.[10]

하지만 모라비안형제단의 신조는 그들의 노력이 성경의 교리에 기초하지 않은 결과, 성경의 가르침과는 전혀 엉뚱한 방향으로 흘러가고 있음을 보여 준다. 진센도르프는 "그리스도의 아버지는 우리의 사랑하는 아버지요 성령은 우리의 사랑하는 어머니다"라고 말했다.[11] 바빙크에 따르면 모라비아 공동체의 특징적 신조 가운데 하나는 교회의 남편인 예수를 "여성"이라고 묘사한다.[12] 루터파 경건주의는 운동의 의도 자체는 좋았으나, 신학과 경건 사이에 날카로운 구별로 인하여 이원론적인 경건 운동으로 나아갔다.[13]

자연스럽게 객관적 진리의 지성적 측면은 약화되고 의지와 감정 등 주관적인 측면이 부각된다. 바빙크에 따르면, "신비주의와 경건주의가 믿음의 본거지를 지성에 둔 합리주의와 죽은 정통주의에 반기를 든 것이 아무리 정당했다 해도, 신비주의와 경건주의 자체도 일방적이기는 마찬가지였다." 이러한 신비주의는 "믿음의 객관성, 즉 말씀, 문자, 성례전, 교회, 심지어 교리(예컨대, 성화)에 대한 부정을 초래한다."[14]

루터파 경건주의의 문제점들이 정적주의, 감리교, 광신주의에도 그 모습을 드러낸다. 정적주의와 같은 경건주의는 죽은 정통주의를 비판하면서 "경건의 계발을 통해 종교개혁을 확장"하려 한다. 하지만 그러한 경건은 "도덕적인 내용"을 담고 있지 않다. 그들은 "오직 경건이 가치를 지니고, 경건만이 경건주의의 유일한 관심사"다. "경건주의는 도덕적 요소에 무관심하지 않지만, 도덕 자체에는 무관심하다. 그들은 도덕에 호의적이지만, 신앙적으로 하나님이 명령하고 원하며 경건을 밑받침해 주고 경건에 유익이 되는 것에만 호의적이고, 그런 정도로만 호의적이다. 이렇게 그들은 도덕적인 삶을 살려고 적극적으로 애쓰지 않고, 방금 말한 대로 도덕적인 삶을 필요로 하는 경우에는 자신들이 할 수 있는 정도만큼만 도덕적인 삶"을 살고자 한다. 그리하여 "자신의 삶을 경건에 집중하는 삶으로 국한시키고, 자연, 역사, 예술, 학문을 멸시한다."

감리교는 웨슬리의 회심 체험에 원리를 두고 있다. 이로부터 회심에 대한 과장된 열심과 그 결과로 인한 회심의 방법(감리교가 메소디스트[Methodists]로 불리는 이유), 예를 들어, "주일학교, 소모임, 소책자, 성경" 등의 방법들을 강조한다. 즉각적인 회심의 강조, 공격적인 복음 전파 등 외적 활동에 치우친다.

마지막으로 광신주의는 "실천을 극단으로 밀어붙이는" 특성을 보인다. 광신이라는 단어는 신전을 뜻하는 라틴어 'fanum'과 연관된 'fanaticus,' 즉 '광적인' 이라는 단어에서 유래했다. 이는 델포이신전에서 여 사제가 입신 상태에서 신탁을 받아 생긴 단어로, 신의 영감을 받는다는 의미를 지닌다.[15]

19세기 낭만주의 시대의 도래와 더불어, 독일의 신학이 의지와 감정을 강조하는 성격을 띄게 되는 것은 우연이 아니었다. 자유주의 신학의 아버지로 불리는 슐라이어마허(Friedrich Daniel Ernst Schleiermacher, 1768-1834)의 예가 대표적이다. 그의 아버지는 개혁교회의 목사였으나 모라비안 교도들의 경건주의에 큰 영향을 받았다. 아버지의 영향을 받은 슐라이어마허 자신도 경건주의 운동의 중심지였던 할레대학교에서 공부하였다.

슐라이어마허는 신의 존재를 인간의 의존 감정에서 찾았다. 그는 모든 인간에게는 신을 의지하려는 의존 감정이 있다고 주장했다. 하나님의 계시는 객관적 진리로서 존재하는 것이 아니라, 인간의 의존 감정과 더불어 존재하고, 인간의 의지와 함께 자라가며, 인간 의지의 발전과 더불어 하나님의 말씀이 자기 자신에 이른다. 인간은 신의 계시적 발전 과정의 일부가 되는데, 이를 두고 범신론이라 한다. 신이 인간의 감정과 의지를 통해 자기 자신의 발전된 상태에 이른다. 슐라이어마허의 관점에서 하나님은 처음부터 있었던 존재(being)가 아니라 자기 존재에 도달하게 되는 진화론적 존재(becoming)다.

현대신학자 위르겐 몰트만(1926-2024)의 주장도 다르지 않다. 그는 인간의 실존에서 하나님의 존재의 정당성을 입증하기 위해 신학을 '희망'이라는 관점에서 이해하려고 시도한다. 그는 다음과 같이 쓴다.

> 약속의 사건 가운데서 일어나는 하나님의 계시는 항상 인간의 세계 경험과 실존 경험과의 관련 속에서만 그리고 그것과 논쟁하는 가운데서만 진술될 수 있다. 앞에서 설명한 실존으로부터의 신 증명이나 현실 전체로부터의 신 증명의 틀 안에서 계시를 이해하는 것은 바로 이 사실 안에서 정당성을 얻는다. 만약 하나님이 인간의 자기 경험과 세계관의 관련 안에서 진술되지 않는다면, 신학은 고립 지역(Ghetto) 안으로 빠져들게 될 것이며, 인간이 살아가는 현실도 무신론자들의 수중에 떨어지고 말 것이다. … 중략 … 이러한 과정 속에서 신학은 오늘날에도 논쟁을 통해 그리고 해방의 활동 가운데서 자신의 진리를 입증할 수 있다.[16]

몰트만은 약속으로 주어진 하나님의 계시를 경험하는 인간이 자신의 희망 속에서 자신을 발견하게 된다고 말한다. 희망은 약속에 기초하고, 약속은 계시를 드러낸다. 인간의 경험과 실존 가운데 약속에 대한 희망 속에서 하나님이 증명된다는 것이다. 몰트만은 "실존으로부터 하나님을 증명할 것이 아니라 하나님으로부터 실존을 증명해야" 한다고 말하지만,[17] 그가 말하는 하나님으로부터의 실존은 객관적 계시에 대한 타당성을 말하는 것이 아니다. 그는 하나님으로부터의 객관적 계시와 그 계시에 대한 인간의 반응으로서의 '희망' 사이를 온전히 구분하는 데 실패한다. 약속의 형태로 된 하나님의 계시를 희망하는 인간의 실존적 경험에 의해 객관적 계시는 인간의 주관적 경험으로 치환되고 말기 때문이다.

3. 참된 경건이란 무엇인가?

경건한 삶이란 인간 개인의 자의식에서 출발하지 않는다. 경건(piety)의 어원은 라틴어로 'pietas'다. 이 단어는 신적 존재 앞에서의 '헌신'과 '성실'을 의미한다. 즉, 참된 경건이란 하나님을 아는 지식에서 출발하여 진리의 지식과 삶이 통일을 이룰 때, 비로소 나타난다. 왓슨은 경건이란 공상이 아니라 실제라고 강조한다. "경건은 공상이 아니라 실제다. 경건은 비정상적인 두뇌에서 나온 흥분된 생각이 아니다."[18]

경건은 인간의 지성으로 파악하여 세워 놓은 것은 참된 경건의 기준일 수 없다. 인간의 의지적 산물도 아니다. 만일 인간의 실천적 의지가 경건한 삶의 토대가 된다면, 경건의 기준이 시대와 상황의 변화에 따른 인간의 감정이나 의지에 이리 저리 흔들리는 갈대처럼 되어 버리고 말 것이다.

또한 경건은 피상적으로 거룩해 보이는 삶을 말하는 것도 아니다. 예배 시간을 엄수하고 근채의 십일조(마 23:23)를 드리며 공중 앞에서 대표 기도를 잘하고(눅 18:11; 마 6:5), 교회 봉사를 잘 한다고 하여도 그것이 경건한 삶이라고 단정지을 수 없다. 얼마든지 '경건의 모양은 있으나 경건의 능력은 부인'할 수 있기 때문이다(딤후 3:5). 참된 경건이란 하나님이 "인간 안에 새기고 만들어 놓으신 것으로, 인간이 육적인 존재에서 영적인 존재가 되게 하는 것"이다.[19]

경건의 기초는 인간이 아니라 하나님이시다. 하나님에 대한 사랑이 경건의 제일원리이며 그에 따라 자연스럽게 동반된 원리가 이웃 사랑이다. 아무개가 형제 및 자매에게 '이르되 평안히 가라, 더웁게 하라, 배부르게 하라 하며 그 몸에 쓸 것을 주지 아니하면 무슨 이익이 있'겠는가! 하나님을 사랑한다고 말하면서 형제를 미워하면 거짓말을 하는 것과 같으니, 형제를 사랑하지 아니하는 자가 보지 못하는 하나님을 어찌 사랑한다고 할 수 있을까!(요일 4:20)

경건은 복음의 진리에 맞닿아 있어야 한다. 바빙크는 복음의 진리가 시대와 환경에 따라 가변적이지 말아야 함을 다음과 같이 묘사한다.

> 복음은 사람을 '위한 것'이지, 그 어떤 측면에서도 사람을 '따르는 것'이 아닙니다. 누구든지 각 시대의 정신과 사조에 따라 복음의 옷을 다르게 입히길 원하는 자에게는 복음의 능력은 힘을 잃고, 그런 식으로 복음의 문을 열고 찾고자 했던 것에 대해 실망만 경험하게 될 것입니다. 그리스도는 분명히 정치 지도자, 사회 개혁가도 아니셨기 때문입니다. 그리스도의 복음은 사회의 프로그램으로는 적합하지 않습니다. 성경은 법전이 아니며, 예술이나 과학 교과서도 아닙니다. 말씀을 선포하는 일은 인간의 지혜를 설교하는 일이 아니고, 교회의 정치는 지배를 하거나 권력을 행사하는 것이 아닙니다. 집사 제도는 빈곤의 문제를 해결하기 위한 제도가 아닙니다.
>
> 이런 것들 때문에 그리스도께서 오신 것이 아니고, 그리스도의 말씀이 우리에게 주어진 것도 아닙니다. 그리스도는 구주이십니다. 이것이 그의 이름이요 그의 사역입니다. 그 외에 다른 것은 없으며, 그 어떤 것도 이보다 더 중요하지 않습니다. 그리스도의 희생의 목적은 죄를 지은 자들과 하나님을 화목케 하기 위함입니다. 그리스도의 복음은 구원에 이르는 기쁜 소식입니다. 그리스도의 교회는 성도들의 교제입니다. 기독교는 종교이지, 철학이 아닙니다.[20]

복음의 진리에 대한 신앙고백의 보편적 원리는 사실상 그리스도인의 삶과 직결되어 있다. 이같은 사실은 삶의 기준 역시 복음과 성경 말씀 자체에 기초해야 함을 말해 준다. 개혁주의 경건의 특징은 하나님에 대한 바른 지식과 삶의 통합을 추구한다. 이 점은 위에서 살펴본 루터파의 경건 운동과 뚜렷하게 구별되는 특징이다. 개혁주의는 그리스도인의 삶의 원리를 삶의 규범으로서의 십계명을 통해 설명했다. 개혁신학이 십계명을 어떻게 이해하고 있는지 살펴보자.

4. 십계명 I: 서론에서 3계명까지

오늘날 많은 이들이 십계명이라는 명칭을 다양한 방식으로 사용한다. 사랑의 십계명, 건강 십계명, 행복한 가정을 위한 십계명, 자녀 교육을 위한 십계명, 대학 생활 십계명, 직장 생활을 위한 신입 사원 십계명 등 어렵지 않게 주변에서 발견할 수 있다. 그러나 이러한 이름들은 하나님이 돌판에 새긴 십계명의 가치와는 조금도 비교할 수 없다. 모세에게 주신 십계명은 그리스도인들에게 만고불변의 규범으로 주어졌다. 십계명은 예배 생활로 시작하여 인간 생활 전체를 아우른다.

이런 점에서 칼빈은 십계명이 두 돌판에 새겨진 방법을 이해하는 것이 매우 중요하다고 말한다. "계명들을 어떻게 구분할 것인지에 대해서 알려고 노력하는 것이 잘못되지는 않았지만 그것은 각 사람의 자유로운 판단에 맡겨 놓아야 할 사안이므로 자기 자신의 의견과 다르다고 해서 다투는 마음을 가져서는 안 된다." 그럼에도 불구하고, 십계명들을 구분하는 것은, 마치 "최근에 고안된 새로운 것인 양 여겨 비웃거나 놀라서는 안 되"도록 하기 위해 그 구분이 필요하다.[21]

십계명은 하나님에 대한 계명과 인간에 대한 계명으로 구분되어 있다. 하지만 계명들을 어느 쪽에 편입시킬 것인가에 대한 의견들이 존재한다. 칼빈에 따르면, 처음 세 계명이 첫 번째 돌판에 기록되고, 나머지 일곱 계명을 두 번째 돌판에 기록되었다고 주장하는 이들은 형상에 관한 계명(제2계명중 어떤 형상도 만들지 말라는 명령)을 제1계명에 속한 것으로 여기거나 삭제한다. 또한 제10계명을 두 부분으로 나누어 두 번째 돌판의 7개의 계명을 8개의 계명으로 구분하는 경우도 있다. 이러한 관점은 로마 가톨릭과 루터파에서 견지된다.[22]

아우구스티누스는 삼위일체 하나님에 대한 상징성 때문에 첫 번째 구분법의 타당성을 인정하기도 하지만, 결론적으로는 하나님에 대한 첫 네 개의 계명들이 첫 번째 돌판에, 사람에 대한 여섯 개의 계명들이 두 번째 돌판에 기록되었다는 관점을 지지한다. 유대인 역사가 요세푸스는 당시의 일상적인 구분법을 따라 각 돌판에 다섯 계명씩 배당한다. 하지만 요세푸스의 구분은 "신앙과 사랑을 혼동시킨다는 점에서 사리에 맞지" 않다.

칼빈은 아우구스티누스의 구분을 따라 하나님에 대한 계명과 사람에 대한 계명을 구분하여 처음 네 계명은 첫 번째 돌판에 그리고 나머지 여섯 계명은 두 번째 돌판에 기록되었다고 주장한다. 칼빈의 관점은 개혁신학이 신앙과 삶의 관계를 어떻게 이해하고 있는지를 보여 준다는 점에서 의의가 크다. 계명들의 구분을 신앙과 사랑의 관점에서 다루는 것은 신앙과 사랑을 혼합시키는 것이 아니다. 둘 사이의 구분은 신앙과 사랑을 대등한 관계로 보는 것이 아니라 원인과 결과, 원리와 현상의 관계로 본다는 것을 의미한다. 이와 같은 칼빈의 이해는 10개의 계명에 대한 해석에서 분명하게 드러난다.

칼빈은 십계명을 설명하기 전에 먼저 서문을 설명한다. '나는 너를 애굽 땅, 종 되었던 집에서 인도하여 낸 네 하나님 여호와니라'(출 20:2)는 말씀은 앞으로 말씀하시게 될 열 가지 계명의 권위를 확립시키기 위한 목적을 가진다. 하나님은 이 말씀을 통해 사람들의 시선을 율법에 집중시키고 그 계명들을 폐지하지 못하도록 하신다. 하나님은 이 목적을 위해 세 가지 용도, 즉 순종의 당위성, 은혜의 약속 제시 그리고 책임을 상기시킨다. 하나님은 애굽에서 이스라엘 백성들을 인도하여 낸 전능한 하나님이시다. 그러므로 하나님의 백성은 마땅히 하나님의 말씀에 순종해야 한다.

하지만 비단 말씀에 대한 순종의 당위성만을 말하는 것이 아니다. 하나님 아버지는 사랑하시는 자녀들에게 선물을 주고 싶어 하시는 분이시다. 즉, 말씀에 대한 순종에 약속을 더하셔서 하나님의 백성들로 하여금 말씀에 순종하고자 하는 거룩한 열정을 유도하신다. 상급에 대한 약속 못지않게 벌에 대한 책임도 상기시킨다. 하나님은 출애굽 사건을 통해 이스라엘에 베푼 은혜를 상기시킴으로, 십계명을 지키지 않을 경우 그들의 배은망덕을 책망하실 것임을 드러내신다.

요약하면, 십계명의 서문은 율법(도덕법)에 대한 중요성을 하나님의 백성에게 인식시킨다. "모든 사람은 그의 계명들을 준수하는 가운데 자기들이 특별히 선택되었다는 사실을 배우게 된다. 그들은 그의 선하심으로부터 모든 선한 것의 부요함과 불멸하는 삶의 영광을 함께 기대한다."[23]

제1계명 '너는 나 외에는 다른 신들을 네게 두지 말라'(출 20:2-3)는 말씀은 하나님이 "자기 백성 가운데 홀로 높이 드러나시고 자기의 법으로 그들을 견실하게 소유하시려는 데 있다."[24] 여기에서 '다른 신들'은 불경건과 미신을 일컫는다. 다른 신을 두는 행위는 하나님의 "신성의 영광을 감하거나 희미하게" 한다. 하나님의 영광이 진정한 의미에서 어찌 훼손될 수 있는가? 누가 하나님을 욕을 한다고 해서 하나님의 이름이 욕보여질 수 있는가? 그 어느 것도 하나님에 대하여 조금도 바뀌거나 변색되게 만들 수 없다. 하지만 하나님이 마치 목석에 있는 것처럼 묘사되는 것은 하나님의 영광을 훼손하는 것이다. 사람은 하나님의 형상대로 지음 받은 존재이기에 하나님을 사모하도록 되어 있다. 따라서 다른 신들을 섬기지 않기 위해서는 그저 가만히 있는다고 되는 것이 아니다. "하나님을 소유하게 될 때", 하나님에게 "속한 것들"을 품는 것은 필연적인 현상이므로, 다른 신들을 금하는 것은 하나님께 속한 고유한 것을 다른 데 돌리지 못하도록 하기 위함이다.

그렇다면 하나님께만 돌려져야 할 고유한 것은 무엇인가? 칼빈은 네 가지로 말한다. 첫째, 경배다. 경배란 "하나님의 위대하심에 복종하는 가운데 우리 자신을 그에게 드리는 숭배와 예배"를 말한다. 확신은 하나님의 덕성들인 지혜, 의, 권능, 진리, 선하심 등을 하나님께 맡기면서 하나님과의 교통을 통해 누리게 되는 마음의 "평정"을 말한다. 기도는 곤경에 처할 때 하나님께만 유일한 도우심을 의지하는 행위다. 마지막으로 감사함은 모든 선한 일에 대한 찬양을 하나님께 올려 드리는 고마움의 표현이다. 이 네 가지를 한 문장으로 요약하면, "우리의 마음은 그를 아는 지식에 잠겨서 그의 엄위를 받아들이고, 경외하며, 예배하며(경배), 그가 베푸신 선한 것들과 교통함에 애착을 지니며(확신), 언제든 그의 도움을 찾으며(기도), 그의 사역의 위대함을 인정하고 찬양으로 그것을 송축하는 것(감사함)을 이 세상의 삶을 살아감에 있어서 모든 행실의 유일한 목표로 삼아야 한다."[25]

제2계명은 "너를 위하여 새긴 우상을 만들지 말고 또 위로 하늘에 있는 것이나 아래로 땅에 있는 것이나 땅 아래 물 속에 있는 것의 어떤 형상도 만들지 말며 그것들에게 절하지 말며 그것들을 섬기지 말라"(출 20:4-5)고 명령한다. 이 계명의 목적은 하나님께 드려져야 할 예배의 형식이 "미신적인 의식들로 더럽혀지지 않게" 하는 데 있다. 즉, "하찮은 육체적인 형식들을" 섬기지 못하게 하고, 하나님께 드려야 할 정당한 예배, 하나님이 받으시는 예배를 따르도록 하기 위함이다.

이 계명은 두 부분으로 구성되어 있는데, 첫째는 인간의 지각으로 파악할 수 없는 "불가해한 하나님을 우리의 지각들 아래에 종속시키거나" 그 어떤 형상으로도 하나님을 묘사하지 못하도록 한다. 둘째, 종교의 명분으로 형상들을 예배하는 것을 금한다. 아론은 금송아지를 만들었고 기드온은 미디안의 두 왕인 세바와 살문나를 죽이고 약대 목에 치장해 놓았던 초승달 형태의 장식을 취했다(삿 8:21).

오늘날도 이러한 모습들은 쉽사리 재현된다. 언젠가 한 교회에서 성도들의 성경 읽기를 독려하기 위해 로비에 성경책 모양의 동상을 만들어 놓았다고 한다. 성도들은 그 성경책 동상이 마치 신성한 능력을 가지고 있는 것 마냥 동상 앞에서 기도하고 머리를 조아렸다는 것이다. 로마 가톨릭에서는 마리아의 동상을 예배당 안에 세워 놓고서 기념식을 하기도 한다. 교회에서 성도들의 적극적인 예배 생활을 위한 명목으로 십자가 형상이든지, 아니면 성경책이나 기타 형상을 만드는 것은 바람직하지 않다.

제2계명은 인간의 죄성으로 인한 형상 숭배의 심각성을 염두에 두고 있으므로, 징계에 대한 경고가 덧붙여져 있다. '네 하나님 여호와는 질투하는 하나님인즉 나를 미워하는 자의 죄를 갚되 아버지로부터 아들에게로 삼사 대까지 이르게 하거니와 나를 사랑하고 내 계명을 지키는 자에게는 천 대까지 은혜를 베푸느니라'(출 20:5-6). 본문에 대한 칼빈의 해석을 요약하면 다음과 같다. '하나님'은 히브리어로 '엘'이 쓰였는데, 이는 '힘'을 뜻하는 것으로, 우리가 붙잡아야 할 유일한 분이 하나님이라는 사실을 분명히 상기시킨다. 질투하는 하나님은 다른 어떤 대상도 용납하지 않는다는 것을 말한다.[26]

'삼사 대까지 이르게 한다'라는 표현은 해석하는 이들에 따라 난제가 있다. 어떤 이들은 삼사 대까지의 심판은 "세상에서의 일시적인 형벌"로 이해한다. 하지만 이 해석은 올바르지 않은데, 왜냐하면 하나님의 심판은 이 세상에 국한되는 것이 아니라 "현세의 삶" 너머로, "더 중한 형벌을 선포하시기 때문이다."[27] 또 다른 경우, 삼사 때까지 이르는 심판은 아버지의 죄를 자녀에게 전가시키지 않는다는 하나님의 말씀에 대립되는 것처럼 보인다. 에스겔 18장 2절의 말씀처럼, 이스라엘 백성들은 자신들의 죄로 인한 징계를 두고 '아버지가 신 포도를 먹었으므로 그의 아들의 이가 시다'라는 속담을 만들어, 자신들이 받는 시련이 부당하다고 항의했다. 자신들의 죄가 아니라 조상들 때문에 자신들이 고통을 당한다며 하나님의 심판에 불만을 표시한 것이다. 하지만 에스겔은 그것은 변명에 불과할 뿐, 오히려 그들이 스스로의 잘못에 따라 징벌을 받는 것이라고 답했다.

현세의 형벌만도 아니고 조상의 죄가 후손들에게 책임지워지는 것도 아니라면 어떻게 해석하는 것이 바른가? 칼빈에 따르면, 자손들 역시 조상의 불경스러움을 따라 그들의 "전철"을 밟게 된다는 점에서 조상들의 악행에 대한 하나님의 저주를 후손들이 받게 된다고 말할 수 있다. 결국 후손들이 형벌을 받는 것은 그들 자신의 죄 때문이다.[28]

한편 천 대까지 은혜를 베푼다는 말은 언약의 축복을 의미한다. 후손들이 경건하게 양육 받았기에 복을 받았다는 말인 동시에 언약에 약속된 축복을 따라 하나님의 은혜가 경건한 자들의 가문에 영원히 거하게 될 것이라는 말씀이다. 다만 불경건한 자들의 후손들이 선한 열매를 맺을 때가 있고 신자들의 후손도 타락할 수 있기에, 천 대에 미치는 하나님의 자비는 "영구적인 규범"이라기보다는 경건한 자들을 위한 위로의 차원에서 이해되어야 한다. 하나님은 "자기의 자비하심과 선하심 가운데 아버지의 은혜를 아들에게 베푸심으로써 이러한 복의 예를 제시하시면서 자기를 예배하는 자들을 향한 자기의 끊임없고 항구적인 은혜를 증거하신다." 즉, 의인을 위로하고 죄인을 위협하는 데 충분한 효력이 있는 말씀이다.[29]

하나님께서 죄를 심판하는 방법은 다양하다. 죄인은 죄성으로 인하여, 혹은 자신의 범죄적 성향으로 인하여 사회법의 심판을 받는다. 1986년 경기도 화성의 연쇄 살인 사건을 대표적인 예로 들 수 있다. 한국 최초의 연쇄 살인 사건으로 총 10명의 여성이 살해되었으며, 이 사건의 범인을 수색하기 위해 180만 명의 인원이 동원되었지만 모두 수포로 돌아가 영원한 미제로 남을 뻔했다. 2003년에 개봉한 <살인의 추억>이라는 영화는 잊혀져 가던 사건을 들추어 내어 온 국민에게 화성 연쇄 살인 사건에 대한 관심을 불러일으켰다. 2006년에 공소 시효는 만료되었으나, 2019년 과학의 도움을 받아 부산 교도소에서 또 다른 살인 사건으로 복역 중이던 이춘재의 DNA의 대조와 경찰 조사 결과 이춘재는 범행을 자백했다.

죄에 대한 심판이 객관적으로 이루어지지 않은 경우에는 도덕적 사망으로 형벌을 가하신다. 죄를 지은 자들은 지은 죄로 인해 치명적인 두려움에 휩싸인다. 양심의 가책을 못 이겨 수사 당국에 자수한 살인자들이 많다는 것이 그 예다. 카이퍼는 다음과 같이 쓴다.

> 이런 사람은 양심의 평화를 다시 얻기 위해 말 그대로 형벌을 갈급히 찾았다. 결코 이 지점에 도달한 적이 없고 범죄가 아직 발각되지 않고, 남은 생애에 걸쳐 양심의 가책으로 고통을 겪는 살인자들의 죄가 죽음을 맞이하는 침상에서 밝혀지는 경우가 있다. 이들은 자신이 저지른 범죄 때문에 때로는 40년 이상의 세월에 걸쳐 밤낮 고문을 당하고 고통을 겪었다. 이들이 저지른 살인은 도덕적 사망으로 처벌 받았고, 이후 살아 있는 시체를 운반하고 다녔던 것이다.[30]

섭리의 질서로 형벌을 받기도 한다. 타인의 자녀를 구하지 않을 경우 우연으로 보이는 사고를 통해 자신의 자녀가 사고를 당하는 일이 발생할 수 있다. 물론 사고의 원인은 복합적인 상황들이 맞물려 일어나는 것이지만, 하나님의 계획이라는 관점에서 볼 때 죄의 심판의 결과로도 볼 여지가 있다. 하나님은 다윗이 우리야의 아내 밧세바를 취하여 낳은 아들을 치심으로 아이가 병으로 심히 앓다가 죽었다(삼하 12:15). 다윗은 아들의 죽음으로 인해 아버지로서의 고통의 형벌을 받았다. 다윗의 맏아들 암논이 이복 동생인 압살롬의 여동생 다말을 강간하여 압살롬에게 죽임을 당한다(삼하

13:28-29). 이 사건을 계기로 압살롬은 아버지 다윗의 왕위를 찬탈하는 과정에서 사무엘의 예언대로 다윗의 아내들과 백주에 동침한다(삼하 12:11; 15:16; 삼하 16:22). 실제로 심각한 죄를 범한 사람들이 우연히 사고를 당하거나 천재지변으로 당하여 목숨을 잃는 일들이 발생한다.

마지막으로, 영원한 형벌이 있다. 지상에서의 형벌이 하나님의 심판의 전주곡이라면 신적 정의의 실제적인 집행은 최후 심판에서 일어난다. 세상에서 양심이 마비된 사람들은 도덕적 사망을 면할 수 있다. 소위 소시오패스나 사이코 패스의 경우 도덕적 사망의 고통을 느끼지 못할 수 있다. 또는 하나님의 섭리로 인한 심판 없이 피해가는 경우도 있다. 살인 사건 가운데는 영원한 미제로 남은 채 해결되지 않은 사건이 많다. 하지만 마지막 때엔 누구도 피할 수 없는 심판이 기다린다. 카이퍼는 차라리 현세에서 하나님의 형벌을 미리 받는 것이 은혜라고 말한다. 이러한 의미에서 하나님은 "천 대에 미치도록 베풀어지는 자기의 자비가 단지 사 대로 지정된 징벌에 비해서 얼마나 광대한지 되새겨 주셨다."[31]

제3계명, '너는 네 하나님 여호와의 이름을 망령되이 부르지 말라'(출 20:7)는 말씀은 우리가 하나님의 이름을 불경한 태도로 취급하여, 그 이름을 욕되게 해서는 안 된다는 것을 뜻한다. 이 말씀은 구약 시대에 법적 문제나 증인의 증언과 관련하여 하나님의 이름으로 맹세하는 법과 연관되어 있다. 맹세는 말의 진실성을 확증하기 위해 하나님을 증인으로 요청하는 행위다. 우리 모두 한 번쯤은 어린 시절에 자신이 내뱉은 말의 진위를 가리는 행위로 '하늘에 두고 맹세 할 수 있느냐' 또는 '부모님의 이름을 걸고 맹세할 수 있느냐'라고 말한 적이 있을 것이다. 성경에서도 이러한 맹세의 용도를 잘 설명한다. 사람이 가축을 이웃에게 맡겼다가 이웃집에서 죽게 되었을 경우, 가축을 맡고 있었던 당사자가 자신의 잘못이 아님을 증명할 때, '맡은 자가 이웃의 것에 손을 대지 아니하였다고 여호와께 맹세'해야 한다(출 22:11).

또는 자신의 범죄를 덮기 위해 하나님의 이름으로 거짓 맹세하는 경우도 있다. '남의 잃은 물건을 줍고도 사실을 부인하여 거짓 맹세하는 등 사람이 이 모든 일 중의 하나라도 행하여 범죄하면' 거짓 맹세한 모든 물건을 본 주인에게 돌려 보내되 오분의 일을 더하여 돌려보내야 했다(레 6:3-5). 이 외에도 자신의 진실성과 결백과 선언을 확정할 때 하나님의 이름으로 맹세하곤 했다(신 6:13; 삼상 20:21; 삼하 2:27; 수 6:26). 이 계명은 하나님의 이름을 절대 입에 담아서는 안 된다는 말이 아니다. 하나님의 이름을 "불손하거나 불경하게 대하여 더럽히는 일이" 있어서는 안 된다는 뜻이다.[32]

이런 측면에서 스가랴 선지자는 '마음에 서로 해하기를 도모하지 말며 거짓 맹세를 좋아하지 말라 이 모든 일은 내가 미워하는 것이니라'(슥 8:17)고 말씀을 전한다. 예수님은 '도무지 맹세하지 말지니 하늘로도 하지 말라 이는 하나님의 보좌임이요'(마 5:24)라고 말씀하신다. 야고보는 '맹세하지 말지니 하늘로나 땅으로나 아무 다른 것으로도 맹세하지 말고 오직 너희가 그렇다고 생각하는 것은 그렇다 하고 아니라고 생각하는 것은 아니라 하여 정죄 받음을 면하라'(약 5:12)고 강권한다. 맹세는 사람의 연약함으로 인하여 오용되어 하나님의 엄위를 땅에 떨어뜨리는 죄로 이어질 수 있기에, 성경은 맹세가 가볍게 취급되어 위증죄에 이용되는 문제점을 지적하고 있다.

제3계명은 맹세를 절대 하지 말아야 한다는 명령을 의미하지 않는다. 칼빈은 맹세로 인하여 하나님의 이름이 "헛되고 사악하게 오용되어 더럽혀"지지 않도록 세 가지 주의 사항을 제시한다. 첫째, 하나님에 대해서 마음에 어떤 생각을 하거나 혹은 입으로 말할 때에, "무엇이든지 그의 탁월하심을 나타내야 하고, 그의 거룩한 이름의 고상함과 어우러져야 하며, 마지막으로 그의 장엄하심을 높이 고양시켜야 한다."

둘째, 하나님의 "거룩하신 말씀과 경배 받아야 할 비밀들"을 인간의 탐욕이나 유희를 위해 헛되이 오용되어서는 안 된다.[33] 오늘날 많은 사람이 이 부분을 고려할 필요가 있다. 예수님의 말씀을 사서삼경(유교의 경전)이나 불경과 같은 다른 종교의 경전 수준으로 대하는 경우가 있다. 성경은 사랑을 말하고 불경은 자비를 말하니, 성경과 불경은 다를 바가 없고 기독교와 불교는 싸워야 할 이유가 없다고 말하는 것을 종종 듣곤 한다. 이는 복음과 세상이 하나라는 말과 다를 바가 없다. 이렇게 가볍고 무심하며 진지한 생각이 결여된 태도는 하나님의 이름을 망령되이 일컫는 것과 다르지 않다.

하나님의 말씀을 운명처럼 제비 뽑는 일들은 주의해서 생각해 볼 점이 많다. 하나님의 말씀을 카드 형식으로 만들어 뽑아 한 해의 말씀으로 받는 것은 그리 나쁜 일이라고 생각하지 않는다. 성경의 모든 말씀은 하나님께서 우리에게 주시는 말씀이기 때문이다. 하지만, 말씀을 뽑는 성도들 중에는 순전한 마음으로 하는 것이 아니라 마치 점궤 대하듯 말씀을 대하는 모습들을 왕왕 보게 된다. 제비뽑기는 하나님의 섭리를 인정하는 요소가 없지 않지만, "성급하게 혹은 도박석인 경망스런 방식으로 사용하거나 일반적인 수단들로 적절하게 해결될 수 있는 헛된 논쟁들에서 활용되어서는 안 된다."[34] 말씀 카드를 뽑는 일들은 성도들이 순전한 마음으로 하나님의 말씀과 하나님의 엄위를 존귀하게 높이는 차원에서 이루어지도록 교육이 필요하다.

세 번째, 하나님을 직접적으로 대적하여 "하나님의 사역들을 깎아내리거나 왜곡하는 일"을 하지 말아야 한다. 오히려 하나님에 의해서 "행해진 것이라고 인식되는 모든 것에 대해서 말할 때에 지혜와 의와 선으로 가득한 찬미를 함께 드려야 한다."[35] 맹세는 "하나님에 대한 예배로서의 외양을" 지니고 있다.[36] 『하이델베르크 요리문답』 역시, 성경은 맹세를 "하나님께 드리는 예배 전체를 가리키는 뜻으로 사용"하고 있음을 증명한다. 하나님의 이름으로 맹세하는 일은 지극히 건전한 행위다. 왜냐하면 하나님만이 예배를 받으셔야 하기 때문이다. 신명기 10장 20절은 말씀한다. '네 하나님 여호와를 경외하며 그를 섬기며 그에게 의지하고 그의 이름으로 맹세하라.' 그러므로 하나님을 향한 진정한 경외가 목적이라면 신약 시대의 성도들도 얼마든지 맹세나 서원을 할 수 있다.

재세례파는 성경을 문자적으로 읽음으로 맹세 자체를 부정한다. 예수님이 하신 말씀처럼 '도무지 맹세하지 말라'는 말씀이나 야고보서의 '하늘로나 땅으로나 아무 다른 것으로도 맹세하지 말라'(약 5:12)는 말씀을 근거로 제시하여 맹세 자체를 전면 부인한다. 하지만 성경에서 맹세를 금하는 말씀들은 "모든 맹세를 금하는 것이 아니고, 경솔하고 불필요한 맹세만을 금하는 것이다."[37]

우르시누스는 신앙적 맹세에 어긋나는 것들을 다섯 가지로 제시한다. (1) 맹세 자체를 거부하는 것, (2) 거짓 맹세: 알면서도 고의로 맹세하여 속이는 행위, (3) 우상 숭배적 맹세: 하나님만 아니라 다른 존재로 맹세하는 행위, (4) 정당하지 않은 것에 대한 맹세: 헤롯의 맹세(막 6:23), (5) 경솔히 가볍게 하는 맹세: 반드시 그래야 할 필연적 이유가 없는 상황에서 맹세를 가볍게 취급하는 행위.

예수님은 친히 하나님의 이름으로 맹세하는 행위를 기도를 통해 가르치셨다. 주기도문의 첫 번째 기도 내용은 하나님에 대한 첫 번째 간구로 되어 있다. '하늘에 계신 우리 아버지여 이름이 거룩히 여김을 받으시오며'(마 6:9). 따라서 제3계명은 오직 하나님께서 받으셔야 할 합당한 경배와 존귀에 걸맞도록 하나님의 이름을 드높이도록 명령한다.

5. 십계명 II: 안식일 계명

'안식일을 기억하여 거룩히 지키라'는 제4계명은 단순히 아무 일도 하지 말라는 피상적인 의미로 오해하기 쉽다. 안식일(sabbath)을 뜻하는 히브리어 동사 '사바트'(שָׁבַת)는 '끝내다,' '멈추다,' '휴식하다,' '그만하다,' '안식하다'를 뜻한다. 하지만 아무 일도 하지 말아야 하는 이유가 더 중요하다. 노동을 하지 않는 이유는 하나님께서 우리를 위해 하신 사역에 대해 묵상해야 함을 강조하는 데 초점이 맞추어져 있다.

율법으로 제정되기 이전의 안식일은 구약에서 하나님이 천지를 창조하시고 쉬신 일곱째 날을 가리킨다. '하나님이 그가 하시던 일을 일곱째 날에 마치시니 그가 하시던 모든 일을 그치고 일곱째 날에 안식하시니라 하나님이 그 일곱째 날을 복되게 하사 거룩하게 하셨으니 이는 하나님이 그 창조하시며 만드시던 모든 일을 마치시고 그 날에 안식하셨음이니라'(창 2:2-3).

안식일은 타락 이전에 이미 주어진 것으로, 죄와는 상관없이 아담이 하나님 앞에서 행해야 할 도덕법에 속했다. 도덕법은 자연적이며 경험적 관점에서 자연스럽게 법으로 제정되는 과정이 필요하여 안식일 규정에 실정법(實定法)이 부가되었다.[38] 에임스는 주일 예배의 시간에 관해 말하기를, "하나님은 세계와 함께 시간을 창조하셨다. 동일한 방식으로 하나님이 종교적 행위들을 명령하고 제정했을 때, 하나님은 필수적인 환경으로 일정한 시간을 명령하고 제정하셨다"고 말한다.[39]

아담은 일곱째 날에 무슨 일을 하면서 지냈을까? 그는 하나님이 창조하신 자연 만물을 보며 하나님의 모든 미덕을 묵상하며 찬양하고 예배했을 것이다. 이는 모세가 출애굽 시에 제시한 안식일 규정과 일맥상통한다. 모세는 안식일을 율법으로 제정할 때, 하나님이 안식일을 복되게 하여 그 날을 거룩하게 하셨으므로 '엿새 동안은 힘써 네 모든 일을 행할 것이나 일곱째 날은 네 하나님 여호와의 안식일인즉 너나 네 아들이나 네 딸이나 네 남종이나 네 여종이나 네 가축이나 네 문안에 머무는 객이라도 아무 일도 하지 말라'(출 20:9-11)고 명령한다. 이런 의미에서 안식일에 노동을 중단하는 것은 하나님을 공적으로 예배하도록 구별하기 위함이었다.[40]

칼빈은 안식일 계명의 목적이란 "자신의 정서와 일에 대하여 죽은 우리가 하나님의 나라를 묵상하고 그가 제정하신 방식대로 그 묵상을 실천하도록 함에 있다"라고 말한다. 이 계명을 지키기 위해서는 적어도 필요조건으로서 세 가지를 고려해야 한다. 첫째, 하나님은 "이스라엘의 백성의 영적인 쉼"을 통해, 하나님이 신자들 "안에서 일하시게끔 맡"기도록 의도하셨다. 둘째, 하나님의 자녀들이 한 날을 정하여 모임으로 하나님의 사역들을 묵상하게 하심으로 "경건에 이르는 훈련을" 받도록 하셨다. 셋째, 종들이나 다른 이들이 육체의 노동으로부터 쉴 수 있도록 하셨다.[41]

일곱이라는 숫자는 성경에서 완전을 나타내는 수인데, 이는 "영구성"을 뜻한다. 구약 시대에는 하나님께서 이루실 참된 영적 안식을 기대하며 살도록 하셨다.[42] 안식일은 율법이라는 초등 교사의 지도 아래서 영적인 안식에 대해 묵상할 수 있도록 한 날을 지정한 것인데, 신약 시대에서는 그리스도께서 안식의 약속을 성취하셨다. 따라서 안식일 계명의 의식적인 부분은 폐지되었다. 안식일의 주인은 그리스도시고, 그분이 참된 안식의 실체시다. 모든 이가 그리스도에게서 안식을 누린다. 그리스도 안에서의 안식은 "단지 한 날에 국한되지 아니하고 우리의 삶 전체 역정에 미친다. 이는 우리가 우리 자신에 대해서 완전히 죽고 하나님의 생명으로 충만해질 때까지 계속된다. 그러므로 그리스도인들은 날을 미신적으로 섬기는 것을 완전히 멀리해야 한다."[43]

칼빈이 안식일을 미신적으로 섬기는 행위를 비판하는 것은 로마 가톨릭의 문제점과 연관되어 있다. 로마 가톨릭은 안식일을 미신적으로 이해했다. 가톨릭은 안식일을 그리스도를 위한 날로 정하고 토요일은 마리아에게 봉헌된 날로 지정했다.[44] 안식일을 미신적으로 섬기는 또 다른 예는 안식교에서 발견된다. 안식교는 구약의 형식을 따라 안식일을 토요일로 지정하여 지킨다. 성경의 문자적 의미에 치중한 나머지 안식일의 형식에서 벗어나지 못하는 오류를 범한다. 바울은 말씀한다.

> 이제는 너희가 하나님을 알 뿐 아니라 더욱이 하나님이 아신 바 되었거늘 어찌하여 다시 약하고 천박한 초등학문으로 돌아가서 다시 그들에게 종 노릇 하려 하느냐 너희가 날과 달과 절기와 해를 삼가 지키니 내가 너희를 위하여 수고한 것이 헛될까 두려워하노라(갈 4:9-11).

> 어떤 사람은 이 날을 저 날보다 낫게 여기고 어떤 사람은 모든 날을 같게 여기나니 각각 자기 마음으로 확정할지니라 날을 중히 여기는 자도 주를 위하여 중히 여기고 먹는 자도 주를 위하여 먹으니 이는 하나님께 감사함이요 먹지 않는 자도 주를 위하여 먹지 아니하며 하나님께 감사하느니라(롬14:5-6).

예전에는 전통적인 장로교회의 경우에 주일에 밖에서 음식을 사 먹는 것을 금하는 일이 자주 있었고, 지금도 그런 교회들이 있다. 음식을 먹는 일들이 육체의 소욕을 채우는 데 쉽게 연루될 수 있기 때문에 구약의 안식일 개념을 신약의 성도들에게 율법적으로 적용한 사례로 볼 수 있다. 오늘날 많은 그리스도인은 성경 속 인물들이 안식일을 지켰던 것만큼, 주일에 하나님의 사역들을 전적으로 묵상하는 데 시간을 보내지 않는다. 하지만, 안식일에 대한 신약의 정신은 하나님을 향한 예배의 순전성에 대하여 한 치도 양보하지 않는다. 인간의 연약함과 부족함, 혹은 신앙의 초보와 성숙한 단계의 사람들을 고려할 때, 현실적인 타협은 어쩔 수 없는 것이라고 변명하는 것은 성경의 가르침이 아니다. 개혁주의자들은 하나같이 성경에서 말하는 순전한 안식일 계명을 따르고자 했으며 그 원리를 자녀들에게 부단히 가르쳤다.

안식일의 의식법이 폐지되었다고 해서 그 정신이 무시되어서는 안 된다. 어떤 무교회주의자들은 안식일 계명을 지키지 않는다. 영적인 안식을 강조하면서 형식을 제거하는 이들은 사실상 이데올로기적인 이상만을 꿈꾸고 있는 것과 같다. 그들은 형식을 싫어한 나머지 교회의 호칭이나 체계,

예배의 형식 등을 제거한다. 그 결과 자연스럽게 인간의 마음과 생각들이 지배적 현상으로 나타나는 신비주의로 빠진다.

퀘이커의 창시자 조지 폭스(George Fox, 1624-1691)는 당시 영국 국교회 성직자의 부패와 형식적 예배를 거부하며 '내면의 빛'(inner light)을 통한 직통 계시와 신비주의를 주장했다. 그는 자신의 일기에서 다음과 같이 쓴다.

> 이 때, 예배당에 가서 창밖을 내다보다가 한 젊은이가 자기들이 교회라고 부르는 곳에서 설교하지 않고 언덕에서 설교하는 것을 보고 이상하게 생각하는 노인들이 많이 있었다. 그래서 나는 마음이 이끌려 뾰족집과 뾰족집이 서 있는 터는 보통 산과 다름 없는 거룩한 것이 아님을 밝혀 주었다. 그리고 그들이 하나님의 경외할 만한 집이라 부르는 예배당도 하나님과 그리스도의 명령을 따라 지은 것이 아님을, 목사들도 아론의 제사장직처럼 명하신 것이 아니며, 십일조도 유대인들에게 정해 주신 것처럼 하나님께서 지정해 주신 것이 아니라는 것을 알려 주었다. 그렇지만 그리스도께서 오셨으므로 그분께서 성전과 성전에서 드리는 예배와 제사장과 십일조를 폐하셨다는 것과 따라서 모든 사람들이 그리스도께 귀를 기울여야 한다는 것을 깨우쳐 주었다.[45]

퀘이커교의 영향은 네덜란드와 프랑스에 호기심을 불러 일으켰으며,[46] 후대에 무형적인 교회를 강조하는 집단들에게 지대한 영향을 끼쳤다. 일본의 우찌무라 간조(1861-1930)는 퀘이커의 영향을 받아 무교회주의를 주장했다. 한국의 퀘이커교도라 할 수 있는 함석헌(1901-1989)은 독립운동가였으나, 일본에서 공부하던 중 우찌무라 간조의 집회에 참여하여 영향을 받아 교회를 다니지 않고 신앙생활을 지속하는 무교회주의 신앙 모임을 조직했다. 오늘날 많은 교회에서 함석헌의 시 '그 사람을 가졌는가'는 설교 예화로 곧잘 사용되고 있으며 성도들에게 적잖은 감동을 안긴다. 2004

년 김우현 PD는 최춘선 할아버지를 조명한 책을 출간하여 기독교계에 반향을 일으켰으나, 최춘선 역시 함석헌과 함께 동경에서 유학했던 인물이다. 최춘선은 우찌무라에게서 '절대 자유,' '자주,' '영생,' '평화'에 대해 배웠다.[47]

2020년의 코로나19 사태는 한국 교회의 예배에 커다란 위기를 가져다 주었다. 온라인 예배로 전향되면서 하나님은 무소부재하신 분이기에 예배당에 모일 필요 없이 온라인을 통해서도 얼마든지 예배 드릴 수 있다는 주장들이 쏟아졌다. 어떤 이는 코로나19가 하나님이 기존 교회의 자체 모임에 대한 행태를 심판하신 사건으로 보았다. 또 어떤 이들은 온라인을 통한 선교의 시대가 열렸다고 주장하기도 했다. 그런가 하면 코로나19 상황에서도 예배는 무조건 대면으로 지켜져야 한다고 주장하는 이들도 있었다.

하지만 코로나가 어느 정도 잠잠해진 후에 교회들은 비대면 예배의 부작용을 몸소 맛보아야 했다. 수많은 개척 교회와 소형 교회들이 문을 닫았으며, 다수의 중형 교회는 떠나간 성도들의 숫자를 다시 회복하기가 어려웠다. 안식일의 형식에 치우친 안식일주의자들, 형식을 거부한 나머지 모임을 폐하는 무교회주의자들의 문제점은 언제든지 교회로 슬며시 들어와 교회의 하나 됨을 해칠 수 있다.

위에서 칼빈은 안식일에 대해 세 가지 고려할 점을 진술한 바 있다. '영적인 쉼,' '공적 예배' 그리고 '노동의 쉼'이다. 이미 위에서 진술한 바와 같이 영적인 쉼은 실체이신 그리스도 안에서 성취되었다. "비록 안식일은 폐지되었지만 그것은 여전히 우리 가운데 어떤 자리를 차지하고 있다."[48] '영적인 쉼'의 성취로 인하여 신약 시대의 성도들에게는 두 가지 측면이 적용된다. 하나는 공적 예배이며 다른 하나는 노동의 쉼이다. "지금도 우리는 정해진 날에 말씀을 듣고, 신비한 떡을 떼며, 공적인 기도를 드리기 위해 모인다. 그리고 종들과 일꾼들의 일을 면하게 해 주어야 한다. 의심할 바 없이 여호와가 안식일의 계명을 통하여 마음에 두신 것은 이 두 가지를 모

두 포함한다."⁴⁹

어떤 이들은 바울이 각각 중요하다고 여기는 날을 확정할 것이라고 했던 말씀을 근거로 제시하면서 일주일 가운데 어느 날이든 상관없다고 주장할 것이다. 하지만 칼빈에 따르면, 날과 달과 절기와 해를 중요시 여겼던 로마 지역의 성도들은 옛 율법의 것을 신비한 것으로 여겨 존귀히 여겼기에, 바울은 그러한 율법주의적 준행이 그리스도의 영광과 복음의 빛을 어둡게 하고 있었음을 지적한 것이라고 말한다. 바울이 여기에서 책망하는 것은 "어리석은 생각으로 날을 구분하는 행위"다. 바울은 그리스도인의 교제와 평화를 돕기 위해 날을 정당하게 선택하여 지정하는 행위를 비판한 것이 아니다.⁵⁰ 칼빈의 말을 들어보자.

> 왜 우리는 날의 구별을 없애고 매일 모이지 않는지 당신은 물을 것이다. 진정 우리는 그렇게 할 수 없게끔 되어 있지 않은가? 영적인 지혜를 얻기 위해서는 날마다 어느 정도의 시간을 구별해 두어야 할 가치가 분명히 있다. 그러나 많은 사람이 연약함으로 말미암아 매일 모임을 갖는 것이 불가능하며, 사랑의 원칙이 그들에게 그 이상으로 요구하는 것을 허락하지 않는다면, 무슨 이유로 우리는 하나님의 뜻에 의해 우리에게 부과되었음이 분명한 그 원칙을 수행하려 하지 않겠는가?⁵¹

사람들이 매일 모이는 것은 인간의 연약함과 상황적 한계로 인하여 불가능하다. 그렇다면 사랑의 원칙상 그들에게 매일 모일 것을 요구하는 것은 옳지 않다. 사랑의 원칙이 그 이상의 것을 요구하는 것을 막기 때문에 우리에게 부과된 매일의 예배를 수행하지 못하는 것일 뿐이다. 사랑의 원칙은 주일과 토요일 둘 중에 어느 날 예배를 드려야 하는지에 대한 원리를 제공한다.

실제로 초대 교회 당시에 주일날 예배를 드리는 것과 토요일에 예배를 드리는 교회 사이에 논쟁이 벌어진 적이 있다. 주일에 예배를 드리는 것이 맞는가? 아니면 토요일에 예배를 드려도 되는가? 오늘날 많은 교회는 주일을 안식일 예배로 드린다. 토요일에 예배하는 이들은 주로 안식일을 구약의 율법적 의미에서 형식적으로 지킨다. 그렇다면 마땅히 교회의 덕을 위하여 사랑의 원칙을 따라 주일을 안식일로 지키는 것이 마땅하다. 오늘날 주일을 지키는 것은 참된 안식이 그리스도의 부활로 말미암아 완성되었기 때문이다. 주님이 부활하신 날은 구약의 그림자를 성취하신 날이며, 이제 더 이상 그림자와 같은 의식을 고집하지 않는다. 우리가 주일날 예배를 드리는 것은 그림자를 보고 기대하는 의미가 아니라, 이미 성취된 부활의 실체이신 그리스도를 예배하는 것이다.

안식일 계명과 관련하여 놓치지 말아야 할 중요한 사실은 개혁주의가 주일 예배를 성화의 과정으로 이해했다는 점이다. 십계명은 도덕법이며, 이에 안식일도 도덕법에 속한다. 에임스는 "어느 누구도 거룩한 날을 결정한 것이 최소한 도덕적인 이유와 유익을 위해서였다는 것을 감히 부인할 수 없을 것이다. 왜냐하면 자연 이성이 거룩한 날의 결정이 필수적인 것이라고 명령하지는 않지만, 그것이 적절하다고 명령하기 때문이"라고 말한다.[52] 의식법으로서의 안식일은 폐지되었지만 도덕법으로서의 안식일은 하나님의 백성들이 거룩한 삶으로 예배를 드리는 성화의 삶으로 지켜진다. 하나님의 말씀을 듣고 그에 합당한 존귀와 엄위를 하나님께 올려 드리고, 예배 시간 이후에는 말씀을 묵상함으로서 거룩한 백성으로서의 의무를 다하는 것이 주일예배의 의미다.

구약 시대에 모세를 통해 제정된 안식일부터가 그저 형식적인 의식만을 가진 것이 아니라, 처음부터 "성화의 성례"로 제정된 것이다.[53] 『하이델베르크 요리문답』은 그 묵상에 관해 다음과 같이 설명한다.

하나님의 사역과 섬김을 위하여 구별된 그날들을 하늘의 것들을 읽고 묵상하고 강론하는 데에 할애하는 것이다. 그런 것들은 분명하며, 또한 그 상관되는 요인들에서 자연적으로 따라온다. 하나님께서 안식일에 가르칠 의무를 지닌 자들에게 그 일을 부지런히 할 것을 요구하신다면, 또한 그 가르침을 받는 자들에게도 그의 종들을 통해서 전해지는 이 가르침을 부지런히 듣고 배우며 또한 그 내용을 사사로이 묵상할 것을 요구하는 것이다.

우르시누스는 안식일 계명 준수에 대한 단적인 예로, 뵈뢰아 사람들을 제시한다. '뵈뢰아에 있는 사람들은 데살로니가에 있는 사람들보다 더 너그러워서 간절한 마음으로 말씀을 받고 이것이 그러한가 하여 날마다 성경을 상고'했다(행 17:11).[54] 그들은 주일예배를 통해 들은 말씀을 받고 성경을 묵상하며 시간을 보냈다.

안식일을 거룩히 하는 행위에는 단순히 예배만 드리는 것이 아니라 이웃 사랑이 포함되어 있다. 초대 교회 때에는 예배를 드린 후에 곧바로 거두어진 헌금이나 음식들을 가난한 이들에게 나누어 주었다. 이 역시 신약의 성도들이 안식일에 행해야 할 삶의 한 부분이다. 예수님은 '안식일에 선을 행하는 것과 악을 행하는 것, 생명을 구하는 것과 죽이는 것, 어느 것이 옳으냐?'(막 3:4)고 물으셨다. 안식일을 거룩하게 구별하는 일에는 "가난한 자들을 구제하고 그들에게 사랑의 일을 행함"으로 그리스도의 말씀에 순종을 보이는 일을 포함한다.[55] 안식일은 의식에 매여 있는 것이 아니라 의식을 뛰어 넘어서 성화적 의미에서 예배가 드려질 수 있도록 지켜져야 한다.

6. 제5-10계명

제5-10계명에 이르는 여섯 계명들은 인간 사이에 행해야 할 삶의 규범을 가리킨다. 제5계명은 '네 부모를 공경하라 그리하면 네 하나님 여호와가 네게 준 땅에서 네 생명이 길리라'(출 20:12)고 말씀한다. 부모 공경은 '약속 있는 첫 계명'(엡 6:2)이다. 예수님은 부모를 공경하라는 율법을 바리새인들이 준행하지 않는다고 비판하셨다. '사람이 아버지에게나 어머니에게나 말하기를 내가 드려 유익하게 할 것이 고르반 곧 하나님께 드림이 되었다고 하기만 하면 그만이라' 하는 풍조를 비판하셨다(막 7:10-11). 하나님께 헌금해야 한다는 명목하에 부모를 돌보지 않는 무례한 자녀들의 행위는 제5계명을 범하는 것이다. '누구든지 자기 친족 특히 자기 가족을 돌보지 아니하면 믿음을 배반한 자요 불신자보다 더 악한 자'다(딤전 5:8).

부모란 단순히 육체적인 부모만을 의미하지 않는다. 위의 권세, 즉 높은 위치를 부여 받은 이들에게는 소위 아버지, 주라는 칭호를 붙인다. 이 칭호가 언급될 때, 그 위엄에 합당한 존경심을 드러내는 것이 부모 공경이다. 칼빈은 윗사람에게 돌려야 할 영예를 세 가지로 언급한다. 첫째는 '공경'이다. '권세는 하나님으로부터 나지 않음이 없나니 모든 권세는 다 하나님께서 정하신'(롬 13:1) 것이다. 그러므로 하나님의 섭리가 아니라면 그러한 권세가 주어지지 않았을 것이기에, 우리는 위의 있는 권세들을 공경해야 한다. 둘째는 '순종'이다. 하나님은 불순종하는 자녀들에게 죽음의 형벌을 선포하셨다(신 21:18-21). 위에 있는 이들에게 경의와 복종을 돌리는 것은 당연한 일이다. 셋째는 '감사'로서 부모에게 드려야 할 것을 감사로 표현하는 것을 말한다.[56] 감사의 표는 적극적인 의미에서 위의 권세를 위하여 할 수 있는 만큼 다른 의무들도 감당해야 함을 말한다.

하나님은 제5계명을 장려하시기 위해 약속을 더하신다. 장수는 그 자체로 복을 포함하고 있지는 않을지라도, 하나님의 약속과 "관용"에 대한 징

표를 보여 준다는 점에서 하나님이 베푸신 복이다. 간혹 부모에게 순종하는 자녀라 할지라도, 성년이 되기 전에 하나님의 부르심을 받아 생명이 취하여졌다고 해 보자. 이 경우는 장수를 하지 못했다고 봐야 하는가? 칼빈은 그렇지 않다고 답한다. 이 땅에 부모를 공경하나 단명하는 경우가 비일비재하다. 그렇다고 하여 부모를 공경하면 장수하리라는 축복이 부정되는 것은 아니다. 왜냐하면 하나님은 자신의 뜻에 따라 택자의 이른 죽음으로 인해서도 더 풍성하게 당신의 자비하심을 드러내시기 때문이다. "한 자락의 땅을 약속하신 자에게 백 자락을 헤아려 마련해 주시듯이 주님은 변개치 아니하시고 그의 약속을 덜함이 없이 지키신다."[57]

요나단은 블레셋과의 전투에서 죽었으나 이는 하나님이 은혜 가운데 가족의 멸망을 보지 않고 거두어 가신 것이었다. 이사야의 말씀처럼 '의인이 죽을지라도 마음에 두는 자가 없고 진실한 이들이 거두어 감을 당할지라도 깨닫는 자가 없도다 의인들은 악한 자들 앞에서 불리어가도다 그들은 평안에 들어갔나니 바른 길로 가는 자들은 그들의 침상에서 편히' 쉰다(사 57:1-2). 하나님은 '성도의 죽음을 소중'히 여기신다(시 116:15). 순교하는 성도가 그러하다. 요한은 '주 안에서 죽는 자들은 복이 있다'고 기록한다(계 14:13). 인간적인 생각에 단명이 저주 같지만, 어찌 보면 축복이기도 하다. 이 세상의 슬픔과 고통을 보지 않기 때문이다.

물론 그러한 삶을 누구도 원하지는 않을 것이다. 기왕이면 더 오래 살고 싶은 것이 사람의 심리다. 사랑하는 아내와 살고, 자녀를 기르며 사는 기쁨은 하나님이 주신 축복이다. '자식들은 여호와의 기업이요 태의 열매는 그의 상급이로다'(시 127:3). 또한 지상에 사는 동안 하나님을 더 가까이 하고, 사랑하고, 즐거워하는 삶은 성도에게 가장 큰 축복이라는 사실은 부인할 수 없는 사실이다. '스올이 주께 감사하지 못하며 사망이 주를 찬양하지 못하며 구덩이에 들어간 자가 주의 진실을 바라지 못하되 오직 산 자, 곧 산 자는 오늘 내가 하는 것과 같이 주께 감사하며 주의 신실을 아버지가 그의 자녀에게 알게 하리이다'(사 38:18-19).

제6계명은 하나님의 형상으로 지음 받은 인간에게 가장 중요한 의무 가운데 하나다. 하나님은 인류를 "하나가 되게 하셨으므로 각자는 모든 사람의 안녕을 위하여 헌신해야" 한다. 칼빈은 십계명을 매우 적극적이고 광의적 의미로 해석한다. 예를 들어, 이웃의 몸에 상처를 입히는 폭력과 상해와 화는 금지된다. 이웃의 생명을 구하는 일에 최선을 다해야 한다. 이웃의 화평을 위해서 해야 할 일이 있다면 무엇이든지 돌보아야 한다. 이웃에게 해로운 것이 있으면 제거해 주어야 한다. 그들이 어떤 종류의 위험에 처하든지 도움의 손길을 내밀어야 한다.

'살인하지 말라'는 명령은 단순히 피상적인 행위를 요구하는 것이 아니다. 인류를 향한 헌신은 "내적 정서를 향하여 명령"한다. 살인의 근본적인 동기는 마음에서 일어난다. 그러므로 마음의 살인을 금하고 형제의 생명을 보호하기 위해 힘써야 한다. 살인을 실제로 낳는 것은 손이지만, 마음이 화와 분에 휩싸일 때에 살인이 잉태된다. 형제에 대해 화가 날 때 그를 해치고 싶은 욕망이 끓어오르고, 미움이 화를 지속되게 만들어 더 큰 화를 불러 일으킨다. 바울은 에베소 교회 성도들에게 '분을 내어도 죄를 짓지 말며 해가 지도록 분을 품지 말고 마귀에게 틈을 주지 말라'고 가르친다(엡 4:26-27). 처음에는 미움의 원인이 미움을 만들어 내나, 시간이 지나면 미움이 미움을 만든다. 예수님은 마음의 살인에 대해 한 치의 양보 없이 강하게 말씀하신다. '형제에게 노하는 자마다 심판을 받게 되고 형제에 대하여 라가라 하는 자는 공회에 잡혀가게 되고 미련한 놈이라 하는 자는 지옥 불에 들어가게 되리라'(마 5:22).[58]

살인하지 말아야 할 근거는 두 가지로, "하나님의 형상을 공경하는 것"과 "우리의 혈육을 귀하게 여기는 것"이다. 첫째, 사람은 하나님의 형상으로 지음 받았다. 사람을 해하는 것은 단순히 사람을 해함이 아니라 하나님의 형상을 해하는 것이므로 하나님께 죄를 범하는 것이다. 둘째, 인간은 한 혈통으로 지음 받았기에 혈육을 존귀히 대함이 마땅하다. '네 이웃을 네 자신과 같이 사랑하라'(마 22:39)는 말씀처럼 "우리는 이웃의 육체를 우리 자신의 육체와 같이 귀하게 여겨야 한다."[59] 하나님은 인류를 일정한 통일성으로 묶어 두셨다. 거슬러 올라가면 모두 친인척 관계이며, 한 부모인 아담과 하와를 기원으로 두고 있다. 하나님은 혈육 관계를 통해 인류가 서로를 포용하도록 하셨다. 이러한 의미에서 살인하지 말라는 말은 단순히 가시적 살인만을 의미하는 게 아니다. 칼빈은 다음과 같이 말한다.

> 그러므로 단지 피를 흘리는 것을 삼갔다고 해서 살인의 범죄를 피한 것은 아니다. 만약 당신이 행위로 누군가를 괴롭히거나, 무엇을 실행하려고 음모를 꾸미거나, 이웃의 안전과 배치되는 무엇을 하고자 서원과 계획을 품고 있다면 당신은 살인자로 여겨진다. 또한 만약 당신이 당신의 재능과 기회를 활용하여 이웃의 안전을 보살피고자 힘쓰지 않는다면 당신은 무시무시한 범법을 행하여 율법을 위반하고 있는 것이다. 몸의 안녕을 위하여도 이토록 심히 안타까워 하거늘 여호와 앞에서 무한히 탁월한 영혼의 안전을 위하여 얼마나 많은 열의와 수고가 우리의 빚으로 남아 있다고 할 것인가?[60]

제7계명의 목적은 하나님께서 "정숙과 순결을 사랑하심으로 우리가 모든 더러움을 멀리해야 한다는 데 있다." 하나님은 인간이 육욕에 얼마나 취약한지를 경고하셔서 우리로 하여금 정욕을 억제하게 하신다. "하나님이 간음을 지명해서 금지하신 것은 모든 육욕이 이로 기울고 있으며 심지어 몸에 오욕의 낙인을 찍을 정도로 그 추함이 너무나 크고 현저함으로 이를 지적하여 우리가 모든 육욕을 혐오하는 데 이르게 하려 함이었다."[61]

간음은 광의적으로 적용된다. 칼빈은 이 계명을 크게 네 가지 요점으로 해석한다. 간음은 남자와 여자의 관계에서 일어날 수 있는 다양한 문제에 적용될 수 있는 바, 결혼 이전의 남녀의 성적 관계, 독신의 문제, 부부 생활 그리고 마음에서 일어나는 음란한 생각들을 포함한다. 가장 먼저, 결혼 외에 남녀 간의 동침은 인정되지 말아야 한다. "남자와 여자가 동서(同棲)[62]하는 것은 하나님의 저주 없이 가능하지 않다."[63] 결혼 이외의 결합은 하나님 보시기에 죄악이다. 그러므로 결혼 이외의 결합을 합리화하지 말아야 한다. 오늘날 동거하는 청년들이 많다. 동거는 아니더라도 연애 과정에서 성적인 쾌락을 가벼운 문제로 취급하기도 한다. 하지만 혼인을 조건으로 하는 동거도 인정되지 못한다. 사람은 연약하여 혼인을 약속했다가 상대를 저버리는 일들이 비일비재한 것이다.

둘째, 독신을 고집하는 경우다. 비록 "동정"(童貞)이 "경멸할 수 없는 덕성"일지라도, 이러한 은사는 극소수에게만 주어진다.[64] '어머니의 태로부터 된 고자도 있고 사람이 만든 고자도 있고 천국을 위하여 스스로 된 고자도 있다'(마 19:12). 루터는 로마 가톨릭 사제의 독신 제도는 스스로를 기만하는 것이라고 말한 바 있다. 칼빈 역시 마찬가지다. 칼빈에 따르면, "무절제로 고통을 겪고 몸부림을 이겨낼 수 없는 자들은 각자의 부르심에 따라 순결을 지키기 위해 결혼의 도움을 받아야 한다." 순결은 동정을 지키는 것이 아니다. 참된 순결은 한 아내가 한 남편에게 한 남편이 한 아내에게 정조를 지키는 것을 말한다.[65] 자신의 힘으로 독신의 상태를 유지하기 위해 금욕을 자청하는 이들은 스스로를 기만한다.

셋째, 그러므로 남녀는 결혼하는 것이 일반적이다. 바울 사도는 '음행을 피하기 위하여 남자마다 자기 아내를 두고 여자마다 자기 남편을 두라'(고전 7:2)고 권면한다. 남자들은 대부분 성적인 무절제의 악에 매여 있다. 이러한 불결에 맞서 싸울 "유일한 처방"은 결혼이다. '정욕이 불같이 타는 것보다 결혼하는 것이 낫다'(고전 7:9).[66]

마지막으로, 하나님이 허락하신 신성한 결합이라 할지라도, 무절제하고 방탕한 정욕으로 부부 생활을 더럽혀서는 안 된다. 결혼한 부부들은 배우자를 성적 탐닉의 대상으로 여겨서는 안 되고, 각각 서로를 진지하게 대해야 한다. 칼빈은 다음과 같이 쓴다.

> 그러므로 결혼한 자들이 자기들에게는 모든 것이 가능하다고 판단하는 일이 없도록 하자. 각 남편은 자기의 아내를 단정하고 절도 있게 대하고 각 아내도 자기의 남편에게 그러해야 한다. 그들이 이와 같이 행하면서 결혼의 존귀함과 절조에 무가치한 것은 아무 것도 받아들이지 않게 하자. 왜냐하면 주 안에서 맺어진 결혼은 그것에 걸맞은 절도와 단정함을 추구하면서 극단적인 음란에 빠져들지 않는 것이 마땅하기 때문이다.[67]

어느 지인이 결혼한 후에 포르노그래피를 아내와 함께 시청할 수 있는지에 대해 고민하는 것을 본 적이 있다. 그는 아내에 대해 성적인 매력을 느끼지 못한다고 하면서 부부간의 성적 쾌락을 위해 좀 더 자유분방해질 필요가 있다고 주장했다. 그는 부부간에는 성적인 자유함을 누릴 수 있는 특권이 있다고 생각했다. 하지만 이것은 부부 생활에 대해 하나님이 제정하신 결혼의 원리를 오해한 것이다. 결혼은 부부간의 성적 쾌락을 위해 주어진 명령이 아니다.

또 다른 극단적인 예로 배우자의 성적 욕구 충족을 위해 다른 사람과 성적 관계를 허용하는 경우가 있다. 어느 아내는 남편이 부부간의 동침을 너무 자주 요구한다고 하여 집창촌에 가서 성적 욕구를 해결하라고 하며 부부 생활을 거부한다. 최근 뉴스에서 한 남편은 아내의 성적 욕구를 채워줄 수 없다고 하면서 아내가 남자친구를 사귀도록 허락을 했다. 이러한 모습은 하나님 보시기에 합당한 결혼 생활이 아니다. 모든 것이 과하지 않도록 하나님은 절제를 요구하신다.

> 만약 당신이 순종을 갈망한다면 당신의 마음이 사악한 욕정으로 속에서 불타지 않게 하고, 당신의 눈이 부패한 정서로 음란해지지 않게 하며, 당

신의 몸을 꾸며 음탕하게 되지 말며, 당신의 혀가 더러운 말을 함으로써 당신의 마음에 그런 생각이 일어나게 하지 말며, 당신의 목구멍이 무절제하게 타오르지 않게 하라. 이런 종류의 모든 악은 정결의 순결을 물들이는 오점과 같기 때문이다.[68]

간음에 관한 규정은 결혼에 관한 규정과 같다고 볼 수 있다. 하나님이 한 남자와 한 여자를 창조하셨으므로, 남자와 여자는 합하여 한 몸을 이룬다. 근대에 들어서 간통을 죄로 보지 않는 법들이 제정되기 시작했다. 한국은 2016년 1월 6일에 최종적으로 간통죄를 폐지했다. 간통은 고사하고 동성혼에 대한 법률도 '포괄적 차별금지법'이라는 이름으로 암묵적으로 인정되고 있는 실정이다. 인종 차별에 대한 반대 운동의 명목이나 실상은 성소수자라 불리는 동성애자들을 위한 법이라고 해도 과언이 아니다.

2022년 4월 11일에는 미국에서 최초로 여권에 남녀(M, F)가 아닌 제3성별 표기인 X성을 표기할 수 있도록 시행했다. 제3의 성으로는 레즈비언, 게이, 양성애자, 트랜스젠더 등을 포함한다. 요사이 고등학교에는 레즈비언과 게이가 상당히 많다고 한다. 매년 한국 도처에서 퀴어 축제를 진행하는 도시들이 늘어나고 있는 것도 우연은 아니다.

포괄적 차별금지법은 '성적 지향'(sexual orientation)이라는 이름으로 차별을 철폐하고 평등을 구실로 내세우지만, 실상 간음하지 말라는 성경의 말씀을 전복시키고자 한다. 그들은 성경의 가르침을 모두 동성애적 관점으로 바꾸어 성경의 권위를 훼손시키며 성경을 읽는 독자들에게 말로 다 할 수 없는 혼란을 가중시킨다.

퀴어신학의 대표적 인물인 테오도르 제닝스는 룻기에 등장하는 나오미와 룻의 관계를 전형적인 레즈비언의 사랑이라고 주장한다. 나오미가 룻에게서 아기를 받아 품에 품고 양육자가 되었다는 표현은 룻이 보아스라는 남성과 관계를 맺어 낳은 아이를 통해 레즈비언 커플이 아이를 기르게 되었다는 것이다. 신약성경에 등장하는 백부장이 신하를 고쳐 달라는 사건도 동성 간의 사랑으로 해석한다. 백부장이 부하 애인의 치료를 위해 예수님에게 간청했을 때, 예수님은 그들의 사랑을 인정해 주었다고 말한다. 다니엘 헬미니악은 레위기 18장 22절의 '여자와 동침함 같이 남자와 동침하지 말라'는 말씀을 항문 성교만을 금할 뿐, 동성 간의 성적 행위를 인정하고 있다고 해석한다.[69] 심지어 그리스도는 마르다, 마리아, 나사로와 성적인 관계를 맺었다고 말하며, "양성적-성전환적 인간"으로 제자 요한과 동성애적 성교를 맺는 동시에 마리아와는 이성애적 성교를 가졌다고 주장한다.[70]

성경은 이미 오래전부터 이러한 일을 예고해 왔다. 소돔과 고모라가 멸망한 것은 죄악의 관영함 때문이었다. 죄의 극단에 동성애가 자리하고 있다. 하나님이 세우신 질서를 파괴하고, 음욕을 절제하지 못하여 나타난 현상이다. 바울은 경고한다.

> 이 때문에 하나님께서 그들을 부끄러운 욕심에 내버려 두셨으니 곧 그들의 여자들도 순리대로 쓸 것을 바꾸어 역리로 쓰며 그와 같이 남자들도 순리대로 여자 쓰기를 버리고 서로 향하여 음욕이 불 일 듯 하매 남자가 남자와 더불어 부끄러운 일을 행하여 그들의 그릇됨에 상당한 보응을 그들 자신이 받았느니라(롬 1:26-27).

아우구스티누스는 소돔과 고모라의 동성애 문제는 "인간의 본성을 거스르는 악한 행위"라고 강력하게 규탄한다.

> 이 땅의 모든 사람이 소돔 사람들처럼 하나님이 본래 정해 주신 이성 관계에서 벗어나 동성끼리 관계를 맺게 된다 하더라도 그들 역시 하나님의 법에 견주어 죄인으로 간주될 수밖에 없습니다. 하나님이 창조하신 인간의 본성이 뒤틀린 욕정에 의해 더럽혀지면 하나님과 우리 사이의 사귐이 깨

어지고 맙니다.[71]

제8계명은 '도둑질하지 말라'고 명령한다. 하나님은 인간에게 모든 소유를 주셨다. 그러므로 남의 것을 탈취하는 행위는 "하나님의 경륜에 대한 기만"을 행하는 것이다.[72] 이 계명은 타인의 것을 훔치고 탐하는 것을 금한다. 보다 적극적으로 해석하면, 각 사람이 자기의 소유를 지닐 수 있도록 그들을 신실하게 돕는 일에 힘써야 할 것을 말씀한다. 타인의 소유물에 대해 어떻게 해야 할지에 대해 성경은 말씀한다.

> 네가 만일 네 원수의 길 잃은 소나 나귀를 보거든 반드시 그 사람에게로 돌릴지며 네가 만일 너를 미워하는 자의 나귀가 짐을 싣고 엎드러짐을 보거든 그것을 버려두지 말고 그것을 도와 그 짐을 부릴지니라(출 23:4-5).

> 네 형제의 소나 양이 길 잃은 것을 보거든 못 본 체하지 말고 너는 반드시 그것들을 끌어다가 네 형제에게 돌릴 것이요 네 형제가 네게서 멀거나 네가 그를 알지 못하거든 그 짐승을 네 집으로 끌고 가서 네 형제가 찾기까지 네게 두었다가 그에게 돌려 줄지니 나귀라도 그리하고 의복이라도 그리하고 형제가 잃어버린 어떤 것이든지 네가 얻거든 다 그리하고 못 본 체하지 말 것이며 네 형제의 나귀나 소가 길에 넘어진 것을 보거든 못 본 체하지 말고 너는 반드시 형제를 도와 그것들을 일으킬지니라(신 22:1-4).

더 나아가, 물질이나 물건만이 아니라 타인의 권리 역시 도둑질하지 말아야 한다. 타인의 소유를 유지해야 할 의무를 이행하지 않을 때, 결과적으로 또는 간접적으로 이웃의 재산을 횡령하는 것이 되고 만다. 도둑질에는 다양한 종류가 있다. 종이 자신의 주인을 조롱할 경우, 자기 주인의 은밀한 비밀을 폭로할 경우, 주인의 생명과 재산에 대해 배신할 경우, 반대로 주인이 자기의 가솔들을 괴롭히는 경우 그리고 그러한 것을 계획할 경우 등도 도둑질에 속한다.

뉴스에서 공공연히 보도되는 갑질 문화도 엄밀한 의미에서 도둑질이다. 손님이 식당이나 카페 주인에게 갑질을 하고, 아파트 층간 소음으로 인해 이웃을 괴롭히는 갑질이 일어난다. 회사와 학교에서 직위의 권세로 직원들을 하대하기도 한다. 자기의 소명에 따라 다른 사람에게 빚진 직무를 수행하지 않는 자는 다른 사람에게 속한 것을 자기가 쥐고 있거나 자기의 것으로 삼고 있는 것과 다름 없다.[73] 그러므로 최선을 다해서 이웃이 "자신에게 속한 것을 지켜 나갈 수 있도록 충실히 보살펴 주도록 하자."[74]

제9계명 '이웃에 대한 거짓 증거'(출 20:16)는 무고죄(誣告罪)에 해당한다. 모세는 말씀한다. '너는 거짓된 풍설을 퍼뜨리지 말며 악인과 연합하여 위증하는 증인이 되지 말라'(출 23:1). 하나님은 거짓말을 혐오하신다. 중상모략이나 험담이나 욕설, 일구이언하는 행위는 하나님의 백성에게 합당하지 않다. 욕설은 타인의 명예를 훼손시키고자 하는 악의와 방자한 욕심에서 일어나는 마음이 담긴 비난을 가리킨다. 이를 보다 적극적으로 해석하면, 이웃에 대해 속임 없이 진실을 행해야 할 것을 말씀한다. 이 법을 준수할 때, 우리는 이웃의 "명성"과 "복리"를 합법적으로 섬기게 된다. "한 사람의 재산을 빼앗는 것보다 그의 이름의 순전함을 훼손하는 것이 더욱더 해"롭다.[75]

이웃의 명예를 지키는 일은 입술만 아니라 마음의 일에 속하기도 한다. 마음으로 어떤 구실을 변명 삼아 뒤에서 몰래 비난하는 행위는 "악의와 몰염치한 비방으로부터 나온다." "자기들의 재기(才氣)에 대하여 칭찬을 받고자 목말라 하는 어떤 자들이 이런 일을 한다. 그들은 이러한 무례함으로 때때로 자기 형제들에게 심각한 상처를 입혀 수치와 슬픔을 당하게 한다."[76]

그러므로 만약 우리 안에 하나님에 대한 참된 경외와 사랑이 있다면, 가능하고 유익하며 사랑이 미치는 한 우리의 혀나 우리의 귀를 욕설과 신랄한 풍자에 내주지도 말고 우리의 마음에 그릇된 의심이 담기도록 내버려 두지도 말자. 반면에 우리는 모든 말과 행위에 대한 공평한 해석자로서 우리의 판단, 우리의 귀, 우리의 혀 가운데 그들의 명예가 온전히 순박하게 지켜지도록 하자.[77]

마지막으로 제10계명은 말씀한다. '네 이웃의 집을 탐내지 말라 네 이웃의 아내나 그의 남종이나 그의 여종이나 그의 소나 그의 나귀나 무릇 네 이웃의 소유를 탐내지 말라'(출 20:17). 제 6계명('간음')이나 제7계명('도둑질')도 탐하는 마음과 연관된다. 그렇다면 제10계명은 앞의 계명들과 어떤 의미에서 구별되는가? 칼빈은 "의지의 고의적인 동의"가 있느냐 없느냐로 구분한다. 예를 들어, 제10계명에서 말하는 탐심은 '정욕'과 연관된다. '정욕' 혹은 '욕정'은 '의도'와는 구별된다. "욕정은 공허하고 사악한 대상들에 의해 마음이 찔리거나 간지럽힘 당하기만 해도 그러한 고의나 동의가 없이 존재할 수 있다." 이전의 계명들이 하나님의 백성들의 의지를 자극하여 "분노, 간음, 거짓에 기울거나 끌려가지 못하도록 막으셨"다면, 제10계명은 우리의 마음이 이러한 것들에 "자극을 받는 것조차" 금한다.[78]

한 걸음 더 나아가 제10계명은 탐심을 금하는 데서 멈추지 않고 사랑을 명령한다. "영혼의 모든 권능이 사랑에 사로잡혀 있어야 한다는 것을 누가 부인할 수 있겠는가?" "하나님은 놀라운 사랑의 향기를 명령하셔서 그 한 조각도 탐심으로 인하여 방해를 받지 못하게 하신다. 그는 놀라울 정도로 평정한 마음을 요구하시며, 사랑의 율법에 어긋나는 것을 충동하는 것이면 작은 바늘의 끝만큼도 허용하지 않으신다. 나의 입장이 진중한 동의를 얻기에 부족하다고 당신이 생각하지 않기를 원한다. 이 계명을 이해하도록 처음으로 나에게 길을 연 사람은 아우구스티누스였다."[79]

6. 결론

율법 전체가 지향하는 바는 우리로 하여금 "의의 완성에 이르도록 하나님의 순결을 모범으로 삼아 사람의 삶을 형성하는 데 있다."⁸⁰ 하나님은 자신의 성품을 율법에 기술해 놓으셨다. 그리하여 십계명의 말씀대로 행할 때, 하나님의 자녀들은 "하나님의 형상"을 드러낸다. "우리의 삶은 모든 면에서 우리의 형제들에게 가장 유익할 때 하나님의 뜻과 율법의 교훈에 최고로 순응하게" 된다.⁸¹ 그러므로 우리들은 가까운 형제와 자매들을 사랑하고 도우며, 더 나아가 온 인류 전체를 생각해야 한다. 사람의 성품이 좋든지 그렇지 않든지 간에 하나님을 사랑함으로 이웃을 사랑해야 한다.

> 사랑하는 자들아 우리가 서로 사랑하자 사랑은 하나님께 속한 것이니 사랑하는 자마다 하나님으로부터 나서 하나님을 알고 사랑하지 아니하는 자는 하나님을 알지 못하나니 이는 하나님은 사랑이심이라 하나님의 사랑이 우리에게 이렇게 나타난 바 되었으니 하나님이 자기의 독생자를 세상에 보내심은 그로 말미암아 우리를 살리려 하심이라 사랑은 여기 있으니 우리가 하나님을 사랑한 것이 아니요 하나님이 우리를 사랑하사 우리 죄를 속하기 위하여 화목 제물로 그 아들을 보내셨음이라 (요일 4:7-10).

제10장

그리스도에 대한 기독교 신앙 윤리: 경건의 요체

내가 속히 네게 가기를 바라나 이것을 네게 쓰는 것은 만일 내가 지체하면 너로 하여금 하나님의 집에서 어떻게 행하여야 할지를 알게 하려 함이니 이 집은 살아 계신 하나님의 교회요 진리의 기둥과 터니라. 크도다 경건의 비밀이여, 그렇지 않다 하는 이 없도다. 그는 육신으로 나타난 바 되시고 영으로 의롭다 하심을 받으시고 천사들에게 보이시고 만국에서 전파되시고 세상에서 믿은 바 되시고 영광 가운데서 올려지셨느니라(딤전 3:16).

그러므로 너희가 그리스도와 함께 다시 살리심을 받았으면 위의 것을 찾으라 거기는 그리스도께서 하나님 우편에 앉아 계시느니라 위의 것을 생각하고 땅의 것을 생각하지 말라 이는 너희가 죽었고 너희 생명이 그리스도와 함께 하나님 안에 감추어졌음이라 우리 생명이신 그리스도께서 나타나실 그 때에 너희도 그와 함께 영광 중에 나타나리라 그러므로 땅에 있는 지체를 죽이라 곧 음란과 부정과 사욕과 악한 정욕과 탐심이니 탐심은 우상 숭배니라(골 3:1-5).

1. 그리스도는 경건의 요체

존 오웬은 『그리스도의 영광』에서 우리가 그리스도에 대해서 너무 모르고 있다고 탄식했다.[1] 신앙의 연륜이 오래된 그리스도인들조차도 윤리, 도덕, 경건, 성화 등의 단어와 관련하여 그리스도가 누구이신지를 살펴보는 것을 중요하게 여기지 않는다. 중보자 그리스의 인격과 사역에 관해 다루는 기독론을 어렵게 느끼기 때문이기도 하지만, 신앙 윤리의 원리가 일반 도덕적 원리와 완전히 별개의 것이라는 것을 주의 깊게 생각하지 않기 때문이기도 하다.

기독교의 신앙 윤리는 세상의 도덕적 기준과는 매우 판이한 출발점을 가지고 있다. 일반 도덕은 임마누엘 칸트(1724-1804)의 정언명령처럼 인간에게 해야 할 의무를 명령하고 단순히 그것을 행하라고 가르치며 또한 행할 수 있음을 전제한다. 하지만 기독교의 신앙 윤리는 십계명을 하나님의 자녀들에게 주어진 윤리적 의무로 제시하면서도, 십계명을 온전히 수행할 수 없다고 가르친다. 의인은 없나니 하나도 없다(롬 3:10).

율법에서 우리는 신앙 윤리의 출발점이 되시는 그리스도를 향하게 된다. 그리스도의 인격과 사역, 즉 그리스도가 참 하나님이시자 참 사람으로서 이 땅에 오셔서 중보자의 직무를 감당하셨다는 사실은 그리스도인들의 신앙 윤리에 있어서 주요하고 고유한 원리다.

토머스 왓슨은 그리스도를 아는 지식을 가리켜 전유(專有, appropriation)하는 지식이라고 말한다. 전유는 '자신의 것으로 삼는 지식'을 말한다. 그리스도를 올바로 전유한다는 것은 "예수와 주를 연결"시킴을 의미한다. 어떤 이들은 그리스도를 예수로 시인하지만, 주님으로는 받아들이지 않는다. 반면 그리스도에 대한 전유적 지식은 예수께서 그리스도이시면서 자신의 마음속에서 진정한 왕으로서 인정하는 지식을 가리킨다.[2]

개혁파 정통 스콜라 신학자인 페트루스 판 마스트리흐트(1630-1706) 역시 이러한 전유적 지식의 중요성을 언급한 바 있다. 디모데전서에서 언급된 경건에 대한 지식은 '아버지께 듣고 배운 사람'(요 6:45)처럼 하나님에 의해 가르침을 받는 것인데, 특별히 외적으로는 말씀(the Word)에 의해 그리고 내적으로는 성령(the Sprit)에 의해 가르침을 받는다.[3] 이러한 경건의 지식으로 인하여 성도들은 그리스도로부터 능력을 힘입는다. 그리스도는 십계명의 율법을 온전히 성취하신 하나님의 의이시다(롬 3:21).

십계명을 그리스도인의 덕목으로 또는 삶의 규범으로 지키는 것은 그리스도와 분리된 것이 아니라 그리스도 안에서 이루어진다. 바울은 디모데전서 3장에서 교회의 직분들에 대해 언급하면서, 각각의 직분이 가지고 있는 경건의 덕목들을 제시한다. 장로는 선한 일을 도모해야 하고 자기 집을 잘 다스릴 줄 알며, 집사는 이(利)를 탐하지 아니하고 깨끗한 양심에 믿음의 비밀을 가진 자라야 한다.

이 모든 직책과 삶의 능력들은 모두 그리스도에게서 온다. 바울은 고백한다. '크도다 경건의 비밀이여, 그렇지 않다 하는 이 없도다 그는 육신으로 나타난 바 되시고 영으로 의롭다 하심을 받으시고 천사들에게도 보이시고 만국에서 전파되시고 세상에서 믿은 바 되시고 영광 가운데서 올려지셨느니라'(딤전 3:16). 경건의 큰 비밀은 따로 있는 것이 아니다. 그리스도가 경건의 비밀이시다.

그리스도가 아니라면 성도들은 기도와 예배조차 온전히 드릴 수 없다. 청교도 존 프레스톤(1587-1628)은 "올바른 기도란, 새로워진 영으로부터 우러나오는 거룩하고도 선한 의향을 예수 그리스도의 이름으로 하나님께 표현하고 올려 드리는 것"이라고 말한다. 하나님은 오직 예수 그리스도의 이름으로 드려지는 기도만을 받으신다. 그리스도 안에 있지 않은 자연인의 기도는 받아들여지지 않는다.

웃시야는 성전에 들어가서 제사장 없이 향단에 분향하려다가 나병에 걸리고 말았다(대하 26:16-19).[4] 사울왕은 블레셋과의 전투에서 전열이 흩어지자 군대의 사기를 높이기 위해 제사장만이 해야 할 직무를 행하려다가 왕권이 오래가지 못할 것이라는 심판을 받았다(삼상 13:8-14). 예수 그리스도 없이 하나님께 기도하려는 것은 웃시야와 사울의 범죄와 다르지 않다.[5] 나다니엘 빈센트(1638-1697)는 기도에 대해 정의하기를, "지각이 있고 믿음 있는 영혼이 하나님을 향해 수행하는 의무로서, 그분의 뜻에 따라 그리스도의 이름으로 구하며, 이미 받은 것에 대해 감사하면서 구하는 것"이라고 했다.[6] 토머스 왓슨(1620-1686)은 기도의 중보자 그리스도에 관해 다음과 같이 말한다.

> 예수 그리스도는 우리가 기도한 내용으로 또 기도하신다. 그분은 하나님께 불순물이 제거된 정금만을 바치신다. 성도들의 기도에 자신의 아름다운 향을 섞으신다(계 5:8). 그리스도의 존엄하심을 생각해 보라(그분은 하나님이시다. 그분이 지니신 관계의 아름다움을 생각해 보라). 그분은 하나님의 아들이다. 여기에서 우리를 기도하게 하는 용기가 생긴다! 우리의 기도는 중보자이신 예수님의 두 손 위에 올려져 있다. 우리에게서 나온 기도는 힘없고 불완전하지만, 그리스도께로부터 나온 기도는 능력 있고 응답 받는 기도다.[7]

그리스도인들은 "'그리스도를 통해,' '그리스도 때문에', '그리스도의 이름으로', 그분께 나아"간다. 오직 그리스도의 피를 통해 "지성소에 들어갈 수 있으며, 영광스러운 아버지를 예배하고 찬양할 수 있다."[8] 예배의 중심 역시 그리스도다. "그리스도는 그가 말씀하신 것이나 행하신 것, 고통 당하신 것에 의해서뿐만 아니라 그 자신의 인격에 의해서도 예배의 중심이시다. 사도들의 영광은 그들이 생명의 말씀을 듣고 보고 손으로 만진 데 있다."[9]

죄를 죽이는 일은 어떠한가? 일반적으로 성화라고 말하면 거룩한 삶을 일컫는데, 이를 인간의 의지적 노력에 결부시키는 이들을 자주 접하게 된다. 성화를 세상적 기준의 도덕적 삶으로 이해하는 것은 성화의 요체가 그리스도라는 사실을 알지 못하기 때문이다. 혹은 그리스도를 윤리적 모범으로 이해하기 때문이다. 로이드 존스는 이러한 관점을 개탄스러워 한다.

> 만약 제가 어떤 이들처럼 나사렛 예수가 영존하시는 하나님의 아들이 아닌 인간에 불과하다고 믿는다면, 또 우리의 유일한 희망은 오직 그의 가르침을 받아들여 실천하는 데 있다고 믿는다면, 저야말로 세상 모든 사람 중에 가장 절망적이고 비관적인 사람이 될 것입니다.[10]

존 오웬은 죄를 죽이는 일조차 그리스도와의 교제 가운데서만 가능하다고 말한다.

> 그리스도와 먼저 관계를 맺는 일을 시도하지 않고 죄를 죽이려고 덤벼드는 자들이 겪게 되는 일반적인 결과가 바로 이것이다. 그런데 그것도 모르고 계속 속아 넘어가서 자신을 현혹시키면, 결국 스스로를 파멸에 몰아넣게 된다 우리 주변에는 절망적인 상태에 있는 사악한 죄인이 많이 있다. 하지만 죄를 뉘우치는 자리까지 왔으면서도 그리스도를 만나지 못한 채 열매 없는 자가 되고 마침내 버림을 받는 것처럼 애석한 일도 없을 것이다. 그런데 이것이 세상에서 가장 멋지게 보이는 형식주의자들의 종교와 경건의 실체다. 또한 로마 가톨릭에서 권유하는 죄 죽이기의 실체이기도 하다. 그들은 죄 죽이기의 일환으로 인디언들에게 세례를 강요하거나 가축을 물속으로 떠밀어 넣는다.[11]

세상의 도덕 기준에 비추어 죄를 억제하는 시도는 실패할 수밖에 없다. 그리스도와의 관계를 맺고 있지 않으면 죄를 죽이는 일은 "절대로 성공하지 못할 것"이기 때문이다.[12] 오웬은 자신의 저서 『그리스도의 영광』에서 말하길, "하나님께서 그리스도의 인격 안에서 자신의 영광을 사람들의 영혼에 나타내신다는 것을 분변하지 못하는 사람"은 불신자와 같다고 단언한다.[13] 같은 맥락에서 리차드 십스는 오직 "그리스도의 빛"을 받은 사람만이 "사물에 대한 올바른 판단력을 소유하고, 그 판단력으로 자신의 마음을 다스"릴 수 있다고 강조한다.[14]

토머스 왓슨은 그리스도에게 가치를 두지 않는 사람은 경건한 자가 아니라고 단언한다. 그에 따르면 그리스도에게 가치를 두지 않는 이들은 네 부류로 나뉜다. 첫째, 유대인들은 "그리스도를 모욕하고 전가된 의를 경시한다." 그들은 그리스도를 조롱하여, 예수의 모친 마리아를 "마라"(Marah, 쓰다)라고 부른다. 둘째, 소시누스파[15]다. 이들은 그리스도의 인성만을 인정하면서 천사보다 못한 존재로 취급한다. 셋째는 이름만 그리스도인인 사람들이다. 이들은 구원을 그리스도의 공로로 돌리는 반면에, 그 공로에 자신들의 행위를 가미한다. 마지막으로 세상 학문만을 좇아 사는 사람들이다. 과학과 예술 등의 학문들은 가치가 있지만, 자칫 이러한 학문들이 "그리스도를 알아 가는 것을 소홀하게 한다면 흠이 된다."[16]

단순히 공중도덕을 잘 지키고, 사회 질서를 준수하고, 착한 행실로 사람들에게 인정 받는 것은 참된 경건이 아닐뿐더러, 죄로 타락한 인간은 그렇게 살지도 못한다. 제 아무리 인간적으로 깨끗한 삶을 살았다고 평가 받는 시타르타도, 공자와 맹자도 그리고 이순신 장군도 구원 받지 못했다. 불교와 유교가 말하는 자비와 부모 공경은 자신들의 구원을 위한 질료가 되므로 하나님 보시기에는 죄에 다름 아니다.

경건과 성화의 삶을 태동시키고 배양하는 의의 질료는 하나님이신 그리스도시다. 선지자들과 사도들은 그 누구보다 이 사실을 가장 잘 드러내었다. 마태는 이사야의 말씀을 인용한다. '상한 갈대를 꺾지 아니하며 꺼져 가는 심지를 끄지 아니하기를 심판하여 이길 때까지 하리니'(마 12:20). 리차드 십스에 따르면, "선지자 이사야는 지금 예언의 영을 날개 삼아 자신이 살던 시대에서 예수 그리스도께서 성육하신 시대로 시간을 초월하여 옮겨 갔으며, 예언의 눈으로, 또한 믿음의 눈으로 현존하시는 그리스도를 생생하게" 보았다.[17]

예레미야 선지자는 예언했다. '여호와의 말씀이니라 보라 때가 이르리니 내가 다윗에게 한 의로운 가지를 일으킬 것이라 그가 왕이 되어 지혜롭게 다스리며 세상에서 정의와 공의를 행할 것이며 그의 날에 유다는 구원을 받겠고 이스라엘은 평안히 살 것이며 그의 이름은 여호와 우리의 공의라 일컬음을 받으리라'(렘 23:5-6). 그리스도는 다윗에게서 '공의로운 가지'로 나셔서 '이 땅에 정의와 공의를 실행할'(렘 33:15) 분으로 예언되었으며 실제로 그 일을 성취하셨고 또 성취하고 계신다.

사도 요한은 '말씀이 육신이 되어 우리 가운데 거하시매 우리가 그의 영광을 보니 아버지의 독생자의 영광이요 은혜와 진리가 충만'하신 분이라고 진술한다(요 1:14). 바울은 골로새 교회의 성도들에게 위의 것을 찾으라고 명령한다. '위의 것'은 무엇을 가리키는가? 하늘 나라에 있는 무엇인가? 땅에 있는 것이 아닌 좀 더 고상하고 좀 더 아름다운 영원한 것인가?

바울은 곧바로 위의 것이 바로 그리스도라고 말씀한다. 그곳에는 그리스도께서 하나님 우편에 앉아 계신다(골 3:1). 실제로 바울은 위의 것을 찾는 삶을 추구했다. 그는 그리스도를 얻기 위하여, 그리스도를 위해 모든 것을 잃어버리고 배설물로 여겼다(빌 3:8b). 그는 복음을 전하면서 복음에 합당한 삶을 살기 위해 몸부림쳤다. 그는 자기 '몸을 쳐 복종하게 함은 내가 남에게 전파한 후에 자신이 도리어 버림을 당할까 두려워' 했을 뿐 아니라(고전 9:27), 성도들에게도 '항상 복종하여 두렵고 떨림으로' 구원을 이루라고 명령한다(빌 2:12). 그리스도는 '하나님의 의'이시다. 그리스도가 세

상에 오신 목적은 불의로 가득한 세상에 의를 회복하기 위함이다.[18]

개혁신학자들은 하나같이 이 사실을 염두에 두었다. 칼빈은 고백했다.

> 만약 우리가 구원을 구한다면 우리는 예수라는 이름 그 자체로 인해서 구원이 그의 수중에 있음을 배우게 될 것이다(고전 1:30). 만약 우리가 성령의 어떤 다른 은사들을 진심으로 구한다면 그리스도의 기름 부음 가운데서 그것들을 발견하게 될 것이다. 만약 우리가 힘을 구한다면 그것은 그리스도의 주권에, 순수함을 구한다면 그의 잉태되심에서, 너그러움을 구한다면 그의 태어나심에서 찾을 수 있을 것이다. 왜냐하면 그의 태어나심을 통해 그는 모든 면에서 우리와 같이 되셔서(히 2:17) 아파하는 것을 배우셨기(참조. 히 5:2) 때문이다.[19]

동일한 맥락에서 참된 경건과 성화의 시작은 땅의 것이 아닌 위의 것, 즉 하나님이신 그리스도를 열심히 구하고 찾는 것이다. 로이드 존스는 말한다.

> 이 약하고 겸손한 사람은 누구입니까? 목수로 일하는 이 사람은 누구입니까? 뱃고물에서 잠들어 버린 사람, 배고파하고 목말라하는 이 사람은 누구입니까? 체포되어 심문을 받은 후 유죄 판결을 받아 연약하게 죽임을 당한 사람, 십자가에서 생명이 끊어져 무덤에 장사된 이 사람은 누구입니까? 이 사람은 대체 누구입니까? 그 답을 알고 있음으로 인해 감사하십시오. 그는 영광의 왕, 하나님의 아들입니다! 사랑하는 여러분, 이것이 기독교의 전부입니다. 우리는 어떤 상황에서도 이 사실을 붙잡아야 하며 이 사실을 바라보아야 합니다. 우리의 구주는 하나님의 아들, 바로 그분입니다.[20]

예수 그리스도는 말씀하셨다.

> 구하라 그리하면 너희에게 주실 것이요 찾으라 그리하면 찾아낼 것이요 문을 두드리라 그리하면 너희에게 열릴 것이니 구하는 이마다 받을 것이요 찾는 이가 찾아낼 것이요 두드리는 이에게는 열릴 것이니라. … 너희가 악한 자라도 좋은 것으로 자식에게 줄 줄 알거든 하물며 하늘에 계신 너희 아버지께서 구하는 자에게 좋은 것으로 주시지 않겠느냐(마 7: 7-11).

잘 알려져 있는 것처럼 '좋은 것'은 성령을 가리킨다(눅 11:13). 하나님은 성령을 주심으로 우리가 그리스도 안에 거하고 그리스도가 우리 안에 거하시는 줄을 알게 하신다(요일 4:13). 또한 성령을 주심으로 우리 가운데서 능력을 행하시는 이는 그리스도시다(갈 3:5). 그리스도가 교회의 머리가 되심으로 그의 지체들은 자라간다. '온 몸이 머리로 말미암아 마디와 힘줄로 공급함을 받고 연합하여 하나님이 자라게 하시므로 자라'게 된다(골 2:19). "그리스도의 영이 거하는 몸은 죄에 대해서 이미 죽었으며, 앞으로 지을 죄에 대해서도 죽이는 일은 계속 진행된다. 이렇게 해서 새롭게 된 몸은 의에 대해 다시 산다. 바울은 우리가 성령으로 말미암아 그리스도와 더불어 연합해야만 그 안에서 성령이 우리의 필요를 따라 적절하게 역사하신다고 전한다(롬 8:11). 그러므로 그리스도와 관계를 맺지 않은 상태에서 육신의 정욕을 죽이고자 하는 것은 모두 헛된 짓이다."[21]

2. 중보자 그리스도의 필연성

삶은 지식에 의해 결정된다. 아는 것이 없이 살 수 없다. 이성 없는 의지는 닻을 잃어버린 배와 같아 파도에 떠밀려 간다. 순서상 이성이 먼저이며 의지가 뒤따른다. '의인의 입술은 여러 사람을 교육하나 미련한 자는 지식이 없어 죽는다'(잠 10:21). 이스라엘이 앗수르에 망하게 된 것은 하나님을 아는 '지식'이 없었기 때문이다(호 4:6). 가난한 자에 대한 동정심은 가난을 많이 경험한 사람일수록 깊은 법이다. 앎과 삶의 관계는 그리스도에 대한 앎과 그리스도인으로서의 삶의 관계를 반영한다.

예수님은 말씀하셨다. '내 안에 거하라 나도 너희 안에 거하리라 가지가 포도나무에 붙어 있지 아니하면 스스로 열매를 맺을 수 없음 같이 너희도 내 안에 있지 아니하면' 열매를 맺을 수 없다(요 15:4). 그리스도를 잘 아는 사람이 하나님을 사랑한다. 하나님을 사랑하는 사람이 가족과 이웃을 사랑한다. 가족을 사랑하는 사람이 원수를 사랑할 수 있다. 그러므로 그리스도를 알지 못하면 아무것도 알지 못하며 올바른 삶을 기대할 수 없다. 사람이 '영생을 얻는 줄 생각하고 성경을 연구하거니와' 이 성경은 곧 예수 그리스도에 대해 증언한다(요 5:39).

성경은 그리스도에 대해 무엇이라 증언하는가? 여기서 잠시 세상이 그리스도를 어떻게 이해하고 있는지를 잠시 살펴볼 필요가 있다. 모든 종교는 인간의 죄를 인정하는 듯 보인다. 하지만 죄의 문제를 해결하기 위해 금욕과 고행을 주장하거나, 선행을 내세운다. 불교는 자비를, 로마 가톨릭은 행위를, 유교는 조상 숭배를, 이슬람교는 알라에 대한 맹목적 복종을 강조한다. 가만히 살펴보면 모두 구원의 방법이 인간의 행위에 기초한 공로주의 사상을 견지하고 있다. 또는 인간 자신의 어떠함이 구원의 중보에 필수적인 역할을 한다. 모든 종교가 절대적인 존재인 하나님을 상정하고 있지만, 그 어떤 종교도 중보자가 하나님이어야 한다는 생각에는 미치지 못한다.

반면, 기독교는 처음부터 하나님이 구원의 길을 제정하신다고 선포한다. 하나님과 인간 사이에 중보자가 "참 하나님과 참 사람"이라는 것은 "하늘의 작정으로부터" 말미암는다.[22] 하나님은 너무나 거룩하셔서 죄인은 하나님께 범접할 수 없다. '모든 사람이 죄를 범하였으매 하나님의 영광에 이르지 못하'게 되었다(롬 3:23). 아담은 죄를 범한 즉시 에덴에서 추방되었다. 하나님은 아담이 '손을 들어 생명 나무 열매도 따먹고 영생할까' 하여 '에덴 동산 동쪽에 있는 그룹들과 두루 도는 불 칼을 두어 생명 나무의 길을 지키게 하셨다'(창 3:24).

생명 나무는 신비한 영적 에너지를 담지하고 있는 나무가 아니다. 실제로 그런 나무가 있다고 할지라도, 먹는다 한들 영생을 얻는 것이 아니다. 생명 나무는 하나님에 대한 지식을 상징하는 성례전으로 봐야 한다. '영생은 곧 유일하신 참 하나님과 그가 보내신 자 예수 그리스도를 아는 것'이다(요 17:3). 아담은 타락하기 이전에 생명 나무라는 평범한 나무를 보고서 하나님의 약속이 있는 나무라는 인식을 했을 것으로 보인다. 카이퍼에 따르면, 개혁주의 선조들은 "생명 나무는 보통 나무에 불과했고 단지 약속만이 유입되는 은혜의 원천이라고 주장했다."[23] 아담의 타락 이후, 생명 나무는 구원자이신 예수 그리스도를 가리키는 성례전적 표징이다.

사람 중에는 하나님의 심판을 면할 자가 없을 뿐만 아니라 중보할 수 있는 사람은 더욱 한 사람도 없다. 아담의 타락 이후 세상은 죄악으로 관영하게 되었다. 아담의 아들 가인은 동생 아벨을 죽였다. 라멕은 소년을 죽이고서 판단하기를 '가인을 위하여는 벌이 칠배일진대 라멕을 위하여는 벌이 칠십 칠배이리로다'(창 4:24)라고 자신을 변호했다. 하나님의 택한 백성들은 죄악 가운데 유기된 자들의 딸들의 아름다움에 현혹되기 시작했으며 '자기들의 좋아하는 모든 자로 아내를 삼'았다(창 6:2). 하나님은 '사람의 죄악이 세상에 관영함과 그 마음의 생각의 모든 계획이 항상 악할 뿐임을 보시고 땅위에 사람 지으셨음을 한탄하사 마음에 근심하셨다'(창 6:5-6).

천사도 중보자가 될 수 없다. 천사는 하나님이 아니며 인간도 아니다. 천사는 전체를 대표하는 머리로 지음 받지 않았으며 개별적인 존재로 창조되었다. 그리고 하나님을 섬기고 인간의 유익을 위해 하나님의 심부름꾼 역할을 한다. 따라서 중보자의 자격이 없다.

중보자는 하나님의 진노를 누그러뜨리고 죄로 타락한 인간을 거룩하신 하나님께로 화목시킬 수 있는 자격을 갖추어야 한다. 따라서 하나님이시자 사람이신 분만 중보자가 될 수 있다. 칼빈은 중보자의 요건에 대해 다음과 같이 말한다.

> 따라서 하나님의 아들이 우리를 위하여 "임마누엘", 즉 "우리와 함께 계시는 하나님"이 되셔야 했다. 실로 이 법칙에 따라 그의 신성과 사람들의 본성이 상호적인 결합 가운데 서로 견고해졌다. 이러한 일이 없었다면 우리는 하나님이 우리와 함께 거하실 소망을 가질 수 없었을 것이다. 왜냐하면 하나님과 우리 사이에 긴밀함이 없지는 않으나 충분할 만큼 가깝지는 않으며, 하나님과 우리 사이에 닮음이 없지는 않으나 충분할 만큼 견고하지는 않기 때문이다. 우리의 불결함과 하나님의 완전한 정결함 사이에는 얼마나 요원한 간격이 있는가! 비록 사람이 모든 오점으로부터 자기를 순수하게 지켰다고 하더라도 그의 상태는 중보자가 없이 하나님께로 나아갈 수 있을 정도로 고상하지는 않았을 것이다. 하물며 처참하게 파멸되어 죽음과 지옥에 던져졌고, 수많은 얼룩으로 더럽혀졌으며, 자기의 추태로 뒤범벅이 되었으며, 모든 저주에 짓눌린 사람에게 무슨 소망이 있겠는가?[24]

문병호가 잘 언급한 것처럼 칼빈은 중보자에 대한 수사학적 표현을 통해 그리스도가 구속자로 오셔야 할 필연성을 강조한다.[25] "중보자 없이는 하나님을 아는 어떤 지식도 구원에 이르는 열매를 맺지 못한다." "중보자가 없이는 결코 옛날 백성에게 용서를 베푸시지 않았을 뿐만 아니라 은혜의 소망도 주시지 않았다." "중보자 없이는 인류를 용서하지 않으"신다.[26] 문병호는 중보자의 필연성을 세 가지로 간결하게 요약한다. 중보자 없이는 '하나님을 아는 지식'이 없고, '택함과 사랑'이 없으며, '하나님께 나아갈 수' 없다.[27] 파스칼은 이야기한다.

예수 그리스도 밖에서 신을 찾고 자연 속에서 머뭇거리는 모든 사람은 만족할 만한 어떤 빛도 발견하지 못하거나 아니면 중보자(仲保者) 없이 신을 알고 섬길 방도를 창안하기에 이르러, 결과적으로는 무신론이나 이신론에 떨어진다. 기독교는 이 둘을 거의 동일하게 혐오한다.[28]

3. 그리스도의 인격: 참 하나님이면서 참 사람이 되심

중보자 그리스도를 아는 지식에 있어서 중요한 두 가지 요소는 그리스도의 인격과 사역이다. 먼저 그리스도의 인격에 대한 지식이 중요하다. 그리스도는 위격상, "하나님의 영광의 형상이시다."[29] 그리스도의 인격은 하나님과 인간 사이의 화목을 위한 중보자의 요건으로 매우 중요한 역할을 한다. 첫째, 그리스도는 신인 양성의 존재여야 한다. 다시 말해, 참 하나님이시면서 참 사람이어야 한다. 성경은 예수 그리스도를 사람으로 말하는가 하면 하나님으로 묘사하기도 한다. 중보자가 되실 분은 참 하나님이시기에 세상의 죄를 멸하실 수 있다.[30]

둘째, 대속의 원리다. 중보자는 죄로 타락한 인간의 죄를 짊어지고 대신하여 형벌을 치러야 한다. 중보자는 죄의 심판을 받아 죽음의 형벌을 받으셔야 한다. 영원부터 하나님의 말씀으로 계신 하나님의 독생자는 죽음의 짐을 받으실 수 없음으로 인성을 취하셨다. 이는 "우리가 마땅히 받아야 할 죄의 값을 우리와 동일한 육체 가운데서 지불하시고자 함이었다." "하나님으로서 홀로 죽음을 겪을 수 없고 사람으로서 홀로 그것을 이길 수 없기 때문에, 인간의 본성에 하나님의 본성을 연합하셔서 인성의 연약함으로는 자기를 내어 주사 죄를 속하고자 하셨으며, 신성의 능력으로는 우리를 위해 죽음과 씨름하면서 승리를 얻고자 하셨다."[31]

그리스도가 십자가에 달렸을 때 제자들은 이 사실을 이해하지 못했다. 그들이 예수님이 받으실 영광을 세상 임금의 영광으로 오해했다. 예수님은 그들에게 답하셨다. '한 알의 밀이 땅에 떨어져 죽지 아니하면 한 알 그대로 있고 죽으면 열매를 많이 맺는다'(요 12:24). 십자가 아래에서 예수님의 기적을 보고자 했던 이들도 마찬가지다. 그들은 '그가 남은 구원하였으되 자기는 구원할 수 없도다 그가 이스라엘의 왕이로다 지금 십자가에서 내려올지어다 그리하면 우리가 믿겠노라'(마 27:42)고 조롱했다.

이사야의 예언처럼 '우리는 다 양 같아서 그릇 행하여 각기 제 길로 갔거늘 여호와께서는 우리 모두의 죄악을 그에게 담당시키셨다'(사 53:6). 그리스도가 '곤욕과 심문을 당하고 끌려 갔으나' 아무도 '그가 살아 있는 자들의 땅에서 끊어짐은 마땅히 형벌 받을 내 백성의 허물 때문이라'고 생각하지 못했다(사 53:8). 하지만 그리스도는 우리를 구원하시기 위해 '자기 영혼을 버려 사망에 이르게 하며 범죄자 중 하나로 헤아림을 받으'시고 '많은 사람의 죄를 담당하며 범죄자를 위하여 기도하셨다'(사 53:12).

셋째, 그리스도께서 중보자로 오신 목적은 다름 아닌 택한 자기 백성을 구속하시기 위함이다. 그리스도인들 가운데 그리스도의 오심의 목적에 대해 다양한 상상을 한다. 어떤 이들은 아담이 처음부터 타락하지 않았더라면 그리스도가 오지 않으셨을 것이라고 생각한다. 죄를 멸하시고 구원을 주실 이유가 없기 때문이다. 이는 마치 지나간 역사 속에서 일어난 실제 사건이 일어나지 않았더라면 어땠을까 하고 가정하는 바와 같다.

하지만 이것은 하나님의 작정과 경륜에 대해 인간의 이성을 사용하여 임의적으로 해석한 것이다. 하나님은 세상을 창조하시기 이전에 이미 모든 것을 작정 가운데 그리스도를 구속자로 정하시고, 성자 하나님은 기꺼이 언약의 머리가 되기로 받아들이셨다. "참으로 모든 성경이 그를 구속주가 되시기 위하여 육체를 입으셨다고 단언하고 있으므로 그 이상의 또 다른 명분이나 또 다른 목적을 상상하는 것은 매우 어리석은 것이다."[32]

오시안더의 문제점이 여기에 있다. 오시안더는 그리스도의 오심을 모범론적으로 해석한다. 그리스도께서 사람의 육체를 취한 것은 구원 받은 이들에 대한 사랑을 보여주기 위함이며, 그리스도를 바라보고 그와 같이 메시야를 닮도록 하기 위함이었다는 것이다.[33] 오시안더는 사람이 하나님의 형상으로 창조된 이유는 다름 아니라 앞으로 오게 될 그리스도를 모범으로 삼아 빚어졌기 때문이라고 주장한다. "아버지가 육체로 옷 입히실 것을 미리 작정하신 그리스도께 맞추어 사람이 지음을 받았다는 것이다."[34] 이러한 중보자의 목적에 대한 설명은 하나님의 작정의 원리를 사변으로 확장시켜 내린 상상의 오류에 빠질 뿐만 아니라 중보자의 인격에 대해 비성경적인 해석을 가한다.

하지만 위에서 살펴본 바와 같이 그리스도의 인격은 참 사람이자 참 하나님이 한 분 위격으로 존재하다는 사실에 있으며, 오직 이 인격을 가진 자라야 죄로 타락한 인류를 구원할 수 있다.

3. 그리스도의 사역에 대한 지식: 삼중직 - 선지자, 왕, 제사장

중보자 그리스도를 아는 지식에 있어서 중요한 두 번째 요소는 그리스도의 사역이다. 중보자의 사역으로서 그리스도께서 감당하신 사역은 세 직분으로 구분된다. 그리스도는 선지자, 왕, 제사장의 직분을 감당하신다. 이 사실은 그리스도께서 이 땅에 오신 목적과 그로 인하여 우리가 얻는 유익들이 어떤 것인지 아는 데 매우 필수적이다. 이단들은 그리스도의 이름을 부르고 믿는다고 하지만, 그들에게는 그리스도의 이름만 있을 뿐, 실체가 없다. 로마 가톨릭은 그리스도를 "하나님의 아들, 세상의 구속주"로 묘사하지만 "공허한 이름을 내세워 헛된 구실을 삼는 데 만족하며, 그리스도에게서 그의 능력과 고귀함을 벗겨 내는 일을 하고 있을 뿐이다."[35]

잘 알려진 바와 같이 종교개혁 시대의 면죄부가 그러하다. 그리스도의 십자가를 통한 대속의 은혜가 아니라 인간의 행위를 통한 공로주의 사상이 그렇다. 왜 그러한가? 그리스도의 직분에 대한 이해가 결여되어 있기 때문이다. 오늘날 로마 가톨릭은 면죄부를 더 이상 발행하지 않지만, 보이지 않는 면죄부를 지금도 발행한다. 고행성사가 그러하며, 다양한 성례, 특별히 미사가 그러하고, 연옥 교리가 그러하며, 마리아 숭배가 그러하다.

> 그러므로 믿음이 그리스도 안에서 견고한 구원의 질료를 발견하고 흔들림 없이 그 속에 머물기 위해서는, 아버지에 의해서 그에게 부과된 직분이 세 부분으로 이루어진다는 다음 원리가 수립되어야 한다.[36]

제사장, 왕, 선지자 직분은 무엇을 의미하는가? 이 직분들의 "목적과 용법을 아는 지식에 미치"는 것은 신앙의 유익에 매우 중요하다.[37] 율법 아래에서 제사장, 왕, 선지자들은 기름 부음으로 구별되어 직분을 감당했다. 먼저, 선지자직은 복음을 선포하는 직분이다. 예수님은 복음을 가르치며 선포하고 전도하는 직분을 감당하셨다. 구약 시대의 선지자들에게 말씀을 전하시고 가르치신 분은 그리스도 자신이었다. 선지자들은 스스로 말을 지어내지 않았다. 하나님이 말씀하신 것을 전하였다. 베드로는 진술한다. '이 구원에 대하여는 너희에게 임할 은혜를 예언하던 선지자들이 연구하고 부지런히 살펴서 자기 속에 계신 그리스도의 영이 그 받으실 고난과 후에 받으실 영광을 미리 증언하여 누구를 또는 어떠한 때를 지시하시는지 상고하니라'(벧전 1:10-11). 구약의 선지자들은 모두 그리스도를 알고 싶어 했다.

하나님이 자신의 백성들에게 끊임없이 선지자들을 파송하심으로써 구원을 위해 충분하고도 유용한 교리가 그들에게 핍절되지 않도록 해 주셨음에도 불구하고, 경건한 사람들의 마음은 오직 메시아의 도래에 의해서만 완전한 지혜의 빛을 소망할 수 있다는 신념에 젖어 있었다.[38]

모세는 창세기에서 하나님의 창조 기사를 말씀한다. 창조는 하나님의 전능하심과 위엄과 주권을 드러내지만, 가장 중요한 사건은 말씀으로 창조하셨다는 것을 보여주고자 한다. 모세는 그리스도를 나타내시려는 하나님의 계획을 보았다. 그래서 기록하기를 '하나님이 이르시되 빛이 있으라 하시니 빛이 있었다'(창 1:3)라고 묘사한다. 하나님은 말씀으로 천지를 창조하셨다. 이를 통해 모세는 하나님의 말씀이 영원 전에 전파되기로 준비되었음을 말씀하고 있다.

구약의 모든 선지자가 마찬가지다. 선지자들 가운데 역사적 관점에서 가장 공식적이며 앞선 선지자는 사무엘이다. 이스라엘 역사를 보면, 사사 시대가 막을 내리고 곧바로 선지 시대가 열린다. '사무엘 때부터 이어 말한 모든 선지자도 이 때를 가리켜 말했다'(행 3:24). 성경은 사무엘이 앞으로 하게 될 일들을 세 가지로 요약한다. '내가 나를 위하여 충실한 제사장을 일으키리니 그 사람은 내 마음, 내 뜻대로 행할 것이라 내가 그를 위하여 견고한 집을 세우리니 그가 나의 기름 부음을 받은 자 앞에서 영구히 행하리라'(삼상 2:35). 사무엘은 하나님의 마음, 하나님의 뜻대로 행할 것이다. 하나님이 그를 위해 하나님의 집을 견고하게 세울 것인데, 그중에 가장 중요한 사역은 '기름 부음을 받은 자 앞에서 행'하는 사역이다. 사무엘은 앞으로 사울왕과 다윗에게 기름을 붓게 될 터이다. 하지만 사무엘이 기름부을 특별한 왕은 다름 아닌 다윗이다. 더 나아가 단순히 다윗만을 기대한 것이 아니라 다윗의 후손을 기대했다. 누가는 진술하기를, '그는 선지자라 하나님이 이미 맹세하사 그 자손 중에서 한 사람을 그 위에 앉게 하리라 하심을 알고'라고 말한다(행 2:30).

다윗 자신은 어떠했는가? 다윗은 자신의 후손 가운데 그리스도가 나실 것을 말씀을 통해 들었다. 또한 다윗은 그리스도께서 우리의 죄를 사하시기 위해 대속의 죽음을 당하게 되실 유일한 중보자임을 예언했다.

> 그러므로 내 마음이 기뻐하였고 내 혀도 즐거워하였으며 육체도 희망에 거하리니 이는 내 영혼을 음부에 버리지 아니하시며 주의 거룩한 자로 썩음을 당하지 않게 하실 것임이로다 주께서 생명의 길을 내게 보이셨으니 주 앞에서 내게 기쁨이 충만하게 하시리로다 하였으므로(행 2:26-28).

본문은 다윗이 죄를 범한 후 회개하였을 때 하나님이 용서해 주시는 사건으로 해석된다. 그러나 누가는 본문에서 다윗이 정확히 그리스도로 인해 노래하고 춤을 추었다고 말한다. 다윗은 자신의 후손으로 오실 그리스도가 죽었으나 썩음을 당하게 되지 않을 것이란 사실 그리고 그분이 유일한 생명의 길임을 고백했다.

이로부터 구약성경의 다양한 사건이 그리스도와 연결되어 있음을 알 수 있다. 다윗은 하나님의 언약궤가 예루살렘으로 입성할 때 기뻐 춤을 추었다. 아내 미갈이 비웃을 만큼 신나게 춤을 추었다. 피상적으로 보면 단순히 하나님이 이스라엘 영내로 들어오심을 의미하는 것처럼 보인다. 하지만 그리스도의 대한 다윗의 신앙을 고려한다면, 그것은 그 이상의 의미를 가진다. 성막의 주인공은 다름 아닌 중보자 그리스도였다. 성막은 오실 그리스도의 모형이었기 때문이다. 구약의 마지막 선지자였던 세례 요한도 마찬가지다. 그는 고백했다. 그는 '예수께서 자기에게 나아오심을 보고 이르되 보라 세상 죄를 지고 가는 하나님의 어린 양이로다 내가 전에 말하기를 내 뒤에 오는 사람이 있는데 나보다 앞선 것은 그가 나보다 먼저 계심이라 한 것이 이 사람을 가리킴이라'고 전했다(요 1:29-30). 세례 요한과 예수님은 친척 관계다. 그리고 세례 요한이 예수님보다 약 6개월 먼저 태어났다. 그런데 요한은 예수님을 보고서 그분이 자신보다 먼저 계신 분이라고 말한다.

그리스도께서 성육신하시고 직접 제자들을 불러 모으셔서 가장 먼저 하신 사역은 가르치는 사역이었다. 예수님은 제자들에게 구약을 어떻게 읽어야 하는지 알려 주셨다. 단적인 예로, 구약의 성도들이 그리스도를 얼마나 사랑하고 기다렸는지 가르쳐 주셨다.

> 예수께서 성전에서 가르치실새 대답하여 이르시되 어찌하여 서기관들이 그리스도를 다윗의 자손이라 하느냐 다윗이 성령에 감동되어 친히 말하되 주께서 내 주께 이르시되 내가 네 원수를 네 발 아래에 둘 때까지 내 우편에 앉았으라 하셨도다 하였느니라 다윗이 그리스도를 주라 하였은즉 어찌 그의 자손이 되겠느냐 하시니(막 12:35-37).

다윗은 자신의 후손으로 오실 그리스도를 보고 기뻐했다. 그리고 그리스도를 자신의 주라고 고백했다. 그분이 주이신 이유는 그분의 기원이 하나님으로부터이며 영원부터 계신 분이시자 다윗을 창조하신 말씀이시기 때문이다. 예수님은 모든 선지자가 가르쳐 왔던 하나님의 말씀이셨다.

예수님이 하나님의 말씀으로 선지자 직분을 감당하셨다는 사실은 요한복음 14장에서 절정을 이룬다. 예수님은 십자가에 돌아가시기 직전에, 자신이 하나님의 말씀이라는 사실을 드러내어 증거하셨다. 당신 자신이 말씀이시며, 영원 전에 계획된 모든 작정을 이루시는 분이시며, 그리하여 구약성경 말씀을 온전히 이루신다는 사실을 말씀하셨다. 하지만 제자들은 이 사실을 깨닫지 못했다. 예수님은 그들에게 보다 직접적으로 말씀하신다. '너희는 마음에 근심하지 말라 하나님을 믿으니 또 나를 믿으라'(요 14:1). 이 말씀은 하나님을 믿고 또 다른 하나님인 예수를 믿으라는 말이 아니다. 또는 단순히 예수님이 제자들과 함께해 주실 것을 믿으라는 것도 아니다. 예수님이 하나님과 동일하신 한 분이심을 믿으라는 뜻이다. 하나님을 믿는 것이 예수님을 믿는 것이고, 예수님을 믿는 것이 하나님을 믿는 것이다.

예수님은 아버지가 계신 곳으로 갈 텐데 제자들이 그 길을 안다고 말씀하신다. '내가 어디로 가는지 그 길을 너희가 아느니라'(요 14:4). 제자들이 보기에 이 말씀은 도저히 이해가 안 되는 말씀이었다. '주께서 어디로 가시는지 우리가 알지 못하거늘 그 길을 어찌 알겠는가?'(요 14:5). 예수님은 자신이 하나님과 동등된 분이라고 말씀하신다. "예수께서 이르시되 내가 곧 길이요 진리요 생명이니 나로 말미암지 않고는 아버지께로 올 자가 없느니라"(요 14:6). 예수님이 하나님께로 가는 길인 것은 예수님이 하나님과 본질이 동등된 분이기 때문이다.

예수님과 하나님은 한 분이시다. 예수님이 아버지라는 뜻이 아니다. 예수님은 하나님 아버지의 말씀이시다. 이번에는 빌립이 묻는다. '주여 아버지를 보여 주십시오. 그러면 족하겠나이다.' 예수님은 도마에게 했던 동일한 말씀으로 대답하신다. '예수께서 이르시되 빌립아 내가 이렇게 오래 너희와 함께 있으되 네가 나를 알지 못하느냐 나를 본 자는 아버지를 보았거늘 어찌하여 아버지를 보이라 하느냐 내가 아버지 안에 거하고 아버지는 내 안에 계신 것을 네가 믿지 아니하느냐'(요 14:9-10b).

제자들의 눈 앞에 계신 예수님이 육신으로는 예수님이지만 신성으로는 하나님 아버지의 말씀으로 하나님 안에 계신 분이시다. 하나님 아버지는 말씀을 통해 자신을 계시하신다. 말씀 가운데 아버지는 거하신다. 하나님 아버지는 말씀이신 그리스도 안에 계신다.

그럼에도 불구하고, 제자들이 의아해 하니 예수님은 자신이 행한 일로 믿으라고 말씀하신다. '내가 아버지 안에 거하고 아버지께서 내 안에 계심을 믿으라 그렇지 못하겠거든 행하는 그 일로 말미암아 나를 믿으라'(요 14:11). 예수님이 하시는 말씀은 하나님이 하시는 말씀이요, 예수님이 행하시는 일과 표적도 하나님의 말씀이신 예수님을 통하여 이루시는 일이다.

그러므로 하나님과 예수님은 하나이시다. '내가 아버지 안에 거하고 아버지는 내 안에 계신 것을 네가 믿지 아니하느냐 내가 너희에게 이르는 말은 스스로 하는 것이 아니라 아버지께서 내 안에 계셔서 그의 일을 하시는 것이라'(요 14:10). '너희가 듣는 말은 내 말이 아니요 나를 보내신 아버지의 말씀이니라'(요 14:24). 예수님은 하나님께로 가는 길이요 진리이자 생명이시다. 예수님은 하나님과 동등하신 하나님의 아들이시다. 하나님의 말씀이시다. 그 말씀을 뵈오니 하나님을 안다.

요한은 고백했다. '말씀이 육신이 되어 우리 가운데 거하시매 우리가 그의 영광을 보니 아버지의 독생자의 영광이요 은혜와 진리가 충만하더라'(요 1:14). 그리스도는 처음부터 말씀으로 계셨으며 말씀으로 선지자들에게 말씀하시고 가르치시며, 그들의 입술과 글을 통해 자신을 알리시고 성육신하셔서 친히 하나님이 어떠한 분이신지를 보이시고 제자들에게 그 사실을 가르치셨다.

지금도 그리스도는 말씀으로 우리 가운데 말씀하시며 여전히 중보자로서 선지자의 직분을 수행하신다. "그리스도 안에 있는 고상한 선지자적 품격이 우리를 이끌어 복음의 요체를 아는 데 이르게 한다. 그것은 그가 우리에게 전하여 주신 완전한 지혜의 모든 조목을 내포하고 있다."[39]

두 번째 직분은 '왕'이다. 먼저 그리스도가 왕의 직분을 가지고 있음을 성경적으로 살펴보자. 성경에서 왕은 인격 자체의 성질을 말하는 것이 아니다. 왕이란 직분과 사역의 이름이다. 먼저 왕이라는 직분은 다스림인데, 그 다스리는 주체가 누구이며 다스림의 속성은 무엇인지를 다룬다. 하나님은 만물을 다스리고 통치하시는 왕이신데, 사실상 아들에게 왕위를 물려주셔서 아들로 세상 만물을 다스리신다. 삼위일체의 진리가 여기에 있다. 아버지는 아들 없이는 말씀하거나 행하지 않으시듯이, 예수님의 직분인 왕의 직분도 마찬가지다.

다윗은 그리스도로 오실 왕의 직분을 다음과 같이 고백한다. '여호와께서 내 주에게 말씀하시기를 내가 네 원수들로 네 발판이 되게 하기까지 너는 내 오른쪽에 앉아 있으라 하셨도다'(시 110:1). 본문은 왕의 대관식을 묘사한다. 선왕이 자신의 아들에게 왕위를 물려주는 대관식이다. 아마도 이는 다윗 자신의 대관식을 표현하는 것으로 보인다. 이 대관식은 그저 한 개인 왕의 대관식이 아니었다. 다윗은 자신의 후손에 대한 약속을 늘 의식하고 있었다. 모든 것이 자신의 후손으로 오실 그리스도와 연관하여 생각했다. 다시 말해서, 자신의 대관식을 통해 이미 하나님께서 자신의 말씀이신 독생자 그리스도를 하나님의 보좌 우편에 앉히셨다고 고백한다. 그런다 2절에서 미래 시제로 고백한다. '여호와께서 시온에서부터 주의 권능의 규를 내보내시리니 주는 원수들 중에서 다스리소서'(시 110:2).

왕의 대관식에서 두 번째 의식은 선왕의 규를 아들 왕에게 물려주는 것이다. 규는 왕권의 상징으로 왕이 손에 잡고 다니던 지휘봉을 말한다. 이제 왕위에 올랐으니 자신의 나라를 다스리실 것을 기대한다. 다윗은 자신이 왕위에 올랐음에도 불구하고, 그 권능의 규를 자신의 후손인 그리스도에게 돌린다. 그리고 그리스도의 왕되심을 축하한다. 다윗은 자신이 왕이 되었지만, 모든 왕위와 왕권을 그리스도의 것이라고 고백하는 것이다.

그리스도는 이 땅에 왕으로 오셨다. 왕으로 나시고 왕으로 죽으셨다. 동방 박사 세 사람은 예루살렘에 이르러 물었다. '유대인의 왕으로 나신 이가 어디 계시냐?'(마 2:2) 유대인들이 예수님을 잡아 빌라도에게 넘기니 빌라도가 예수님께 묻는다. '네가 유대인의 왕이냐?' 예수님은 대답하신다. 예수님이 대답하시기를, '네 말과 같이 내가 왕이니라 내가 이를 위하여 태어났으며 이를 위하여 세상에 왔나니'라고 하셨다(요 18:37). 예수님이 달리신 십자가의 죄패에도 '유대인의 왕이라 기록되었다'(요 19:19). 예수님이 세상에서 육신으로 나신 것은 그저 사람의 아들로 태어난 것이 아니다. 이미 처음부터 계신 하나님의 아들이시요 왕이신 분이 왕의 직분을 위해

이 땅에 오셔서 하나님의 나라를 다스리시는 것이다.

지금도 예수님은 우리의 왕이시다. 예수님은 교회의 왕이시다. 예수님이 우리를 다스리시니 교회가 모여 왕되신 그리스도를 높인다. 예수님은 가정의 왕이시다. 부모님을 주시고, 형제자매를 주시고, 가정 안에서 사랑을 나누어 주신다. 또한 내 인생의 왕이시다. 온 세상의 주이시며, 만주의 주이시다. 세상에 가장 높은 왕이시고, 천지만물을 다스리신다. 초목, 비, 해, 바닷물, 하늘, 별, 동물이 그분의 다스림 가운데 운행된다. 그러므로 우리 인생의 기쁨과 생명이 그분에게 있다.

그리스도의 왕직은 두 가지 특징을 가진다. '영원함'과 '힘'이다. 영원성은 두 가지 방식으로 수립되어 있는 바, "교회의 몸 전체"와 "교회의 전체 각각"에 적용된다.[40] 다윗은 '세상의 군왕들이 나서며 관원들이 서로 꾀하여 여호와와 그의 기름 부음 받은 자를 대적하'는 이들을 하나님이 비웃으'신다고 말씀한다(시 2:2-4). 이 말씀은 "아무리 많고 강한 적이 교회를 전복시키려고 음모를 꾸민다고 하더라도 자기의 아들을 영원한 왕으로 세우신 하나님의 불변하신 작정을 압도할 능력이 그들에게는 충분하지 않다고" 교훈한다.[41] 그리스도를 통해 교회의 영원한 보호자요 수호자가 되심을 약속하신다. 영원성은 교회의 각 지체들을 "일깨워 그 복된 불멸을 소망하는 데까지 이르도록" 하게 만든다. 지상의 것은 세상에 속하며 일시적이고 공허하다. 그리스도는 자신의 나라가 땅에 속한 것이 아니라고 말씀하심으로써(요 18:36) 자신의 백성들로 하여금 "소망을 하늘까지 끌어올리신다." 그러므로 "그리스도의 나라가 영적이라는 말을 듣거든" 이제 "더 나은 삶의 소망에로 나아가도록 하자."[42]

그리스도의 왕직이란 그분께서 교회와 온 세상을 통치하심으로, 우리를 보호하시는데, 약속하신 것을 확실히 할 수 있으심은 그분께서 전능하신 힘을 가지고 계시기 때문이다. 인간은 약속을 하여도 지킬 수 없을 때가 있는데, 힘이 없거나 약하기 때문이다. 반면 그리스도의 왕직이 영적이라는 것을 알면, 이제 그 "힘"과 "유용함"을 누릴 수 있다. 다만 그리스도의 권세는 외형적인 것, 즉 즐겁고 평화로운 인생이나 재물이 많은 것, 모든 재난에서 안전히 지내는 것이 아니라, "천상의 삶에만 고유하게 존재"하는 것으로, "그리스도는 영혼을 영원히 구원하기 위하여 필요한 모든 것으로 자기의 백성을 넘치게 채우시고, 그들의 능력으로 강화시키셔서 적들의 영적인 공격에 불요불굴하게 맞서도록 하신다." 이러한 다스림을 통해 하나님은 "우리에게 유익하다고 여기시는 성령의 선물들을 부여하셔서 우리가 가지지 못한 것들을 채워 주신다." 그리스도께서 왕으로서 성령의 은사들을 수여 하심으로, "우리는 그의 영의 능력에 의지해 우리가 언제나 마귀, 즉 세상의 어떠한 종류의 화(禍)라도 물리치는 승리자가 될 것이라는 사실을 의심하지 않을 것이다."[43]

그리스도의 왕직을 조금 더 쉽게 이해하기 위해 토머스 왓슨의 말을 빌려보자.

> 그분은 어떤 왕도 통치하지 못한 곳에까지 왕권을 발휘하신다. 즉, 의지와 감정을 지배하신다. 그분의 권능은 양심을 통제한다. 천사들은 그리스도께 충성의 맹세를 드린다(히 1:6). 이와 같은 그리스도의 왕권은 무엇보다 자기 백성을 통치하실 때 나타난다. 그분은 관대하게 통치하신다. 그분이 가지고 계신 홀 끝에는 꿀이 묻어 있다. 그리스도는 자비의 기를 달아 올려, 그분의 깃발 아래로 수많은 사람이 자원하여 나아오게 하신다(시 110:3). 자비 없는 거룩, 자비 없는 정의는 무서운 것이지만, 자비는 가련한 죄인들이 그리스도를 믿도록 격려해 준다.[44]

그리스도는 왕으로서 신자의 의지와 감정 그리고 양심을 통치하신다. 통치하시되 세상의 임금처럼 군림하지 않으신다. '이방인의 임금들은 그들을 주관하며 그 집권자들은 은인이라 칭함을 받'는다(눅 22:25). 2020년 코로나가 세상을 덮치고 교회를 흔들었지만, 지금도 교회는 살아 움직인다. 세상 왕은 교회를 보호해 주지 못한다. 오늘날 정치인들을 보라. 국민들을 위하는 마음은 있지만 국민들을 온전히 보호하지 못한다. 그들은 공약을 세우지만, 공약의 의도가 순수하지 못하다. 국민들을 위한다는 명목 아래 자신의 명예와 권력욕을 숨긴다.

반면, 그리스도는 자비로 통치하시되 죄인들을 불쌍히 여기시고 그리스도를 믿도록 격려하신다. 또한 그렇게 교회를 보호하시고 신자의 삶을 지키신다. 대낮에 간음하던 여자가 잡혀 왔다. 사람들은 그녀를 돌로 쳐 죽이려 했다. 그런데 예수님은 그 여자를 그들의 정죄에서 구원하셨다. 그리고 그녀에게 '나도 너를 정죄하지 아니하노니 가서 다시는 죄를 범하지 말라 하시니라'고 말씀하신다(요 8:11). 죄를 사해 주시고 앞으로 어떻게 살아가야 할지 알려 주신다. 사도 요한은 말씀한다. '예수께서 또 말씀하여 이르시되 나는 세상의 빛이니 나를 따르는 자는 어둠에 다니지 아니하고 생명의 빛을 얻으리라'(요 8:12).

예수님은 자기 백성을 구원하시는 일에 실패하지 않으신다. 그리스도인들은 현실을 보는 게 아니라 그 너머에 계신 우리의 왕, 그리스도를 본다. 갈렙과 여호수아는 하나님을 보고 그들이 우리의 밥이라고 했다. 다윗은 그리스도를 보고 골리앗을 향해 달려 가며 외쳤다. '너는 칼과 창과 단창으로 내게 나아 오거니와 나는 만군의 여호와의 이름 곧 네가 모욕하는 이스라엘 군대의 하나님의 이름으로 네게 나아가노라'(삼상 17:45).

구약 시대에 속한 그들이 이와 같이 담대하게 외칠 수 있었던 것은 모두 믿음으로 왕되신 그리스도를 바라보았기 때문이다. 히브리서 11장의 믿음의 선진들은 모두들 믿음으로 왕되신 그리스도를 바라보았던 사람들이다. 믿음으로 모세는 '그리스도를 위하여 받는 수모를 애굽의 모든 보화보다 더 큰 재물로 여겼으니 이는 상 주심을 바라봄'이었다(히 11:26).

마지막으로 세 번째 직분은 제사장이다. 구약 시대의 제사장 직분은 하나님이 받으시는 예배의 속죄 사역을 보여 준다. 하나님은 죄에 대하여 공의를 발휘하심으로 반드시 "하나님의 진노를 누그러뜨리고 우리를 향한 그의 호의를 얻어 내려면 제사장의 속죄제사가 필히 중재해야 한다."[45] 이사야는 오실 그리스도가 고난의 종으로, 속죄의 어린 양으로 오실 것을 예언했다. '그는 실로 우리의 질고를 지고 우리의 슬픔을 당하였거늘 우리는 생각하기를 그는 징벌을 받아 하나님께 맞으며 고난을 당한다 하였노라 그가 찔림은 우리의 허물 때문이요 그가 상함은 우리의 죄악 때문이라 그가 징계를 받으므로 우리는 평화를 누리고 그가 채찍에 맞으므로 우리는 나음을 받았도다'(사 53:4-5).

구약 시대 이스라엘의 멸망은 대제사장으로 오실 그리스도의 길을 열어 주는 사건이었다. 제사장 가문에 속했던 예레미야는 이스라엘이 바벨론에 의해 패망하게 될 것을 예언하면서, 이스라엘 백성들의 제사 행위의 문제점을 지적했다.

> 만군의 여호와 이스라엘의 하나님께서 이와 같이 말씀하시되 너희 희생제물과 번제물의 고기를 아울러 먹으라 사실은 내가 너희 조상들을 애굽 땅에서 인도하여 낸 날에 번제나 희생에 대하여 말하지 아니하며 명령하지 아니하고 오직 내가 이것을 그들에게 명령하여 이르기를 너희는 내 목소리를 들으라 그리하면 나는 너희 하나님이 되겠고 너희는 내 백성이 되리라 너희는 내가 명령한 모든 길로 걸어가라 그리하면 복을 받으리라 하였으나(렘 7:21-23).

바벨론 포로들에게 가장 큰 고민 중 하나는 '어떻게 예배할 수 있는가'였다. 성소는 파괴되었고, 더 이상 예배할 수 없게 되었다. 다시 말해 죄를 사하는 중보가 사라진 것이다. 이 점에서 제사장 가문이었던 에스겔은 이스라엘의 회복 이후에 회복될 성소에 대한 환상을 보게 된다. 예레미야가 예언한 70년 이후에 이스라엘 백성들은 어떻게 성전에서 예배를 드릴 수 있을 것인가? 하나님은 에스겔에게 성전의 환상과 각종 제사 의식에 관해 보여주신다. 에스겔은 에스겔서 후반부에서 회복될 이스라엘의 도읍, 성소와 지성소, 제사장의 방, 하나님이 성전에 들어가시는 장면, 나라의 통치 방식 그리고 안식일과 절기들, 성소에서 흘러나오는 말씀으로 인하여 온 나라가 소생하게 될 것을 예언한다(겔 40-48장). 이러한 예언은 율법과 제사법에 익숙한 제사장이었던 에스겔에게 익숙하면서도 완전히 차원이 다른 새로운 것이었다. 에스겔은 과거의 성소를 하나님께서 새롭게 하실 것을 기대했다. 하나님은 에스겔을 통해 영적인 성막, 영적인 성전을 통한 회복, 다시 드려질 희생제사를 통한 죄 사함의 길을 제시하셨다. 에스겔의 환상은 결국 오실 그리스도의 희생과 구원의 방법을 보여 준다. 에스겔은 이방 땅 바벨론의 포로로 지내면서 성소에 갇힌 의식의 예배가 아니라 영적인 예배의 그림자를 보여 주었다.

신약 시대의 성도들에게 구약의 율법을 어떻게 읽어야 할 것인가는 매우 큰 숙제였다. 예수님은 제자들에게 구약에 기록된 모든 말씀이 모두 그리스도 자신에 대한 기록이라고 가르치셨다. '또 이르시되 내가 너희와 함께 있을 때에 너희에게 말한 바 곧 모세의 율법과 선지자의 글과 시편에 나를 가리켜 기록된 모든 것이 이루어져야 하리라 한 말이 이것이라 하시고'(눅 24:44). 제자들은 예수님이 승천해서야 구약에 예언된 메시야가 그리스도임을 깨달았다.

이런 점에서 히브리서는 레위기의 대속죄일을 어떻게 해석해야 하는지, 구약을 어떻게 그리스도 중심으로 봐야 하는지를 가르친다. 히브리서는 구약의 레위기에 등장하는 대제사장과 속죄일을 신약적 관점에서 어떻게 해석해야 하는지를 보여 준다. 히브리서 4장 14절 상반절은 다음과 같이 기록한다. '그러므로 우리에게 큰 대제사장이 계시니.' 히브리서 기자는 예수님을 '큰 대제사장'으로 소개한다.

왜 예수님을 큰 대제사장이라고 하는가? 대제사장의 역할은 레위기 16장에 자세히 나온다. 대제사장에게 가장 중요한 역할은 백성의 모든 죄를 단번에 사할 수 있는 속죄제사를 지성소에 들어가 드리는 것이다. 구약 시대에 성막은 성소와 지성소로 나뉘고, 제사장들은 성소에 출입할 수 있었다. 하지만 법궤가 있는 지성소, 즉 지극히 거룩한 성소에는 대제사장만 1년에 1차례 들어갈 수 있었다. 7월 10일 대속죄일에 대제사장이 황소 한 마리를 잡아 그 피를 자기를 위해 속죄소에 뿌려서 자신과 가족들의 죄를 사한다. 그 다음 두 번째 염소를 잡아 그 피를 속죄소에 뿌려 백성의 죄를 사한다. 마지막으로 살아 있는 염소 한 마리에게 죄를 전가하는 의식을 행한 후 광야의 아사셀(사탄을 의미함)에게 보내어 속죄의 증거를 삼는다. 이 날은 안식일 중의 안식일로 지냈다.

하지만 구약의 대제사장은 한계가 있다. '그러나 이 제사들에는 해마다 죄를 기억하게 하는 것이 있나니 이는 황소와 염소의 피가 능히 죄를 없이 하지 못함이라'(히 10:3-4). 구약의 대제장들은 사람이라는 한계를 지니고 있었다. 첫째, 자기도 죄가 있어서 자기 죄를 사해야 한다. 둘째, 백성들의 죄를 사하는 제사를 지낸다고 해도, 백성들은 또 죄를 지어 다시 죄를 사해야 할 필요가 있다. 문제는 인간 대제사장은 죽게 되며, 결국 영원하지 않다. 이러한 불완전한 율법의 의식적 제사로는 모든 백성들의 양심을 죄로부터 자유롭게 하지 못했다.

하지만 예수님은 구약의 대제사장들과 달랐다. 그분은 하나님이시기 때문이다. 예수님이 이 땅에 성육신하신 것은 하나님으로 죽으심을 맛보기 위함이셨다. 그리스도는 처음부터 하나님 아버지와 동등된 하나님의 아들이셨다. 그분의 죽으심은 단순한 인간의 죽음이나, 인간의 중보가 아니다. 하나님이신 분이 우리의 죄를 위해 죽으심으로 그를 믿는 자마다 구원을 얻지 못할 자가 없다. 그리스도는 '염소와 송아지의 피로 하지 아니하고 오직 자기의 피로 영원한 속죄를 이루사 단번에 성소에 들어가셨다'(히

9:12). '그가 세상을 창조한 때부터 자주 고난을 받았어야 할 것이로되 이제 자기를 단번에 제물로 드려 죄를 없이 하시려고 세상 끝에 나타나셨느니라 한번 죽는 것은 사람에게 정해진 것이요 그 후에는 심판이 있으리니 이와 같이 그리스도도 많은 사람의 죄를 담당하시려고 단번에 드리신 바 되셨고 구원에 이르게 하기 위하여 죄와 상관없이 자기를 바라는 자들에게 두 번째 나타나시리라'(히 9:26-28).

로마 가톨릭은 그리스도의 대제사장의 직분을 멸시한다. 그들은 예배를 미사라는 희생제사로 대체하고 예배당 안에 제단을 설치해 놓는다. 그들은 그곳에서 매번 성찬을 드리며 제사를 지낸다. 그들은 "그리스도의 제사장 직분에 만족하지 못하고 감히 그를 또다시 제물로 바치고자 뛰어"든다.[46] 대제사장이신 그리스도에 대한 멸시는 하나님과 사람 사이에 허물어진 담을 다시 쌓아 놓아 신자들에게서 구원의 확신을 빼앗아 버린다.

예수 그리스도는 지금도 우리를 위해 대제사장의 직분을 감당하시고 지금도 대제사장의 직분을 감당하고 계신다. 그리하여 '우리가 믿는 도리를 굳게 잡을 수 있다'(히 4:14b). 더 나아가 '긍휼하심을 받고 때를 따라 돕는 은혜를 얻기 위하여 은혜의 보좌 앞에 담대히' 나아갈 수 있다(히 4:16). "주님 제게 하늘 나라를 주소서. 그리스도께서 저를 위하여 그것을 사셨고, 십자가에 달리셨으므로 저는 그 보좌에 앉을 수 있습니다."[47]

4. 결론

이번 장에서는 신앙 윤리의 요체가 그리스도라는 사실을 다루었다. 경건의 비밀은 교회의 머리 되신 그리스도다. 죄로 타락한 인류는 그 누구도 하나님의 영광에 이르지 못한다. 하나님과 원수된 우리를 위하여 하나님의 아들이신 그리스도께서 성육신하심으로 참 사람이 되셨다. 참 하나님이시자 참 사람이신 그리스도께서 이 땅에 오셔서 중보자의 직분을 감당하셨다. 선지자의 직분을 감당하시니 태초로부터 하나님을 알리신 분이시며 선지자들로 깨닫게 하신 분이시고, 오늘날도 우리를 가르치시는 분은 하나님의 말씀인 그리스도 자신이시다.

그리스도는 우리의 왕이 되셔서 영원한 나라를 소망하게 하신다. 영원한 왕으로서 교회와 신자들을 자비로 보호하시며, 성령을 통해 영적인 선물들을 내려주심으로 세상의 욕심에서 벗어나 하늘의 소망을 가지고 살게 하신다. 권능으로 통치하시니 세상의 군왕들이 물러가며 하나님의 작정하신 대로 세상을 다스리신다.

그리스도는 큰 대제사장으로서 자신의 피를 가지고 하늘 성소로 올라가셔서 하나님의 공의를 만족시키시고 하나님과 인간 사이에 진정한 화목을 성취하셨다. 그로 인하여 성도들은 하나님을 아바 아버지라 부르며 구하는 것마다 얻는 특권을 얻는다. 성령 하나님이 마음과 양심을 자극하여 믿음의 도를 굳게 붙잡게 만들고, 하늘 나라를 소망하게 만드신다. 그리스도로 인하여 우리는 '왕 같은 제사장'이 되어 하나님의 아름다운 덕을 선포하는 사명을 수행한다.

그리스도를 전유하는 지식은 그리스도가 중보자로서 참된 하나님의 아들이시면서 사람이 되셔서 우리를 위하여 선지자, 왕, 제사장의 직분을 감당하실 뿐만 아니라, 그 동일하신 그리스도가 우리의 마음속에서 가르치시고, 중보하시고, 다스리신다는 것을 순전하게 받아들이는 지식이다. "그리스도를 전유하는 것은 우리가 그분을 남편으로 받아들이고 주님으로 여겨 그분께 우리 자신을 드리는 것이다."[48]

> 너희는 택하신 족속이요 왕 같은 제사장들이요 거룩한 나라요 그의 소유가 된 백성이니 이는 너희를 어두운 데서 불러 내어 그의 기이한 빛에 들어가게 하신 이의 아름다운 덕을 선포하게 하려 하심이라(벧전 2:9).

제3부

기독교 신앙 윤리와 세상

제11장 종교에 대한 기독교 신앙 윤리:
기독교와 타 종교는 어떻게 다른가?

제12장 국가에 대한 기독교 신앙 윤리:
국가와 사회와 교회는 어떻게 구별되는가?

제13장 문화에 대한 기독교 신앙 윤리:
기독교 문화와 세상 문화의 관계

제14장 예술에 대한 기독교 신앙 윤리:
포스트모더니즘과 개혁주의

제11장

종교에 대한 기독교 신앙 윤리: 기독교와 타 종교는 어떻게 다른가?

> 원고들이 서서 내가 짐작하던 것 같은 악행의 혐의는 하나도 제시하지 아니하고 오직 자기들의 종교와 또는 예수라 하는 이가 죽은 것을 살아 있다고 바울이 주장하는 그 일에 관한 문제로 고발하는 것뿐이라 내가 이 일에 대하여 어떻게 심리할지 몰라서 바울에게 묻되 예루살렘에 올라가서 이 일에 심문을 받으려느냐 한즉 바울은 황제의 판결을 받도록 자기를 지켜 주기를 호소하므로 내가 그를 가이사에게 보내기까지 지켜 두라 명하였노라 하니 아그립바가 베스도에게 이르되 나도 이 사람의 말을 듣고자 하노라 베스도가 이르되 내일 들으시리이다 하더라(행 25:18-22).

1. 종교: 언약의 원리

종교는 한마디로 정의하기가 어렵다. 사람마다 종교를 정의하는 방식이 다르기 때문이다. 포스트모던 철학자인 존 D. 카푸토는 종교가 "유일신이건 다신론적이건 서방 종교, 동방 종교, 고대 종교, 현대 종교 그리고 심지어는 약간은 무신론적 종교조차 존재한다"고 언급한다.[1] 종교의 다양성에도 불구하고, 카푸토는 종교를 "신에 대한 사랑"으로 정의한다. 그는 아우구스티누스의 고백록의 한 문구를 가져온다. "신이시여, 내가 당신을 사랑할 때 나는 무엇을 사랑하는가?"[2] 카푸토는 종교란 신에 대한 사랑에 얼마나 충실한지를 검증 받아야 한다고 주장한다.[3] 성경에서 불가능한 일들을 믿었던 다수의 인물은 어떻게 불가능해 보이는 신의 약속이나 기적들을 믿을 수 있었는가? 천사가 마리아에게 나타나 그리스도의 동정녀 탄생에 대한 예언을 했을 때, 어떻게 마리아는 믿음으로 순종하여 '말씀대로 내게 이루어지이다'(눅 1:38)라고 답할 수 있었는가?

카푸토는 이것을 "미래"의 개념으로 설명한다. 그에 따르면, "미래는 새로운 것의 가능성, 다른 것에 대한 기대, 현재를 다른 것으로 변화시킬 무언가를 우리에게 약속함으로써 현재를 비집어 연다."[4] 카푸토는 이러한 미래 개념을 "절대적 미래"라고 부르고, 이것이 바로 종교의 출발점이라고 주장한다. 그는 다음과 같이 쓴다.

> '절대적 미래'와 더불어 우리는 우리가 어찌할 바 모를 정도로 우리를 초월한 그리고 우리의 힘·잠재력과 처리 능력을 초월한, 무언가를 향해 부딪쳐 나가면서 완전히 확장된 가능한 것의 한계로까지, 달리 말해 오로지 믿음·소망·사랑의 위대한 열정만이 우리를 끌어올릴 수 있는 지점에까지 밀려 다다르게 된다. '절대적 미래'와 더불어 우리는 처음으로 '종교적인' 것의 해안에 발을 디디며, 종교적 열정의 영역으로 들어가고, 뚜렷이 '종교적인' 범주를 각성하게 된다.[5]

'절대 미래'는 하나님의 말씀과 약속을 전제한다. 하지만 카푸토는 인간의 경험 속에서 하나님의 말씀의 객관성, 또는 신에 대한 종교의 타당성을 검증하려 한다는 점에서 결국 객관적 계시에 입각한 종교의 가능성에 위해(危害)를 가한다.

미래에 대한 인간의 종교심은 이미 몰트만이 그의 저술 『희망의 신학』에서 다룬 바 있다. 몰트만은 다음과 같이 진술한다.

하나님의 궁극적 계시는 전적으로 그리고 오로지 약속의 실제적 성취에 달려 있다. 거꾸로 약속의 성취는 하나님의 신실함과 궁극적 계시 안에 그 현실적 근거와 가능한 근거를 갖고 있다. 그러므로 '약속'의 일차적 기능은 현존하는 세계나 인간의 현실을 해명하고 해석하고 입증하는 것에 있지 않으며, 완전한 이해 속에서 인간의 합의를 끌어내는 것에도 있지 않다. 오히려 약속은 현존하는 현실과의 갈등 속에서 세계와 인간에게 그리스도의 미래로 나아가는 그 자신의 과정을 열어 준다. 이리하여 약속으로 인식되고 희망 속에서 파악되는 계시는 파송과 희망의 응답에 의해 성취되는 역사의 놀이 마당을 깔아 주고 열어 준다. 이 마당은 현실의 모순에 대한 고통을 받아들이고 약속된 미래로 탈출함으로써 성취된다.[6]

미래적 사건에 대한 하나님의 말씀이든지 약속이든지 그리고 그 약속에 대한 인간의 반응으로서의 종교심이라든지, 이 모든 주장은 칼 바르트(1886-1968)와 슐라이어마허의 관점과 맥을 같이하고 있다. 몰트만에 따르면, 바르트는 "모든 순간은 계시의 비밀을 품고 있으며, 모든 순간은 계시적 성격을 갖는 순간이 될 수 있다"고 주장했다.[7] 바르트에게 계시는 인간의 경험 속에서 실현된다.

몰트만은 바르트의 신학적 방식을 "실존으로부터 하나님을 증명하는 방식"[8]으로 규정하고, 이 신학적 방식이 정당성을 얻으려면, 약속의 사건 가운데 일어나는 하나님의 계시가 인간의 세계 경험과 그 경험 가운데 일어나는 "논쟁을 통해 그리고 해방의 활동 가운데 자신의 진리를 입증할 수 있"어야 한다고 주장하며, 그제서야 비로소 신학이 무신론자들의 손에 빠지지 않을 수 있다고 역설한다. 몰트만은 한 개인 안에 발생하는 계시 사건이 역사적 논쟁 과정을 통해 드러나는 해방 활동으로 증명될 때에만 계시가 진리인지 거짓인지 알 수 있다고 믿는다.

하지만 이들의 주장들은 모두 표현만 다를 뿐, 슐라이어마허의 주장과 다를 바가 없다. 슐라이어마허는 신에 대한 존재를 인간의 의존 감정으로 증명하기를 시도했다. 그에게 하나님의 말씀은 성경의 계시가 아니라 인간의 의존 감정에서 확인되는 실존이다. 바르트가 언급하는 계시의 순간적 성격, 즉 계시가 인간의 의식과 감정에 의해 인식된다는 주장과 크게 다르지 않다.

성경은 종교를 약속과 연관 짓고, 더 나아가 약속에 따른 인간의 제반 활동들을 설명하려는 것 자체를 반대하지 않는다. 하나님은 아담과 언약을 맺으시고, 아담에게 후손에 대한 약속을 주신다. 죄의 관영함으로 온 세상을 물로 심판하신 후에도 노아에게 언약을 갱신하셔서 하나님의 신실하심을 드러내시며 노아의 예배와 찬양을 받으신다. 우상으로 가득한 갈대아에서 아브라함을 부르시고 후사에 대한 약속을 주시고, 지속적으로 언약을 체결하고 갱신하신다. 출애굽 후에 모세를 통해 주신 십계명 역시 언약의 두 돌판에 새겨 주신 것이다.

바빙크는 성경의 언약 개념이 17세기 개혁파 신학에서 스콜라적으로 취급되었다고 지적한다.[9] 사실 언약 개념이 스콜라적으로 취급되었다는 말은 17세기 개혁파 정통 신학자들에게는 언짢게 들릴 것이다. 왜냐하면 그들은 신앙과 삶의 관계 속에서, 혹은 하나님의 주권과 인간의 활동 사이에서, 또는 이성주의자들에 대한 성경적 반박의 관점에서 언약신학을 발전시켰기 때문이다. 그들 가운데 누구도 언약신학을 사변적으로 생각한 적이 없다.

바빙크의 판단을 지지하거나 비판하기 전에, 바빙크가 강조하는 부분을 주목할 필요가 있다. 바빙크는 다음과 같이 쓴다.

> 사랑, 우정, 결혼 그리고 무역, 산업, 과학, 예술 등의 모든 사회적 협동은 궁극적으로 언약, 즉 상호 신뢰와 일반적으로 인정되는 온갖 도덕적 의무

들의 토대 위에 기초한다. 그러므로 인간의 가장 고상하고 풍성한 삶, 즉 종교 역시 이 특성을 지닌다는 것은 놀라운 일이 아니다.[10]

바빙크는 계속해서 다음과 같이 쓴다.

종교는 반드시 언약의 특성을 지녀야만 한다. 왜냐하면 이 경우에 하나님은 반드시 자신의 위대함으로부터 내려와 자기 피조물을 굽어 살피고, 인간에게 자신을 알리고, 계시하고, 주어야만 하기 때문이다. 높고 거룩하며 영원한 곳에 거하는 하나님은 또한 반드시 마음이 겸손한 자와 함께 거해야 하기 때문이다.[11]

바빙크의 관심사는 언약 개념에 있는 종교적 또는 도덕적 삶에 놓여있다. "종교가 언약으로 일컬어진다면, 이로써 그것은 참되고 진실된 종교로서 지시된다."[12] 존 볼트는 종교와 언약의 관계에 대한 바빙크의 관점을 분석하면서 그리스도인들의 삶에 대해 말하기를, "우리는 우리를 순종으로 이끄는 의존과 겸손이라는 근본적인 종교적 자세에 대해 확증하는 것부터 시작해야 한다"라고 주장한다. 주인과 종의 관계가 아니라 부모와 자녀의 관계로서의 "순종의 언약적 의무"에 대해 상기해야 할 필요가 있다.[13]

여기에서 다루려고 하는 종교라는 주제는 기독교에 한정하여 살펴보는 것이 아니다. 기독교와 여느 종교들 간의 근본적인 차이점을 통해 기독교가 가지고 있는 종교 자체의 특징을 발견하는 데 목적이 있다. 이러한 점에서 종교는 일반은혜 또는 일반계시에 속하는 영역임을 기억해야 한다. 아브라함 카이퍼는 일반은혜 교리의 역사적 출발점은 "홍수 사건 후에 하나님이 노아와 맺은 언약에 있다"라고 말한다.[14] 노아는 최초 인류 아담의 타락 이후부터 홍수에 이르기까지 모든 사람이 죽은 후에, 인류의 둘째 시조가 되었다. 하나님의 계시가 노아와 그의 가족들을 통해 전파되었으며, 그들에게 전달된 계시는 약속의 형태를 취한다.

바빙크 역시 일반계시의 중요성을 통해 인간의 종교성을 말한다. "종교를 역사적으로 심리적으로 조사해 보면, 사람 속에 본래부터 심겨져 있는 그런 지각을 근거로 하지 않으면 종교를 도무지 설명할 수 없다는 사실이 거듭거듭 드러나는 것이다. 탐구자들은 언제나 연구의 마지막에 가서는 처음에 거부했던 명제-즉, 사람이 그 밑바닥에서부터 종교적인 존재라는 것-로 다시 되돌아가는 것이다."[15]

일반계시적 관점에서 현대 신학자들이 말하는 종교와 개혁신학에서 말하는 종교의 비교는 겉보기에 언약을 강조한다는 점에서 유사해 보인다. 하지만 전자는 주관주의에 매몰되는 반면, 후자는 계시의 객관성을 확보한다.

2. 타 종교의 계시관

바빙크는 '계시의 본질과 개념'을 다루면서 종교와 계시의 연관성에 대해 말한다. "종교의 본질과 기원에 대한 연구 자체는 계시에 도달하고, 종교 역사는 계시 개념이 단지 기독교와 성경에만 독특하게 나타나는 것이 아니라, 모든 종교에 필수적으로 상관된다는 사실을 증명한다."[16] 모든 종교는 계시에 의존한다. 불교에는 불경(佛經)이 있다. 함무라비는 자신의 법을 태양신 사마스의 계시로 기록한다. 마호메트는 계시를 받아 그 내용을 코란에 수록했다. 하지만 이러한 계시들은 인간 자신이 경험하거나 느낌을 신적 계시로 이해하여 고안된 것들이다.

그럼에도 불구하고, 계시에 대한 종교들의 가르침은 모든 종교가 어떤 신적인 존재, 하나님에 대한 관계를 포함한다는 것을 말해준다. 여기서 우리는 두 가지 질문을 마주한다. 첫째, 하나님의 계시는 어떻게 알려지고 믿어질 수 있는가? 둘째, 종교에서 가장 중요한 질문 가운데 하나로서, '구원을 얻기 위해 나는 무엇을 해야 하는가?'다. 이 두 가지 질문에 답할 수 있는 유일한 방법은 '계시'밖에 없다. 인간은 종교를 통해 세상의 쾌락, 학문, 예술, 문화에서 채울 수 없는 것들을 추구한다. 종교가 온전히 신뢰할 만한 것이 되기 위해서는 계시의 객관성이 확보되어야 한다. 즉, 계시는 인간으로부터 나온 것이 아닌 하나님으로부터의 나와야 하고, 이러한 계시야 말로 진정한 구원의 토대가 된다.

종교들의 계시가 참인지 아닌지를 어떻게 알 수 있는가? 기독교의 성경이 불교의 경전이나 유교의 사서삼경과 다른 점은 무엇인가? 전자는 하나님으로부터 온 계시의 형식을, 후자는 인간에 의해 만들어진 우상의 형태를 가진다. 전자는 주어진 것이며 후자는 만들어낸 것이다. 신학적 관점으로 표현해 보면, 전자는 유신론이며 후자는 이신론에 속한다. 이신론 또는 자연신론은 인간의 이성을 강조한다. 하나님이 이성을 만들었으므로, 인간은 이성을 활용하여 하나님을 알 수 있다고 주장한다. 그 결과 이성으로 판단하여 계시의 옳고 그름을 가름한다. 이성의 관점에서 볼 때, 성경은 그 자체로서 하나님의 계시가 아닌 것으로 간주된다. 이성으로 판단할 때 옳다고 여겨지는 부분만 인정되고, 나머지는 거짓말, 지어낸 이야기, 온갖 신화로 가득한 책이 된다.

이신론은 자기 자리에 머물지 않고 곧바로 회의론과 무신론으로 퇴보한다. 대표적인 예가 데이비드 흄(1711-1776)이다. 흄은 '계시와 관련된 것을 알 수 있는가'라는 질문에, 불가능하다고 답한다. 만일 계시가 존재한다고 하더라도 인간은 그 계시 사건을 지각할 수 없으며 그것을 확신할 수 없기 때문이다. 인간이 가지고 있는 모든 인식은 경험에 바탕을 두고 있으며, 그 경험조차도 습관에 의해 자리 잡은 정보에 지나지 않으므로, 결국 주관은 객관에 도달할 수 없게 된다.

한편 이러한 회의론을 극복한 주장들도 있는데, 다름 아닌 관념론과 범신론적 세계관이다.[17] 독일의 관념론자였던 쉘링과 헤겔이 대표적인 인물이다. 이들은 세계 전체의 역사를 하나의 계시로 이해했다. 그들은 하나님의 본질이 예술, 종교, 학문, 문화의 발전 가운데 있는 인간의 정신 활동을 통해 인간에게 알려진다고 보았다. 하나님은 인간 내부에 스스로를 계시하고, 인간은 자기 안에 활동하고 있는 하나님을 인식한다. 그들의 관점이 비판을 받아야 마땅한 이유는 종교의 역사 속에서 인간의 정신과 의식을 하나님의 계시와 구별하지 않기 때문이다.

쉘링과 헤겔의 관점은 후기 현대 신학자들의 범신론에 영향을 끼쳤다. 범신론은 세 가지 특징을 보이는데, 첫째, 계시와 종교는 하나이며, 둘째, 인간의 종교 의식의 발전이 곧 계시의 역사이며, 마지막으로 자연계시와 초자연계시의 구별은 사라진다.[18] 결국 범신론은 성경의 계시의 객관성을 부인하고 주관적인 자의적 해석만을 주장한다. 몰트만은 "만약 우리가 이스라엘과 근동 세계에 대한 연구로부터 얻은 종교사적 인식들을 어떻게 요약할 수 있는지를 묻는다면, 이런 관점 아래서는 구약성경의 자료가 '혼합 문서'라는 사실이 드러난다"고 서슴없이 주장한다.[19] 기독교를 이성적 관점에서 접근하는 모든 입장은 몰트만의 결론에서 한 치도 벗어나지 못한다.

바빙크는 이신론의 한계와 범신론의 근본적인 문제점에 대해 다음과 같이 진술한다.

> 누구든지 계시를 하나님이 인간에게 자신을 알리는 의식적이고 자유로운 행위로 이해하는 자는, 예언과 기적 가운데 있는 특별계시의 가능성을 수용하든 수용하지 않든 간에, 원칙적으로 초자연주의자다. 자연주의와 초자연주의의 문제는 일차적으로 소위 초자연적 계시가 아니라, 사실상 이미 여기 시작부터, 일반적 의미의 계시 개념에서 결정된다. 이신론은 옹호될

수 없고, 단지 유신론과 범신론(유물론) 사이의 선택이 있을 뿐이다.[20]

역사적 발전의 과정 속에서 종교를 어떻게 이해해야 하는가? 쉘링과 헤겔, 그 외에 모든 현대 신학자는 이구동성으로 그 이유를 신에게서 찾는다. 하지만 그들 모두는 하나님이 시간 속에서 어떤 사건을 인간에게 계시하는 것이 아니라 자신을 인간 안에 계시하고, 그 인간 안에서 하나님 자신이 의식된다고 믿는다. 인간 내부에서 하나님에 대한 지각이 하나님에 관한 인간의 의식과 합일한다. 자연과 역사 속에서 하나님은 점점 낮은 단계에서 자신을 높은 단계로 계시하고, 이 과정을 거치면서 하나님의 최상의 계시가 인간 정신 안에서 구현된다. 인간의 의식 속에서 하나님은 자기 자신에 이른다. 지나간 17세기와 18세기의 이신론의 시대는 종말을 고하고, 19세기의 종교의 역사는 인간 의식 가운데 절대자가 자기 자신에 이르는 범신론적 역사로 전락한다.

3. 종교적 존재로서의 인간

하지만, 기독교는 세상에 존재하는 종교들과 다르다. 기독교의 종교는 유신론이다. 창조주와 피조물이 동일한 것이 아니고, 그렇다고 완전히 분리된 것도 아니라, 하나님과 인간이 직접적인 교제를 누리는 종교다. 세상의 종교는 인간을 긍정적인 존재로 간주하는 반면, 성경은 처음부터 인간이 죄로 타락하여 하나님의 영광에 이르지 못한다고 선언한다.

아담은 하나님의 형상대로 지음 받았다. 하나님이 자기 모양대로 인간을 만드셨다는 사실은 인간 안에 "신앙심"을 만드셨다는 것을 보여 준다. 왜냐하면 자기 형상대로 만드셨다는 말은 하나님 자신과 상호적인 교제를 하도록 지으셨음을 의미하기 때문이다.[21] 그는 지혜와 거룩함과 의로운 상태로 창조되었다. 하나님의 영광을 반사하는 거울로, 최고의 영예를 가진 존재로 지음 받았다. 인간은 본성적 존재로 완전한 상태로 창조되었다. 이 사실은 아담이 처음부터 완전히 종교적인 인간이었음을 드러낸다.

로마 가톨릭에서 주장하듯이 원의가 덧붙여진 존재가 아니라, 본성적 존재로 성숙한 완전한 인간으로 지음 받았다. 그러나 이는 인간이 최상의 존재로 지음 받았다는 말은 아니다. 아담은 하나님께서 선과 악을 알게 하는 나무의 열매 시험을 통과함으로써 순종을 통한 도덕적 의로움을 성취해야 할 사명을 부여 받았다. 이를 통해 그에게는 하나님의 생명을 더욱 가까이 누리는 영생이 약속되었다. 소위 행위언약으로 불리는 이 시험과 약속은 인간의 의를 통한 공로 사상이 아니라, 하나님이 지으신 의로움이 완전히 드러나고 발현되는 차원에서, 또한 하나님이 약속하신 대로 주시고자 하는 이의 뜻에 따라 시험을 통과하여 영생이라는 선물을 받도록 하신다는 점에서 하나님의 은혜에 초점이 맞추어져 있다.

아담이 하나님의 형상대로 지음 받았다는 사실은 개혁주의 종교의 핵심이 하나님의 말씀에 대한 순종에 있다는 것을 보여 준다. 종교는 하나님의 말씀에 순종하는 행위다. 칼빈은 다음과 같이 말한다.

> 선과 악을 알게 하는 나무를 멀리해야 할 금지령이 아담에게 떨어졌다(창 2:16-17). 그 나무가 있게 된 것은 아담의 순종을 시험하고 그가 기꺼이 하나님의 명령 아래 거하며 그것에 따르고 있음을 증명하기 위함이었다. 실로 그 나무의 이름 자체가 보여 주듯이, 그 명령의 유일한 목적은 아담이 자기의 처지에 만족하고 사악한 정욕에 빠져 우쭐대지 못하게 하는 데 있었다. 생명 나무로부터 취하여 먹는 이상 영생을 소망하게 하는 약속과 한 번 선악을 알게 하는 나무를 맛보게 되면 죽음이 닥친다는 무서운 위협이 아담의 믿음을 시험하고 훈련시키는 작용을 하였다.[22]

칼빈은 하나님이 선악과의 시험을 주신 것은 아담으로 하여금 순종의 명령 아래 있음을 알게 하기 위함이었다고 말한다. 아담이 낙원에 거주하면서 만물을 다스리는 권세를 부여 받은 사건 역시 마찬가지다. 그가 동물에 대한 지배권을 발휘한 것은 만물의 영장이기 때문이 아니라, 하나님의 말씀에 순종하여 다스리는 권세를 부여 받았기 때문이다. 아담이 동물의 이름을 처음 지었을 때, 그것은 곧 동물을 다스리는 행위였다. 동물의 이름을 짓고 길들이며 만물에 부여된 질서에 따라 피조계를 다스리는 행위는 모두 하나님의 말씀에 대한 순종의 행위였다. 아담에게는 모든 것이 종교적이었다.

이러한 의미에서 동물은 종교를 갖지 못한다. 동물은 이성이 없으며 도덕적 존재도 아니다. 하나님의 형상을 따라 지식과 거룩함과 의로움을 가진 존재여야만 하나님을 예배할 수 있으며 하나님의 말씀에 순종할 수 있는 종교를 견지할 수 있다. 오늘날 반려동물 시대를 맞이하여 '반려동물을 어떻게 취급해야 할 것인가'가 매우 중요한 주제가 되고 있다. 교회에서는 성도들의 장례뿐만 아니라 반려동물의 장례식까지 생각해야 한다는 목소리가 나오기 시작한다. 기독교인들 가운데에서는 동물들이 천국에 갈 수 있는지에 대해 궁금해 하는 이들이 적지 않다.[23] 혹자는 사탄이 뱀을 통해 아담을 시험한 사건을 예로 들면서 동물들이 이성이나 혹은 사람과 유사한 생각을 할 수 있는 것처럼 주장하기도 한다. 우리가 잘 아는 대로 아담이 타락하는 과정에서 동물이라는 요소가 개입한다. 물론 사탄이 주 원인으로 작용하지만 사탄은 뱀을 사용한다. 여기에 창조 질서를 넘어서는 사건이 발생하는데, 바로 동물이 말을 한다는 점이다. 하지만 카이퍼에 따르면 동물은 말을 할 수 없다. 이성적 존재가 아니기 때문이다. 다만 동물은 어떤 신호를 위해 음을 기계적으로 표현할 뿐이다.

비기독교계에서도 동물의 종교적 가능성을 긍정하는 이가 많다. 대표적인 예가 진화론자들이다. 침팬지나 고릴라가 왜 말을 할 수 없는지에 대해 진화론자들의 의견은 몇 가지로 갈린다. 어떤 이는 뇌의 발달 문제라고 본다. 어떤 이는 고릴라의 해부학적 구조상, 구강 구조가 진화하지 못하여 언어를 말할 수 없다고 주장한다. 또 어떤 유전론자들은 유전자의 특성에 따른 결과로 보기도 한다.

동물 행동을 연구하는 이들 역시 동물들의 이성적 가능성에 대해 긍정적인 입장을 취하기도 한다. 세계적인 동물 행동학자이자 침팬지 행동 연구의 권위자인 제인 구달은 침팬지의 행동 분석을 통해 사람과 동물의 차이는 더 이상 도구를 사용할 수 있느냐 없느냐에 달려 있지 않다고 주장한다.[24] '애니멀 커뮤니케이터'라는 직업을 가진 이들이 동물들의 마음을 읽고 의사소통을 하기도 한다. <TV동물농장>에서는 하이디 라이트(Heidi Wright)라는 여성 애니멀 커뮤니케이터가 말의 몸을 만지거나 쓰다듬으면서 과거에 있었던 사건들을 마음의 대화로 주고 받으며 말의 생각을 주인에게 전달하는 모습을 방영한 적이 있다. 공감이 되는 부분도 있지만, 조금만 더 깊이 들여다보면, 동물과의 대화는 근본적인 문제점을 내포하고 있다.

이러한 주장은 모두 가설에 지나지 않는다. 동물이 말을 못하는 이유는 생각할 수 있는 의식이 없기 때문이며 자연스럽게 생각할 수 없으니 언어를 습득하거나 말을 할 수 없다. 아무리 반려동물이 인간의 삶의 자리에 중요한 비중을 차지한다고 하더라도 인간과 동물은 근본적으로 다르다. 동물들의 언어와 의식의 가능성을 강조하는 이들은 근본적으로 진화론에 기초를 두고 있다. 우리는 과학적, 의학적, 혹은 동물 행동의 심리학적 관점에서 논쟁할 필요가 없다.

성경에 등장하는 동물이 말하는 사건들은 얼마든지 설명될 수 있다. 카이퍼는 더 고등한 존재가 동물의 기관들(호흡, 인후, 혀, 입술, 치아)을 사용하여 동물 스스로 할 수 없는 것들을 동물을 통해 성취할 수 있다고 말한다. 최면술이 대표적인 예가 될 수 있다. 최면을 통해 "한 개인이 다른 개인을 압도할 권력을 획득하여 강한 자가 약한 자를 압박하여 약한 자가 자신의 입으로 강한 자를 섬기고, 약한 자가 뜻하는 것이 아니라 강한 자가 생각하고 의도하고 뜻하는 것을 말하게 할 수 있다는 것이다." 그렇다면 뱀과 발람의 나귀는 어떻게 말을 할 수 있었는가?(민 22:28) 낙원에서의 뱀은 사탄이 지배한 것이고, 발람의 나귀는 하나님이 지배한 것이다. 성경 본문에 기록된 뱀과 나귀가 내뱉은 말들은 그 동물을 지배하는 이들의 생각과 의도가 동물을 통하여 발하게 된 결과다.[25] 그러므로 동물은 이성이 없으며 이성에 따른 의지를 발휘하지 못한다. 동물은 비종교적 존재인 반면, 인간은 종교적인 존재다.

4. 타락한 인간의 의지

인간은 죄로 타락하여 하나님의 말씀에 온전히 순종할 수 없게 되었다. 아담의 타락 이후 인간의 의지는 동물의 의지와 크게 다를 바 없을 만큼 전적으로 부패했다. 칼빈은 죄로 타락한 인간의 의지를 동물의 의지에 빗대어 표현한다. 동물들이 소리를 내고 상호 간 혹은 사람에게 의사 표현을 한다. 배고프면 배고프다는 신호를 보내고, 밖에 나가서 놀고 싶으면 놀이감을 건드리거나 특정한 행동들을 한다. 동물들이 가지고 있는 이러한 의지의 표현은 이성에 기초한 것이 아니라 본성에 따른 행위다. 동물은 본능적인 욕구에 따라 움직인다.

마찬가지로, 죄로 타락한 사람 역시 선한 것에 대한 의지를 가질 수 없다. 칼빈에 따르면 철학자들은 인간의 의지를 긍정하여 "덕행과 악행이 우리의 권세 안에 있다고" 믿는다.[26] 자신의 행위가 자유로운 선택에 따라 결정한 의지에 의한 것이므로 덕을 행하는 것이나 악을 행하는 것이나 인간의 자유로운 의지에 달려 있다고 본 것이다. 하지만 이것은 인간의 자유의지를 보여주는 증거는 될 수 없다. 의지는 "사람의 본성과 분리할 수 없으므로 파멸되지는 않았으나 사악한 욕심의 사슬에 묶여 어떤 올바른 것도 추구할 수 없게 되었다."[27]

칼빈은 인간의 타락한 의지를 자연적 욕구와 의지의 자유 사이에 존재하는 차이점으로 설명한다. 선택은 이성의 영역이 아니라 의지의 영역에 속하고, 죄로 타락한 사람의 의지는 자유의지가 아니라 자연적 욕구에 속한다. 혹, 철학자들이 말하는 것처럼 "만물이 자연적 본능을 따라서 선을 추구한다고" 할 때, 그것은 인간의 의지와는 전혀 상관없는 자연적 욕구에 불과하다. 이러한 욕구는 인간의 자유의지의 결과가 아니라 동물들 가운데에서도 발견될 수 있는 자연적 욕구와 크게 다르지 않다. 칼빈은 쓴다.

> 만약 사람 안에 있는 선에 대한 본성적인 갈망이 어떤지 살펴본다면 사람은 그 갈망을 짐승들과 공유하고 있음을 당신은 발견할 것이다. 왜냐하면 짐승들도 잘 살기를 갈망하고 그들의 지각을 자극하는 어떤 종류의 선이 나타나면 그것을 따르기 때문이다. 그러나 사람은 불멸하는 자기 본성의 탁월함에 걸맞은 참으로 선한 것을 이성으로 택하여 열심을 다해 추구하지도 않고, 그의 이성을 사용하여 계획을 잡지도 않고, 그것에 마음을 기울이지도 않는다. 오히려 이성 없이, 계획 없이, 마치 짐승처럼 본성의 의도를 따른다. 그러므로 사람이 본성의 지각으로 선을 추구하게 되느냐 그렇지 않느냐의 여부는 결단의 자유에까지 미치는 문제가 아니다. 오히려 결단의 자유에는 다음과 같은 것이 요구되니, 즉 사람이 올바른 이성으로 선을 판별하고, 알게 된 것을 선택하며, 선택된 것을 추구하는 것이다.[28]

칼빈은 사람이 선에 대한 욕구를 가진다고 할 때, 두 가지를 주의해야 한다고 강조한다. 첫째, 선에 대한 욕구는 "의지의 고유한 운동이 아니라 본성적 경향"을 말한다. 또한 여기에서 말하는 선이란 진정한 의미에서의

"능력이나 의"에 속한 것이 아니라 그저 "조건"을 말한다. 예를 들어, 선이라고 여겨지는 것들을 위해 최선을 다하려고 하는 모습들을 선으로 간주하는 것이다. 덕이나 의 자체가 아니라 그저 사람이 세운 잣대에 기준하여 좋아 보이는 상태를 가리킨다. 창세기의 말씀처럼, 사람의 마음이 계획하는 바는 어려서부터 악하다(창 8:21).

선 자체가 아니라 선을 추구하려는 모습을 선으로 간주하는 모습은 자유의지의 가능성이 아니라, 오히려 인간의 의지가 전적으로 부패했음을 반증한다. 사탄은 '너희가 그것을 먹는 날에는 너희 눈이 밝아져 하나님과 같이 되어 선악을 알 줄 하나님이 아심이니라'고 유혹했다(창 3:5). 죄를 범한 이후 하나님은 '이 사람이 선악을 아는 일에 우리 중 하나 같이 되었다'고 말씀하신다(창 3:22).

아담과 하와는 정말로 선악을 아는 일에 하나님처럼 되었는가? 개혁신학자들은 그렇게 해석하지 않았다. 사람이 선악을 아는 일에 '우리처럼 되었다'는 말은 죄로 인해 그들 스스로 하나님의 자리에서 옳고 그름에 대한 구별을 내렸다는 것을 뜻한다. 타락으로 인해 인식된 아담과 하와의 지식은 하나님이 스스로에 대해 알고 계신 그런 지식이 아니라, 그들 자신이 하나님처럼 되어 인생의 주권자가 되었음을 드러내는 타락한 지식이다. 아담과 하와는 자신의 지식으로 구원 받고자 했으며, 자력으로 구원을 받고자 하는 종교 행위를 시작한다.

아담이 죄를 범한 직후에 그의 종교적인 행위는 더 이상 하나님의 말씀에 대한 순종에 따른 것이 아니었다. 아담과 하와는 죄의 문제를 해결하기 위해 찾아오시는 하나님의 낯을 피하여 숨는다. 그리고 곧바로 벌거벗었음으로 인하여 무화과나무 잎을 엮어 치마를 만들어 자기들의 수치를 가린다(창 3장). 죄를 추궁하시는 하나님의 재판 앞에서 아담과 하와는 책임을 다른 이에게 떠넘긴다. 아담은 자신이 알고 있다고 믿었고, 자신의 판단에 근거한 지식으로 말미암아 구원을 쟁취하려 했다.

카이퍼는 다음과 같이 말한다.

> 그러므로 여기서 도달하는 결론은 사람에게 하나님이 확립한 것으로 수용하지 않고, 직접 확립하는 선악을 아는 모든 지식은 악하며 불경하다는 것과 하나님에게서 도출하고 하나님에게서 수용하고 하나님에게서 받아내는 종류의 선악을 아는 지식만이 사람에게 적합하고 참되며 거룩하다는 것이다.[29]

카이퍼는 선악을 안다는 말을 하나님이 아시는 무엇을 안다고 생각하는 관점을 비판한다. 아담과 하와는 무엇을 아는 것이 아니라, 죄를 통해 악을 택했음을 알게 되었기에, 선택하는 일에 하나님처럼 되었다. 이 점이 바로 창조주 하나님과 타락한 인간 사이의 결정적 차이점이다. 하나님은 무엇이 선한 것이고 무엇이 악한 것인지를 평가하고 결정하나, 사람은 직접 그렇게 해서는 안 되고, 하나님으로부터 이것을 받아들여야 한다. 하지만 아담과 하와는 직접 하나님처럼 되어 무엇이 선한 것이고 무엇이 악한 것인지를 하나님처럼 평가하고 결정하길 원하는 쪽으로 기울여 나감으로 하나님을 대적한다.[30]

> '선악을 아는 지식'은 자신에게 무엇이 선하고 무엇이 악한 것인지를 사람 자신이 주권적으로 평가하고 결정하고 판정한다는 의미다. 아담이 직면한 시험은 자신이 하나님의 평가에 맹목적으로 복종하는지, 아니면 하나님을 거부하고 자신이 선택권을 발휘하고 이렇게 함으로써 자신이 하나님과 똑같이 입법자요 재판관이 되기 원하는지를 단번에 영원히 결정해야 하는 것이다. 사탄은 아담에게 자신의 평가를 발휘하라고, 하나님과 똑같이 되라고 촉구한다. 타락 후에 하나님은 사람이 이 죄에 도달한 것을 본다. 아담이 자신을 신으로 세웠다는 것을, 자신을 위해 무엇이 선한 것이고 무엇

이 악한 것인지 스스로 아는, 즉 스스로 평가하는 존재로 세웠다는 것을, 하나님은 확인한다. … 최종적으로, 스스로 평가하기를 원함으로써, 아담 자신의 판단은 하나님의 판단에 맞서게 되었고, 두 판단 사이의 분규로부터 양심의 활동이 나타났다.[31]

카이퍼의 말은 오늘날 종교들의 공통적인 특징을 잘 드러낸다. 기독교 외에 모든 종교는 '아래로부터,' 또는 '인간으로부터'의 종교다.

한국의 전래 동화 『심청전』은 한국인이라면 어려서부터 익숙한 동화 가운데 하나다. 하지만 심청전의 내용은 생각보다 상당히 살벌하고 우상 숭배적이며 불교의 색깔이 짙게 배어있다. 심청이는 아버지 '심봉사'의 눈을 뜨게 하기 위해 절에 공양미 삼백 석을 바쳐야 할 운명에 처해진다. 그녀는 바다의 용왕의 분노를 잠재우기 위해 자신의 몸을 임당수에 떨어뜨리니 인신 제사에 다름 아니다. 공자는 조상을 숭배하면 복이 온다는 논리로 사회 질서의 기초를 세우고자 했다. 유교는 세속적이며 기복주의적이고 가장 미신적인 성격을 지닌다. 힌두교는 인도의 원시 종교인 브라만교에서 발전하여 카스트 제도 가운데 가장 높은 계급인 브라만 계급을 중심으로 만들어진 종교다. 불교의 윤회 사상에 영향을 주었으며, 사회 체제를 고수하기 위한 종교라는 점에서 유교와 비슷한 성격을 지닌다. 카이퍼는 다음과 같이 말한다.

> 어떻게든 그리스도라는 최고의 이름을 부처나 공자, 마호메트 등과 같은 선상에 놓거나 다 같은 부류로 말하는 사람은 기독교와 모든 종교를 훼손하는 것이며, 그렇게 함으로써 우리 인류의 행복한 발전도 망치는 것이다. 왜냐하면 이 모든 것이 하나님을 아는 지식에서 꾀어내고, 그 지식을 속이며 참된 하나님의 지식을 잃게 만들기 때문이다. 하나님을 아는 것 자체가 이생과 내세에서 누릴 영원한 생명이지만, 그리스도에게서 멀어지게 하는

것과 그리스도의 이름을 흐리게 만드는 모든 것은 생명을 추구하는 것이 아니라 죽음을 추구하는 것이다.[32]

세상의 종교는 하나님의 말씀, 즉 자기 계시로서의 그리스도를 알지 못한다. 그리스도는 선지자 중에 하나거나 훌륭한 선생으로 간주되기 때문이다. 이러한 행위는 생명으로부터 멀 뿐만 아니라 죽음을 추구한다.

5. 타 종교의 특징

기독교 외의 타 종교들은 모두 거짓 종교인가? 포스트모던 종교철학자인 존 힉은 이러한 관점이 잘못된 것이라고 비판한다. 그는 다음과 같이 쓴다. "그리스도교의 성서나, 이슬람교의 코란이나, 힌두교의 바가바드기타는 신의 말씀인가? 이러한 질문에 대한 그리스도교의 답이 참이라면, 힌두교의 답변은 대부분이 거짓일 수밖에 없지 않은가? 불교가 말하는 것이 참이라면, 이슬람교가 가르치는 것은 대부분이 거짓일 수밖에 없지 않는가?"[33]

이 질문에 대해 힉은 '하나의 종교' 개념을 가져온다. 그에 따르면, "그리스도교, 이스람교, 힌두교, 불교"는 인간의 종교 생활의 결과로 생겨난 "역사적 문화 현상 가운데 일부"다.[34] 그는 기독교가 "종교적 요인들과 비종교적 요인들 사이의 복잡한 상호 작용을 통해서 발전된 것"이라고 주장한다. 이러한 관점에서 종교는 문화의 산물이다. 그는 자연스럽게 "어느 한 문명을 참된 것이라거나 거짓된 것이라고 말하는 것이 부적절한 것처럼, 한 종교를 참된 것이라거나 거짓된 것이라고 말하는 것이 적절치 못하"다고 주장한다.[35] 포스트모더니즘 시대에 다원주의를 주장하는 이들은 존 힉의 주장에 전적으로 동의할 것이다.

참으로 어리석은 관점이 아닌가? 도대체 무엇을 근거로 그와 같은 주장을 할 수 있다는 말인가? 종교를 과거의 역사 속에서 인간의 내면과 삶에서 일어난 사건으로 간주하면서 때로는 역사학적으로, 때로는 사회학적으로, 때로는 심리학적으로, 때로는 문화와 문학적으로 접근하는 관점은 다시금 하나님을 대적하고, 성경의 계시의 객관성을 무시하고, 인간의 이성의 권위를 치켜드는 행위와 진배없다. 그 옛날 니므롯이 바벨론에 가서 성을 쌓고 그와 함께 한 모든 이가 '온 지면에 흩어짐을 면하자'(창 11:4)라고 했던 어리석음과 무엇이 다른가! 인간의 이성으로 기독교의 종교를 판단하는 것은 결국 모든 종교의 차이점들을 구별하지 못할 뿐만 아니라 그 차이점들을 지워 버린다. 그들이 그토록 강조하는 고귀한 인간의 이성이 이것조차 구별하지 못한다면 스스로 인간 이성의 무능성을 자인하고 있는 것이 아닌가?

보편 구원론을 옹호하지는 않더라도, 다원주의 사회에서 타 종교에 대해 관대한 태도를 지향하는 이들도 있는데, 그들의 결론은 다원주의의 결론과 맥을 같이한다. 대표적인 예로, WCC의 에큐메니컬 운동가인 레슬리 뉴비긴(1909-1998)은 타 종교를 가진 이들을 향하여 구원의 유무를 인간이 판단해서는 안 된다고 주장한다. 그는 신학자들이 "세상 사람들에게 마지막 심판 날에 그들 중 누구는 의롭다 함을 받고 누구는 정죄를 받게 될 것인가를 알려 줄 권한을 부여 받았다고 생각한다"라며 비판한다.[36] 그에 따르면 그러한 권한은 하나님만이 가지고 있으므로, 우리는 "그리스도를 믿지 않는 사람은 죽어서 어떻게 되는가?"라는 질문을 해서는 안 된다.[37]

하지만 뉴비긴은 타 종교의 가르침과 타 종교인에 대한 자세의 차이를 구분하지 못한다는 점에서 큰 잘못을 범한다. 분명히 타 종교인에 대한 비판과 정죄는 인류를 향한 그리스도인의 사랑이라는 관점에서, 또한 아우구스티누스가 말했던 '밖에도 양이 많고 안에도 이리가 있다'라는, 가시적 기독교인과 비가시적 기독교인의 정체성을 유한한 인간이 판단할 수 없다는 점에서 분명히 조심해야 할 부분이다. 하지만 교리 또는 가르침의 내용 자체에 대해서는 이야기가 다르다. 파스칼이 명확히 지적하듯, 기독교와 타 종교의 근본적인 차이점은 죄를 치유하는 방법, 즉 그리스도의 중보자 됨에 있다. 기독교 외에 어떤 종교도 인간이 "죄 가운데 태어났다는 것도 그리고 이것에 저항해야 했다는 것도 가르치지 않았고 또 이것을 치유할 방법을 제시할 생각도 하지 않았다."[38] 바빙크는 다음과 같이 쓴다.

> 그러므로 기독교야말로 완전한 종교이며, 유일하고 본질적인 참 종교입니다. 기독교는 기독교 외에 다른 종교가 기독교와 동등한 가치를 지니는 것을 용인하지 않습니다. 진리가 언제나 비(非)진리에 관용적이지 않았고 절대 관용적이어서도 안됐던 것처럼, 기독교는 그 본성상 관용적이지 않습니다. 기독교는 종교들 중 첫 번째가 되는 정도로 만족하지 않습니다. 오히려 다른 종교들 속에 있는 참되고 선한 모든 것을 흡수하고 성취하는 유일하고 참되며 완전한 종교입니다. 그리스도는 다른 사람들과 같은 한 사람(a man)이 아닙니다. 그리스도는 성결의 영으로 죽은 자들 가운데서 부활하사 능력으로 하나님의 아들로 선포되셨고(롬 1:4), 성부 하나님으로부터 모든 이름 위에 뛰어난 이름을 받으사 모든 무릎이 그 이름 앞에 꿇고 모든 입이 그 이름을 주라 시인하여 하나님 아버지께 영광을 돌리게 하신 인자(the Son of Man)이십니다(빌 2:9-11).[39]

성경은 타 종교에는 구원이 없다고 가르친다. 개혁신학자들 가운데 어느 누구도 타 종교인의 구원의 유무를 결정할 권한이 자신에게 있다고 말하지 않는다. 다만 성경의 가르침에 비추어 타 종교에는 구원이 없으며, 그러한 종교를 추종하는 이들에게는 구원이 없다는 성경의 진리를 따를 뿐이다.

6. 기독교의 특징

기독교는 처음부터 성경이라는 계시 위에 종교의 건물을 세웠다. 우리가 보았던 것처럼, 칼빈은 성경적 원리에 기초하여 기독교 신앙의 요체를 제공했다. 그리고 그 가르침을 온전히 전하기 위해 제네바를 성경적 도시로 건설해 나갔다. 뿐만 아니라, 인근 유럽 국가들에 살고 있는 진실한 개혁자들에게 개혁의 모토를 제공하고, 용기를 불어넣어 주었다.

카이퍼는 칼빈의 가르침에 기초하여 기독교 세계관을 제시했다. 기독교를 대적하는 현대주의에 맞서 참된 종교의 정신을 일깨우기 위해 그는 칼빈주의를 통해 기독교의 종교적 원리를 제공했다. 카이퍼는 기독교 세계관의 관점에서 성취된 칼빈주의 종교의 탁월성을 설명하기 위해 세 가지를 설명한다. 그는 종교 자체, 종교 형식 그리고 종교의 목적에 관해 다룬다. 종교의 형식은 종교적 현현 형식으로서의 교회 생활이며, 종교의 목적은 실제 생활에 각각 연관된다. 우리는 글의 목적상 교회 생활과 실제 생활은 다루지 않고 카이퍼의 관점을 통해 종교 자체에 대해 논의하려 한다.

카이퍼에 따르면 종교 자체에 대한 논의는 네 가지 국면에서 다루어질 수 있다. 먼저 하나님의 주권 교리다. 종교는 사람을 위한 것이 아니라 하나님을 위한 것이다. 둘째, 종교는 하나님과 사람 사이에 중간 매체 없이 직접적이어야 한다. 셋째, 종교는 삶의 일부분이 아니라 인간 전체의 실존을 지배해야 한다. 마지막으로, 종교는 도덕적인 삶을 위한 것이 아니라 죄로 타락한 인간을 구원하는 구원론적 성격을 지닌다.

종교는 하나님을 위한 것이다. 사람들은 치명적인 공포 앞에서 자연의 힘에 맞설 수 있는 도움을 신적인 존재에게 구한다. 예를 들어 전염병, 전쟁, 자연재해와 같은 시련 앞에서 인간은 자신의 한계를 절감하고 삶의 회복을 위해 신적 존재에게 도움을 구한다. 하지만 인간의 상황에 따라 하나님을 의존하는 행위는 종교를 전적으로 하나님을 위한 것이 아니라 인간을 위한 것으로 만든다. 인생의 생사화복을 위해 기도하는 인간의 종교 행위는 우상에게도 바쳐질 수 있다. 이것은 참된 종교가 아니라 미신적 행위에 지나지 않는다. 자연의 힘 앞에서 무기력함을 인식하는 것은 인간의 자연스러운 마음이지만, 자신의 필요를 채우기 위한 종교 행위가 종교의 원리라고 한다면 그러한 유의 종교는 결국 인간을 위한 종교가 되고 만다. 바빙크는 말한다.

> 현재 주장되는 종교적 열망들은 그 자체로도 이기적인 특징들을 분명하다 (분명히 한다). 살아 계신 하나님을 알고 그를 섬기는 것을 갈망하기보다는 자기만족을 더 갈망하는 형편이기 때문이다. 이 세상 위에 존재하시는 하나님을 찾기보다는 이 세상 속에 존재하는 하나님만을 찾는다. 이는 하나님의 본질을 피조물들의 본질과 동일시하는 행위다.[40]

바빙크가 말하는 종교적 열망이란 '신(新)신학'의 범신론적 특성을 가리킨다. '신신학'에서 신은 우주 만물의 총합으로 이해된다. 신은 만물에 내재해 있으며 인간 안에 존재하고, 인간을 통해 발전한다. 이러한 종교는 범신론적 종교관과 일맥상통한다.

사람을 위한 종교는 자연이나 사람의 주관적인 감정을 출발점으로 삼고, 사람을 위한, 즉 인간의 안전과 자유와 격상을 목적으로 삼아 인간의 승리를 목표로 하는 종교에 불과하다. 이 경우 하나님은 사람을 돕고, 국가의 질서와 유지, 안녕을 위해 일하는 부수적인 존재로 취급된다. 이러한 "모든 종교는 기근과 역병의 때에 번성하며, 가난한 자와 압제 당하는 자 가운데 번창하며, 비천하고 연약한 자 가운데 퍼진다. 그러나 이 종교는 번성한 때에 약하여지고, 잘사는 사람을 끌어들이지 못하고 계몽된 사람에게 버림받는다."[41]

칼빈주의 종교는 인간의 주관적 측면을 가지고 있음을 부인하지 않는다. 인간은 의식주의 전 영역에서 하나님의 도우심을 필요로 하는 존재다. 하지만 인간은 하나님을 위해 존재한다. 고난 가운데 하나님을 찾는 것은 하나님을 인간의 필요를 채우는 존재라는 관점에서 이해되는 것이 아니다. 오히려 고난은 어리석고 연약한 인간으로 하여금 하나님을 위한 존재로 만들어졌음을 깨닫게 하는 도구이자 방편이다. 하나님은 의식 없는 전체 피조물, 식물과 동물, 어린아이들에게도 종교적 표현을 새겨 두셨다.[42]

종교는 오직 하나님의 형상으로 지음 받은 사람에게서만 분명하게 나타난다. 왜냐하면 사람이 종교를 추구하기 때문이 아니라, 하나님이 사람을 만드실 때부터 이미 본성적으로 종교적 존재로 지음 받았기 때문이다. '종교의 씨'가 사람 속에 본질적인 종교의 표현으로 심겨져 있다. 종교는 인간 본성의 찬탄과 경배의 감정이지, 그저 어떤 의존 감정이 아니다. "종교에서 모든 동기의 출발점은 하나님"이다. 사람은 "수단"과 "방법"인 반면, 하나님은 "목적," "출발점" 그리고 "도착점"이다.[43]

> 사랑은 인간의 영혼에서 시작하는 것이 아니고 하나님 안에서 시작하는 것이다. 그것은 하나님께로부터 우리에게로 온다. 우리 마음은 그것을 흡수한다. 이렇게 하나님의 사랑이 인간 마음을 통하여 인간 영혼 속으로 들어와 영혼 안에서 하나님에 대한 상호적인 사랑의 삶을 각성시킨다. 그리고는 다시 영혼에서 마음으로 들어가 우리로 하여금 하나님을 사랑하게끔 만든다.[44]

둘째, 칼빈주의 종교는 하나님과 사람 사이에 매개를 두지 않고 직접적인 관계를 형성한다. 종교는 "피조물의 중재가 전혀 없이 하나님과 인간 마음의 직접적 교통을 실현해야 한다."[45] 로마 가톨릭은 하나님과 사람 사이에 인간 중보자를 세웠다. 로마 교황이 최고 중보자 중 한 사람이며, 교회의 다양한 제도들(미사, 고해성사, 연옥 등)은 중보적 역할을 한다. 로마 가톨릭은 매번 미사를 통해 희생제사를 드림으로 구원의 필요조건으로 인간의 공로를 추가한다. 신자들이 지은 죄의 경중을 판단하는 이는 사제이며, 죄의 사면 역시 사제가 대신 선언한다. 그들이 온갖 영예를 갖다 붙여 놓은 성인(聖人)들은 성도들을 위한 중보자들로 인정된다.[46] 그 가운데 마리아는 최고의 중보자로 자리매김된다. 로마 가톨릭은 마리아를 숭배의 대상이 아니라 존경의 대상으로 여긴다고 말은 하지만, 실제로는 중보자로서 섬기고 예배하고 기도한다.

오늘날도 가톨릭에서는 '미사 후 기도문'으로 기도한다. 이 기도문은 평소 연옥의 영혼들에 대한 연민을 가지고 있던 성녀 제르트루다(d. 1302)에게 예수 그리스도가 나타나 가르쳐 주었다는 허황된 내용을 기초로 한다. 기도문의 내용은 다음과 같다.

> 영원하신 성부여! 연옥에 있는 모든 영혼, 거룩한 영혼들과 모든 곳이 죄인들과 세상 교회 안에 있는 죄인들과 내 집안과 내 가정에 있는 죄인들을 위하여 오늘 온 세상에서 드리는 모든 미사성제와 더불어 당신 성자 예수의 가장 값진 피를 당신께 봉헌하나이다. 아멘.

가톨릭에 따르면, 그리스도는 제르투르다에게 미사 전후에 이 기도를 바칠 때마다 연옥에 갇힌 천 명의 영혼을 구해 주신다고 말했다. 로마 가톨릭은 이 기도문을 있는 그대로 받아들이니, 참으로 무지의 소치가 아닐 수 없다. 또한 로마 가톨릭은 세례를 받지 않고 죽은 경우, 무죄한 자의 림보(Limus innocentium)로 보내진다고 주장한다.[47]

그리스도인들 가운데에서도 예수님이 왜 십자가에서 내려올 수 없었느냐고 질문하는 성도들을 자주 마주치게 된다. 마치 십자가 아래에서 그리스도의 죽음을 관망하던 이들이 했던 질문처럼, 그리스도가 십자가에서 내려와 자신을 구원하고 모든 영혼으로 하여금 그리스도를 따르게 할 수 없었느냐는 호기심 어린 상상을 하기 마련이다. 하지만 그렇게 될 경우 하나님과 인간 사이의 친밀한 관계의 회복은 영영히 사라지고 만다. 그리스도께서 오병이어의 기적을 행하셨을 때, 많은 이가 그리스도를 자기들의 임금으로 삼으려 했다. 이런 유의 신뢰와 믿음은 하나님에 대한 직접적인 사랑에 기인하지 않는다. 그저 그들이 먹고 배부른 까닭이었을 따름이다.

그리스도께서 십자가에서 중보자로 죽으심은 만세 전에 택하신 자기 백성을 구원하고 하나님과 자기 자녀 사이에 친밀한 교제를 회복시키기 위함이셨다. 베드로가 예수님을 그리스도로 알게 된 것은 혈육이 아니요 하늘에 계신 하나님 아버지로 말미암음이었다(마 16:17). 하나님이 오게 하여 주지 아니하시면 누구든지 그리스도께로 올 자가 없다(요 6:65). 그리스도의 십자가로 하나님의 택한 백성들은 하나님을 아바 아버지라 부르며 더 없이 친밀한 관계를 누린다(롬 8:15). 타락한 인간에게 중보자가 있어야 하는데 이 중보자는 인간으로부터 말미암지 않는다. 하지만, 선택 받은 사람은 마치 오래 산 사람처럼 영원히 하나님과 개인적으로 교제하는 일에 들어간다.[48]

종교에 대한 세 번째 질문은 '종교가 우리의 삶의 부분인가 아니면 모든 삶의 영역에 미치는 포괄적인가' 하는 문제다. 여기에서 포괄적이라는 말은 삶의 전 영역을 지배한다는 의미다. 카이퍼에 따르면, 부분적 종교관의 특성들은 종교의 실현을 인간의 간섭에 둔다. 인간의 임의적 참여를 통한 종교 활동은 본성적인 것이 아니라 그저 임의적 사건에 불과하므로, 인간이 "마음대로 간섭할 수 있는 사건에 자신의 종교를 국한시키게 된다."[49] 이 경우 세 가지 현상이 나타나는데, 가장 먼저 종교는 인간의 지성의 범위에서 물러나게 된다. 종교는 지성이 아니라 감정과 의지에 관련되기에 이성이 아닌 의지의 영역에 속한다. 이로부터 두 번째 현상이 나타난다. 즉, 종교란 말 그대로 종교 생활의 영역에 속할 뿐, "공적 생활의 영역에서 배제"되며, 단지 윤리적 영역에 국한된다. "세계의 번영과 별도로 종교는 멀리 있는 거의 개인적인 은신처에 숨어 있는 것으로 이해된다." 종교가 인간 전체의 삶에는 해당하지 않는다면 곧바로 부분적 종교관의 세 번째 특징이 나타나는 바, 즉 종교를 모든 인간에 관련된 것이 아닌 그저 개별 "집단"에 속하는 것으로 이해한다.

부분적 종교관의 대표적인 사례는 신비주의 종교 집단과 로마 가톨릭에서 발견된다. 신에 대한 감정이 넘치는 이들은 종교에 대해 광신적이다. 신비주의 종교 집단은 오늘날의 이단에 상응한다. 그들은 마치 자신들이 속한 집단에서만 신적 능력을 경험할 수 있고 신에 대한 참된 사랑을 누릴 수 있다고 믿으며, 그 이외의 모든 영역과 사람들을 악의 세력으로 규정한다. 유사하게 로마 가톨릭은 거룩한 영역과 세속적인 영역을 구분한다. "사제와 수도원은 지성소를 구성하고, 경건한 평신도는 성소를 형성하고, 따라서 바깥 뜰은 세례받았지만 교회에 대한 헌신보다 세상의 죄악된 쾌락을 좋아하는 자들의 몫이다."[50]

중세 중기 초엽(A.D. 1000)의 수도사들의 일상은 금욕주의로 가득했다.

> 수도사들은 첫 기도를 드리기 위해서 깊은 밤에 일어나야 했다. 수도원 생활에서 성가를 목청껏 부른다는 것은 한밤의 수면과의 작별을 뜻하는 것이었다. 자정이 지난 새벽 2시는 야간 기도로 정해진 시간이었기 때문이다. 많은 수도원 건물에는 숙소에서 예배당으로 곧바로 연결된 계단이 있었다. 잠에서 깨어나 겨울밤의 추위와 어둠을 맞으며 기도의 일과를 찾아가는 고통을 조금이라도 덜어 주려던 배려였다. 그처럼 이른 시간의 의식을 새벽 기도(Matins)라 불렀다. 새벽 기도가 끝나면 수도자들은 침실로 돌아가 세 시간 정도의 잠을 청했고, 아침 기도에 참석하기 위해 6시에 완전히 잠에서 깨어나야 했다. 이외에도 다섯 번의 기도가 하루의 일과로 짜여 있었다. 아침 9시의 제 3시과, 정오의 제6시과, 오후 3시의 제9시과, 만과

라 일컬어졌던 저녁 기도 그리고 겨울에는 오후 7시, 여름에는 오후 8시에 있었던 최종 기도로 종과가 있었다. 최종 기도가 끝나면 모든 수도자가 곧바로 잠자리로 향했다.[51]

종교를 인간의 전체 삶 가운데 부분적인 것으로 이해하는 이들은 종교를 윤리적 의지의 산물로, 광신적인 종교적 체험의 행위로 그리고 성과 속의 대립 관계로 만듦으로 종교와 삶을 이원화시킨다.

반면, 칼빈주의는 종교를 보편적인 것으로 이해한다. 카이퍼는 다음과 같이 쓴다.

> 칼빈주의는 종교의 전적으로 보편적인 특성과 종교의 전적으로 보편적인 적용을 옹호한다. 존재하는 모든 것이 하나님을 위하여 존재한다면, 모든 피조물은 하나님께 영광을 돌림이 마땅하다. 궁창의 해와 달과 별과 하늘의 새와 우리 주위의 모든 자연이 그러나 무엇보다도 제사장으로서 모든 창조물과 그 안에 번성하는 모든 생명을 하나님께 집중시켜야 하는 사람은 마땅히 그렇게 해야 한다. 그리고 죄 때문에 피조물의 많은 부분이 하나님께 영광을 돌리지 못하게 되었지만, 모든 피조물이 종교의 물결에 잠겨 결국 전능자의 제단에 종교의 제물로 놓여야 한다는 그 요구는, 그 이상(ideal)은 여전히 변할 수 없다.[52]

개혁주의에서 종교는 그저 그런 인간 생활의 일부가 아니다. 하나님의 형상으로 지음 받은 인간은 처음부터 종교적인 존재다. 인간은 하나님의 영광을 위해 살게 되어 있다. 종교는 인간 생활의 전체에 영향을 미친다. "종교의 진리는 우리의 이웃에 대한 정의와 사랑의 태만과 양립될 수 없다." 더 나아가 "종교는 정의(justice)에 의해 가장 잘 입증되고 시험된다."[53]

여기서 주의해야 할 점이 하나 있다. 종교가 보편적이라는 것은 보편 구원론이나 세속주의를 말하는 것이 아니라는 사실이다. 존 힉(1922-2012)은 기독교의 유일신 사상은 구별된 종교적 영역이 따로 있는 것이 아니라, "인간 존재의 모든 분야가 하나님과 연관되어 있다는 가르침과 상통한다"라고 강조한다. 그는 이것을 "세속화"라고 말한다. 힉은 종교의 세속화를 긍정적인 의미에서 해석한다. 하지만 종교의 보편적 성격은 세속화와는 전혀 다른 개념이다. 힉의 세속화는 종교적 영역을 세속의 영역으로 끌어내림으로 종교의 특수성과 보편성을 상실시킨다. 이런 점에서 칼빈주의 종교가 "구원론"적이라는 사실은 매우 중요하다. 세상의 다른 종교들은 사람을 정상적인 존재로 취급하는 반면, 개혁주의는 사람을 구원 받아야 할 죄인으로 본다.

종교는 일반적인 것인가 아니면 구원론적인가? 다시 말해 종교는 인간을 정상적으로 보는가? 아니면 타락한 비정상의 상태로 간주하는가? 사람을 정상적으로 보는 견해는 성격상 진화론적 성격을 띤다. 세상의 종교는 사람을 불완전에서 완전으로 이행되는 진화적 존재로 이해한다. 이러한 견해는 개가 주인을 좋아하고 호모 사피엔스가 침팬지에서 발전하듯, 진화된 인간은 점점 높은 단계로의 발전을 거듭하여 진화된 종교성을 가지게 된다고 주장한다.[54] 인간을 정상적 상태로 간주하는 이들은 죄를 타락의 결과로 보는 것이 아니라 단지 불완전한 진화적 중간 단계로 이해한다.

하지만 죄를 완전에 이르는 길에서 한 가지 불완전한 단계로 설명하는 시도는 지나간 인간의 역사에 대한 이해가 대단히 결여되어 있음을 보여준다. 왜냐하면 진화론적 관점은 종교를 진화하는 인간의 문화적 혹은 사회적 현상으로 볼 수밖에 없다는 결론에 이르기 때문이다. 하지만 "우리는 아무런 종교도 갖지 않은 인간 존재(즉, 동물이 아닌 인간 존재)에 대한 개념을 형성해 낼 수 없다." "지식과 예술 없는 인간이란 상상 불가하다. 가정과 사회생활 없는 인간, 혹은 도덕과 정의 개념 없는 인간이란 존재하지 않는다." 과학은 자신의 한계를 인정해야 한다. 지난 모든 역사를 과학적으로 증명하고 모든 현상을 진화론적으로 해석하려고 할 때, "모든 추측과 짐작은 사라지게" 될 것이며,[55] 스스로 헤어나올 수 없는 미궁 속에 빠지게 될 것이다.

한 가지 예를 들자면, 진화론적 사고는 과연 지난 역사 속에서 인간이 윤리적 미덕에서 발전했다는 사실을 증명할 수 있는가? 그렇지 않다는 것이 명명백백하다. 진화론은 로마가 멸망한 이유가 도덕적 부패에 있다는 사실을 설명하지 못한다. 17세기 유럽에서 일어난 30년 전쟁은 인간의 종교와 정치의 유착에서 비롯된 것이 아니던가? 20세기의 제1차, 제2차 세계 대전(1914-1918, 1939-1945)은 근대의 과학 문명의 한계와 인간의 낙관주의의 실패를 고스란히 드러내었다. 하물며 21세기의 현대에 이르러서도 계속 벌어지고 있는 세계 곳곳에서의 전쟁들은 어떻게 설명할 것인가? 인간은 도덕적 측면에서 과연 어떠한 진화 혹은 진보를 이루었는가? 과거와 현재의 역사가 인간을 정상의 범주에서 보는 진화론적 관점이 잘못되었다는 것을 증명하는 역사가 아니라면 무엇이겠는가!

개혁주의는 세상을 결코 정상적인 상태로 보지 않는다. 죄로 타락한 세상은 구원 받아야 할 대상이다. 성경은 아담의 타락 이후의 모든 사건을 통해, 인간이 죄로 인해 비참한 상태에 빠져 있음을 선포한다. 다윗은 수많은 시편을 통해 자신의 어리석음과 죄악됨을 탄식했다. 그는 밧세바와 동침한 후에, 자신이 죄악 중에 출생하였으며 어머니가 죄 중에서 자신을 잉태했다고 고백한다(시 51:5). 바울은 '한 사람으로 말미암아 죄가 세상에 들어오고 죄로 말미암아 사망이 들어왔나니 이와 같이 모든 사람이 죄를 지었으므로 사망이 모든 사람에게 이르렀느니라'(롬 5:12)고 말씀한다.

바빙크가 잘 지적하듯, "이 세상에는 이스라엘 자손처럼 자신의 죄를 이같이 깊이 통감하고 겸손하게 고백하는 사람이나 민족"이 없다.[56] 아우구스티누스는 인간의 비참함을 원죄로 설명했다. 아담의 타락 이후 모든 인류는 아담의 죄 아래에서, 죄악 가운데 태어난다. 칼빈은 기독교 강요 초반부터 인간이 자신의 비참한 상태를 깨닫지 못하는 한 하나님의 거룩하심을 알 수 없다고 강하게 표현한다. "모든 인간적 비참의 근원으로서 죄의 부패라는 개념이 칼빈주의의 환경보다 더 깊이 나타나는 곳은 아무 데도 없다."[57]

다원주의가 팽배한 사회는 기독교적 진리, 즉 종교의 구원론적 성격을 거부하려 하지만, 어떤 인간도 종교의 구원론적 성격을 부인하지 못한다. 인간은 죄로 타락한 상태로부터 구원을 얻기 위해 중생, 다시 삶이 있어야 한다는 생각을 무의식 중에 가지고 있다.

요약하면, 칼빈주의에서 종교란 인간의 유익을 위한 공리주의적 성격을 배격하고, 오직 하나님을 위한 것이 참된 종교라는 것을 인식한다. 둘째, 참된 종교란 하나님과 인간 사이에 어떤 피조물의 중보가 있어서는 안 되며, 오직 하나님 편에서의 중보가 있어야 한다. 셋째, 종교는 하나님이 베푸신 일반은총의 역사로 세상의 모든 만물과 영역에 펼쳐진다. 마지막으로, 종교는 인간의 타락과 구속을 필연적인 요소로 간주한다.

7. 결론

지금까지 종교에 대한 신앙 윤리를 개혁주의적 관점에서 살펴보았다. 개혁주의 종교의 요소들을 하나로 묶는 단어가 있다면 그것은 '가까이'라는 표현일 것이다. 칼빈주의 종교는 세상의 어느 종교들보다 하나님과 가까이 하는 종교다. 칼빈주의 종교, 즉 기독교에서 하나님과의 친밀한 교제는 물리적인 거리가 아니라, 인격적인 만남 가운데 이루어진다. 오웬에게 있어서 하나님과의 교제는 하나님과 인간 간의 상호 교환 관계이며, 교제의 주도권과 능력은 하나님께 있다.[58]

카이퍼에 따르면, "하나님께 '가까이' 한다는 것은 그분께 아주 근접함으로 눈이 보고 마음으로 깨달으며 자신의 귀로 그분의 음성을 들으며, 그러함으로 모든 분리의 요인이 제거되는 것이다. 그것은 둘 중의 한 방법, 즉 자신이 마치 하늘로 끌려 올라가는 듯이 느끼거나 아니면 하나님께서 하늘에서 내려오셔서 여러분에게 특별한 고난을 안겨 주는 고독한 중에, 또는 기쁨을 만끽하게 하는 가운데 함께 교제하는 것이다."[59]

서기관 중 한 사람이 그들이 변론하는 것을 듣고 예수께서 잘 대답하신 줄을 알고 나아와 묻되 모든 계명 중에 첫째가 무엇이니이까 예수께서 대답하시되 첫째는 이것이니 이스라엘아 들으라 주 곧 우리 하나님은 유일한 주시라 네 마음을 다하고 목숨을 다하고 뜻을 다하고 힘을 다하여 주 너의 하나님을 사랑하라 하신 것이요 둘째는 이것이니 네 이웃을 네 자신과 같이 사랑하라 하신 것이라 이보다 더 큰 계명이 없느니라 (막 12:28-31).

제12장

국가에 대한 기독교 신앙 윤리:
국가와 사회와 교회는 어떻게 구별되는가?

> 빌라도가 이르되 내게 말하지 아니하느냐 내가 너를 놓을 권한도 있고 십자가에 못 박을 권한도 있는 줄 알지 못하느냐 예수께서 대답하시되 위에서 주지 아니하셨더라면 나를 해할 권한이 없었으리니 그러므로 나를 네게 넘겨 준 자의 죄는 더 크다 하시니라(요 19:10-11).
>
> 각 사람은 위에 있는 권세들에게 복종하라 권세는 하나님으로부터 나지 않음이 없나니 모든 권세는 다 하나님께서 정하신 바라 그러므로 권세를 거스르는 자는 하나님의 명을 거스름이니 거스르는 자들은 심판을 자취하리라 다스리는 자들은 선한 일에 대하여 두려움이 되지 않고 악한 일에 대하여 되나니 네가 권세를 두려워하지 아니하려느냐 선을 행하라 그리하면 그에게 칭찬을 받으리라 그는 하나님의 사역자가 되어 네게 선을 베푸는 자니라 그러나 네가 악을 행하거든 두려워하라 그가 공연히 칼을 가지지 아니하였으니 곧 하나님의 사역자가 되어 악을 행하는 자에게 진노하심을 따라 보응하는 자니라(롬 13:1-4).

1. 국가와 교회의 관계

일반적으로 사람들은 국가의 통치와 정치적 권세가 대통령이나 국회의원들에게 속한 것이라고 생각한다. 국회의원들은 행정관으로 당선된 것은 자신의 능력이나 학벌 혹은 인성이나 노력의 미덕으로 돌린다. 로마의 황제 옥타비아누스는 자신의 이름에 존엄자를 뜻하는 '아우구스투스'라는 칭호를 붙였다. 이후 로마 황제들은 이 칭호를 자신의 이름에 붙여 사용했다. 빌라도는 그리스도를 벌할 권세가 자신에게 있다고 말한다. 하지만 그리스도께서는 십자가 형벌의 권세가 빌라도가 아니라 오직 위에서 주신 분, 즉 하나님께 속한 것이라고 말씀하신다. 유사하게, 바울은 국가와 교회의 관계에 있어서 그리스도인들은 국가의 권세에 복종할 것을 명령한다. 왜냐하면 그 권세는 하나님께로부터 나온 것이기 때문이다. 이는 하르낙이 잘못 말한 것처럼, 바울이 로마의 정치적 영향 아래에서 교회에 로마의 문화를 적용했기 때문이 아니다. 오히려 국가와 교회의 관계에 대한 바울의 관점은 만물을 창조하신 창조주 하나님께 기초한다. 만물은 주에게서 나오고, 주로 말미암고, 주에게로 돌아간다(롬 11:36).

코로나19사태는 그리스도인들에게 국가와 교회의 관계에 대해 진지한 고민을 안겨 주었다. 국가는 방역을 위한 조치인 '사회적 거리 두기'라는 이름으로 교회의 예배 모임에 상당한 제제를 가했다. 언론들은 앞다투어 교회의 예배 모임으로 인한 코로나 확산을 보도했다. 여야 정치인들은 서로의 책임을 떠넘기기에 바빴다. 교회 모임으로 인한 코로나 전염 소식들은 정치인들에게 좋은 먹잇감이었다. 네로가 로마의 대화재 사건의 주범으로 기독교인들을 지목하고, 그들에게 방화 책임을 뒤집어 씌워 박해한 일들이 오늘날에도 일어나고 있음을 다시금 깨닫게 된다.

국가의 코로나 정책에 대한 교회의 반응은 크게 두 갈래로 나뉘었다. 어떤 이들은 교회가 코로나19 확산의 주범이라는 오해를 받지 않기 위해서라도 예배를 모여서 드리는 것은 옳지 않다고 주장했다. 반대편에서는 예배 모임은 하나님이 제정하신 것이므로 감히 국가가 관여해서는 안 된다고 보았다.

국가와 교회의 관계를 딱 잘라 말하기란 참으로 쉽지 않은 일이다. 지난 역사 속에서 국가와 교회의 관계가 사람들 사이에서 상당한 혼란을 야기했던 일들은 비일비재하다. 이러한 혼란들은 크게 세 가지로 구분할 수 있다. 첫째, 교회가 국가 위에 있다고 보는 입장이다. 이 경우 국가는 교회의 안전과 발전을 위해 존재하는 기관으로 간주된다. 기독교인들은 정치인의 종교가 기독교라는 이유만으로 투표를 하곤 한다. 정치인의 인성, 능력, 정치적 경험 등은 안중에 없으며 오직 교회의 편에 설 정치인에게 표를 던진다. 하지만 그토록 많은 그리스도인 정치인이 배출되었건만 왜 이토록 한국의 정치는 세계적인 추세를 따라야 한다는 이유로, 이름만 그럴듯한 인권과 평등이라는 구호 아래 기독교의 진리를 거스르는 일들을 행하는가? 또한 지난 역사 속에서 교회의 정치 참여로 인해 발생한 독재와 정치적 무능을 얼마나 자주 맛보아야 했는가! 기독교 정치인이 불신자 혹은 반기독교 정신을 가진 정치인들보다는 낫겠지만, 그렇다고 기독교 정치인이라는 것이 교회의 안전과 발전을 보장하는 것은 아니다.

두 번째 입장은 국가가 교회를 통제해야 한다는 관점이다. 영국 국교회의 경우가 대표적인 예다. 1534년 헨리8세는 로마 가톨릭에 결별을 고하고 수장령을 내림으로써 친히 교회의 머리가 되었다. 그의 종교개혁은 신학적인 이유가 아니라 다분히 개인적이었고 정치적이었다. 이러한 종교개혁으로 인하여 그의 관점은 고스란히 교회 정책에 투영되었다. 교회를 국가의 하수인으로 보는 그의 입장은 언제든지 자신의 정치적 입장에 따라 교회의 예배를 뒤흔들었다.

친(親)아르미니우스주의 정책을 고수했던 찰스1세와 대주교 윌리엄 로드의 횡포는 유명하다. 그들은 수없이 많은 청교도를 고문하고 죽였다. 혹은 다수의 청교도에게 지역의 감독 자리를 제안하여 그들을 매수하려 했다.[1] 강경한 입장을 취하는 청교도들에게는 동정심을 조금도 찾아볼 수 없으리만큼 잔인한 박해를 가했다. 그토록 명성이 자자한 엘리자베스1세는

"통일령"을 반포하여 모든 예배에 <공동기도서>의 사용을 강제로 의무화시켰으며, "통일령"의 효과적인 시행을 위해 통일령에 동의하지 않는 자들의 설교 면허를 박탈하고 오직 여왕의 정책에 순응하는 이들에게만 설교권을 허락했다.[2]

영국 국교회 내에서는 교회의 통제로 인하여 교회 안에 성령의 역사가 가로막히는 일이 발생했다. 마틴 로이드 존스는 영국 국교회의 정치적 영향으로 교회가 경직되어 성령의 역사와 부흥을 찾아보기 힘들다고 말한 바 있다. 그만큼 영국 국교회의 통치 체제는 교회에 막대한 영향을 미쳤다.

마지막으로 국가와 교회의 분리를 주장하는 이들도 있다. 대부분의 이단은 국가를 전적으로 부패한 사탄의 도구로 규정하고, 국가를 자신들의 삶에서 배제시킨다. 그들은 "아무 데에도 구속을 받지 않는 방종한 상태를 즐기는 특정한 광신자들이 외치고 떠드는 것"처럼 행동한다.[3] 16-17세기의 재세례파, 퀘이커 교도, 반율법주의 그리고 신비주의자들은 국가의 규정을 아랑곳하지 않고, 자신들의 교회를 위해 사회 질서에 혼란을 초래했다. 대표적인 예로, 재세례파는 신자와 불신자를 나누고, 교회와 국가를 완전히 상이한 집단으로 규정하고 세상을 멸시했다.

그들은 "맹세, 전쟁, 공권력, 사형 제도, 세속적인 복식과 생활 양식, 불신 결혼, 유아 세례"를 거절했다.[4] 재세례파는 츠빙글리의 종교개혁에 불만을 품은 이들이 교회와 행정 당국자들의 관계를 완전히 분리하고자 했던 '스위스 형제단'에 기원을 두고 있다. 1523년 1월 29일 츠빙글리는 로마 가톨릭 사제들과 벌인 취리히 제1차 논쟁(약 600여 명 회집)에서 소위 『67개 항목』을 제시하여 그리스도와 복음의 핵심을 역설했다. 마치 루터가 하이델베르그에서 열린 아우구스티누스수도회 총회에서 『97개 논제』를 간추려 로마 가톨릭의 '영광의 신학'의 맹점을 꼬집고 '십자가 신학'을 제시했던 40개 항목의 논문과 유사했다.

문제의 발단은 취리히에서의 2차 논쟁(1523년 10월 26-28일)에서였다. 츠빙글리의 제자들 가운데 급진적 종교개혁을 주장했던 이들이 성상 파괴 사건으로 인하여 감옥에 감금되면서 교회와 소의회 간에 마찰이 일어났다. 이 문제를 해결하기 위해 취리히 소의회는 성상 파괴, 미사 그리고 연옥 교리에 관한 회의를 소집하였는데, 다수의 사제 및 수도사(800여 명)가 참여한 가운데 진행되었다. 츠빙글리는 사회의 질서를 무시한 채 오직 교회의 입장만 무턱대고 내세우는 행위를 조심할 필요가 있다고 생각했다. 하지만 츠빙글리의 제자들은 교회의 문제에 대해 행정 당국의 지나친 간섭을 배제해야 한다고 주장했다. 콘라드 그레벨, 시몬 스툼프, 발타자르 후브마이어 등은 츠빙글리의 입장에 의문을 제기하고 소의회의 간섭을 비판하면서 '자유교회' 운동의 원류로 등장하게 된다.[5]

오늘날 대표적인 재세례파로는 '아미쉬'가 있다. 아미쉬는 극단적인 재세례파인 야콥 암만(Jakob Ammann, 1644)을 따르는 이들이 붙인 이름으로, 1693년에 등장한다. 1730년대에 북미로 이주하여 오늘날에는 미국과 캐나다에 살고 있다.[6] 아미쉬에서는 세례 후보자가 신앙을 고백할 때 세 가지를 포기하는 의식을 치른다. "자아, 악 그리고 세상"이다. 그들은 대중 사회를 사탄의 통제하에 있는 악의 소굴로 이해한다.[7] 아미쉬는 선거를 하지 않으며 국가의 일에 관여하지 않는다. 혹 억울한 일을 당하여도 국가의 법에 호소하지 않으며 평화에 대한 신념에 따라 병역을 거부한다.

재세례파는 고사하고 끔찍한 이단들이 한국 사회에 적지 않은 위해를 가한다. 많은 신도를 기만하여 그들을 가족들에게서 빼앗아 가정 파탄을 일으키고, 혼음 교리를 통해 성추행을 일삼으며, 신비 체험을 통해 교회의 질서를 무너뜨리고 있다. 이신칭의를 가장하여 믿음을 통한 구원을 말하는 것처럼 보이나, 성화의 삶을 업신여겨 믿음을 도용하는 사례가 적지 않다. 종교적 양심을 이유로 군복무를 거절하고, 성경의 말씀대로 따라야 한다 하여 헌혈과 수혈을 거부한다. 다수의 이단은 국가 자체를 매우 세속적인 것으로 여기며 심지어는 혐오의 대상으로 여긴다.

국가와 교회에 대한 올바른 입장은 무엇인가? 우리는 교부 아우구스티누스의 글에서 힌트를 찾아볼 수 있다. 아우구스티누스는 『하나님의 도성』에서 하늘의 도성과 땅의 도성의 관계를 논한다. 그에 따르면 하늘의 도성, 즉 그리스도인들이 사는 영적 세상은 땅에 속하지 않았다. 그럼에도 불구하고, 아우구스티누스는 하늘의 도성에 속하는 그리스도인들이 땅의 삶 가운데 조화로운 삶을 살아야 한다고 주장한다. 그는 다음과 같이 쓴다.

> 그러므로 이 천상 도성은 지상에 나그네로 있는 동안, 모든 국민 사이에서 시민을 모집해서 모든 언어를 사용하는 순례자 사회를 형성한다. 지상 평화를 확보하고 유지하는 데 필요한 풍속과 법률과 제도가 다른 것을 문제시하지 않으며, 이런 것이 아무리 다를지라도 모두 지상 평화라는 한 목적에 이바지한다는 것을 인정한다. 그러므로 이런 차이점들을 제거하거나 폐지하기는 고사하고, 유일 진정한 하나님을 경배하는 데 방해만 되지 않으면, 오히려 보존하며 채용한다. 따라서 천상 도성도 순례 도중에 있는 동안 지상 평화를 이용하며, 신앙과 경건을 해하지 않으면 생활 필수품을 얻는 문제에서 할 수 있는 대로 세상 사람들과 합의하고자 하며, 지상 평화가 천상 평화에 이바지하게 된다.[8]

하나님 나라의 시민으로서 그리스도인들은 땅에 사는 동안 세상의 적절한 요구에 부응한다. 이는 하나님을 예배하는 데 방해되지 않는 선에서 국가나 사회에 협력하는 것이 결국 천상의 평화에 도움이 되기 때문이다. 아우구스티누스의 관점은 사도 바울의 가르침과 크게 다르지 않다. 바울은 말씀한다. '임금들과 높은 지위에 있는 모든 사람을 위하여 하라 이는 우리가 모든 경건과 단정한 중에 고요하고 평안한 생활을 하려 함이니라'(딤전 2:2).

칼빈 역시 하나님의 나라와 세상 나라 사이의 두 가지 통치를 인정한다. 그는 먼저 영적 통치의 영역과 일반 국가 통치의 영역 사이를 구분한다. "육체와 영혼을, 또한 덧없이 지나가는 이 땅의 삶과 미래의 영원한 삶을 서로 구분할 줄 아는 사람이라면 누구나 그리스도의 영적인 나라와 국가의 통치 질서가 서로 전연 별개의 것이라는 사실을 어렵지 않게 알게 될 것이다."[9] 그리스도의 나라는 세상의 나라와 구별된다. 예수께서 말씀하신 바와 같이 하나님의 '나라는 이 세상에 속한 것이 아니'다(요 18:36). 그럼에도 불구하고, 국가와 교회 사이의 구별은 이 둘 사이의 완전한 분리를 말하지 않는다. "이렇게 구별한다고 해서, 국가 통치의 본질이 완전히 부패한 것으로서 그리스도인과는 아무런 관계도 없는 것이라는 식으로 생각해서는 안 된다."[10]

국가에 대해 그리스도인들이 가져야 하는 신앙의 윤리는 무엇인가? 아우구스티누스는 그 답을 하나님의 주권에서 찾는다.

> 최고의 유일신이 명령하고 시민들이 하나님의 은총의 도움으로 복종하며, 하나님 외에 아무 신에게도 희생을 드리지 않는 그런 공의가 없는 곳에는, 따라서 모든 시민이 질서 정연하게 영혼이 신체를 지배하며 이성이 악습을 지배하는 곳이 아니면, 그래서 개인으로서나 의인들의 공동체로서나 사랑으로 역사하는 믿음으로 살며 하나님을 올바로 사랑하며 이웃을 자기 몸같이 사랑하지 않는 곳에는, 권리를 서로 인정하며 공통된 이익 추구를 위해서 뭉친 집단이 없다. 따라서 정의가 바르다면, 이런 집단이 없다면 국민 또는 시민도 없고 공화국도 없다.[11]

유일신 하나님의 명령은 국가와 시민 사회에 질서와 평안을 가져다 주는 기준이자 원리다. 이는 하나님의 명령이 가장 고상하기 때문이다. "뭉치게 한 이해관계가 고급이면 그만큼 그 국민도 고급일 것이며, 저급인 이해로 뭉쳤으면 그만큼 그 국민도 저급일 것이다."[12] 실로 바울은 자신이 배웠던 '모든 것을 해로 여김은 내 주 그리스도 예수를 아는 지식이 가장 고상함을 인함이라'(빌 3:8)고 고백했다. 이는 바울의 신앙고백이면서 동시에 그의 삶의 윤리이자, 국가에 대한 그의 생각을 읽게 한다.

이러한 원리에 따라, "일반적으로 하나님을 믿지 않고 하나님 외에 다른 신에게 희생을 드리지 말라는 하나님의 명령에 순종하지 않는 사람들의 사회에서는, 따라서 영혼이 신체에 대해서 고유의 지배권을 가지지 못하며, 이성이 악습들에 대해서 고유의 권위를 행사하지 못하므로 거기에는 진정한 공의가 없다."[13] 하나님의 말씀과 명령은 유일신 하나님에 대한 신앙에 직결된 것이며, 인간의 삶을 창출하여 국가와 사회에 지대한 영향을 미친다. 하나님만을 섬기는 나라에서는 유일신 신앙으로부터 사회의 모든 질서가 자연스럽게 조성된다. 하나님과 사람 사이에, 사람과 사람 사이에 그리고 그들이 몸담고 있는 가정, 학교, 사회, 국가 그리고 교회에 온전한 질서를 이룬다.

국가와 교회의 관계는 각각 국가나 교회의 관점에서가 아니라 그 위에 존재하는 상위 권세의 관점으로 이해할 때 온전히 설명된다. 개혁신학은 정치인들의 주권이 하나님에게서 나온다는 것을 가르쳤다. 리차드 십스는 말한다.

> 행정 장관들은 시정(市政)의 긴급한 일들과 국가의 이익을 위해 법이 바르게 시행되도록 힘써야 합니다. 그러나 그들도 온유한 왕이신 그리스도를 본받아야 하며, 하나님께로부터 받은 권세를 사용하되 그것이 백성에게 슬픔과 고통이 되지 않도록 주의해야 합니다. 권세는 하나님의 위엄의 광채이기 때문에 인간의 위엄을 가장 적게 섞을 때 가장 힘 있게 발휘됩니다.[14]

카이퍼는 국가의 권세를 이해하기 위한 원리가 하나님에게 있다고 강조한다. 국가를 포괄하는 지배적 원리는 "전체 우주를 다스리시는 삼위일체 하나님의 주권이다."[15] 국가는 교회에 속한 것이 아니며 교회 역시 국가에 속한 것이 아니다. 하나님의 나라는 세상의 나라에 속하지 않으며 세상의 나라도 하나님의 나라에 속하지 않는다. 이 둘의 조화는 둘 자체의 권세를 가지고서 비교 우위를 내세워서는 안 되고, 오직 더 높이 있는 하늘의 권세, 즉 하나님의 절대 주권을 인정할 때에야 비로소 실현된다.

2. 국가의 형성 이유

카이퍼는 정치라는 표제하에 국가 자체를 다루기보다 국가, 사회 그리고 교회의 관계를 다룬다. 이는 국가 정부의 정책이 각각 사회와 교회에 대하여 적용되는 범위와 한계를 드러내기 위함이다. 카이퍼에 따르면, 인간은 사회적 본성상 "국가를 형성하려는 충동"이 있다. 인간은 사회의 구성원으로서 개개인이 단절된 상태로 개별적으로 창조되지 않았다. 오히려 최초 인류인 아담으로부터 그리고 두 번째 인류의 시조였던 노아에 의해서 인간은 한 인류라는 혈통을 지닌다. "지금 살아 있는 자들뿐만 아니라 우리 이전의 세대와 우리 이후에 나타날 모든 세대와도 한 인류를 형성한다." 하지만 인간의 사회적 본성으로 하나의 국가를 형성할 수 있다는 것은 현실적으로 불가능하다. 왜냐하면 이 세상에 죄가 들어왔기 때문이다.

지구상에는 수많은 국가가 존재할 뿐 아니라 민족마다 다른 국가적 정책을 시행한다. 왜 국가들이 서로 다투고 하나가 되지 못하는가? 정치적인 단 하나의 국가로 존재할 수 없는가? 죄가 유입되지 않았더라면 "인류의 유기적 통일성은 정치적으로만 실현될" 수 있었을 것이다. 하지만 죄의 유입으로 생긴 국가는 사회적 존재로서의 인류를 하나로 통일할 수 없다.[16]

지나간 역사 속에서 인류의 죄를 고려하지 않은 채 유토피아적인 국가적 이상을 가진 이들이 존재했다. 예를 들어, 사회 민주주의는 죄악된 세상에서 높고 거룩한 이상을 실현하기 위해 노력한다. 하지만 사회 정의를 추구하면서 민주주의와 자본주의 아래에서 평등과 복지를 실현하려고 하나, 기계적 연합을 무효화하려 한다는 차원에서 죄의 문제를 해결할 수 없다. 사회 민주주의의 정치적, 사회적, 경제적 이념은 "자연 자체에서 나오는 새로운 유기적 연대"를 추구하는 무정부주의와 맥을 같이 한다고 볼 수 있다.[17] 현존하는 실제 국가들의 형성의 원인은 사회와 자연의 충동의 결과가 아니라 죄의 유입에 있다. 카이퍼는 다음과 같이 말한다.

> 죄 없는 세상에서는 법정과 경찰, 육군과 해군을 생각할 수 없다. 그러므로 인간 생활이 자신의 유기적 충동으로부터 정상적이고 방해 받지 않고 발전한다면 모든 규칙과 규례와 법률은 행정관의 권력에 대한 모든 통제와 주장이 사라지듯이 없어질 것이다. 부서짐이 없는 데서 결합하는 자가 있겠는가? 사지가 건전한데 목다리를 사용하는 자가 있겠는가? 그러므로 모든 국가 형성, 행정관의 권력에 대한 주장, 질서를 강제하고 생활의 정상적 과정을 보장하는 모든 기계적 수단은 언제나 자연스럽지 못한 것이다.[18]

국가는 자연스럽게 생겨난 것이 아니라 죄를 다스리기 위해 하나님이 정하신 수단이다. 원래 성경은 하나님의 신정 체제, 하나님만의 군주 정치를 정치의 원리로 내세운다. 족장과 사사 시대에 이스라엘 백성은 신정 체제 아래 있었다. 출애굽 때에 이스라엘 민족들을 다스리는 기준은 하나님의 말씀이었다. 신명기는 가나안 땅의 백성들이 살아가야 할 종교의 법이자 생활의 법이었다. 하나님은 사사를 보내셔서 이스라엘 백성들의 죄를 다스리셨다.

하지만 이스라엘 백성들이 인간 왕을 세우고자 했을 때, 이스라엘의 신정 체제는 왕정으로 바뀐다. '여호와께서 사무엘에게 이르시되 백성이 네게 한 말을 다 들으라 이는 그들이 너를 버림이 아니요 나를 버려 자기들의 왕이 되지 못하게 함이니라'(삼상 8:7). 이스라엘 백성들이 하나님을 버려 왕이 되지 못하게 한 결과 왕정 체제로 바뀌게 되었는데, 그 한계와 문제점에도 불구하고 하나님은 왕정을 당신의 뜻 가운데 허용하신다. 사무엘은 왕정 제도의 한계로 인간 왕의 독재의 가능성을 예견한다. '그가 또 너희의 노비와 가장 아름다운 소년과 나귀들을 끌어다가 자기 일을 시킬 것이며 너희의 양 떼의 십분의 일을 거두어 가리니 너희가 그의 종이 될 것이라 그날에 너희는 너희가 택한 왕으로 말미암아 부르짖되 그날에 여호와께서 너희에게 응답하지 아니하시리라'(삼상 8:16-18). 사울이 왕이 되어 하나님의 말씀대로 사는 듯했으나 그가 자기 분수를 잊어버리고 독재에 마음을 빼앗긴 것은 2년이 될 무렵이었으니 인간의 욕심은 금새 그 본성의 이빨을 드러낸다(삼상 13:1).

3. 칼빈이 생각한 국가와 교회

칼빈이 제네바에서 종교개혁을 시작한지 3년이 못 되어서 제네바 당국에 의해 추방 당한 것도 군주들의 권력욕과 횡포 때문이었다. 1536년 제네바에서 종교개혁을 시작할 때부터 칼빈은 제네바 행정 당국과 마찰을 빚었다. 그들은 제네바 도시에서 발생하는 도덕적 권징에 대한 교회의 권한을 무시했다.[19] 이듬해 1월 제네바 소의회는 제네바시의 『신앙고백서』(Confession of Faith)에 진술된 신앙고백에 제네바에 거하는 모든 이가 서약해야 한다고 승인했으며, 형벌의 주권은 목회자가 아닌 제네바 당국에 있다고 주장했다. 제네바 당국의 정책은 곧바로 시민들과 거류민들의 불만을 불러 일으켰다.

  1538년 1월 종교개혁자 파렐과 칼빈은 소위원회에 출석하여 신앙고백에 반대하는 이들은 교회 연합을 깨뜨리므로 성찬에 참여할 수 없다고 주장했으나 소위원회에 의해 기각되었으며, 시 의회는 신앙고백에 서명하지 않은 이들에게도 성찬을 허락해야 한다고 결정했다. 심지어 행정 당국은 정치적 동맹이었던 베른과의 협력을 위하여 베른에서 시행되는 종교적 관습들(세례를 위한 성수를 소반 및 무교병 사용, 성탄일/성수태고지일/승천일 등의 종교적 축제 거행 등)을 제네바 목회자들에게 요구했다. 칼빈과 제네바 목회자들에게 행정 당국의 이같은 행동들은 교회의 권한을 침범하는 것이었다.[20]

  3년 후인 1541년 9월, 제네바로 돌아온 칼빈은 보다 강력한 교회의 권한을 주장했는데 이는 단순히 교회의 권한을 추켜세우기보다는 제네바 행정 당국과의 협력 관계를 확립하기 위함이었다. 칼빈은 국가를 운영하는 인간의 죄성과 한계를 잘 인식하고 있었기에 제네바가 하나님에 의해 다스림 받는 국가가 되려면 교회의 견제를 받아야 한다고 믿었다. 이 사실은 칼빈이 제네바에 도착한 날 곧바로 소의회에 교회를 위한 새로운 헌법을 만들기 위한 위원회 설립을 주장한 데서 분명해진다.

  칼빈의 요청으로 1541년 11월에 『교회법령』이 만들어졌다.

> 종교와 시 당국자들이 각각 독특하지만 그럼에도 부분적으로 겹치는 영역에 대한 사법권을 행사하고 함께 협력하며 도와주는 기독교 공화국을 규정한다.[21]

  국가와 교회가 협력의 관계를 가져야 하는 이유는 국가나 교회의 주권이 하나님께 있기 때문이다. 칼빈은 군주제가 아닌 공화정을 선호했다.[22] "죄가 들어오지 않았더라면 하나님은 모든 인간의 유일한 왕으로 남으셨을 것이"다. "하나님의 친정(親政)은 절대 군주제다." 그럼에도 불구하고, 칼빈은 교회와 국가가 서로 통제하면서 협력하는 공화정 형태의 정치를 가장 바람직하게 생각했다. 왜냐하면 "정부의 기계적 제정이 죄 때문에 필요하게 되었기 때문이다."[23]

칼빈은 세상의 통치자들이 사욕에 사로잡힐 경우, "다른 사람들의 선을 증진하고 섬기라고 부여된 자기들의 권세를 가장 악하게 사용하게 될 것"이라고 예견했다.[24] 칼빈은 비합법적인 독재자에 대한 하나님의 통치를 다음과 같이 말한다.

> 다음은 거의 모든 시대에 있는 사례다. 어떤 군주들은 관심을 가지고 대비해야 할 모든 일을 소홀히 하고 모든 염려를 멀리한 채, 나태하게 그들 자신의 쾌락에 탐닉한다. 다른 군주들은 그들 자신의 일에만 관심을 집중하고, 모든 상업적인 권리, 특권, 재판, 위임장에 자기들의 몸을 판다. 또 다른 군주들은 하층민들의 돈을 삼키고 난 후 미친 듯이 그것을 낭비하고 소진한다. 또 다른 군주들은 집을 약탈하고, 처녀들이나 귀부인들을 강간하며, 무죄한 사람들을 죽임으로써 순전히 강도질을 행한다.
>
> 그렇기 때문에 이들을 군주들로 인정해야 하고 그들의 명령에 가능한 한 순종해야 한다는 데 대해 감화될 사람은 많지 않다. 이렇듯 가공할 만한 범죄들은 지극한 수치를 낳을 뿐이며 전혀 군주의 품격에도 맞지 않고 사람의 본분에도 맞지 않다. 그 범죄들 가운데서는 선한 사람들에게는 칭찬을 하고 악한 사람들에게는 보복을 가하라고 세움 받은(벧전 2:14) 하나님의 사역자에게 걸맞은 직분은 흔적조차 찾아볼 수 없기 때문에 통치자에게 빛나야 할 하나님의 형상은 어떤 외양도 발견되지 않는다. 그러므로 성경이 통치자의 고귀함과 위엄을 칭찬하고 있음에도 불구하고 많은 사람은 이런 범죄들을 행하는 자를 통치자로 인정하지 않는다. 진정 사람들의 마음에는 사랑과 경의로써 합법적인 왕들을 따르는 그만큼 증오와 저주로써 독재자들을 무찌

르고자 하는 타고난 의식이 항상 존재해 왔다.[25]

　정치인들이 국가의 권력을 자신의 것으로 삼는 경우에는 어떻게 해야 하는가? 권력자가 욕심을 부려 국가의 정치가 독재로 변질되었을 때, 하나님은 국가의 주권을 잃게 되시는가? 칼빈에 의하면, 군주의 독재는 사람들의 마음속에 존재하는 독재에 의한 반대 의식에 의해 제제를 받는다. 칼빈은 대표적인 예들을 나열한다. "고대 스파르타의 왕들을 견제했던 민선 감독관들, 로마의 집정관들을 견제했던 평민 호민관들, 아테네의 귀족들을 견제했던 민선 시장들 그리고 오늘날 각 나라의 국회에서 직능별로 역할을 감당하는 삼부회(三部會) 등이 그 예들이다."[26]

　윌리엄 퍼킨스는 위의 있는 권세의 독재에 대해 그리스도인들이 어떻게 행동해야 할지 말한 바 있다. 예를 들어, 좋은 주인의 명령을 거스를 수 있는가? 퍼킨스는 있다고 답한다. 퍼킨스에 따르면 종은 상전의 종이기 이전에 기독교인으로서의 일반소명을 가지고 있다. 기독교인으로서 합당한 삶을 살아야 할 의무를 지니고 있기 때문에, 종은 특별소명으로서의 종의 신분을 반대할 수 있다. 주인이 잔인하거나 혹은 다른 종교인으로서 종에게 자신이 믿는 종교를 따르라고 강압하거나, 혹은 종의 종교와 신앙에 탄압을 가할 때, "종이 자신의 주인에게서 도망가는 것은 합법적인 것이다."[27]

　칼빈의 주장에 동의하면서, 카이퍼는 하나님이 독재자의 횡포를 다스리기 위해 인간의 본성을 사용하신다고 주장한다. "권위와 자유 사이에 시대의 전쟁이 생겼으며, 이 전쟁에서 권위가 독재로 변질할 때 권위를 제어하는 하나님이 정하신 수단은 자유를 향한 내면적 갈망이었다."[28] 국가는 결코 이상적인 기관이 아니다. 국민이라면 모두가 희망하듯 자신이 속한 나라가 정치와 경제적으로 부강해길 바라나, 국가는 언제나 자신의 한계를 지니고 있다. 왜냐하면 국가의 구성원이자 행정 당국자들 역시 죄인이기 때문이다. 죄인된 인간이 정부의 권세를 발휘할 때, "독재의 야심의 온갖 방식에 종속된다."[29]

정치인들 가운데 불법과 비리와 뇌물은 끊이지 않는다. 재화의 한계와 사람의 판단력 부족으로 공평한 분배가 온전히 이루어지지 못한다. 이러한 국가적 한계로 인하여 개혁주의는 두 가지 원리를 고수했다. 하나는 국가와 행정관 제도는 하나님이 인류를 보존하기 위해 사용하시는 수단이라는 것이며, 또 다른 하나는 국가의 약점에 포함된 권력과 독재의 위험을 견제하기 위해 인간의 자연적 충동을 통한 개인의 자유를 사용하신다는 것이다.[30] 기독교인으로서, 하나님의 말씀에 순종하기 위한 차원에서 국민의 자유는 독재를 반대할 근거를 가진다. 하나님은 이러한 인간의 사회적 본성을 사용하셔서 인간 군주의 독재에 맞서 국가에 대한 주권을 발휘하신다.

4. 행정관 선출은 하나님의 은혜와 섭리

국가의 대한 하나님의 주권이 인정되는 선에서 이 땅에 존재하는 다양한 모습의 정치 체제는 인정될 수 있다. 칼빈은 "민주제뿐만 아니라 군주제와 귀족제를 가능하고 실현 가능한 정부 형태로 본다." 다만 조건이 하나 있다. 그것은 민주정, 군주정, 혹은 귀족정이든지 간에 "하나님의 은혜"에 대한 인식이 유지되어야 한다는 점이다. 하나님의 은혜가 지배하는 가장 바람직한 정치 형태들은 한 가지 조건을 견지한다. 그것은 바로 국민이 국가의 행정관을 선출해야 한다는 투표의 원리다. 칼빈은 사무엘서 주석에서, "그러므로 하나님께로부터 자신의 행정관을 뽑을 수 있는 자유를 받은 백성들이여, 하나님의 악당과 원수를 가장 존귀한 지위에 뽑아서 이 호의를 잃지 않도록 주의하라"고 진술한다.[31]

하나님의 은혜의 통로로서 투표가 가장 바람직한 방법이라고 할 때, 만일 그렇지 않은 경우들은 어떻게 해야 하는가? 국가의 수장들이 선출되는 과정이 투표의 방식이 아닌 계승의 방식일 경우가 존재한다. 왕들은 자기 아들들에게 왕위를 물려주고, 고대 독일제국의 경우 선제후들 가운데 신성로마 황제가 선출되며, 러시아의 민주정은 이름만 민주정일뿐 사회주의 독재 국가로서 대통령이 계속적인 독재를 이어간다. 칼빈이나 카이퍼는 이러한 모든 일이 하나님의 섭리 가운데 일어난다고 말한다.

> 진정 당신이 단지 한 도시에 시선을 고정시키지 않고 동시에 전 세계를 둘러보고 주목하거나 최소한 더 먼 지역으로 시선을 던진다면, 참으로 하나님의 섭리로 말미암아, 섭리를 벗어남이 없이, 다양한 지역이 다양한 국가에 의해서 통치되고 있음을 발견하게 될 것이다.[32]

칼빈을 따르며, 카이퍼는 하나님의 은혜를 드러내는 방식의 투표가 가장 바람직함에도 불구하고, 하나님의 주권에 의해 투표의 조건이 허락되지 않는 경우가 있다고 인정한다.[33]

지금까지의 논의를 토대로 국가에 대한 개혁주의 신앙 윤리는 세 가지 명제로 요약된다. 첫째, "하나님만이 국가의 운명에 관하여 주권적 권리를 갖고 계시며 어떤 피조물이라도 그런 권리를 갖지 못한다." 둘째, "죄는 정치 영역에서 하나님의 친정을 파괴했다. 그러므로 권위의 행사는 통치의 목적상 기계적 치료책으로 사람에게 입혀졌다." 셋째, 하나님의 주권에 따른 권위는 다양한 정치 형태로 나타날 수 있는 반면, "사람은 하나님의 엄위로부터 그에게 내려오는 권위에 의하지 않고는 그 어떤 다른 방법으로도 동료 인간에 대한 권세를 결코 갖지 못한다."[34]

5. 기독교권 정치 윤리에 반하는 두 가지 이론

카이퍼는 위에서 설명한 개혁주의 정치 윤리에 반하는 두 가지 이론을 소개한다. 하나는 프랑스 혁명에서 주창된 국민 주권설이고 다른 하나는 독일의 범신론적 사관의 국가 주권설이다. 이 두 이론은 국가의 주권이 하나님에게 있다는 개혁주의 정치 윤리를 반대한다. 일반적으로 민주주의의 발전에 크게 기여한 혁명을 두 가지로 뽑는다. 프랑스 혁명(1789-1799)과 미국 독립 혁명(1775-1783)이다. 하지만 카이퍼는 프랑스 혁명은 민주정에 기여한 것이 아니라, 매우 인본주의적인 발상에서 비롯된 것으로 본다. 프랑스 혁명은 왕가의 폐습에 의한 혐오에 의해 발생한 것이 아니다. 왕의 독재에 대한 두려움이 작용하기도 했지만 그것이 프랑스 혁명의 근본적인 이유는 아니었다.

이는 미국의 독립 혁명과 비교할 때 쉽게 드러난다. 존 핸콕이 쓴 "독립 선언문"에는 창조주 하나님의 주권을 인정하는 문구가 많이 등장한다. "하나님의 본성," "세상의 최고 재판장," "하나님의 섭리와 보호"와 같은 표현은 미국이 영국으로부터 독립하게 된 이유를 하나님의 주권으로 돌리고 있다. 카이퍼에 따르면 미국의 많은 주 헌법 전문에는 "시민적 정치적 종교적 자유를 주신 전능하신 하나님께 감사할지니, 이는 하나님이 우리의 노력에 대한 복으로 그토록 오랫동안 우리로 자신을 즐기고 바라도록 하려고 허락하신 것이다"라는 표현이 있다. 이 문구로부터 우리는 미국인들이 자신의 정부의 형태를 하나님으로부터 부여 받은 것으로 인정하고 있음을 알게 된다.[35]

반면 프랑스 혁명은 "모든 국가적 혁명과 다르다." 다수의 국가적 혁명들의 경우 하나님의 도우심을 전제하고 있는 반면, 프랑스 혁명은 하나님을 부정한다. "주권적 하나님은 폐위되시고 자유 의지를 가진 인간이 빈 보좌에 앉는다. 모든 것을 결정하는 것은 인간의 의지다. 모든 권력, 모든 권위가 인간에게서 나온다. 그러므로 사람은 개인에서 많은 사람으로 옮아간다. 국민이라고 하는 이 많은 사람에게 모든 주권의 가장 깊은 원천이 숨어 있다."[36] 이러한 형태의 정치 체제는 인간의 자유의지에 뿌리를 두고 있기 때문에, 국가의 영역에서 하나님의 권리를 빼앗는다. 국민의 주권만 인정되기에 무신론에 다름 아니다.[37]

오늘날까지도 프랑스는 자유, 평등, 우애를 최고의 가치로 여긴다. 2024년도 '프랑스파리올림픽' 개회식의 주제는 세 가지로 '평등,' '물' 그리고 '평화'였다. 가장 대표적인 주제인 '평등'은 일반적 의미의 평등이 아니라, 소위 말하는 성소수자, 즉 동성애자들을 고려한 단어임을 어렵지 않게 발견할 수 있다. 올림픽 개막식에서 레오나르도 다 빈치가 그린 '최후의 만찬'을 패러디한 공연을 선보였다. 예수님의 자리에 여장을 한 남성이 위치한다. 또한 주변에는 예수님의 제자들과는 전혀 상관없는 이상한 모습을 한 여자들과 남자들로 채워져 있다. 주최측은 '포용성'과 '다양성'을 표현하기 위한 목적이라는 변명을 내놨지만, 사실상 공개적으로 기독교를 반대하는 것이나 다름없다. 인간의 자유와 한 개인의 주권을 내세우고 하나님을 인간의 영역 밖으로 몰아내는 행위와 다를 것이 하나도 없다. 프랑스의 정치 윤리의 모토는 불신앙이다. 이는 "프랑스 헌법"의 제1조, '주권'의 일부에 잘 나타나 있다. "프랑스는 불가분적, 비종교적, 민주적, 사회적 공화국이다. 프랑스는 출신, 인종 또는 종교에 따른 차별 없이 모든 시민이 법 앞에서 평등함을 보장한다. 프랑스는 모든 신념을 존중한다."

독일은 프랑스 혁명의 원리인 국민 주권의 허구성을 일찌감치 발견했다. 하지만 이번에는 국민의 주권이 아닌 국가의 주권을 내세웠다. 한 개인의 이념은 무시되고 국가의 이념이 전면에 등장한다. 독일에서 "국가는 신비한 존재로 간주되었다. 이는 비밀스러운 자아를 갖고 있고, 서서히 발전하는 국가 의식을 갖고 천천히 맹목적으로 최고의 국가 목표에 도달하는, 점점 강력한 국가 의지를 갖고 있는 존재"다.[38] "주권적인 국가 의지는 공화정, 군주제, 시저, 아시아의 독재, 스페인의 필립 같은 독재자 혹은 나폴레옹 같은 절대 권력자로 나타날 수 있다."[39] 하지만 이러한 독재 형태들은 단순한 형식에 불과하고, 그 이면에는 국가라는 이념 자체 혹은 국가 의지라는 이념 자체가 자기 발전의 과정을 통해 힘을 발휘하는 신비적인 존재로 간주된다.

소위 애국심이라고 하는 것이 왜곡되어 사용될 경우, 국민들은 국가 자체의 이념을 위해 목숨을 바치는 경우가 많다. 국가는 신격화되어 숭배의 대상으로 승격된다. 국가의 의지가 최고 의지로 인정되는 곳에서 국민은 국가의 부품으로 전락한다. 범신론적 국가 윤리는 "사람을 그 동료에게 비천하게 굴복시키는 데서 벗어나게 하지 못하고 양심에서 설득력을 발견하는 순복의 의무로 결코 상승하게 하지 못한다." 제2차 세계 대전에서 히틀러가 유럽을 점령하는 과정에서 독일 국민들이 히틀러를 향하여 '하일 히틀러'라는 구호를 외쳤던 것은 독일 민족의 우월성을 가장한 거짓된 민족주의의 발로였다. 오늘날도 여전히 사회주의와 공산주의 국가에서 자행되는 독재 체제에서 이러한 범신론적인 국가관이 드러난다. 러시아, 북한 그리고 중국의 정치 체제에서 국민은 국가를 위해서라면 언제든지 전쟁의 도구로 소집되는 것은 일도 아닌 것이다.

국가에 대한 개혁주의 신앙은 프랑스 혁명의 국민 주권설과 독일 범신론의 국가 주권설을 모두 반대한다.

> 그러므로 백과사전파의 무신론적 국민 주권설과 독일 철학자의 범신론적 국가 주권에 반대하여, 칼빈주의자는 하나님의 주권을 인간 가운데 모든 권위의 원천으로 주장한다. 칼빈주의자는 사람과 모든 국민을 우리의 하늘 아버지 면전에 둠으로써 우리의 열망 가운데 가장 높고 좋은 것을 지지한다.[40]

6. 사회에 대한 주권

사회는 국가로부터 도출된 것이 아니라, 인간 본성에서 나오는 영역이다. 사회 전반에 걸쳐 가족, 사업, 과학, 학교, 예술 등이 사회적 영역에 속하고, 이 영역의 권위를 "개별적 사회 영역에서의 주권"이라 한다. 국가는 사회의 영역을 침범할 수 없다. 왜냐하면 사회 영역에 명령하는 주권은 국가가 아니라 사회를 이루고 있는 인간의 본성에 속하기 때문이다. 하나님은 인간을 자기 형상대로 지으셨다. 창조 규정으로 인하여 인간은 사회에서 "발생하는 것은 무엇이든지 자신의 발달을 위하여 모든 자료를" 소유한다.

예를 들어, 하나님이 사람을 남자와 여자로 창조하셨다는 사실로부터 혼인 제도가 생긴다. 남편과 아내의 결혼으로 자녀가 출생함으로 가정을 이룬다. 자녀들의 출생으로 형제와 자매의 관계가 형성된다. 가정 생활 이외에 자연에 대한 인간의 제반 활동 역시 창조 규례에 기초한다. 하나님은 식물과 동물을 만드시고 사람에게 다스릴 것을 명령하셨다. 죄로 타락한 이후, 사람은 '얼굴에 땀을 흘려야 먹을 것을'(창 3:19) 얻게 된다. 이로부터 인간의 노동의 원리가 파생된다. "다스림은 창조의 규례 때문에 자연에 내재하는 능력들의 발휘에 의해서가 아니면 이루어질 수 없다." 학문과 예술도 마찬가지다. "모든 학문은 우리 안에 창조된 탐구와 사유의 능력을 우주에 적용하는 것"이며, "예술은 우리의 상상력의 자연적인 생산성에" 불과하다.[41]

국가 정부는 죄로 인해 부득이하게 생긴 결과이므로, 사회가 가지고 있는 유기적 성격을 지니지 않는다. "정부는 백성의 몸에서 유기적으로 자라 나온 자연적 머리가 아니라 바깥으로부터 국가의 줄기에 놓인 기계적 머리다." 국가의 성격은 기계적이기에 국가가 사용하는 권세의 수단도 기계적이다. 정부가 법의 칼을 가진 이유가 여기에 있다. 국가의 행정관은 하나님의 사역자가 되어 악을 행하는 자에게 진노하심을 따라 보응하기 위해 세움 받았다(롬 13:4).

카이퍼는 정부의 칼에 삼중적 의미가 담겨 있다고 본다. 먼저는 "정의의 칼"이다. 이는 범죄자에게 신체적 형벌을 가하는 것을 의미한다. 둘째, "전쟁의 칼"은 적대국의 침략에 대비하여 국가의 존귀와 권리를 방어하기 위한 군사력을 발휘하는 것을 의미한다.[42] 칼빈은 통치자들이 자기 영토와 국민의 안전을 수호하기 위해 적들의 공격을 방어하기 위한 목적으로 전쟁을 해야 할 의무가 있다고 주장한다. "모든 사람이 누려야 할 개인적인 평안과 공공의 안녕을 교란하고, 선동적으로 혼란을 야기하며, 폭력적인 압제와 교활한 비행을 저지르는 자들의 광기를 억제시키는 것이 그들의 직책에 최고로 부합하는 일 아니겠는가?"[43] 마지막으로 "질서의 칼"이다.[44] 이는 사회에서 일어날 수 있는 국민 봉기나 내란을 사회적 안녕과 질서 유지를 위하여 제압할 공권력을 의미한다. "민중의 지배가 선동에로 전락하는 것은 그 무엇보다 더 쉽다."[45] 아우구스티누스는 "통치자에게 복종한다는 일반적인 계약은 인간 사회를 유지시켜 나가는 훌륭한 대안"이라고 말했는데,[46] 이는 정확히 질서의 칼로서의 기계적 수단을 가리킨다.

칼빈주의는 죄의 형벌에 대해 엄격한 태도를 취한다. 그 이유는 죄의 피해자에 대한 주권이 하나님께 있으며, 하나님이 자신의 주권 하에 국가에게 죄를 다스릴 권한을 부여했기 때문이다. 국가가 죄에 대한 형벌의 칼을 가지고 있다면, 극악무도한 죄악에 대한 형벌의 강도 역시 그만큼 강해져야 한다. 이런 점에서 사형 제도는 지지를 받는다. 어떤 이들은 오늘날 시대에 사형 제도는 인권에 반대하는 것이라고 소리칠 수도 있다. 하지만 범죄를 사형으로 벌하는 것은 인간의 권리를 빼앗는 것이 아니다. 왜냐하면 사형 제도의 정당성은 죄의 대가를 치러야 한다는 데만 있는 것이 아니기 때문이다. 칼빈주의는 복수심에 다른 결과로서의 사형 제도를 인정하지 않는다. 하지만 다른 목적, 즉 사람의 생명이 하나님의 주권에 속한 것이라는 이유 때문에 사형 제도는 지지를 받는다.

  창세기 9장 6절(다른 사람의 피를 흘리면 그 사람의 피도 흘릴 것이니 이는 하나님이 자기 형상대로 사람을 지으셨음이니라)은 사형에 대한 정부의 권세를 인정한다. 이는 사형의 권세가 정부에 있다는 말이 아니다. 오히려 그 권세는 하나님께 속함을 뜻한다. 사형 제도는 "사람들이 추정하는 것처럼 살인을 방지하고 사람의 생명을 보호하기 위함이 아니다. 이것은 실제로 하나님이 규례를 제정한 이유가 아니라 결과이며 목적이다. 실제로 이 규정의 기초는 하나님의 주권에 있다." 사람들에 대한 사법권은 하나님께 있다. 오직 하나님의 주권에 "근거해서만 살인자에 대해 사형을 규정할 수 있다."[47]

  카이퍼의 관점은 칼빈의 것과 닮아 있다. 칼빈은 다음과 같이 말한다.

> 유대인들 사이에서는 거짓 증거에 대한 형벌이 동해보복(同害報復)의 방식으로 가해졌다(신 19:18-21). 그런데 이에 대한 형벌이 어떤 나라에서는 단지 심각한 모욕으로써, 다른 나라에서는 교수형으로써, 또 다른 곳에서는 십자가형으로써 가해졌다. 우리가 보듯이, 모든 법은 살인을 피로써 복수한다. 다만 형벌로써 가해지는 죽음의 종류는 다양하다.
>
> 살인을 잔인하게 다루어서 그것에 따르는 형벌의 공포를 알리지 않으면 어느 나라든지 학살과 강탈로 인하여 즉시 망할 수밖에 없게 될 것이다.[48]

  죄에 대한 하나님의 심판으로서 범죄자를 엄격하게 징벌하는 것은 하나님의 자비하심과 배치되지 않는다. 경건한 자들은 자신이 당한 일들로 인하여 복수심에 불타서 남을 해치거나 상하게 하지 않는다. 그들이 살인한 자의 형벌을 사형으로 다스리는 이유는 "모든 것이 명령하시는 하나님의 권위에서 비롯"되기 때문이다. "그 권위가 앞서기 때문에 우리는 결코 올바른 길에서 벗어나지 않는다."[49]

사회가 유기적이라는 사실로부터 사회의 몇 가지 구성 요소는 각각의 영역 주권을 소유한다. 먼저 학문 영역에서 사회의 권위의 특징이 나타난다. 지난 역사 속에서 사회는 천재(天才, genius)들을 탄생시켰다. "아리스토텔레스와 플라톤, 롬바르두스와 토마스, 루터와 칼빈, 칸트와 다윈"과 같은 인물들이 쓴 글들과 사상적 영향들은 여러 시대를 지배했다. 이들은 "불가항력적인 힘으로 사람의 정신을 사로잡는다." 그리고 "천재의 주권은 오직 하나님의 은혜로 소유하는 하나님의 선물이다." 따라서 사회에 존재하는 모든 유기적 영향은 천재를 일반적 인간의 수준을 뛰어넘게 만드시는 하나님의 주권에 귀속된다.[50]

예술 영역도 마찬가지다. 레오나르도 다 빈치의 '최후의 만찬,' 회화와 조각 천재인 미켈란젤로의 작품들('다비드상,' 시스티나예배당 천장화인 '천지창조'), 음악의 아버지 바흐, 음악의 어머니 헨델, 음악의 천재 베토벤, 음악의 신동 모차르트, 고흐의 '별이 빛나는 밤'과 '밤의 카페 테라스' 등 … 이들은 "자신의 예술적 탁월함 때문에" 칭송을 받는다. 사람 개인의 능력도 인격적 주권에 속한다. "모든 곳에서 한 사람은 다른 사람보다 그 인격과 재능과 상황에서 힘"이 있게 되는데, 이는 자기 자신의 삶의 주권에서 다양한 능력이 나오기 때문이다.[51]

이 모든 능력들의 기원, 즉 개인의 주권, 가정의 주권 그리고 사회 영역들의 주권의 기원은 모두 하나님의 것이다.

> 이 개인적 주권과 나란히 영역의 주권이 존재한다. 대학은 학문적 지배권을 발휘한다. 예술원은 예술의 힘을 소유한다. 길드는 기술적 지배력을 발휘했다. 노동조합은 노동을 지배한다. 그리고 이 각각의 영역이나 자치 단체는 자신의 고유한 활동 영역 안에서 배타적인 독립적 판단과 권위적 행동에 대한 권세를 의식한다. 지적, 미적, 기술적 주권을 가진 이 유기적 영역 뒤에 가정의 영역이 혼인과 가정 평화와 교육과 소유에 대한 권리를 갖

고 나타난다. 이 영역에서도 자연적인 머리는 내재적 권위를 발휘하는 것을 의식한다. 이는 정부가 허용해서가 아니라 하나님이 부가하셨기 때문이다. 아버지의 권위는 핏줄에 근거하며 제5계명에 선포되어 있다. 그리고 마지막으로 도시와 마을의 사회 생활이 생존 영역을 형성하고 있음을 지적할 수 있다. 이 생존 영역은 생활의 필요에서 나오며 따라서 자율적이어야 한다.[52]

사회가 유기적이라는 사실로부터 사회에는 네 가지 영역이 존재한다. 즉, 1) 인격의 우월성, 2) 대학, 예술원, 길드, 회사의 단체적 영역, 3) 가족과 혼인 생활을 포함하는 가정의 영역 그리고 4) 공동체의 자율성이 존재한다. 국가는 네 가지 유기적 사회의 영역을 법으로 강제할 수 없다. 국가가 행정관을 통하여 죄를 통제한다면, 사회는 각각 하나님에 의해 택함 받은 거장들이 각각의 영역에서 통치한다. 그러므로 국가는 사회의 유기적 영역들을 존중해야 한다. 다만 사회 생활에 간섭할 수 있는 권리가 존재하는 경우가 있다.

국가는 사회에 대해 삼중적 권리와 의무를 지닌다. 첫째는 사회 영역들 사이에 충돌이 일어날 때, 둘째는 영역들 내에서 연약한 이들에 대한 보호가 필요할 때, 마지막으로 국가가 "자연적 통일성"을 위하여 "개인적 그리고 재정적 부담"하도록 해야 할 때 강제할 수 있다.[53] 세금은 "군주들이 직무를 수행하는 데 필요한 공적인 비용을 제공하는 최고의 합법적인 수입"이다.[54]

7. 결론

국가는 교회를 어떻게 대해야 할까? 카이퍼는 세 가지 의무를 제시한다. 첫째는 하나님을 향한 의무, 둘째는 교회를 향한 의무, 마지막으로 개인을 향한 의무다. 세 가지 의무를 통해 우리는 국가가 교회에 대해 어떤 관계는 좀 더 구체적으로 확인하게 된다. 먼저 국가는 하나님에 대한 의무를 가진다. 행정관은 언제나 하나님의 "종"이라는 사실을 기억해야 한다. 정치인들의 권력은 자신이 획득한 것이 아니라 오직 하나님이 주신 것이기 때문이다. 만일 그렇다면 그들은 하나님의 공의를 배워 알아야 하며, 따라서 자연 생활과 말씀을 탐구해야 한다.

교회를 향한 의무는 "정부와 교회의 관계가 어떠해야 하는가"와 연관된다.[55] 여기에서 교회는 가시적 또는 형식적 교회의 통일성, 즉 가시적 교회의 통일성을 유지해야 한다. 하지만 "가시적 교회가 분열되고 어느 나라에서도 가시적 교회의 절대적 통일성"은 계속해서 유지할 수 없는 것이 현실이다. 교회가 분열되고, 정통 교회와 이단이 혼재할 때, 정부는 자체적인 판단을 내려야 하는가? 둘 사이의 옳고 그름을 가려줘야 하는가? 아니면 "자신의 판단을 보류하고 이 모든 교단의 복잡다단함을 이 땅에 있는 그리스도 교회의 현현으로 보아야 하는가?"[56] 정부는 기독교 내에 다양한 교단들, 즉 "교회의 복합적 현현"을 존중해야 한다." "교회에게 자발적인 원칙에 따라 자신의 힘으로 살도록 허용할 때 교회는 가장 부요롭게 번성" 하기 때문이다.[57] 국가의 영역이 하나님의 주권 아래에 있으므로, 하나님께 대한 국가의 독립적 의무, 즉 교회를 보호하기 위한 의무를 다해야 한다. 국가의 최고 통치자로서 하나님의 이름을 무시한다면 그것은 하나님의 신성을 모독하는 것이다. "국가의 주권과 교회의 주권은 나란히 존재하며 서로 제한한다."[58]

마지막으로 개인을 향한 국가의 의무는 개인의 양심에 대해 어떻게 행해야 하는가의 문제와 연관된다. 양심이 발달한 사람이나 민족은 양심이 억압 받을 때 정부에 "이중의 의무"를 부가시킨다. 교회가 개인의 양심의 자유를 침해할 때, 국가는 양심의 자유를 지키기 위해 시민의 보호에 대한 권리를 주장할 수 있다. 그리하여 교회로 하여금 양심의 자유를 존중하게 한다. 하지만 이 경우 교회의 주권이 개인의 주권에 의해 제제를 받는다. 따라서 개인에 대한 정부의 두 번째 역할은 "모든 시민에게 양심의 자유를 허용하면서 이런 점에서 교회에 요구하는 것을 모든 사람의 원초적이며 양도불가의 권리로서 실천해야 한다." 즉, 정부가 사람을 다스릴 수 있기 위해서는, 인간의 양심이 주장하는 바가 이루어지도록, "인간 실존의 가장 깊은 윤리적 힘을 존중해야 한다." 칼빈주의는 양심의 자유를 통하여 예배와 언론의 자유를 누릴 수 있었다.[59] "모든 그리스도인은 프랑스 혁명에서 믿지 않는 다수와 동의해야 하는 시민적 자유를 얻었고, 칼빈주의에서는 모든 사람이 자신의 마음의 확신과 명령에 따라 하나님을 섬길 수 있도록 하는 양심의 자유를 얻었다."[60]

> 인간의 모든 제도를 주를 위하여 순종하되 혹은 위에 있는 왕이나 혹은 그가 악행하는 자를 징벌하고 선행하는 자를 포상하기 위하여 총독에게 하라 곧 선행으로 어리석은 사람들의 무식한 말을 막으시는 것이라 너희가 자유가 있으나 그 자유로 악을 가리는 데 쓰지 말고 오직 하나님의 종과 같이 하라 뭇 사람을 공경하며 형제를 사랑하며 하나님을 두려워하며 왕을 존대하라(벧전 2:13-17).

제13장

문화에 대한 기독교 신앙 윤리: 기독교 문화와 세상 문화의 관계[1]

> 하나님이 그들에게 복을 주시며 하나님이 그들에게 이르시되 생육하고 번성하여 땅에 충만하라 바다의 물고기와 하늘의 새와 땅에 움직이는 모든 생물을 다스리라 하시니라(창 1:28).
>
> 아다는 야발을 낳았으니 그는 장막에 거주하며 가축을 치는 자의 조상이 되었고 그의 아우의 이름은 유발이니 그는 수금과 퉁소를 잡는 모든 자의 조상이 되었으며 씰라는 두발가인을 낳았으니 그는 구리와 쇠로 여러 가지 기굴을 만드는 자요 두발가인의 누이는 나아마였더라(창 4:20-22).

1. 문화를 어떻게 해석해야 하는가?

기독교가 문화와 밀접한 연관을 맺고 있다는 사실은 그리스도인들의 신앙생활에 중요한 질문을 던진다. 그리스도인들은 문화에 대해 어떤 관점을 지녀야 하는가? 신앙과 문화의 관계를 이해함에 있어서 두 가지 요소를 고려할 필요가 있다. 첫째, 문화의 포괄성이다. 문화는 범위가 광범위하여 정의하는 일이 결코 쉽지 않다. 자연, 국가, 가정, 학교, 직장, 종교 등을 포함한 모든 주제가 문화에 속한다. 문화는 마치 이 모든 주제를 담고 분류해 놓은 거대한 도서관과 같다.[2]

둘째, 문화는 유동적 성격을 가진다. 두 가지 예를 들면, 인간 생활과 예술 문화를 꼽을 수 있다. 카이퍼에 따르면, 인간 생활과 자연 사이에는 밀접한 연관성이 있다.

> 시골에서는 날씨와 바람, 추수와 농작물의 실패, 가축과 전염병 등으로 인해 사람이 하나님의 직접적인 행사들에 훨씬 더 의존되어 있다. 산업 세계에서는 지배적인 영향력을 발휘하는 것은 기계 발명과 같이 인간적인 요소가 더 크다.[3]

인간은 자연 환경과의 상호 작용을 통해 고유한 문화를 형성한다.

또한 문화가 유동적이라는 사실은 예술 문화에서 잘 드러난다. 르네상스 예술은 자연에 대한 실제적인 관찰과 묘사 뒤에 인간의 사상을 불어 넣고자 했다. 미켈란젤로는 "최고의 예술은 돌에 사상이 새겨져 있는 것"이라고 믿었다.[4] 레오나르도 다 빈치는 모방이 예술을 쇠퇴시킨다고 믿었으며, 삶의 경험과 자연 관찰을 통한 창작을 강조했다.[5] 이렇듯, 인간의 예술 문화는 자연의 모습을 관찰, 모방, 승화, 발전을 통해 흐른다. "문화는 계속 진행 중인 역사의 드라마다."[6]

문화의 포괄성과 유동성을 고려할 때, 곧바로 이어지는 질문은 해석학에 관한 것이다. 어떤 관점을 가지고 자연과 세계를 해석할 것인가? 포스트모던 세계관은 이 질문 앞에 다원주의 또는 상대주의를 제시한다. 하지만 "세계를 역사적으로나 사회-문화적으로 어떤 보편적 원리나 통일성이 없는 파편 더미로 보는 세계관은 상대주의에 봉착"한다.[7] 상대주의는 다시금 문화에 대한 무책임한 해석학적 관점 때문에 허무주의에 이른다.

이러한 관점을 대변하는 대표적 인물은 리차드 니버(1894-1962)다. 니버는 지나간 역사를 기독교와 문화의 관계로 해석하고, 기독교의 문화관을 다섯 가지 유형으로 구분한다.[8] 기독교와 문화의 관계에 대한 모델을 제시한 공헌에도 불구하고 니버는 포스트모던의 다원주의를 벗어나지 못한다. 다섯 가지 유형 가운데 그가 주장하는 가장 합당한 문화관은 무엇인가? 그는 "우리가 신뢰할 수 있는 그런 신앙의 교회도 존재한다는 것을 유념하면서 결정하는 것"이라고 결론짓는다.[9] 니버가 인간의 결정을 중시하는 이유는 인간의 책임과 실천을 강조하기 때문이다.[10] 니버에게 문화에 대한 가장 타당한 해석학적 관점이란 존재하지 않는다, 문화를 해석하고 실천하는 주체는 책임있는 인간이며, 따라서 문화 해석권은 인간의 결정에 귀속된다.

그렇다면 기독교적 관점에서 과거, 현재, 미래 세대의 모든 문화를 아우를 수 있는 해석학적 관점은 무엇인가? 이를 해결하려면 문화를 계시의 관점에서 읽어야 한다. 인간이 상상할 수 없을 정도로 문화의 경계가 넓고, 계속하여 흐르고 있다고 할 때, 모든 세대에 걸쳐 지나간 과거와 진행 중인 현재와 앞으로 오게 될 미래 문화에 있어서도 가장 적합한 해석학적 관점은 그 어떠한 역사적·문화적 상황에 매몰되지 않으면서도 모든 자연과 세계와 문화를 불변의 진리로 해석할 수 있는 관점, 즉 계시에 기초하면서 문화의 목적을 고려한 신앙 윤리여야만 한다. 문화는 아무런 방향 없이 흘러가는 것이 아니라 하나님의 계시에 따른 특정한 목적을 향해 흐른다. 계시와 문화의 목적을 고려할 때에야 비로소 문화를 해석할 수 있는 가장 타당한 기준이 세워진다.

개혁신앙은 처음부터 하나님이 자기 형상을 따라 사람을 만드시고 그들에게 주신 만물을 다스리고 정복하라는 계시적 명령(창 1:28)에서 문화의 본질과 목적과 실천 원리를 발견했다. 문화의 본질과 목적은 하나님의 형상을 드러냄으로써 하나님께 영광을 올려 드림에 있다. 아우구스티누스가 말하는 것처럼, 실로 "삼위일체 하나님 전체가 창조 역사에서 계시되었다."[11] 사람에게 "설정된 목적은 '하나님께 가까이하는'(시 73:28) 것"이다.[12] 동일 선상에서 카이퍼는 "하나님께 가까이 가려고 하는 사람이, 하님의 가까이 계심을 인상적으로 보여주는 주변의 창조물들에 눈과 귀를 열지 않으면 중요한 힘을 잃는다"라고 강조한다.[13] 헤르만 바빙크와 윌리엄 퍼킨스는 각각 기독교 가정과 직업 소명의 원리를 인간이 하나님의 형상대로 지음 받았다는 사실과 그들의 도덕적 성품을 통하여 하나님께 영광을 돌려야 한다는 목적에서 찾는다.[14]

현재까지 해외 및 국내에서 기독교와 문화의 관계에 관한 저술들이 많이 출간되었다.[15] 개혁주의 진영에서도 개혁주의 문화관에 관한 작품이 적지 않다.[16] 하지만 대부분의 저서와 논문들은 포스트모던 문화관에 대해 무비판적인 수용이나 적용을 강조하거나, 개혁주의 진영의 글들은 문화를 세계관이라는 거시적 틀에서 포괄적으로 접근하는 경향이 있다. 이런 점에서 본 장은 문화의 목적이라는 관점에 집중하여 개혁주의 신앙 윤리의 해석과 실재를 보다 직접적으로 보여주고자 한다.

본 장에서는 기독교와 문화의 관계를 계시에 기초한 개혁주의 신앙 윤리의 관점에서 읽어야 함을 증명한 것이다. 이를 위해 먼저 니버가 제시한 문화 유형들을 알아보고 그의 유형들에 대한 해석의 오류들을 드러낼 것이다. 아래에서 살펴보겠지만, 니버의 문화관에는 계시의 목적은 사라지고 오직 인간의 결정만 남는다. 그런 다음, 지나간 역사 속에서 개혁신앙이 문화를 어떻게 이해했는지를 몇몇 교부와 개혁신학자의 사례를 통해 살펴본다. 이 작업을 통해, 개혁주의 문화관이 도덕 및 계시와 밀접한 연관을 가진다는 사실이 드러날 것이다. 마지막으로 계시에 기초한 문화관에 따른 실제적인 적용 사례를 제시한다. 지면을 고려하여 바빙크의 『기독교 가정』(*the Christian Family*)과 퍼킨스의 『직업 소명론』(*A Treatise of the Vocations*)에 나타난 결혼의 원리와 직업 소명을 분석하여 문화의 목적이 거룩한 삶을 통해 오직 하나님께 영광을 돌리는 데 있음을 보여줄 것이다.

2. 리차드 니버의 유형론 분석

예일대학교 교수이자 기독교윤리학자인 리차드 니버(Helmut Richard Niebuhr, 1894-1962)는 기독교 문화관을 다섯 가지 유형으로 구분한다. 첫째는 '새로운 법'(New Law)으로서의 '문화와 대립되는 그리스도'이다. 복음의 시대에 예수 그리스도의 복음은 기존 유대교의 율법과 반립 관계(antithesis)를 형성했다. 니버에 따르면 기독교 역사 속에서 '새로운 법'을 대변하는 인물들이 존재한다. 그는 예수님의 제자 마태의 주요 가치관이 "그리스도의 영적 공동체"에 있다고 본다. 니버에 따르면, 마태는 "새로운 법을 따르는 기독교공동체의 전반적 특징을 가치 기준과 규범이 주변의 문화 공동체와 뚜렷이 구별되는 데서 찾는다." 마태복음의 팔복이 그 예다.[17] 팔복은 그리스도인들을 세상에서 박해 받는 이들로 묘사하는데, 니버는 이 점을 들어 마태가 기독교를 세상과 대립되는 것으로 이해했다고 주장한다. '문화와 대립되는 그리스도' 유형은 사도 시대 이후에 발전을 거듭했다. 대표적인 작품과 인물로, 속사도들의 작품에 속하는 『디다케』(Didache), 『바나바의 편지』(Epistle of Barnabas), 『디오그네투스에게 보내는 편지』(Epistle to Diognetus) 등의 문헌들, 교부 테르툴리아누스, 현대에는 톨스토이(1828-1910)와 같은 인물이 있다.[18] 니버는 이들을 모두 그리스도의 가르침에 따라 천상의 삶을 꿈꾸며 세속 문화를 배척했던 인물들로 묘사한다.

두 번째 유형은 '자연법 유형'으로 '문화에 속한 그리스도'를 추구한다. 이 유형은 "문화적 유형"으로 불릴 수도 있는데, "왜냐하면 자연은 문화를 통해서만 알려질 수 있고, 이 가문에 속한 사람들은 문화 사회의 일원으로서 선한 것과 옳은 것을 해석하고 추구하기 때문이다." 이들이 가진 기독교 윤리의 특징은 "그리스도 안에 계시된 가치관과 규범을 자신의 문화가 지닌 이성의 관점에서 해석한다는 데 있다."[19] 좀 더 구체적으로 말해서, '자연법 유형'은 복음의 가치관을 사회의 것과 융합하려 하고, 문화적 관점에서 해석하여 기독교와 사회를 또는 신앙과 문화를 융합한다.

니버는 자연법 유형을 추구하는 대표적인 인물로 주의 형제 야고보를 제시한다. 야고보는 "기독교를 유대교 윤리와 융합하려 했"다. 이 유형에 속하는 이들은 기독교와 헬레니즘을 융합한 알렉산드리아의 클레멘스, 중세 신학자 아벨라르드 그리고 근대의 자유주의 신학자들인 슐라이어마허와 리츨 등이 있다.[20]

니버는 그 다음 '중간에 위치한 유형들'에 속하는 세 가지 유형을 제시하는데, 이 유형들이 중간에 속한다고 말하는 이유는, 위의 언급된 두 가지 대립되는 유형들을 중재하는 유형들이라고 믿기 때문이다.[21] 그 가운데 첫 번째인 '조형적 유형'이 세 번째 유형으로 소개된다. 조형적 유형은 '문화 위에 있는 그리스도'로 토마스 아퀴나스가 대표적인 인물로 서 있다. 이 유형의 자연법과 복음의 명령들 사이에 연속성과 불연속성이 있다고 간주한다. "자연의 명령과 복음의 명령들은 모두 신적인 명령으로 간주되되 둘 사이에 부분적이고 진정한 불연속성이 있다는 점이 인정된다." 불연속성의 경우 하나님의 법은 "자연법의 재판"이면서도 인간의 이성으로 파악할 수 없는 것들을 포함한다. 하지만 이러한 불연속성은 실질적인 대립을 함축하는 것은 아니다. 예를 들면, 인간의 이성은 문화적 가치관을 통해 복음의 명령과 가치관을 수용하도록 인간을 준비시키는 역할을 한다.[22]

네 번째 유형은 '왕복 운동 유형'으로 '문화와 역설적 관계에 있는 그리스도'를 나타낸다. 이 유형은 흔들리는 추와 같이 양극단에서 진자 운동을 한다. 한편에서는 복음의 윤리를 자연 이성의 관점이 아닌 있는 그대로를 수용하고, 다른 한편에서는 자연과 문화의 요구를 불가피한 하나님의 요구로 받아들인다. 예를 들어, "출산, 자기 보존, 악한 세상에서의 질서 유지, 불의한 자의 억압에 대항한 의로운 자의 의무적 생산 등은 모두 하나님의 요구 사항이다."[23] 자연과 복음 또는 문화와 신앙은 서로 치환될 수 없다는 것이 이 유형의 특징이다. "복음에 나타난 하나님의 요구는 자연에 나타난 하나님의 요구를 실현하지 못한 죄를 사람에게 깨우쳐 준다. 자연과 문화에 나타난 하나님의 요구는, 사람이 단지 복음의 요구 사항만 실현하고 자연과 문화를 내버리는 것이, 곧 죄임을 깨닫게 해준다." 이 유형에 속하는 인물들로는 마틴 루터, 에른스트 트뢸치, 라인홀드 니버, 고가르텐 그리고 신정통주의자인 에밀 부르너 등이 있다. 루터에게 복음은 인간 내면에 적용되는 것이지 사회적 행위와는 관련 없는 것이다. 복음은 인간의 내면을 변화시켜 인간으로 하여금 "자신의 일을 선하게 여기지 못하게 하면서 그 사회적 행위를 변화시키는 역할을 한다."[24]

마지막으로 다섯 번째 유형은 '전환론적 유형'으로 '문화를 변혁하는 그리스도'다. 전환론적 유형은 복음을 출발점으로 삼는다는 점에서 '새로운 법' 유형과 비슷하나 복음의 기능이 새로운 사회 건설이 아니라 기존 사회의 전환에 있다는 점에서는 다르다. 대표적인 인물은 사도 바울이다. 니버에 따르면 헬레니즘 문화와 하나님의 법에 관한 자연적 지식 그리고 종말론이 바울에게서 나타난다. 아우구스티누스의 『하나님의 도성』에서도 문화 변혁의 그리스도 유형, 즉 전환론적 특징이 나타나는데 이는 아우구스티누스가 말하는 하나님의 도성의 주요 이론이 세상의 타락에도 불구하고 하나님의 질서는 그리스도에 의해 회복된다는 내용을 담고 있기 때문이다.[25]

3. 니버의 유형론 구분의 문제점들

니버의 그리스도-문화 유형들은 사실상 전혀 새로운 구분들은 아니다. 지나간 역사 속에서 그리고 오늘날도 세상 문화에 대한 기독교의 반응은 이러한 다양한 모습을 드러내었다. 문화를 악한 것으로 보거나, 복음 위에 있는 것으로 보거나, 상호 협력적인 관계로 보거나, 이질적이라는 전제 위에서 이중적 접근으로 둘 사이를 왔다 갔다 하거나, 문화를 변혁의 대상으로 보거나 하는 일들은 시대마다 다르고, 사람에 따라 모두 각양각색이었다. 하지만 각 유형들에 대한 니버의 해석에는 심각한 오류가 있다. 간단히 여섯 가지를 언급할 수 있다. 첫째, 니버가 각 유형들에 대해 제시해 놓은 예시들은 역사적 문맥을 고려하지 않은 채 문화라는 단편적인 코드로 시대와 인물을 대립적 관계에서 해석한다는 점에서 시대착오적이며 지극히 주관적인 해석의 오류를 내포한다. 니버는 마태복음의 의도를 전혀 고려하지 않은 채 마태의 관점을 세상의 문화를 배척한다는 피상적이고 임의적인 해석으로 이해할 뿐 아니라, 산상수훈을 직접 가르치신 예수 그리스도의 말씀을 문화에 대한 마태의 관점으로 위장시킨다. 유사하게, 마태를 『디다케』나 『바나바의 편지』 등 외경에 속하는 비정통적인 사료들의 저자들과 동일한 유형군에 포함시킴으로써 정경과 외경의 차이를 지운다.26

이는 테르툴리아누스의 관점에 대한 니버의 해석에서도 나타난다. 니버는 테르툴리아누스를 계시와 이성, 계시와 문화를 배타적으로 이해한 인물로 묘사한다. 하지만 테르툴리아누스의 비판은 복음의 진리를 믿음이 아닌 이성으로 정당화하려는 행태에 놓여 있음을 주목해야 한다. 테르툴리아누스가 『이단논박』(*On Prescription against Heretics*)에서 기독교 신앙과 철학의 관계에 대해 했던 유명한 언급은 이런 관점에서 이해될 필요가 있다. "예루살렘과 아덴이 무슨 상관이 있는가? 아카데미와 교회 사이에 무슨 일치가 있는가? 이단들과 그리스도인 사이에 무슨 일치가 있는가?" 그는 외친다. "스토아 철학, 플라톤 철학 그리고 변증법으로 혼합된 얼룩진 기독교를 만들어내려는 모든 시도는 물러가라!"27

테르툴리아누스에게 신앙은 세상의 철학과 이성으로 파악될 수 있는 것이 아니다. 그리스도의 죽으심은 철학으로 믿을 수 없다. 같은 맥락에서 테르툴리아누스는 말했다. "하나님의 아들이 죽으셨다. 이것은 전적으로 믿어져야 한다. 왜냐하면 그것이 불합리하기 때문이다."[28] 테르툴리아누스는 이성으로 신앙을 대체하려는 행위를 비판한 것이지, 이성 자체나 문화 전체를 배척했다고 보는 것은 확대 해석의 오류를 범하는 것이다. 신국원이 잘 지적하는 것처럼, "니버는 기독교와 문화가 대립적 관계에 있다는 전제로 역사를 살피기 시작하므로, 본래 문화와 기독교 신앙이 갖는 본질적인 관계를 모호하게" 만든다.[29]

둘째, 니버는 복음의 본질 자체를 문화로 해석하는 오류에 빠지고 만다. 니버는 다섯 가지 유형들의 대표적인 인물들로 복음서 기자들을 소환하고, 그들의 관점을 자신의 자의적 문화 코드로 해석한다. 예를 들어, '자연법 유형'으로 야고보를 제시하는 것은 사도들이 서신서를 쓴 역사적 배경을 전혀 고려하지 않은 해석이다. 야고보는 당시에 그리스도를 믿는 믿음을 가볍게 취급한 나머지 참된 삶을 배제한 채 살아가는 구원파적 관점을 가진 이들을 비판한다. 니버는 이 점을 전혀 이해하지 못한 채 자신만의 문화적 혹은 사회학적 관점으로 야고보를 이해하고 그 이후에 이어진 역사들과 인물들을 연결한다. 예를 들어, 네 번째 유형에서 로마 가톨릭의 행위 구원론에 대한 루터의 비판을 제거하고, 단지 루터를 문화적으로 이해함으로써 자유주의 신학자들의 문화관과 동일한 사상을 견지한 인물로 취급한다. 이로써 복음에 대한 루터의 관점은 사라지고, 오직 루터의 문화관만 남는다.

셋째, 니버는 개혁신학의 문화관을 엄정하게 파악하지 못한다. 그가 제시한 다섯 번째 유형, 즉 복음의 기능이 기존 사회의 전환에 있다는 것은 타락한 세상의 기독교적 재창조 사역을 피상적으로 묘사한 것에 불과하다. 이 유형은 개혁주의 문화관과 유사해 보이지만, 역시 인본주적 접근의 발로다. 마치 바울은 세상의 문화를 적극적으로 수용하고 회복하는 관점을 지닌 반면, 세상의 타락과 부패에 대해 대립적인 관점을 지니지 않은 것으로 묘사될 뿐이다. 기존 사회의 전환이라는 단어는 타락한 세상의 기독교적 재창조 사역을 가볍게 취급할 뿐 아니라, 기존 사회의 타락성을 고발하는 개혁신앙의 관점을 간과하는 오류를 내포한다.

넷째, 니버의 다섯 가지 유형론들은 포스트모던의 상대주의에 기초한다. 그에 따르면, "유형론이란 기독교 안에 있는 무한히 다양한 창조적 도덕성을 이해하도록 도와주지만, 각 개인이나 운동은 유형만으로는 설명할 수 없는 독특한 개성을 지닌다." 그리고 이러한 "기독교 도덕의 유형들은 결코 가치의 척도"가 될 수 없다.[30]

유형들의 한계는 유형들 자체의 구분이 잘못되었다는 것을 말함이 아니다. 오히려 니버가 이러한 한계들을 통해 상대주의를 표방한다는 데 있다. 니버는 『그리스도와 문화』 결론부에서 결국 우리들은 신앙의 관점을 가지고 무언가를 선택하지 않으면 안 된다고 강조한다. 그에 의하면, 인간은 독자적인 자유를 품고 창조적으로 무엇을 선택하는 존재가 아니다.[31] 신앙에 기초한 선택을 "의존적 자유"라고 부른다.[32] 그래서 그리스도인들은 신앙에 토대를 두고 추론 작업을 할 수 있다.

겉으로 보면 니버의 주장은 하나님의 객관적 계시, 그리스도의 복음을 전제하는 것처럼 보인다. 하지만 그는 말한다. "그분은 인간 역사에 나타난 역사적 실체로서, 우리에게는 건물을 세우는 모퉁잇돌이 되었고 또 어떤 이들에게는 걸림돌이 되었다. 그분은 자신의 신앙과 함께 그리고 신앙을 창조하면서 그냥 거기에 계실 뿐이다."[33]

그렇다면 하나님에 의해 창조된 신앙에 의해 활동하는 주체적 존재는 누구이며 그들의 결정권은 무슨 의미를 지니는가? 그는 다음과 같이 쓴다.

우리가 신앙 안에서 결정을 내린다는 것은, 어느 한 인물이나 집단이나 시대도 보편 교회와 동일시될 수 없음을 유념하면서 결정을 내리는 것이다. 동시에 우리에게는 우리가 그 안에 몸담으면서 부분적인 일, 상대적인 일을 감당할 수 있는 교회, 우리가 신뢰할 수 있는 그런 신앙의 교회도 존재한다는 것을 유념하면서 결정하는 것이다. 그것은 그리스도께서 죽은 자 가운데서 살아나셔서 교회의 머리가 되실 뿐 아니라 세상의 구속자가 되셨다는 사실을 유념하면서 결정을 내리는 것이다. 그것은 문화의 세계(인간의 업적)가 은혜의 세계(하나님의 나라) 안에 존재한다는 사실을 유념하면서 결정을 내리는 것이다.[34]

니버는 문화의 세계가 하나님의 나라 안에서 이루어진다고 말한다. 역사 속에서 각각의 그리스도인이 각자의 신앙적 특성을 가지고서 그러한 유형들을 선택한다. 인간은 그 모든 유형 가운데 어떤 것이 더 낫다고 판단할 수 없으며, 그저 문화가 하나님의 나라 안에 존재하고 있다는 신념을 가지고서 세상의 문화에 대한 입장을 견지하는 것이 최고의 결정이라는 결론에 다다른다. 이런 관점에서는 신앙 윤리의 무게 중심이 객관적 계시로서의 성경에서 인간의 신앙과 신뢰로 옮겨간다. 신국원이 잘 지적한다.

결국 니버는 이 '영속적인 문제'에 단 하나의 정답이 있다는 가능성을 배제한다. 모든 유형은 상황과 처지에 따라 각자 나름대로의 전략적 가치를 가질 수 있다고 본다. 이것이 그가 말하는 역사적 상대주의와 사회적 실존주의다. 우리는 자신의 제한성과 상대성을 알고 그에 따라 부족하나마 현실적인 전략에 만족해야 한다는 것이 그의 결론이다.[35]

결론적으로, 신앙과 문화의 관계에 대한 니버의 주장에는 참된 기독교적 문화관이란 존재하지 않는다는 상대주의만 남는다.

다섯째, 니버는 기독교가 문화에 대해 가지는 특별한 관점을 보여주지 못한다. 다시 말해 초대 교부들이나 개혁신학자들이 어떤 점에서 문화를 끌어안거나 혹은 세상 문화를 반대했는지에 대한 기준을 제시하지 못한다. 니버는 문화에 대한 개인적인 성향과 태도만을 제시할 뿐, 개혁신학이 가지고 있었던 문화관의 심장이라고 할 수 있는 기준이자 문화의 결과로서의 도덕성에 대해 설명하지 못한다. 초대 교회로부터 개혁신학자들에 이르기까지 기독교는 문화에 대한 관점에 있어서 도덕을 강조했다. 개혁주의자들은 단순히 문화에 대한 배척, 대립, 옹호, 양자택일의 관계가 아닌 참된 문화의 도덕적 성격을 강조했다. 그들이 세속 문화를 비판한 것은 비도적적인 문화의 생명줄을 끊어내어 참되고 건전한 도덕을 회복시키기 위함이었다.

마지막으로, 니버는 기독교 정통에 서 있는 그리스도인들의 문화적 태도를 피상적으로 이해하여 그들 사상의 근원인 계시에 대한 관점을 전혀 파악하지 못한다. 니버는 마태와 야고보를 다른 문화관을 가진 이들로 보거나, 정경과 외경을 구분하지 않거나, 개혁신학과 자유주의 신학의 차이점을 고려하지 않는다. 이는 개혁신학자들에 대한 중대한 오해를 양산한다. 비록 마태와 야고보의 강조점이 다르다고 할지라도, 그들의 문화관의 근원은 그들 자신의 관점에서 비롯된 것이 아니었다. 그들의 문화관은 성경이라는 하나님의 말씀과 계시에 기초했다.

아우구스티누스가 잘 말하듯, "하나님의 말씀을 위탁받은 민족, 백성, 도성, 공화국인 이스라엘 사람들은 진정한 예언자들과 거짓 예언자들에게 동등한 특권을 인정해서 혼합한 것이 아니라, 반대 의견이 없고 한 마음을 가진 사람들만을 믿을 만한 성경 저자로 인정하며 존경했다."[36] 이스라엘 민족이 선지자를 성경의 저자로 인정할 수 있었던 것은 성경 계시의 원저자가 하나님이라는 사실에 기초한다. 개혁주의 신앙 윤리의 관점에서 문화란 인간의 생각, 이해, 관점이 반영되는 대상이 아니라, 계시에 기초하여 세워지기도 하고 넘어지기도 하는 인간의 유기적 활동의 결과다. 이제 개혁주의 신앙 윤리가 계시와 도덕과 문화의 관계를 어떻게 이해했는지 살펴보자.

4. 문화와 도덕의 관계

개혁주의는 초대 교회로부터 문화와 도덕의 관계를 명확히 인식했다. 교부들에게 게임이나 오락같은 세상적 문화에 대한 개혁은 매우 중요한 주제 가운데 하나였다. 테르툴리아누스(A.D. 160-240)는 사람의 귀와 눈을 즐겁게 하는 세속적인 게임이 기독교인들에게 합당하지 않다고 주장했다.[37] 이는 세속적인 게임 자체를 혐오해서가 아니었다. 테르툴리아누스에 따르면 당시의 대중적인 게임은 이방의 신들이나 죽은 이들에 대한 기념 의식들을 내포하고 있다. 서커스(circus)는 태양을 위해 만들어진 게임이다.

> 태양의 신전이 서커스장의 한 가운데에 서고, 태양의 이미지는 신전 정상으로부터 비친다. 그들은 어떤 대상에게 신성한 영예를 표할 때 지붕 아래에서 하는 것이 적절하다고 생각하지 않았기 때문에, 그들은 그것을 열린 공간에 두게 했다.[38]

같은 맥락에서, 키프리아누스(d. 258)는 세속 문화의 예로, 검투사 경기와 극장 문화를 지적한다. 검투사들의 죽음은 마치 동물의 죽음처럼 간주되고 그러한 유혈 현장을 즐기는 인간의 잔인성은 실로 경악스럽다. 극장에서 다루는 소재들은 주로 그리스와 로마 신화에서 빈번하게 묘사되는 음행이다. 이러한 극장의 소재들은 관람객들로 하여금 음행과 같은 행위들을 종교적인 행위로 간주하도록 만들고, 성적인 타락을 촉진한다.[39] 이러한 의미에서, 조지 W. 포렐은 테루툴리아누스의 정치적 관점을 문화와 대립된다고 주장한 니버를 비판하면서, 로마 정부에 대한 테르툴리아누스의 비판은 로마의 우상 문화였음을 올바르게 지적한다.[40]

유사하게, 아우구스티누스(A.D. 354-430)는 세속적 연극과 음악의 민낯을 다음과 같이 진술한다.

나는 어렸을 때 종종 신성 모독적인 연극과 구경거리를 보러가곤 했다. 그곳에서 나는 사제들이 종교적인 흥분 상태에서 소리지르는 모습을 보았고, 종교 음악대가 부르는 노랫소리를 들었다. 그리고 나는 남신들과 여신들, 하늘의 처녀와 만물의 어머니인 베레킨티아(Berecynthia)를 기념하기 위해 행해진 아주 천박한 구경거리를 굉장히 즐겼다. 매년 개최되는 베레킨티아의 정화제전(淨化祭典)에서는 질 나쁜 배우들이 그녀의 침상 앞에서, 신들의 어머니는 말할 것도 없고 어떤 원로원이나 품위 있는 시민의 어머니, 아니 어떤 행실 나쁜 망나니의 어머니도 참고 들을 수 없는 노래를 불렀다.[41]

아우구스티누스는 세속 문화에 거룩한 생활이 없다고 비판한다. 세속 문화 속에 자리 잡은 이방의 신들은 "자기들을 숭배하는 도시와 사람들의 도덕성에 관심을 가지지 않았다. 오히려 그들은 끔찍스럽고 가증스런 악이 거리낌없이 행해지도록 허용함으로써, 토지나 포도밭이나 집이나 재산이나 심지어 정신의 종인 육신이 아니라 육신을 실제로 지배하는 정신 자체에 더할 나위 없는 손상을 입혔다."[42]

칼빈 시대의 극장 구경은 교부들이 직면했던 문제들과는 다르지만, 근본적인 문제점은 동일했다. 카이퍼에 따르면 칼빈은 극장에서 행해지는 연극 상연을 찬성했다. 하지만 동시에 그는 이렇게 말한다.

실제 사실은, 전 세계적으로 보았을 때, 극장의 번영은 종종 배우들의 도덕적 타락에 비례하여 증가한다는 점이다. … 너무나 종종 극장의 번영은 남성의 특성과 여성의 순결을 희생함으로써 이루어지는 경우가 많다. 하나님의 목적을 위해 사람 안에 있는 인간적인 것을 존중했던 칼빈주의자는 그러한 도덕적 희생의 대가로 귀와 눈의 즐거움을 얻는 것을 정죄하지 않을 수 없었다.

칼빈주의는 춤이 음행과 연관되어 있음을 인식했다. 블레즈 파스칼(1623-1662)은 『팡세』에서 "연극에서 다른 모든 것이 아무리 아름다울지라도 최후의 막은 피로 물든다. 결국 머리 위에 흙을 끼얹고 그것으로 영원히 끝난다"라고 지적한다.⁴³ 카이퍼 시대에 실린 한 신문 기사에는 아버지가 딸을 무도장으로 데리고 갈 때 느끼는 도덕적 아픔을 실었다. 그 기사는 "최소한 파리에서는, 그 도덕적 고통이 쾌락을 사랑하는 집단들에서 만연한 속삭임과 음란한 눈빛과 행동들에 익숙한 모든 이에게 분명하게 나타난다고 밝혔다."⁴⁴

칼빈주의가 카드 놀이를 금지한 것도 같은 이유 때문이었다. 모든 종류의 게임이나 카드 자체를 마법적인 요소, 즉 마귀적인 것으로 본 것은 아니었던 반면, 개혁신학자들은 카드 놀이가 하나님으로부터 벗어나 인간의 마음속에 행운에 대한 기대를 조장한다고 보았다.⁴⁵ 청교도들은 일반적인 운동이나 놀이를 주의해야 할 것으로 간주했다. 유사한 의미에서 제비뽑기에 대한 성경의 기록을 어떻게 이해해야 하는가? 윌리엄 에임스에 따르면, "제비뽑기는 특별한 방식으로 하나님의 섭리의 계획을 묻는 자연스러운 적합함을 가진다. 하지만 제비뽑기를 놀이를 옹호하는 사람들은 인간의 쾌락을 위한 농담이나 게임에 사용하려 할 때 문제가 된다.⁴⁶

존 프레스톤은 운동이나 놀이 등 인간의 육체를 즐겁게 해 주는 수단들은 그리스도인들로 하여금 기도의 의무에서 멀어지게 만든다고 지적한다.⁴⁷ 프레스톤의 주장을 근거로 청교도들이 운동이나 게임 자체를 맹목적으로 반대했다고 오해하지 말아야 한다. 대부분의 청교도가 영적 게으름을 경계했던 것처럼, 프레스톤은 그러한 문화가 인간의 삶에 주요한 자리를 차지함으로써 기도와 신앙생활에 게으르게 될 것을 우려했다.

요약하면, 테르툴리아누스로부터 시작하여 칼빈주의에 이르기까지 개혁신앙을 가졌던 이들은 단순히 세상 문화를 배척하고 반대한 것이 아니었다. 그들은 적극적으로 세상의 우상 숭배 및 인간성을 저버린 불건전하고 비도덕적인 문화의 생명줄을 끊고, 보다 참되고 건전한 사회 문화를 창출하기 위해 노력했다.

4. 문화와 계시의 관계

개혁주의 신앙 윤리는 기독교와 문화의 관계를 단순한 대립, 혹은 회복으로 보는 것이 아니라, 대립과 회복이 공존하는 것으로 파악한다. 이러한 점에서 신앙과 문화의 관점을 가장 잘 해석한 것은 신칼빈주의(neo-calvinism)였다. 카이퍼와 바빙크가 대변하는 신칼빈주의는 두 가지 명확한 테제를 가지고 있다. 첫째는 하나님의 주권이 온 세상의 모든 영역에 미치고 있다는 것이다. 둘째는, 그럼에도 불구하고, 하나님의 나라와 세상 나라 사이에는 근본적인 대립(antithesis)이 존재한다.[48]

문화의 변혁은 인간의 신앙이나 신뢰에 달려 있는 것이 아니라, 하나님의 주권을 얼마나 인식하느냐에 달려 있다. 개혁주의자들은 세상의 역사 속에서 놀라운 힘을 발휘했다. 그 이유는 그들이 단순히 하나님의 주권을 인정하려는 인간의 결정이나 노력이 아니라, 하나님의 주권 자체의 권위를 인식했기 때문이다. 세상의 모든 문화는, 선한 것이든 악한 것이든 하나님의 주권 아래에 놓여 있다. 이러한 생각은 그리스도인들로 하여금 교회 생활에만 머물러 있지 않게 만들었다. 칼빈주의는 이 세상을 위해 도덕 생활을 창조하고 발전시켜야 하는 것으로 이해하지 않으면서도 기독교적 의미의 윤리 생활을 적극 장려했다. 이러한 윤리로부터 모든 사회 문화가 탄생하고 발전한다. 카이퍼의 말을 들어보자.

칼빈에게 사랑과 신앙은 모든 영적 활동의 동기이며, 따라서 하나님에 대한 경외는 실재로서의 전체의 삶에-가정, 사회, 학문과 예술, 개인 생활 그리고 정치 경력 속에 스며들어 있다. 구원 받은 사람은 모든 일과 인생의 선택에서 항상 그의 의식 속에 언제나 임재해 계시며 언제나 그 눈으로 자신을 보시는 하나님을 향한 가장 면밀하고 마음을 울리는 경외심에 의해 통제된다. 그리하여 이러한 칼빈주의적 유형은 역사 속에 자신을 드러낸다. 항상 그리고 모든 일에 있어서 삶의 규범으로써 언제나 계시는 하나님을 향한 가장 깊고 거룩한 경외심-이것이 진짜 청교도의 참된 모습이다.[49]

카이퍼처럼, 바빙크 역시 기독교가 현대 문화를 무조건 배척하는 것은 아니라고 말한다. 그에 따르면, 문화에는 두 가지 영역이 존재한다. 첫째 영역은 "물질적 재화들을 생산하고 분배하는 인간의 모든 활동"으로 농경과 목축과 산업과 무역이 이 영역에 속한다. 둘째 영역은 문학, 과학, 정의, 국정 운영, 예술 등의 수단을 통해 "참, 선, 아름다움"을 발전시켜 문명화하는 노동들의 영역이다. 이러한 문화들은 역사가 시작된 순간부터 존재해 왔으며, 또한 종교와 관계를 맺어 왔다. "모든 시대와 모든 민족 사이에서 이 둘은 함께 발견되었으며 손을 맞잡고 나아갔다."[50]

개혁신학이 하나님의 주권을 가장 분명하게 강조한 사실은 무엇보다 그들이 성경을 하나님의 계시로 믿었다는 데서 발견된다. 계시에 입각한 문화여야만 참된 문화의 회복과 발전이라고 말할 수 있다. 왜냐하면 참된 문화는 도덕과 매우 밀접한 연관을 가지며, 인간의 도덕적 의무와 생활은 그리스도의 계시에 토대를 두고 있기 때문이다. 바빙크는 문화와 계시의 관계에 대해 다음과 같이 쓴다.

> 문화 자체의 본질을 더 깊이 고려할수록, 그것은 형이상학에 뿌리를 두고 있으며 계시에 기초하고 있다는 발견에 도달한다. 그것은 하나님께서 직접 세우신 사실에 근거하며, 하나님이 만물의 창조자이자 중생자이며 완성자이시기 때문에만 그 권리와 가치를 확신할 수 있다. 첫 사람의 창조가 이것

을 보여 준다. 땅, 즉 문화 전체에 대한 정복이 그에게 주어졌고, 그에게 주어질 수 있는 것은 오직 그가 하나님의 형상대로 창조되었기 때문이다. 인간은 하나님의 종이자 아들인 한에서, 그리고 그렇기 때문에만 오직 이 땅의 통치자가 될 수 있다.

그러나 인간은 이 기초 위에 세우기를 계속하지 않았다. 인류의 발전은 정상적이지 않았다. 번영의 시기 뒤에는 항상 쇠퇴와 파괴의 시기가 있었다. 그때마다 하나님은 위대한 인물들을 일으키고 새로운 민족들을 등장시키며, 전 세계적인 중요성을 지닌 사건들을 일으키심으로써 발전을 자신의 손으로 이끄셨다. 하나님은 죄악된 발전을 무너뜨리고, 비참한 상태로부터 문화를 일으키시며 새로운 길을 여신다. 이는 특히 이스라엘 민족 가운데 아브라함, 모세, 선지자들 그리고 마침내 그리스도를 안에서 분명히 드러난다.

그러므로 문화는 뒷전으로 밀려난다. 인간은 진정한 의미에서 문화적 존재가 되기 전에 먼저 다시 하나님의 아들이 되어야 한다. 이스라엘은 예술과 과학의 민족이 아니라, 종교의 민족이다. 그리스도는 독보적으로 복음의 설교자, 세상의 구원자 그리고 천국을 세운 분이시다. 이 천국과 비교할 수 있는 것은 아무것도 없다. 이 천국에 들어가고자 하는 자는 모든 것을 버려야 한다. 십자가는 세상의 정죄이자 모든 죄악된 문명의 파괴다.[51]

세속 문화가 하나님의 계시에 기초하지 않을 때, 개혁주의 신앙 윤리는 그러한 문화를 반대한다. 왜냐하면, 기독교와 문화 사이의 대립은 기독교 신앙과 화해할 수 없는 영역, 계시의 영역에서 이루어지기 때문이다.

"많은 사람이 기독교, 즉 믿음과 삶에 대한 기독교의 교리에 대해 품는 불평은 이른바 기독교의 타율성과 초월성에 기초한다." 세상의 문화는 본질적으로 독립적 자율성을 추구한다. "학문, 예술, 산업, 무역, 노동, 자본 등 이 모든 것은 스스로를 통제하고, 오직 자신들 고유의 삶의 양식에 의해 주어진 법들에만 순응하기를 바란다." 세속 문화의 독립과 자유를 위한 투쟁은 "자연스럽게 기독교에 반대하는 입장에 선다." 기독교는 그러한 인간의 자유로운 독립적 활동을 부인하지 않는다. 하지만 기독교는 "동시에 인간이 피조물"이라는 사실을 견지한다. 인간은 하나님으로부터 완전히 독립적인 존재일 수 없다. "사실상 기독교와 다수의 현대 문화 찬양자들 사이의 논쟁점을 형성하는 것은 초자연주의이다."[52]

카이퍼와 바빙크는 유신론과 무신론, 기독교와 타 종교, 신자와 불신자 간의 근본적인 대립이 있음을 의식했다. 이러한 대립은 화목과 회복으로 가기 위한 변증법적 대립이 아니라 절대 평화할 수 없는 영역들의 대립이다. 문화가 계시에 기초하는지 아니면 기초하고 있지 않은지에 따라 기독교는 문화를 수용하기도 하고 반대하기도 했다. 기독교와 문화의 가장 이상적인 유형은, 니버가 제시하듯 그저 피상적으로 보이는 대립, 조화, 회복, 양립 등의 것으로 구분되는 것이 아니라, 계시에 기초한 문화인가 그렇지 않은 문화인가로 특징지어진다.

5. 기독교 문화의 적용 I: 결혼

개혁주의 신앙은 문화를 하나님의 계시에 기초시킴으로써 기독교인들의 도덕을 향상시키고, 그로서 하나님이 땅을 정복하라고 말씀하신 명령을 수행하는 데 집중했다.

문화명령에 대한 바빙크의 해석은 이 사실을 여실히 드러낸다. 바빙크에 따르면, 문화명령은 가정의 기원과 결혼의 원리를 내포한다. 하나님은 자신의 형상을 따라 최초의 인간인 남자를 창조하셨다. 최초의 인간은 남자로 창조하시되 결코 중성이나 양성으로 만들지 않으셨다. 남자는 자기만의 고유한 성(sex)을 지녔다. 하나님은 남자를 창조하시고 고유한 성적 특징으로 인하여 "그의 영혼 속에 자신을 좋아하게 될 누군가를 사랑하는 갈망을 심어 놓으셨다." 여자는 남자의 마음속에 흐르는 이성에 대한 갈망에 대한 응답, 즉 남자의 기도의 응답이었다. 여자 역시 남자처럼 동일하게 하나님에 의해 하나님의 형상으로 지음 받았다.

남자와 여자의 결혼으로 인하여 둘 사이의 질서가 생긴다. 남자도 하나님에 의해 직접적으로 창조되었으며 여자도 그러하지만, 둘의 결혼과 가정에 의하여 "하나님의 형상과 영광을 돌려 드리는" 것은 머리로서의 남편을 통해서다.[53] 여자는 남자에 '의해서'(by)가 아니라 남자'로부터'(from) 창조되었다. 시간과 순서상 남자는 여자보다 먼저 창조되었으며 남자의 갈비뼈는 여자를 만드는 데 사용되었다.

이러한 창조의 질서와 방법은 "인간과 땅 사이에 깨어질 수 없는 결합"이다. 남자가 하나님에 의해 즉시 창조된 것처럼, 여자도 즉시 창조되었다. 단순히 인간으로서만 아니라 여자로서 창조되었기에 여자의 기원은 하나님이시다.[54]

남자와 여자는 자신만의 "고유한 성, 성격, 소명"을 본성적으로 부여받았다.[55] 그들은 신체와 정신적인 힘에 있어서 달라서, 동일한 부르심을 받았을지라도 각각 행하는 일과 활동이 다르다.[56] 남자와 여자의 힘과 성품 차이는 그들이 가지고 있는 직업의 특성들을 말하는 것이 아니다. 그들이 결혼을 통해 감당해야 할 직무는 오직 하나, 하나님이 인류를 위해 그들을 부르신 소명과 목적을 성취하는 것이다. 하나님은 아담에게 주신 명령을 통해 세상을 자신의 발 앞에 복종시키고자 하셨다. 따라서 남자와 여자는 결혼을 통해 서로 사랑하여 친밀한 연합을 이루고 협력하여 하나님의 영광을 드러내야 할 의무가 있었다.

하나님은 남자와 여자의 사랑의 연합을 축복하셔서 특별한 방식으로 자녀라는 선물을 주셨다. "남편과 아내의 '둘이 하나 됨'은 자녀와 함께 '셋이 하나 됨'으로 확장된다. 아버지, 어머니, 자녀는 하나의 영혼이자 하나의 육체로서, 삼중의 다양성 안에서 하나로 연합되고 조화로운 일치 속에서 다양성을 지닌 채 하나님의 형상을 확장하고 펼쳐 나간다."[57]

남자와 여자의 구별이 창조 섭리와 질서에 기인한다는 관점은 포스트모던 사회에서 배척을 당한다. 바빙크에 따르면 존 스튜어트 밀은 "여자의 성품이 불변하는 것이 아니라 억압에 의해 점차적으로 형성되었다"고 생각한다. 또 어떤 이들은 최초의 인간이 성(sex)을 가지고 있지 않거나 양성이었을 것이라고 외칠 것이다. 하지만 이 점을 반드시 기억해야 한다.

> 사람들과 국가들은 여러 시대와 상황 속에서 서로 매우 달랐지만, 남자는 언제나 남자였고 여자는 언제나 여자였다. 이 사실은 변하지 않으며, 우리는 단지 이를 받아들여야 할 뿐이다. 이것은 파괴되어야 할 마귀의 일이 아니라, 인정 받아야 할 아버지의 작품이다.[58]

남자는 혼자서는 불완전하다. 여자도 마찬가지다. "여자 없이 남자는 쉽게 둔감해지고, 방탕해지고, 이기적이며, 남자 없이 여자의 부드러움은 아주 쉽게 유약함으로, 여자의 사랑은 감상벽(感傷癖)으로 변질된다."[59]

결혼은 모든 이들에게 소명(calling)과 직무(work)를 증진시키기 위한 경로(route)다.[60] 남자와 여자가 결혼을 하여 하나님이 부르신 소명과 직무를 감당하는 것이 하나님이 그들을 부르신 사명이다. 그들이 받은 소명과 직무의 성격은 그들이 하나님의 형상을 반사하는 거울로 지음 받았다는 사실에 기초한다. 결혼을 통하여 가정이 생기고 가정들이 나타나면서 사회가 생긴다.

그렇다면 남자와 여자는 각각 어떤 일을 해야 하는가? 또한 가정은 사회에서 어떤 역할을 감당해야 하는가? 남자의 성향과 여자의 성향의 차이로 인하여 사회에서 그들이 가지는 직업의 종류와 위치는 무엇인가? 더 나아가 그러한 직업은 어떤 특성을 가지는가? 가정과 사회의 관계에서 가장 중요한 것은 사람이 무슨 일을 하고 살아야 하며 어떤 목적을 지향해야 하는가에 있다.

'일'이라는 단어가 너무 한쪽으로 치우친 의미를 얻게 된 것은 유감스럽다. 일반적으로 손으로 하는 일만을 가리키는 경우가 많다. 그러나 성경은 이를 다르게 표현하며, 주님의 종과 관련하여 그의 영혼의 수고(사 53:11)를 언급하고, 지혜, 지식, 기술로 일하는 것을 이야기하며(전 2:21), 종종 사도들의 활동을 '일'이라는 용어로 표현한다. 일하는 사람들의 단일한 특정 계층은 존재하지 않으며, 모든 사람은 하나님의 형상대로 창조된 일꾼들로, 그분의 섬김을 위해 임명된 존재들이다. 모든 일은 한 인간, 합리적이고 도덕적인 성격을 지니고 그리고 지녀야 한다.[61]

바빙크는 초지일관 결혼의 도덕적 성격을 강조한다. 처음부터 하나님의 형상대로 지음 받은 인간은 도덕적 존재이기 때문이다. 남자와 여자는 본성적으로 하나님을 사랑하고 하나님의 명령에 순종함으로 하나님의 영광을 돌려 드리는 소명과 일을 부여 받았다.

결혼은 사람의 소명과 일의 성취를 증진시킨다. 여자는 남자의 연약한 점을 돕고, 남자는 여자의 연약한 점을 보완하여 서로의 결합을 통해 자신들에게 주어진 도덕적 사명을 성취해 나간다. 그들의 도덕적 의무는 사회에서의 직업을 수단으로 확장된다. 사람은 하나님의 형상대로 창조된 일꾼들이다. 이를 위해 모든 일, 노동, 직업은 도덕적 성격에 합당한 것이어야 하고, 일에 종사하는 모든 사람은 일을 통하여 하나님의 거룩하심을 드러내는 소명을 감당해야 한다.

7. 기독교 문화의 적용 II: 직업

바빙크처럼, 퍼킨스 역시 직업이나 노동으로의 소명을 도덕적 의무와 연결시킨다. 퍼킨스는 『직업 소명론』의 헌정사에서 하나님이 사람에게 주신 소명은 하나님의 영광을 드러내기 위함이며, 이러한 본성적으로 내재한 원리가 하나님의 형상대로 지음 받은 인간 속에 있다고 진술한다.[62] 하나님의 창조는 근본적인 목적, 즉 하나님의 영광이라는 목적을 가진다. 하나님은 인간이 죄로 타락한 이후에도 자신의 "놀라운 지혜로 인류 가운데, 자신의 영광을 일련의 단계에 따라 증진시키는 어떤 질서를 수립하셨다." "하나님은 사람으로 하여금 하나님이 정해 주신 직무와 역할을 거룩하게 사용하도록 하셨"다. 사람은 하나님이 부르신 소명의 직무를 신앙과 순종으로 이행하며, 악덕을 피하는 방식으로, "하나님의 이름의 명예와 영광을 성취시키도록, 인류의 모든 자리를 정하"셨다.[63]

퍼킨스는 고린도전서 7장 20절의 본문을 통해 "모든 사람은 그리스도께 부르심을 받은 그 부르심에 머물러야 한다"라고 말한다. 그는 소명 또는 부르심을 "공공선을 위해 하나님이 사람에게 정해 주시고 부여하신" 삶의 종류로 정의한다. 소명에 관한 구체적인 진술을 들어보자.

> 무엇보다 먼저, 소명은 삶의 어떤 지위 또는 종류다. 다시 말해, 소명은 이 세상에서의 우리 삶을 이끌어 가는 어떤 양식이다. 예를 들어, 통치자의 삶은 자신의 백성을 통치하는 데 자신의 시간을 사용하는 것이며, 이것이 바로 통치자의 소명이다. 또한 백성의 삶은 자신의 통치자의 뜻에 따르며 사는 것이며, 이것이 바로 백성의 부르심이다. 사역자의 신분과 지위는 복음과 하나님의 말씀을 선포하면서 자신의 삶을 사는 것이며, 이것이 바로 사역자의 소명이다. 한 가정의 가장 또한 자신의 가족을 관리하는 가운데 자신의 삶을 사는 것이며, 이것이 가장의 부르심이 되는 것이다. 한마디로

말해, 각 사람이 부르심을 받아 구별된, 특별하고 정당한 사회적 생활 양식이 바로 내가 말하는 소명이란 것이다.[64]

퍼킨스는 소명에 있어서 고려해야 할 두 가지 원인, 즉 소명의 창시자로서의 하나님과 소명의 합당한 목적인(目的因)을 제시한다. 먼저 하나님은 소명의 창시자시다. "오직 주께서 각 사람에게 나눠 주신 대로" 모든 사람은 하나님의 부르심 가운데 산다. 마치 군대의 지휘관이 각 병사들의 병과를 지정하는 것처럼 하나님은 "모든 사람의 구체적인 소명"을 정하시는 지휘관과 같다. 또한 시계 안에 많은 기어가 있으며, 기어들이 서로 맞물려 다양한 모습으로 돌아가듯이, 하나님은 "모든 사람에게 각 사람의 움직임과 소명 그리고 그 소명 안에서 각 사람의 구체적인 위치와 역할을 주셨다."[65]

그러므로 세상에서 사람들의 특정한 지위와 신분은 그저 우연히 결정되거나 사람의 노력과 욕망에 따라 결정되는 것이 아니다. "사람의 신분과 직업적 소명이 하나님에 의해 결정되는 것이라는 시각은 이런 이교적인 사상을 무너뜨린다." 퍼킨스가 말하는 하나님의 소명은 하나님의 말씀에 적법한 소명을 가리킨다. 만일 사람이 스스로 어떤 일을 결정한다고 할 때, 고리대금업이나 도박, 혹은 게임장 운영이나 백수로 살아가기로 결정한다면, 그것은 "하나님의 말씀에 충돌하거나 그 말씀에서 기인한 것이 아니기 때문에" 하나님의 소명이라고 볼 수 없다.[66]

소명의 두 번째 원인은 소명의 목적으로서의 "공공선"(the common good)이다. 공공선은 "인류의 유익 또는 좋은 상태"를 말한다. 사람의 몸이 여러 종류의 부분과 지체로 구분되며 각각의 쓰임새와 역할이 있으나 각 부분은 전체 몸의 선을 위해 활동한다. 눈은 보는 기능을, 귀는 듣는 기능을, 다리는 몸의 이동을 위한 기능을 한다. 이와 같이 "모든 인간 사회는 몸이다." 가정, 교회, 사회도 하나의 몸을 이룬다. 사회의 여러 지체는 "여러 소명과 지위 속에서 살아"간다. "이들의 역할의 수행은 나머지 사람의 행복과 좋은 상태를 만드는 데 도움이 되어야 한다. 사실상 가능한 한 많이 그리고 모든 곳에 있는 모든 사람의 선을 위한 것이어야" 한다. 더 나아가 이러한 삶은 단지 사람들이 사는 정도가 아니라 "그들이 의롭고 거룩하게 잘 사는 것, 그래서 결과적으로 참 행복 가운데 살아가는 것을 말한다."[67]

퍼킨스는 종교개혁자들처럼 소명을 두 가지로 구분한다.[68] 하나는 기독교인으로서의 소명이며 다른 하나는 개인 소명으로서의 직업 소명이다. 퍼킨스는 기독교인으로서의 소명을 일반소명이라고 부르며, 개인의 직업 소명을 특별소명이라고 부른다. 기독교인으로서의 소명은 네 가지 의무를 지닌다. 첫째는 그리스도 안에서 하나님의 이름으로 간구하는 것, 둘째는 전체 교회의 선을 증진하기 위해 노력하는 것, 셋째는 형제 사랑으로 교회의 지체들을 섬기는 것, 넷째는 기독교인으로 부르심에 합당하게 행하는 것이다.

개인 소명은 한마디로 직업 소명이다. "개인 소명이란 어떤 특정한 직무를 수행하는 것으로서, 이 직무는 모든 사회 안에 있는 사람들 사이에서 만드시는 구별에서" 온다. 특정한 직무라 함은 개인에게 주어진 통치(정치인)와 치료(의사) 등의 직무와 같이 모든 신분에서 각 사람이 처한 특정한 직무를 실천하고 수행하는 것을 말한다. 이러한 개인 소명은 사회의 구별에서 온다. 퍼킨스는 사회의 요소로 국가, 교회, 가정 등이 있다고 말한다. "하나님은 사회를 보존하시기 위해, 사람들을 어떤 끈으로 묶으셨다." 한 몸 안에 손, 발, 눈의 지체가 있듯이, 사회 안에는 구성원들 사이에 구별, 즉 은사에 따른 구별과 지위에 따른 구별이 있다.[69]

마지막으로 개인 소명과 관련하여 직업에 대한 실제적인 윤리들을 살펴보면, 첫째, 모든 사람은 지위, 신분, 성, 또는 상태와 상관없이 개인적으로 수행해야 할 특별한 소명이 있다. 이에 따라 사람들은 다양한 직종들을 가질 수 있다. 다만 사회의 무질서를 초래하는 도둑과 걸인, 수도사나 수사들의 신분, 놀고 먹는 것은 허용되지 말아야 한다.

둘째, 하나님이 각 사람에게 주신 직업은 그 사람을 위한 최상의 직업임을 기억해야 한다. 사람이 자신의 지위와 명예에 만족하지 못할 때 더 높은 곳을 추구하게 되어 잘못된 일을 행하게 된다.

셋째, 직업 소명을 실천할 때 기독교인으로서의 소명을 잊지 말아야 한다. "한 가정의 가장은 자신이 사는 마을에서 또는 회중 가운데에서, 또는 외부인들의 시선 속에서 기독교인일 뿐 아니라, 자신의 가족, 즉 아내와 자녀들 그리고 하인들을 운영하고 다스리는 가운데에서도 기독교인이어야 한다."

넷째, 공적인 지도자인 경우 가장 먼저 자신에게 개혁을 적용해야 한다.

마지막으로, 개인 소명으로서의 직업에 대한 다섯 번째 규칙은 직업 소명과 기독교인으로서의 소명이 충돌할 경우, 직업 소명이 아니라 기독교인으로서의 소명에 우선순위를 두어야 한다. 예를 들어, 종은 주인의 명령에 복종해야 마땅하지만, 기독교인으로서 행하지 말아야 할 것을 강제한다면, 종이 주인으로부터 도망하는 것은 합법적인 것으로 인정된다.[70]

소명에 관한 퍼킨스의 진술은 문화에 대한 기독교의 관점을 잘 설명해 준다. 하나님의 형상대로 지음 받은 인간은 하나님의 영광을 위하여 창조되었고, 다양한 직업, 신분, 지위로 소명되었다. 그리스도인들이 받은 소명의 제일원인은 하나님이시며, 하나님은 그들을 통해 공공선을 이루신다. 칼빈주의적 용어를 빌리자면, 하나님은 그리스도인들의 도덕적 성품과 실천을 통해 죄로 타락한 세상의 문화를 기독교적 문화로 재창조하신다. 동시에, 세상의 문화가 그리스도인으로서의 소명, 즉 하나님의 형상대로 지음 받은 인간이 각종 직업과 신분과 지위를 통해 드러내야 할 공공선을 가로막을 때, 기독교와 세상 문화는 대립한다.

8. 결론

　기독교와 문화의 관계를 어떻게 해석할 것인가? 니버는 둘 사이의 관계를 다양한 유형으로 구분하는 반면, 유형들 가운데 가장 바람직한 모델을 제시하지 않은 채 인간의 결정에 맡겨버림으로써 포스트모던의 다원주의와 상대주의를 표방한다.

　하지만 개혁주의 신앙 윤리는 계시로서의 문화명령에서 문화의 본질과 목적과 실천의 원리를 발견했다. 교부들과 개혁주의 신학자들은 계시에 기초한 문화의 본질과 목적을 상실한 세상의 문화들을 배척했다. 왜냐하면 그러한 문화 속에 우상 숭배, 미신 그리고 비도덕적인 퇴폐 문화의 요소가 가득하기 때문이다. 개혁신앙을 지지했던 이들은 단순히 세상 문화를 배척하고 반대한 것이 아니라, 세상의 우상 숭배 및 인간성을 저버린 불건전하고 비도덕적인 문화의 생명줄을 끊고, 보다 참되고 건전한 사회 문화를 창출하기 위해 노력했다.

　진정한 문화 변혁은 하나님의 주권에 대한 인식과 계시에 달려 있다. 왜냐하면 하나님의 주권에 대한 인정이 불굴의 정신을 불러 일으켜 모든 문화 영역에 변화와 발전을 가져오기 때문이며, 그러한 정신은 하나님의 계시에 대한 믿음으로 말미암기 때문이다. 계시는 개혁주의자들로 하여금 문화를 발전시키는 원동력이었던 반면, 계시에 기초하지 않은 문화는 신앙과 화해할 수 없는 영역으로 남는다.

　마지막으로 필자는 개혁주의 신앙 윤리의 해석학적 적용을 결혼의 원리와 직업의 목적을 통해 살펴보았다. 하나님의 형상대로 지음 받은 인간은 도덕적 존재다. 남자와 여자는 본성적으로 하나님을 사랑하고 하나님의 명령에 순종함으로 하나님의 영광을 돌려 드리는 소명과 일을 부여 받았다. 이 일은 먼저 결혼을 통해 증진된다. 결혼은 문화를 창조하고 발전시켜야 할 소명과 직무의 필연적인 경로다. 더 나아가 결혼과 가정에 주어진 도덕적 의무는 직업의 목적을 통해 확대된다. 인간은 하나님의 영광을 위하여 창조되었고, 다양한 직업, 신분, 지위로 소명되었다. 소명의 제일원인이신 하나님은 기독교인으로서 부르셔서 공공선을 창출하도록 하셨다.

결론적으로, 개혁주의 신앙 윤리는 문화의 목적을 도덕에서 찾고, 도덕의 원리를 계시에서 발견함으로써, 참된 기독교 문화를 창조하고 발전시켰다.

제14장

예술에 대한 기독교 신앙 윤리:
포스트모더니즘과 개혁주의

> 그의 아우의 이름은 유발이니 그는 수금과 통소를 잡는 모든 자의 조상이 되었으며 (창 4:21).
>
> 할렐루야 그의 성소에서 하나님을 찬양하며 그의 권능의 궁창에서 그를 찬양할지어다 그의 능하신 행동을 찬양하며 그의 지극히 위대하심을 따라 찬양할지어다 나팔소리로 찬양하며 비파와 수금으로 찬양할지어다 소고 치며 춤 추어 찬양하며 현악과 통소로 찬양할지어다 큰 소리 나는 제금으로 찬양하며 높은 소리 나는 제금으로 찬양할지어다 호흡이 있는 자마다 여호와를 찬양할지어다 할렐루야(시 150:1-6).

1. 현대 예술

현대 예술은 뿌리와 형태와 적용 범위가 다양하지만 핵심적인 사상으로 포스트모더니즘에 기초하고 있다. 포스트모더니즘은 정통 기독교의 가르침에 정면으로 도전해 왔으며 전세계와 사회의 깊숙한 곳에 스며들어 국가의 법, 사회 규칙, 인간의 정신 세계, 학교, 예술, 윤리, 심지어 성경과 교회에도 영향을 미치고 있다. 사회의 모든 분야 가운데에서도 특별히 예술은 포스트모더니즘의 다원주의적 특징이 가장 많이 드러나는 분야다. 예술은 언어를 통해 표현된다. 그림은 이미지를 통해 그림을 보는 대상에게 말을 건다. 조각, 건축, 음악도 마찬가지다. 이 모든 것이 자연의 모방과 인간의 상상을 토대로 만들어진 작품들이기에 인간의 사상과 언어가 예술 작품들 속에 반영되어 있다는 사실은 놀랍지 않다.

포스트모더니즘의 예술에 대한 사상적 기초를 제공한 이들은 주로 언어학자들이다. 그들은 예술에 대해 깊은 관심을 가지거나 직접적으로 다루지 않았을지라도, 언어에 대한 이해를 통해 자연과 사회와 예술 영역에 다원주의적 원리를 적용했다. 포스트모더니즘의 대표적인 언어학자들은 스위스 언어학자 페르디낭 드 소쉬르(1857-1913)와 프랑스 철학자인 자크 데리다(1930-2004)이다. 소쉬르는 자연과 사물에 자체적인 혹은 본질적인 의미가 존재하지 않으며 다만 그러한 자연과 물체를 바라보는 해석자의 관점에 달려 있다고 보았다. 루이스 마르코스는 소쉬르의 언어구조학에 대해 다음과 같이 말한다.

> 소쉬르에 따르면 우리가 사용하고 있는 단어에는 신비적인 것도 하나님께서 주신 것도 본질적인 어떤 것도 없는 것이다. 또한 언어는 위로부터 내려와 신성하게 규정된 체계가 아니라 단지 물질적이고 물리적이고 자연적인 실체로부터 올라와 형성된 인공적인 구조에 불과한 것이 된다(다시 한번 우리는 실체의 본질이 위에서 생성되어 아래로 영향을 미친다고 주장했던 근대주의자들의 패러다임과 직면하게 되는 것이다). 즉, 언어는 어떤 계시된 형태를 통해 존재된 것이 아니다.[1]

소쉬르의 구조주의는 단어란 본디 문장과 단락이라는 구조 속에서 이해되기 때문에, 제아무리 단어의 의미를 알려고 해도 단어 자체가 가지고 있는 "원형과 본질"에 다다를 수 없다고 주장한다. 이를 성경에 적용해 보면, 성경 말씀은 본질적이며 객관적인 의미를 내포하고 있지 않다는 말이 된다. 성경을 읽는 자의 권위가 성경 자체의 권위보다 우위를 점한다. 소쉬르는 "성경이 제공하고자 했던 신성한 통로를 막아 버렸다." 말씀은 구조 속에 갇혀 있는 "환영"에 불과할 뿐이다.²

데리다는 소쉬르의 구조주의를 넘어서 '해체' 개념을 도입한다. 소쉬르가 단어의 의미를 구조에 갇힌 '환영'으로나마 남겨 놓았다면, 데리다에게 단어는 처음부터 객관적 의미를 소유한 것이 아니라 중립적인 것에 불과하다. 데리다는 "어떤 구조도 다시는 서지 못하도록 아예 모든 사상적 구조물의 기초를 뜯어" 버렸다.³ 데리다는 근대 문화의 특징인 구조주의를 해체시킨다. 신국원이 다음과 같이 지적한다.

> 데리다가 해체하려는 것은 근대 문화의 근간이 되는 계층적인 대립 구조다. 즉 이성/감성, 논리/수사, 말/글, 과학/비과학, 문학/철학, 자연/문화, 흑/백, 남자/여자, 이단/정통, 정상/비정상, 사실/허구 같은 대립 구조다. 무엇보다 이 대립의 기초에 놓여 있는 주체/객체의 대립 구조다.⁴

2. 르네상스 예술

신국원에 따르면, 포스트모더니즘 사상이 본격적으로 가시화된 것은 1960년대의 예술, 건축, 사상의 영역에 대한 반대 운동이 시작될 무렵부터였다.⁵ 하지만 지난 역사를 살펴보면, 포스트모던 예술의 원리는 르네상스 운동과 유사하다는 인상을 지울 수 없다. 르네상스는 14-15세기에 유럽에서 일어났던 고대 그리스와 로마 정신으로의 재생 운동을 말한다.

십자군 전쟁이 종식될 무렵 유럽인들은 예루살렘 도처에서 그리스-로마 시대의 건축 양식과 예술을 발견했다. 곧바로 사람들은 고대 그리스와 로마의 정신을 회복하여 인간 중심의 예술을 발전시키는 운동을 시작했다. 당대의 천재적인 예술가들은 주로 이탈리아의 피렌체를 중심으로 대거 등장하게 되는데, 그들이 그림, 조각, 건축, 음악에 있어서 유례없는 작품들을 남긴 것은 우연이 아니다.

고대 그리스와 로마의 정신은 이탈리아의 천재적인 예술가들의 손을 통해 꽃핀다.[6] 르네상스 예술의 아버지라 불리는 지오토(1266-1336)는 아시시의 프란체스코의 생애를 담은 28개의 프레스코 그림을 그렸다. 그림의 특징은 사실주의와 자연주의적 방법이었다. 르네상스의 첫 예술가로 알려져 있는 마사치오(1401-1428)는 고딕 양식의 중세 예술에서 탈피하여 현실에 입각한 자연주의 방법으로 그림을 그렸다.

그 시대에 가장 뛰어난 화가였던 레오나르도 다 빈치(1452-1519)는 성경의 내용을 바탕으로 르네상스의 정신을 덧입힌 그림들을 즐겨 그렸다. 그의 대표적인 작품 <바위굴의 동정녀>는 외경,[7] 보나벤투라(1221-1274)의 『그리스도의 생애에 관한 묵상』(Meditations on the Life of Christ) 그리고 도미니코 수도회의 카발카(Cavalca, c. 1270-d. 1342)의 작품 『성 세례 요한의 생애』(the Life of Saint John the Baptist)의 내용에 기초하여 천사 유리엘과 유아기 모습의 세례 요한을 한 화폭에 담고 있다.[8] 다 빈치는 예술에 있어서 작품에 대한 단순한 모방은 쇠퇴한다고 생각했다. 미술가들은 고대 작품의 단순한 모방이 아니라, 직접적으로 자연의 작품으로 돌아가야 한다. 왜냐하면 "물의 근원을 찾은 사람은 물 항아리를 찾지 않을 것이기 때문이다."[9]

미켈란젤로의 <천장화>는 시스티나 성당의 천장에 6000평방피트(약 168평)의 면적에 394명의 인물과 145개의 벽화로 구성되어 있다. 벽화에 묘사된 인물들은 주로 그리스-로마의 운동선수들의 육체미를 자랑한다. 또한 이스라엘의 선지자들만이 아니라 고대 로마의 여신들을 포함한다.[10] 르네상스 절정기 인물인 라파엘 산지오(1483-1520)는 <시스틴 마돈나>의 그림 속 마리아의 의상에 르네상스 패션을 적용하여 종교적 요소들을 대중적인 예술 형태로 종합했다.

조각 분야에서도 중세 기독교와 고대 헬라의 정신들이 융합되어 표현되었다. 다 빈치의 스승이었던 베로치오(1435-1488)의 <다비드>는 다윗의 왼손을 골반 위에 걸치게 하여 인간의 강인한 체격과 승리의 이미지를 부각시켰다. 플라톤주의에 지대한 영향을 받은 미켈란젤로 부오나로티(1475-1565)는 그리스-로마 신들의 인간성과 육체미를 반영한 인물상들을 조각했다. <피에타>는 예수의 모친 마리아의 외모를 매우 젊고 아름답게 표현하고 있으며, <다비드>상은 대리석상으로 높이가 5.17미터에 달하게 하여 다윗을 매우 건장한 청년으로 표현함으로써 고대 그리스 로마의 운동선수를 연상케 했다.

교황 율리우스 2세의 무덤을 위한 목적으로 만든 <모세> 조각상은 모세의 얼굴에서 나는 '빛'(카란, 출 34:29)을 불가타역에서 '뿔'(케렌)로 잘못 번역했던 히에로니무스의 실수를 상기시키기라도 하듯, 모세의 머리 위로 두 개의 뿔을 만들어 놓았으며 모세의 육체를 근육미 가득한 모습으로 대단히 다부지게 표현했다. 헨리 루카스는 미켈란젤로의 "예술은 자연을 능가한다고 할 수 있다. 물질적이고 육체적인 모든 것보다 우월한 인간의 사상을 칭송하고 있기 때문에 르네상스에서 인간에 대하여 가장 잘 표현한 것"이라고 말한다.[11]

음악은 주로 네덜란드에서 발전했다. 네덜란드 작곡가들은 다성 음악(polyphonic) 작곡법을 만들었으며, 기욤 드 마초는 최초로 당김음 리듬을 사용한 작곡가였고, 마틴 루터가 악보의 대가로 칭한 조스퀸 데스 프레쯔는 세속의 운율을 선호하여 <나의 여인>(My Mistress)의 외설적인 내용을 미사의 거룩한 면과 조화시키고자 했다.[12]

그림, 조각, 음악의 재발견은 르네상스 예술을 어떻게 이해할 것인가에 대한 힌트를 제공한다. 르네상스 예술은 고대 그리스와 로마 신화, 그림, 조각, 건축 그리고 이러한 요소들을 적용 및 혼합하여 만든 음악의 재생과 발전을 의미한다. 그 결과, 르네상스 예술은 원전에 대한 연구, 잊혀진 문화의 발굴과 갱신, 종교와 세속의 혼합 그리고 원자료에 대한 해석학적 다원주의를 출범시켰다.

3. 개혁주의와 예술

카이퍼는 예술의 대한 사랑에 있어서 눈이 멀지 말아야 하며 예술을 비판적으로 검토해야 할 것을 강조한다. 예술의 세련미는 지난 세대에 비해 더 많은 이에게 대중화되었다. 왜냐하면 "예술의 특권에 참여한다는 넘치는 감정"이 대단히 압도적이기 때문이다. 또한 "눈과 귀를 통하여 즐기고자 하는 욕구"들이 음악과 연극 등의 예술을 통해 표출된다.

한편, 예술에 대한 사랑은 저급한 관능에 대한 기호를 줄이면서, 고상한 방식으로 즐거움을 찾도록 하는 데 도움을 준다. "우리의 대도시에서 무대 감독들이 일급 오락을 제공할 능력이 있고 국가간 의사소통이 쉬워져서 우리의 최고 가수와 연극인이 국제적인 역할을 맡게 되어, 이제 거의 아무런 대가 없이 점점 많은 계층이 가장 세련된 예술적 향유를 누리게 된다."[13] 카이퍼는 예술 자체의 탁월성을 부정하지 않는다. 비록 예술이 세속주의에 물들어 타락했을 지라도 최소한 우상 숭배보다는 낫다.[14]

그렇다면 칼빈주의는 진정으로 숭고한 예술을 발전시켰는가? 어떤 사람들은 칼빈주의를 받아들인 지역들에서 예술적 본능의 발전을 발견하기 어렵다고 비판한다. 하지만 카이퍼에 따르면, 예술적 본능은 보편적으로 민족과 기후와 나라에 따라 발전 정도가 다르다.

> 아이슬란드에서 예술의 발전을 찾는 사람이 있으며, (반대로 이런 표현을 써도 된다면) 레반트의 화려한 자연 가운데서 예술의 발전을 알아보지 않으려는 사람이 있는가?

유럽 남부 지역이 북부보다 예술의 발전에 호의를 보이는 것은 결코 놀라운 일이 아니다. 유럽 북부 지역들에서 칼빈주의를 받아들였을 때, 이는 칼빈주의 때문에 유럽 북부의 예술이 발전하지 못한 것이 아니다. 오히려 처음부터 "좀 더 추운 기후와 형편없는 자연 환경에 사는 국민들에게 그런 예술 생활이 진작될 수 없었"던 것이다. 칼빈주의를 비판하는 또 다른 예는 로마 가톨릭의 주장이다. 그들은 칼빈주의가 사제 제도의 예전적 풍요로움을 버리고 신령과 진정으로 하나님께 예배 드리는 것을 선호했기 때문에 예술에 대한 이해가 없다고 비판한다.[15]

4. 개혁주의 예술 양식

카이퍼는 개혁주의적 관점에서의 예술에 대해 세 가지 질문을 제시하고 각각의 물음에 답한다. 첫째, 칼빈주의는 자신의 예술 양식을 발전시키지 못했는가? 둘째, 칼빈주의는 예술의 본성을 어떻게 해석하는가? 마지막으로 칼빈주의는 예술를 진보시켰는가? 카이퍼에 따르면, 칼빈주의는 "높은 원리"로 인하여 건축 양식을 발전시키지는 못했다.

아테네는 파르테논을 자랑하고, 로마는 판테온 신전을, 비잔티움에서는 성소피아 사원을, 쾰른은 대성당을, 바티칸은 베드로 대성당을 자랑했다. 고전 예술과 기독교 예술의 각품들은 건축에서 나타났고, 작품들의 소재들은 성전, 예배당, 모스크, 파고다(탑)를 배경으로 했다. 모든 예술 양식은 신적 예배에서 이상을 추구했다. "예술은 종교에서 가장 부요로운 동기를 이끌어냈다." 하지만 종교와 예술의 동맹은 "인간적 발전의 저급한 단계를 표상"할 뿐이다.[16]

칼빈주의가 예술의 높은 원리를 증명하기만 한다면 칼빈주의는 예술의 발전에 상당한 기여를 했다는 것이 분명해진다. 카이퍼는 이를 증명하기 위해 먼저 시각적이며 감각적 예술이 저급한 원리임을 드러낸다. 그는 두 가지 증거를 제시한다. 첫째, 파르테논, 판테온 그리고 기타 대성당들의 이상적 발전이란 "군주와 제사장에 의하여 온 나라에 강요된 저급한 단계에서만 가능하다." 세속 정부와 교회의 야합 때문에 행정관과 성직자의 리더십 아래에서 막대한 비용을 들여 화려한 건물들이 지어질 수 있었던 것이다. 반면 "칼빈주의는 상징적 예배 형식을 버리고 예술의 요구에 따라 화려한 기념물로 종교적 정신을 구현하기를 거부했다." 칼빈주의는 이러한 상징적인 예술을 버리고 의식적인 예술을 강조했다.

칼빈주의 예술의 높은 원리의 두 번째 증거는 칼빈주의 예술은 종교와 더욱 높은 관계를 가지며 전적으로 일치한다는 데 있다. 카이퍼는 헤겔과 폰 하르트만의 예술에 대한 일반적 원리에 호소한다. 헤겔은 예술이 감각적인 종교에 표현을 제공하고, 다시금 그 예술적 표현은 종교로 하여금 "감성의 족쇄"를 벗어버리도록 도움을 준다고 말한다. 폰 하르트만은 종교가 영적으로 더욱 성숙하게 발전할수록 예술의 속박에서 벗어난다고 주장한다. 종교와 예술의 관계에 대한 철학자들의 의견들에 동의하면서 카이퍼는 다음과 같이 말한다.

> 종교와 예술은 자신의 생활 영역을 각각 갖고 있다. 이들은 처음에 서로 거의 구분할 수 없고 따라서 밀접하게 연관되지만, 좀 더 풍부한 발전과 더불어 이 두 영역이 필연적으로 구분된다. 요람에서 두 아이를 볼 때 남자 아이인지 여자아이인지 말할 수 없을 정도이지만, 성숙한 연령에 이를 때 둘이 남자와 여자로 여러분 앞에 서 있을 때, 여러분은 독특한 모습과 특징과 표현 양식을 가진 그들을 본다.[17]

마찬가지로 종교와 예술은 가장 발전한 상태에서 독자적인 실존을 요구한다. 종교와 예술이 혼합되어 있을 때, 둘 사이는 구분하기 어려우며,

상징과 감각에 머물러 있는 예술은 아직 덜 발전된 상태라는 사실을 드러난다.

반면 칼빈주의는 감각적인 종교적 원리에서 예술 양식을 발전시키지 않았다. 만일 그렇게 했더라면, 예술 양식은 아직까지도 감각적인 상징물에 갇히게 만드는 저급한 단계에 머물러 있었을 것이다. 칼빈주의는 "종교와 신적 예배를 감각적 형식에서 점점 해방시키고 그 활기찬 영성을 고무시"켰다. 그렇다면 종교와 상관없는 예술의 발전이 가능하지 않느냐고 반문하면 어떨까? 예를 들어, 로마 시대의 예술과 르네상스의 예술은 종교의 주도적 추진력 없이 예술 양식에서 계시에 도달했다고 말할 수 있다. 이러한 맥락에서 로마와 비잔틴 건축물들은 "종교적 사유의 표현이 아니라 정치적 힘의 표현이다." 하지만 예술사에서 종교와 상관없는 전포괄적인 예술 양식의 발흥은 찾아볼 수 없다. 지성, 도덕, 종교, 예술은 자신만의 영역을 가진다. 영역들은 상호 간 평행선을 유지하는 반면, 영역들이 파생된 근원에서 갈라져 나오는 그 시점에서만 지적, 도덕적, 종교적, 미적 영역들의 통일성을 발견할 수 있다.

이 통일성은 "유한자가 무한자의 샘에서 나오는 지점"에서만 이루어진다. 예술은 무한자로부터 온 독특한 충동의 결과다. 그렇다면 네 가지 영역을 아우르는 개념은 무엇인가? 지성과 도덕과 예술은 종교의 특권이다. "오직 종교만이 우리의 자기 의식에서 무한자와의 교통을 일으키며 어떤 종교적 원리와 독립하여 세속적이며 전 포괄적인 예술 양식에 대한 요청을 일으킨다는 것"은 불가능한 일이다. "칼빈주의는 오직 종교적 원리의 도움을 받아 일반적 예술 양식을 창출했으며, 칼빈주의가 종교적 발달의 훨씬 높은 단계에 도달했기 때문에 그 원리는 가시적 감각적 형상으로 이루어지는 종교의 상징적 표현을 금지했다."[18]

5. 예술의 본질에 대한 태도

카이퍼가 답하고자 한 두 번째 요점은 칼빈주의가 예술의 본질에 대해 어떤 태도를 취했는가 하는 점이다. 칼빈주의는 예술의 남용을 반대한 반면 예술의 고유한 본질을 배척하지 않았다. 칼빈주의는 여성의 명예를 지킨다는 차원에서 거룩하지 못한 연극을 반대하고 부도덕한 향유를 타락으로 간주했다. 이러한 경우를 제외하고서 칼빈주의는 예술을 반대하지 않는다. 성경은 유발이 수금과 퉁소를 잡는 모든 자의 조상이 되었다고 기록하여 예술과 예술의 조상에 대해 언급한다(창 4:21).

본문을 주석하면서, 칼빈은 하프나 유사한 악기들의 발명은 모두 미신적인 것이 아니라고 강조한다. 악기를 통한 음악의 감미로움이 하나님에 대한 경외와 결합되어 있지 않다면 그러한 음악적 기쁨은 경멸 받아 마땅하다. 하지만 음악은 본질적으로 종교의 직분들에 적합하고 사람에게 유익하도록 만들어졌다. 이런 의미에서 유발의 악기 발명은 하나님의 선하심을 드러내는 명백한 증거로 제시된다.[19]

출애굽기 31장 1-6절에 하나님이 브살렐과 오홀리압에게 성막을 짓는 데 필요한 기술과 예술적 재능을 주신 장면이 나온다. 칼빈은 본문에 대한 주석에서 하나님이 브살렐과 오홀리압에게 주신 것이 이미 그들이 처음부터 가지고 소유하고 있었던 능력에다가 단지 도움을 주는 하나님의 특별한 은혜가 주어진 것이라는 생각을 반대한다. 오히려, 예술적 재능이 우리 속에서 자라날 때, 그 모든 것은 오직 성령의 지속적인 작용으로 말미암는다. 사람 속에 있는 그들의 "재능"은 단지 "씨앗"(seed)일 따름이다. 하나님이 자신의 비밀스런 영향으로 그 씨앗에 영감을 불어넣으셨기 때문에 그러한 재능들을 가지게 된 것이다.[20]

카이퍼는 예술에 대한 칼빈의 입장을 설명한다.

우리의 오락과 향유를 위하여 베푸신 하나님의 탁월한 호의 가운데 예술은 칼빈의 마음에서 가장 높은 자리를 차지한다. 그리고 예술이 대중에게 단순한 오락의 수단으로 전락할 때, 이런 유의 쾌락을 대중에게 막아서는 안 된다고 확언한다. 이 모든 점에서 우리는 칼빈이 온갖 종류의 예술을 하나님의 선물이나 좀 더 특수하게는 성령의 선물로 존중했으며, 그가 정서 생활에 예술이 일으킨 심대한 영향을 충분히 파악했으며, 그가 예술을 주신 목적, 즉 우리가 예술로써 하나님을 영화롭게 하며 인간 생활을 고상하게 하고 좀 더 높은 즐거움의 샘에서 물을 마시며, 심지어 공동의 오락의 샘에서 물을 마실 수 있도록 하는 목적을 바로 이해했으며, 마지막으로 예술을 자연에 대한 단순한 모방으로 결코 보지 않고, 이 죄악되고 부패한 세계가 우리에게 주는 것보다 높은 실재를 인간에게 열어 보이는 고상한 소명을, 칼빈이 예술에 돌렸다고 말할 수 있다.[21]

칼빈은 부패한 세계에서 높은 실재를 열어 보이는 것을 예술로 생각했다. 예술에 대한 칼빈의 해석은 자연에 대한 모방이냐 아니면 자연에 대한 초월이냐의 주제와 연관된다. 예술과 자연의 관계는 크게 두 가지, 즉 관념론과 경험론으로 구분된다. 먼저 관념론은 예술이 자연을 초월하는 것으로 본다. 하지만 자연에 대한 관찰없이 자의적으로 만들어진 예술은 환상에 불과하다. 다른 편에서 경험론적 해석이 나온다. 경험론은 예술을 자연에 대한 단순한 모방으로 이해한다. 하지만 단순한 관찰과 객관적 사실에 대한 정보적 지식은 자연 현상의 부요한 의미를 파악하지 못한다.

더 중요한 사실은 예술도 하나님이 인간에게 주신 소명이라는 점이다. 하나님이 예술을 주신 목적은 "하나님을 영화롭게 하"기 위함이다. "예술의 소명은 보이고 들리는 모든 것을 관찰하고 그것을 파악하고 예술적으로 재생산하는 것뿐만 아니라, 이 자연적 형식에서 아름다운 것의 질서를 발견하고 이 높은 지식에 의하여 부요롭게 되어 자연의 아름다움을 초월

하는 아름다운 세계를 만드는 것이다."²²

이는 모든 예술의 출발점이 인간을 창조하시고 재능을 부여하신 하나님이시기 때문이며, 그 재능 역시 성령의 역사가 아니고서는 자라날 수 없기 때문이다. "하나님이 여전히 예술의 주권자이시면, 예술은 하나님이 최고 예술가로서 이 세계를 존재하게 하셨을 때 아름다운 것으로 정하신 규례를 지키는 일이 없이는 아무런 매력을 갖출 수 없다." 하나님이 사람을 자기 형상을 따라 지으셨기 때문에 예술적 능력과 재능이 인간의 본성에 자리 잡을 수 있었다. 또한 하나님은 세상을 창조하신 분이시므로 "하나님은 언제나 창조적인 예술가이시다." 모든 피조 세계는 하나님이 자신의 뜻을 표현하신 객관적 실존을 갖는다.

그러므로 자연에 대한 예술적 표현은 단순히 인간의 주관적 지각의 산물이 아니다. "예술가는 자신에게서 이것을 파악할 수 있다. 자신의 예술 능력이 심미안을 갖고 있는 데 달려 있음을 예술가가 깨달으면, 필연적으로 시원적인 심미안이 하나님 안에 있다는 결론에 이르게 된다." "소리의 세계, 형상의 세계, 빛깔의 세계, 시적 착상의 세계는 하나님 외에 다른 원천이 있을 수 없다." 칼빈주의는 예술의 기원과 본성과 소명에 대해 이와 같은 높은 해석에 도달한다.²³

르네상스 예술과 칼빈주의 예술의 관계를 어떻게 이해해야 할까? 먼저 개혁주의는 르네상스 예술 자체를 모두 배척하지 않는다는 점을 기억해야 한다. 카이퍼의 말을 들어보자.

> 칼빈주의가 예술이 아니라 종교를 자유롭게 했고, 예술의 해방이라는 명예는 전적으로 르네상스의 몫이라고 확언하는 것은 공정하겠는가? 나는 르네상스가 승리에 대하여 자신의 몫을 주장할 권리가 있으며 특별히 예술이 그 놀라운 산물로 자신의 자유를 옹호하도록 자극하는 한 그럴 권리가 있음을 즉시로 인정한다.

이런 표현을 써도 된다면, 하나님이 미적인 천재를 그리스인에게 심으셨으며, 큰 즐거움 가운데 그리스의 천재들이 예술의 근본 법칙을 다시 환호함으로써 예술은 독립적 실존을 내세울 수 있었다. 하지만 이 자체로는 바라던 해방을 성취하지 못했을 것이다. 왜냐하면 그 당시의 교회는 고전 예술 자체를 결코 반대하지 않았기 때문이다. 반대로 교회는 르네상스를 환영했고 기독교 예술은 잠시도 주저하지 않고 르네상스가 제공하는 가장 좋은 것으로 자신을 풍요하게 했다.[24]

르네상스는 자신만의 실존을 주장할 수 있다. 하지만 교회와 정치의 재정 후견 관계는 예술의 순수한 해방을 방해했다. 외형과 상징에 치중된 건축물들, 중세의 왜곡된 신앙관의 삽입, 고대 헬라 철학의 정신이 깊이 배어 있는 그림들과 조각들은 종교로부터 순수하게 해방된 것이 아니었을 뿐만 아니라, 감각적인 상징에서 벗어나지 못하는 한계를 고스란히 드러냈다.

예술이 진정으로 자신의 실존에 따른 해방을 하기 위해서는 강요나 재정적 필요나 후원에 따른 어쩔 수 없는 행위에 의해서라기보다는 사회생활에서 모습을 드러내야 한다. "예술을 포함한 모든 인간 생활에 대한 교회의 부정 당한 보호를 끝낸 것은 칼빈주의였다."[25] 카이퍼는 칼빈주의를 르네상스의 예술을 죄악시한 세계관이 아니라 역사 속에서 하나님의 주권 가운데 이루어진 운동으로 이해한다. "칼빈주의 자체는 순전히 우연으로 르네상스를 격려하지 않았고, 자신의 가장 깊은 원리에 따라 분명한 의식과 명확한 목적을 가지고 격려했다."[26] 칼빈주의는 교회와 예술 사이의 권력과 재정 문제의 고리를 끊어내고, 예술을 상징에서 벗어나 높은 원리로 끌어 올려 예술에 진정한 해방을 가져다 주었다.

6. 개혁주의 예술의 적용: 음악

끝으로 예술에 대한 개혁주의의 실제적 적용과 발전을 살펴봄이 유익할 것이다. 칼빈은 아우구스티누스의 글을 참고하여 교회에서 노래를 부르기 시작한 것은 암브로시우스 때에 밀라노 교회에서였다고 말한다.[27] 발렌티니아누스의 어머니 유스티나가 기독교인들을 심하게 박해할 때, 그리스도인들은 박해에 맞서 평소보다 더욱 깨어 기도했다. 이러한 기도들은 단조로운 음조와 더불어 노래의 형식이 되어 아프리카 지역에서 행해졌다. 특별히 제단에 봉헌을 드리기 전 또는 봉헌한 것을 주민들에게 나누어 줄 때 시편에서 뽑은 노래들을 부르곤 했다.[28] 초대 교회의 음악 형태를 제시함으로써 칼빈은 교회 음악의 가사와 곡조가 적절히 조절되어야 한다고 주장한다.

> 확실히 노래가 하나님과 천사들의 눈에 차게 진중히 조절되어 있다면 거룩한 행위들에 고상함과 은혜가 조화롭게 가미될 것이며, 우리의 마음에 기도하고자 하는 참된 열의와 열망이 불붙게 될 것이다. 그럼에도 불구하고, 우리의 마음이 말씀의 신령한 뜻에 집중하기보다 우리의 귀가 곡조에 더 쏠리는 일이 없도록 어김없이 주의를 다하여야 한다. 아우구스티누스도 언젠가 이러한 위험을 감지하고 독자에게 노래하는 자가 아니라, 말하는 자가 소리를 내듯이 억양을 낮추어서 목소리가 울리게끔 하라고 명령한 아타나시우스의 관습이 지켜지기를 원했다. 그러나 노래하는 것이 자기에게 준 유익이 얼마나 컸는지를 되새기면서 그 다른 측면에도 생각을 기울였다.
> 그러므로 이러한 절제가 지켜진다면 이는 가장 거룩하고 유익한 것이 될 것이라는 점에는 어떤 의심도 있을 수 없다. 반면에 단지 귀를 채우는 달콤함과 즐거움을 위하여 작곡된 노래는 교회의 엄위에 걸맞지 않고 하나님을 지극히 불쾌하게 할 수 있을 것이다.[29]

만약 기도로 중재가 되더라도 목소리와 노래가 마음의 깊은 정서로부터 나오지 않는다면 그것들은 하나님 앞에서 어떤 가치나 어떤 유익도 지니지 못하게 될 것이다. 그것들은 단지 입술 끝과 목으로부터만 나온다면 우리를 향한 그의 진노를 자아낼 것이다. …

그럼에도 불구하고, 여기서 우리는 목소리와 노래가 마음의 정서를 따르고 그것에 도움을 주는 이상 그것들을 비난하지 않는 데 머물지 않고 강하게 권한다. 왜냐하면 그것들은 하나님을 생각하게 함으로써 우리의 정신을 훈련시키며 그것이 미끄러지고 쉽게 느슨해지며 여러 모양으로 흩어지지 못하도록 팽팽하게 붙들고 있기 때문이다. 나아가 우리 각자의 몸은 각각의 부분에 적합한 방식대로 하나님의 영광을 비추어야 하는 바, 마땅히 혀는 특별히 노래하고 말하는 것을 통해서 이 사역에 바쳐지고 드려진다. 혀는 고유하게 하나님에 대한 찬송을 풀어서 말하고 선포하기 위해서 지어졌다. 그러나 혀의 가장 중요한 용도는 신자들의 모임에서 한 성령과 동일한 믿음으로 함께 하나님을 예배하며, 한 목소리로 그리고 마치 하나의 입으로 하듯이 모든 사람이 같이 그를 영화롭게 하는 공적인 기도들을 드리는 데 있다. 이를 통해 모든 사람이 서로 자기 형제로부터 믿음의 고백을 받고, 그를 통하여 권유와 자극을 받게 된다.[30]

칼빈이 선율을 통해 노래를 부를 것을 강조한 이유는, 하나님의 말씀의 가사가 아니라 곡조에 귀가 이끌려, 하나님을 향한 진지한 마음이 아니라 저급한 인간의 노래로 전락할 것을 염려했기 때문이다. 그러한 인간적인 열정은 하나님을 예배하는 데 합당하지 못하다. 칼빈은 예배 찬양이 감각적인 예술의 여지를 버리고 사람들로 하여금 선율과 노래의 창작에 집중하도록 했다. 칼빈과 개혁주의는 시편 음악을 작곡하여 전통적인 성악에 얽매인 줄을 끊고 음악의 자유로운 선율을 선택했다.[31]

카이퍼에 따르면 칼빈주의는 백성들의 선율을 택하여, 그 선율들을 다시금 기독교적으로 진지하게 순화해서 백성들에게 돌려주고자 했다. 파리 출신의 로이 브루주아(Loy Bourgeois, 1510-1560)와 칼빈주의 대가들은 대중의 선율을 뽑아 사용했다. 그러나 그렇게 한 것은 "사람들이 살롱이나 거리에서 노래하지 않고 성전에서 노래하고, 그래서 그들의 선율로 마음의 진지함이 저급한 열정의 열기를 이기도록" 하기 위함이었다. 부르주아는 "대중의 음악에서 리듬을 택하여 그레고리우스의 여덟 음계를 장조와 단조의 두 음계로 바꾸고, 거룩한 찬송시로 음악의 예술을 거룩하게 하여 그런 장단의 음악적 배열에 명예를 안겨" 주었다. 그리고 이 음악적 배열에서 모든 현대 음악이 나왔다.

부르주아는 표현(expression)이라는 것으로 선율과 구절을 결부시켰던 인물이다. "음악의 지식을 지극히 단순화시킨 솔페지오(solfeggio), 즉 도레미파 연습, 화음 수의 축소, 몇몇 전 음계의 좀 더 분명한 구분은 이 칼빈주의 작곡가의 인내 덕분이다." 부르주아의 동료이자 칼빈주의자 였던 구디멜(Goudimel)은 교회에서 찬송하는 아이들의 높은 소리가 지금까지 주도하던 테너를 압도하는 것을 발견한 후, "처음으로 소프라노에 주도 성부를 할당했다."[32]

> 할렐루야 그의 성소에서 하나님을 찬양하며 그의 권능과 궁창에서 그를 찬양할지어다 그의 능하신 행동을 찬양하며 그의 지극히 위대하심을 따라 찬양할지어다 나팔 소리로 찬양하며 비파와 수금으로 찬양할지어다 소고 치며 춤 추어 찬양하며 현악과 통소로 찬양할지어다 큰 소리 나는 제금으로 찬양하며 높은 소리 나는 제금으로 찬양할지어다 호흡이 있는 자마다 여호와를 찬양할지어다 할렐루야(시 150:1-6).

맺음말

    종교개혁의 정신에 기초하여 역사적 발전 과정에서 기독교 신앙 윤리의 일관되고 명확한 신앙의 기준을 제시한 것은 개혁주의였다. 개혁주의가 제시한 신앙 윤리는 단순히 몇몇 사람의 생각에 기초한 것이 아니었으며, 하루 아침에 만들어진 것도 아니었고, 상반된 견해들을 절충하여 형성된 것은 더더욱 아니었다. 칼빈이 1차 제네바 종교개혁(1536-1538) 시기에 성찬 문제를 놓고서 제네바 행정 당국과 다투었던 것은 성경의 가르침에 대한 그의 기독교 신앙 때문이었다.

    청교도들은 교회에 대한 영국의 정치적인 종교개혁을 수용할 수 없었다. 그들이 보기에, 영국 국교회의 친아르미니우스주의 정책은 로마 가톨릭의 행위 구원적 요소를 고스란히 담고 있었으며, 교회에 대한 국교회의 통제와 간섭은 교회에 대한 하나님의 주권을 탈취하는 것이나 마찬가지였다. 청교도들은 성경의 가르침에 의거해 모든 주권이 오직 하나님께 있다는 사실을 주장하고, 하나님의 주권을 인정하는 삶을 믿음으로 실천했다. 그들은 기독교 신앙 윤리를 고수하는 과정에서 처형대와 화형대의 공포에 떨어야 했지만, 성경의 진리를 확고하게 붙잡았다.

    20세기 칼빈주의 역시 성경의 기초 위에서 기독교 세계관의 역할을 묵묵히 감당했다. 성경은 하나님과 세계와 인간을 바라보는 렌즈로서 하나님이 친히 쓰신 말씀이다. 개혁주의는 성경을 통해 이신론과 범신론, 이성주의와 감정주의의 문제점들을 통렬하게 지적하고, 기독교 유신론을 천명했으며, 모든 윤리의 주권을 오직 하나님께만 두는 '하나님의 영광'을 위한 삶을 고취시켰다.

성경에서 배태(胚胎)된 기독교 신앙 윤리는 2천 년의 지난한 과정을 거쳐 발전하면서 교리적 체계를 형성했다. 다양한 교리가 있지만, 그 가운데 특별히 삼위일체, 작정과 창조, 섭리, 율법, 도덕법, 그리스도 등의 주제들은 신앙 윤리의 기준을 제공한다. 삼위일체는 하나님의 본질에 대한 인간의 호기심을 절제시키고, 성경에 계시된 삼위 하나님에 대한 분명한 신앙을 제시한다. 섭리는 하나님의 은밀한 손과 인간의 자유의지의 관계를 보여주며 하나님의 뜻에 대한 순종을 요구한다.

율법은 마땅히 행해야 할 삶의 의무를 지시하고 죄인을 중보자 그리스도에게로 안내한다. 도덕법으로서의 십계명은 하나님 사랑과 이웃 사랑의 적극적인 실천을 통해 경건의 참 면모를 소상히 드러낸다. 중보자 그리스도의 인격과 사역은 회개, 예배, 기도, 삶의 전 영역을 아우르는 경건의 요체이므로, 그리스도와 관계없는 경건이란 존재하지 않는다.

이러한 교리들은 성경 자체 안에 내포되어 있다는 점에서, 성경에 의해 규범된 규범으로 인정된다. 교리 없이 신학할 수 없듯, 교리 없는 기독교 윤리란 있을 수 없다. 교리가 없다면 윤리는 이름만 남는 유명론(唯名論, nominalism)에 지나지 않으며, 본질 없는 허상에 불과하다. 따라서 교리는 기독교 윤리를 이해하는 데 필수적인 요소다.

본서에서 다룬 교리적 주제에 관한 논의는 오늘날 자주 회자되는 6일 창조의 의미, 진화론의 문제, 악의 기원, 믿음과 행위의 관계, 왜곡된 경건 이론들 그리고 그리스도를 아는 지식과 삶의 관계 등에 대한 고민들을 해결하는 실마리와 통찰을 제공한다.

독자들은 위에서 언급한 성경과 교리의 관계가 삶을 동반하고 있음을 어렵지 않게 알아챌 것이다. 오직 기독교 신앙 윤리만이 세상의 가변적인 윤리적 기준을 뛰어 넘어, 불변의 성경적 원리에 기초한 삶을 제시할 수 있다. 1789년 프랑스 혁명이 낳은 현대주의는 수많은 현대철학자 및 자유주의 신학자들을 양산했으며 성경의 권위를 떨어뜨리고 하나님을 인간 세계에서 몰아내는 데 앞장섰다.

19세기 현대주의는 객관적 계시를 부정하고 인간의 의지를 긍정하는 철학을 추구하고 인간의 실존적 삶에서 존재의 의미를 찾았다. 20세기 현대주의는 성경 계시의 객관성을 제거하고, 모든 가치의 무게 중심을 인간의 주관적인 반응과 해석으로 이동시켰다. 윤리가 개인의 경험이나 이성적 판단에 매몰되면, 윤리는 상대적인 개념으로 전락하여 절대적 또는 보편적 원리를 상실한다. 상대주의를 지향하는 포스트모더니즘은 처음부터 윤리라는 단어 자체를 알지 못한다. 포스트모더니즘에는 삶의 기준이 없다.

기독교 신앙 윤리가 객관적 기준으로서의 타당성을 인정 받기 위해서는 반드시 자신을 성경이라는 객관적 계시에 기초시켜야만 한다. 이런 점에서 개혁주의는 성경과 교리와 삶의 통합적 이해를 통해 기독교 윤리를 신앙적 관점에서 파악하고 그 기준을 제시했다.

모쪼록 본서가 독자들에게 기독교 윤리에 대해 좀 더 면밀하게 생각할 뿐만 아니라, 그리스도인으로서 현실에서 직면하는 신앙의 고민들을 해소하고, 더 나아가 성경적인 순종의 삶으로 나아가는 데 도움이 되길 바란다.

미주

제1부 기독교 신앙 윤리의 원리

제1장 기독교 신앙 윤리의 정의: 역사신학적 이해

1 존 오웬, 『그리스도의 영광』, 서문강 옮김 (서울: 지평서원, 2011; 개정역판), 23.
2 오웬, 『그리스도의 영광』, 25.
3 오웬, 『그리스도의 영광』, 26.
4 토머스 왓슨, 『경건을 열망하라』, 편집부 옮김 (서울: 생명의말씀사, 1999), 22.
5 토머스 후커, 『그리스도께로 이끌린 사람들』 (서울: 지평서원, 2005), 35.
6 왓슨, 『경건을 열망하라』, 39.
7 F. F. 브루스, 『초대 교회의 역사』, 서영일 옮김 (서울: 기독교문서선교회, 2009), 184.
8 바울의 다음 세대에 속하기는 하나 바울과 동역자로 활동했던 로마의 클레멘트는 빌 4:3에서 언급된 인물이다. "글레멘드와 그 외에 나의 동역자들을 도우라 그 이름들이 생명책에 있느니라"(빌 4:3).
9 1 Clement 5:4-6.
10 바빙크, 『개혁파 윤리학: 인간의 창조와 타락과 회심』, 54.
11 헤르만 바빙크, 『개혁파 윤리학: 인간의 창조와 타락과 회심』, 존 볼트 엮음, 박문재 옮김 (서울: 부흥과개혁사, 2021), 52.
12 헤르만 바빙크, 『바빙크의 개혁교의학 개요』 (고양: 크리스챤다이제스트, 2004), 8.
13 William Strong, *A Discourse of the Two Covenants: Wherein the nature, differences, and effects of the covenent of works and of grace are... discussed* (London: J. M., 1678), 25.
14 아우구스티누스, 『하나님의 도성』, 조호연/김종흡 옮김 (고양: 크리스챤다이제스트, 1998), 896.
15 이에 대해 다음을 보라. 헤르만 바빙크, 『개혁파 윤리학: 인간의 창조와 타락과 회심』. 헤르만 바빙크는 기독교 윤리학의 역사적 개관을 통해 개혁파 윤리학의 역사적 뿌리와 발전을 묘사한다.

16 문병호, 『기독론: 중보자 그리스도의 인격과 사역』 (서울: 생명의말씀사, 2016), 159.
17 유세비우스 팜필루스, 『유세비우스의 교회사』, 엄성옥 옮김 (서울: 도서출판은심, 1990), 312.
18 윌리엄 R. 에스텝, 『르네상스와 종교개혁』, 라은성 옮김 (서울: 도서출판그리심, 2002), 33.
19 Martin Luther, *Commentary on Romans* (Grand Rapids, MI: Kregel Publishing, 1978; reprint), xv.
20 마르틴 루터, 『탁상담화』, 이길상 옮김 (파주: CH북스, 2005), 274.
21 참조. 류길선, 『개혁주의의 역사』 (서울: 솔로몬출판사, 2022), 201.
22 John Calvin, 『1559년 라틴어 최종판 직역: 기독교 강요』, 문병호 역 (서울: 생명의말씀사, 2020), 2, 7, 12.
23 Calvin, 『1559년 라틴어 최종판 직역: 기독교 강요』, 3.6.1.
24 Calvin, 『1559년 라틴어 최종판 직역: 기독교 강요』, 3.6.3.
25 Calvin, 『1559년 라틴어 최종판 직역: 기독교 강요』, 3.6.4.
26 윌리엄 R. 에스텝, 『르네상스와 종교개혁』, 라은성 옮김 (서울: 도서출판그리심, 2002), 529-530, 재인용.
27 헤르만 바빙크, 『개혁파 윤리학: 인간의 창조와 타락과 회심』, 존 볼트 엮음, 박문재 옮김 (서울: 부흥과개혁사, 2021), 269.
28 바빙크, 『개혁파 윤리학: 인간의 창조와 타락과 회심』, 270.
29 김홍만, 『청교도 열전』 (서울: 도서출판솔로몬, 2009), 115. 퍼킨스의 영문 작품은 다음과 같다. *The whole treatise of the cases of conscience distinguished into three bookes: the first whereof is revised and corrected in sundrie places, and the other two annexed. Taught and deliuered by M. W. Perkins in his holy-day lectures, carefully examined by his owne briefes, and now published together for the common good, by T. Pickering Bachelour of Diuinitie. Whereunto is adioyned a twofold table: one of the heads and number of the questions propounded and resolued; another of the principall texts of Scripture vvhich are either explained, or vindicated from corrupt interpretation*, (Cambridge: Iohn Legat, Printer to the Vniuersitie of Cambridge, 1606).
30 윌리엄 에임스, 『신학의 정수』, 서원모 옮김 (고양: 크리스챤다이제스트, 1992), 109, 109-110.
31 에임스, 『신학의 정수』, 112.
32 에임스, 『신학의 정수』, 113.
33 에임스, 『신학의 정수』, 283.
34 헤르만 바빙크, 『개혁교의학 개요』 (고양: 크리스챤다이제스트, 2004), 17.

35	Calvin, 『1559년 라틴어 최종판 직역: 기독교 강요』, 3, 6, 11.
36	강연안에 따르면, 세계관이라는 단어를 최초로 사용한 사람은 임마누엘 칸트 (1724-1804)인데, 그는 세계를 바라보는 주체로서의 인간을 주변 세계를 보면서 다양한 개념을 종합하여 판단하는 능력을 가진 존재로 보았다. 강영안, "해설," 『헤르만 바빙크의 기독교 세계관』, 김경필 옮김 (군포: 도서출판다함, 2019), 33.
37	헤르만 바빙크, 『찬송의 제사』 (군포: 도서출판다함, 2020), 127.
38	바빙크, 『찬송의 제사』, 127.
39	아브라함 카이퍼, 『칼빈주의 강연』, 김기찬 옮김 (파주: CH북스, 2017), 20.
40	존 헨드릭 드 프리스, "아브라함 카이퍼의 생애," 『칼빈주의 강연』, 김기찬 옮김 (파주: CH북스, 2017), 9-10. 재인용.
41	카이퍼, 『칼빈주의 강연』, 26.
42	헤르만 바빙크, 『헤르만 바빙크의 기독교 세계관』, 김경필 옮김 (군포: 도서출판 다함, 2019), 78-79.
43	강영안, "헤르만 바빙크의 기독교 세계관," 41.
44	강영안, "헤르만 바빙크의 기독교 세계관," 41.
45	참조. 윌리엄 퍼킨스, 『윌리엄 퍼킨스의 직업 소명론』, 박승민 옮김 (서울: 부흥과개혁사, 2022).
46	참조. 리처드 백스터, 『기독교 생활 지침』, 1~5권, 박홍규 옮김 (서울: 부흥과개혁사, 2020).
47	Henry Scudder, *The Christian daily walke in holy securitie and peace* (London: I. B[eale] for Henry Overton, 1631).
48	루이스 베일리, 『청교도에게 배우는 경건』, 조계광·안보현, (서울: 생명의말씀사, 2012).
49	왓슨, 『경건을 열망하라』.
50	서철원, 『교의신학전집 1: 신학서론』 (서울: 쿰란출판사, 2018), 92-98.
51	문병호, "본서의 이해를 돕는 역자의 논단," 『1559년 라틴어 최종판 직역: 기독교 강요』, 문병호 역 (서울: 생명의말씀사. 2020), 91.
52	헤르만 바빙크, 『개혁파 윤리학: 인간의 창조와 타락과 회심』, 존 볼트 엮음, 박문재 옮김 (서울: 부흥과개혁사, 2021), 304.

제2장 기독교 신앙 윤리의 정체성: 하나님, 인간, 세계의 관계

1	아브라함 카이퍼, 『일반은혜』. 임원주 옮김 (서울: 부흥과개혁사, 2017), 172.
2	블레즈 파스칼, 『팡세= Pensees』. 이환 옮김 (서울: 민음사, 2003). 167.
3	Seneca the Younger, "Preface," *Physical Science In The Time Of Nero*, A Translation Of

The Quaestiones Naturales Of Seneca By John Clarke, M.A. Lecturer On Education in the University Of Aberdeen, Macmillan And Co., Limited, 1910, a work in the public domain placed online at the Internet Archive (https://topostext.org/work/737, 2024년 7월 21일 진입).

4   Erasmus, *The Christian's Manual, compiled from the Enchiridon Militis Chritiani* (London, A. J. Valphy, Tooke's Court, Chancery Lans, 1816), 34-38.

5   블레즈 파스칼, 『팡세= Pensees』. 이환 옮김 (서울: 믿음사, 2003). 190.

6   영문은 다음과 같다. "Perchance he for whom this bell tolls may be so ill, as that he knows not it tolls for him; and perchance I may think myself so much better than I am, as that they who are about me, and see my state, may have caused it to toll for me, and I know not that." 참조. https://chatgpt.com/c/6752440f-8304-8002-b25c-5a2b9d-867fb3, 99.

7   영문은 다음과 같다. "No man is an island, entire of itself; every man is a piece of the continent, a part of the main. If a clod be washed away by the sea, Europe is the less, as well as if a promontory were, as well as if a manor of thy friend's or of thine own were: any man's death diminishes me, because I am involved in mankind, and therefore never send to know for whom the bell tolls; it tolls for thee." 참조. https://chatgpt.com/c/6752440f-8304-8002-b25c-5a2b9d867fb3, 100.

8   파스칼, 『팡세』(*Pensees*). 172-173, 35-36.

9   바빙크, 『개혁교의학 개요』, 14.

10 요한 볼프강 폰 괴테, 『파우스트: 요한 볼프강 폰 괴테 희곡』. 김인순 옮김 (서울: 열린책들, 2011). 25-26.

11 김인순, "역자 해설: 인간은 노력하는 한 방황한다," 『파우스트: 요한 볼프강 폰 괴테 희곡』. 김인순 옮김 (서울: 열린책들, 2011). 547.

12 바빙크, 『헤르만 바빙크의 기독교 세계관』, 82-83.

13 마틴 로이드 존스 목사는 영국의 의사 출신이며 청교도를 널리 알린 개혁주의 설교자이다.

14 마틴 로이드 존스, 『타협할 수 없는 진리』, 김효남 옮김 (서울: 지평서원, 2010), 17.

15 데이비드 호킹은 미국의 저명한 기독교 성경 교사, 작가, 설교가로 알려져 있다. 미국 라디오 프로그램인 'The Biola Hour'와 'Hope for Today'를 통해 성경을 가르쳤으며, 복음 메시지를 간명하고 예리하게 전하는 것으로 유명하다.

16 데이비드 호킹, 『나는 누구인가』, 유정숙 옮김 (서울: 트리니티, 1991), 9.

17 존 헤셀링크, 『칼빈의 제1차 신앙교육서: 그 본문과 신학적 해설』, 이승구, 조영 옮김 (서울: 기독교문서선교회, 2019), 36.

18 바빙크, 『개혁교의학 개요』, 16.

19 문병호에 따르면, 요체는 라틴어 summa인데, 이는 두 가지 용례, 즉 '최고'와 '요약'이라는 뜻을 지닌다. John Calvin, 『1559년 라틴어 최종판 직역: 기독교 강요』, 문병호 역 (서울: 생명의말씀사. 2020), 1.1.1. 각주1.
20 Calvin, 『1559년 라틴어 최종판 직역: 기독교 강요』, 1.1.1.
21 Calvin, 『1559년 라틴어 최종판 직역: 기독교 강요』, 1.1.1.
22 토머스 왓슨, 『경건을 열망하라』, 편집부 옮김 (서울: 생명의말씀사, 1999), 34.
23 Augustine, *The Confessions of St. Augustine*, trans. J. G. Pilkington (Garden City, NY: International Collectors Library), 10.5.7.
24 Calvin, 『1559년 라틴어 최종판 직역: 기독교 강요』, 1.1.2.
25 헤르만 바빙크, 『찬송의 제사』 (군포: 도서출판다함, 2020), 100.
26 Calvin, 『1559년 라틴어 최종판 직역: 기독교 강요』, 1.1.2.
27 헤셀링크, 『칼빈의 제1차 신앙교육서: 그 본문과 신학적 해설』, 19.
28 Calvin, 『1559년 라틴어 최종판 직역: 기독교 강요』, 3.6.1.
29 『제네바 요리문답』은 총 5부로 나뉘어져 있다. 1부는 믿음에 관한 것으로 사도신경을 설명한다. 2부는 율법에 대한 것으로 십계명을, 3부는 기도를, 4부는 하나님의 말씀인 성경을 그리고 마지막 5부는 성례(세례와 성찬)이다.
30 Calvin, Catechism Part 1 – Faith.
31 하이델베르크 요리문답은 팔츠의 제후였던 프레데릭 3세의 요청에 따라 독일 팔츠 지역의 개신교회의 통일된 신앙고백서를 위해 자카리아스 우르시누스(1534-1583)의 지도 아래 카스파 올레비아누스(1536-1587) 및 여러 목회자 및 신학자들이 투입되어 만들었다.
32 신앙의 정서에 관해 다음의 논문을 참고하라. 류길선, "조나단 에드워즈의 영적 각성과 회심: 그리스도를 아는 지식을 중심으로,"「개혁논총」, 66(2023), 121-160.
33 바빙크, 『개혁교의학 개요』, 22-23.
34 Calvin, 『1559년 라틴어 최종판 직역: 기독교 강요』, 3.2.7.
35 Calvin, 『1559년 라틴어 최종판 직역: 기독교 강요』, 1.4.1.
36 Calvin, 『1559년 라틴어 최종판 직역: 기독교 강요』, 1.4.1.
37 스데반 집사는 모세를 애굽의 모든 지혜를 배운 사람으로 묘사한다(행 7:22). 스데반의 진술은 모세오경에 기초하고 있을 것이다.
38 Calvin, 『1559년 라틴어 최종판 직역: 기독교 강요』, 1.4.1.
39 Calvin, 『1559년 라틴어 최종판 직역: 기독교 강요』, 1.4.3.
40 리차드 십스, 『꺼져가는 심지와 상한 갈대의 회복』, 전용호 옮김 (서울: 지평서원, 1999), 20.
41 바빙크에 따르면, 주술은 "주술사나 점술사나 사제들이나 신탁 등의 도움을 받

아서 그리고 점성술이나 해몽 등의 수단을 사용하여, 사람의 편에서 신들의 뜻을 알고자 애쓰는" 행위를 말한다. 마술은 "형식화 된 기도, 자의로 드리는 제사, 혹은 매질 등의 행위들을 수단으로 하여 신들의 뜻을 자기 자신에게 적용시키기 위해 들이는 노력"을 가리킨다. 바빙크, 『개혁교의학 개요』, 60.

42 Calvin, 『1559년 라틴어 최종판 직역: 기독교 강요』, 1.4.4.
43 Calvin, 『1559년 라틴어 최종판 직역: 기독교 강요』, 1.4.4.
44 카푸친 수도회는 프란치스코회 수도사들의 수도회에서 개혁되어 나온 3개의 수도회 중 첫 번째 수도회이다.
45 Martin Luther, *Table Talks*, trans. William Hazlitt (London: Bell & Daldy, 1872), CLXXI.
46 시과는 로마 가톨릭 수도원에서 정해진 시간에 기도 일과를 말한다.
47 로버트 레이시 & 대니 단지거, 『중세기행: 서기 천년의 일상과 삶』, 강주헌 옮김 (서울: 도서출판청어람, 1998), 29-30. 현재 로마 가톨릭에서 1월달에 기념되는 성인들의 숫자는 517명에 달한다. 참조. https://m.mariasarang.net/saint/bbs.asp?month=1&day=1.
48 Luther, *Table Talks*, CLXXII.
49 Luther, *Table Talks*, CLXXVII.
50 헤셀링크, 『칼빈의 제1차 신앙교육서: 그 본문과 신학적 해설』, 34.
51 Calvin, 『1559년 라틴어 최종판 직역: 기독교 강요』, 1.4.4.
52 Calvin, 『1559년 라틴어 최종판 직역: 기독교 강요』, 1.5.1.
53 Calvin, 『1559년 라틴어 최종판 직역: 기독교 강요』, 1.5.2.
54 Calvin, 『1559년 라틴어 최종판 직역: 기독교 강요』, 1.5.2.
55 Calvin, 『1559년 라틴어 최종판 직역: 기독교 강요』, 1.5.4.
56 Calvin, 『1559년 라틴어 최종판 직역: 기독교 강요』, 1.5.4.
57 에피쿠로스, 『쾌락』, 오유석 옮김 (서울: 문학과지성사, 1998), 49.
58 오유석, "에피쿠로스 철학의 기본 골격," 『쾌락』 (서울: 문학과지성사, 1998), 152.
59 오유석, "에피쿠로스 철학의 기본 골격, 144-153.
60 Calvin, 『1559년 라틴어 최종판 직역: 기독교 강요』, 1.5.5.
61 Calvin, 『1559년 라틴어 최종판 직역: 기독교 강요』, 1.5.12.

제3장 기독교 신앙 윤리의 정당성: 개혁주의란 무엇인가?

1 Seneca the Younger, *Physical Science In The Time Of Nero*, A Translation Of The Quaestiones Naturales Of Seneca By John Clarke, M.A. Lecturer On Education in the University Of Aberdeen, Macmillan And Co., Limited, 1910, a work in the public

domain placed online at the Internet Archive, 2.35 (https://topostext.org/work/737, 2024년 7월 21일 진입).

2   윌리엄 에임스, 『신학의 정수』, 서원모 옮김 (고양: 크리스챤다이제스트, 1992), 204.

3   에임스, 『신학의 정수』, 206.

4   John Calvin, *Commentaries on the Epistle of Paul to the Ephesians*, in *Calvin's Commentaries Complete* (Christian Classics Ethereal Library), 1:3, 129-130.

5   클라렌스 바우만, 『벨직 신앙고백서 해설』, 손정원 옮김 (서울: 솔로몬, 2016), 255.

6   김홍만, 『청교도 열전』 (서울: 솔로몬, 2009), 114.

7   아르미니우스주의는 네덜란드의 신학자였던 야코부스 아르미니우스(1560-1609)에 의해 태동된 사상이다. 아르미니우스는 한 때 제네바 아카데미에서 베자에게서 개혁신학을 배웠는데, 후에 네덜란드로 돌아와 암스테르담 교회에서 목회를 했다. 그러던 중, 1589년 평신도였던 코른허르트가 베자의 이중 예정론을 반박하게 되자, 코른허르트의 글의 문제점을 검증하는 과정에서 되려 코른허르트의 주장에 동의하게 된다. 이후 아르미니우스는 베자의 이중 예정론을 반박하며 예지 예정론(하나님이 영원 전에 역사속에 존재하게 될 사람들의 믿음을 보시고(예지하시고) 그들을 택하셨다(예정하심)고 주장하기 시작했고, 아르미니우스 사후에 그의 제자들은 아르미니우스가 주장하는 교리들을 모아 기존 개혁신학의 교리들을 다섯가지로 반박하며 항변하였다. 그리하여 저항파, 또는 항변파(Remonstrants)라는 별명을 얻었다.

8   펠라기우스주의란 초대 교회 때에 브리튼 태생의 기독교 수도사였던 펠라기우스(d. 418)의 자유의지를 강조하는 사상이다. 펠라기우스는 아담의 후손들은 원죄(original sin) 가운데 태어난 것이 아니라 아담이 창조되던 최초의 선한 상태로 출생한다고 주장했다. 그에 따르면 사람이 자유의지를 선하게 사용하기만 하면 구원을 받을 수 있다. 반펠라기우스주의란 신인협력설을 말한다. 펠라기우스처럼 원죄를 부정하지 않으나 원죄 가운데 출생한 사람이 하나님의 은혜의 도움을 받으면 더욱 선한 의지를 발휘하게 되고, 다시금 하나님은 그에 합당한 은혜를 더하여 주심으로 인간이 구원에 이를 수 있다고 본다. 종교개혁자들과 개혁파 정통 신학자들은 로마 가톨릭교회의 교리를 반펠라기우스주의라고 비판했다.

9   아브라함 카이퍼, 『칼빈주의 강연』, 김기찬 옮김 (파주: CH북스, 2017), 45.

10 이 슬로건은 네덜란드의 개혁파 신학자인 요도퀴스 판 로덴슈타인에 의해 만들어진 것으로 알려져 있다. 다음을 참고하라. [Steve Perisho: "Semper reformanda," athttp://spu.libguides.com/DCL2017/Reformation#s-lg-box-wrapper-18675181, 인용 (August Bauer in 1893).

11 필리오케는 라틴어로 "filioque"라 하는데 "그리고 아들로부터"라는 뜻이다. 서방 교회는 성령이 성부 그리고 성자로부터 나온다고 하여 정통 삼위일체론을 지지

했다. 반면, 동방교회는 성령은 오직 성부로부터만 나온다고 함으로써 성자를 성부 아래에 둠으로 삼위일체론을 인정하지 않았다. 문병호에 따르면, 갑바도기아 교부들 가운데 바실과 닛사의 그레고리는 성부만이 신격의 출발점이 되며, 성자의 중보를 통한 성령의 출래를 인정한다. 그럼에도 불구하고, 그 강조점은 "성자로부터의 출래가 아니라 성자 안의 성령의 내주에 있었다." 문병호, 『기독론: 중보자 그리스도의 인격과 사역』 (서울: 생명의말씀사, 2016), 171. 그 결과 오늘날까지도 동방교회는 단일신론을 지지한다. 삼위일체론을 인정하지 않는 단일신론의 구원관은 중보자의 역할이 사라져, 결국 신화(deification) 사상으로 발전한다.

12 필리오케 교리는 삼위일체 하나님의 경륜적 일치가 존재적 일치로부터 이해되어야 한다는 점을 전제한다. 성자의 신격을 올바로 이해하기 위해서는 존재적 삼위일체의 관점에서 봐야 한다. 하지만 동방교회는 필리오케 교리를 인정하지 않음으로 성령이 성부로부터만 출래한다고 주장한다. 이는 결국 그리스도의 중보를 제거함으로써 신자들을 신화를 통한 구원사상으로 이끈다. 문병호, 『교회의 '하나 됨'과 교리의 '하나임': WCC의 '비(非)성경적,' '반(反)교리적' 에큐메니즘 비판: 정통 개혁주의 조직신학적 관점에서』 (서울: 지평서원, 2012), 105-106. WCC는 필리오케 교리가 삼위일체에서 갖는 중요성에 대해 다음을 보라. 문병호, 『기독론: 중보자 그리스도의 인격과 사역』, 169.

13 95개조 논제의 주요 목적은 로마 가톨릭교회의 면죄부 판매를 비판하는 것이었다. 교황은 당시 로마 가톨릭교회의 교황이었던 레오 10세는 성 베드로 대성당을 리모델링하기 위한 자금을 독일의 은행가였던 야코프 푸거(Jakob Fugger, 1459-1525)에게 빌렸다. 이 돈을 갚기 위해 도미니크 수도회의 신부였던 요한 테첼(Johann Tetzel)을 통해 연옥 설교를 통해 면죄부를 구입하는 자는 조상들이 연옥에서 천국으로 옮겨진다고 설교했다.

14 이러한 구분법은 전통적인 종교개혁에 대한 의미와는 다르다. 전통적인 의미에서의 종교개혁은 로마 가톨릭교회의 신학과 교회 제도를 반대한 복음주의 기독교 또는 개시교주의"를 의미한다. 한편 최근의 학자들은 종교개혁 운동들을 상호 간에 영향을 주고 받은 것으로 이해하여 루터파, 개혁파, 로마 가톨릭 그리고 저항 운동 등으로 인식한다. 가터 린드버그, 『유럽의 종교개혁』, 조영천 옮김 (서울: 기독교문서선교회, 2012), 34.

15 윌리엄 R. 에스텝, 『르네상스와 종교개혁』, 라은성 옮김 (서울: 도서출판그리심, 2002), 397-448; 권태경, "'반동종교개혁'(Counter-Reformation)의 신학연구: 트리엔트 공의회(1545-1563)를 중심으로," 제3편 기독교와 서양문화 개혁주의 학술원, 483.

16 헤르만 셀더하위스, 『루터: 루터를 말하다』, 신호섭 옮김 (서울: 세움북스, 2016), 172.

17 Alister E. McGrath, *Reformation Thought: An Introduction*, 4th ed. (Oxford, UK; Cambridge, USA: Wiley-Blackwell, 2012), 7.

18 당시 유럽은 민족국가와 연방도시 국가 형태로 국가들의 형태가 구분되었다. 프

랑스와 같은 나라들은 민족국가 형식을, 스위스는 연방국가 형식을 취했다.
19 스캇 마네치, 『칼빈의 제네바 목사회의 활동과 역사』, 신호섭 옮김 (서울: 부흥과 개혁사, 2019), 61.
20 마틴 로이드 존스, 『청교도 신앙: 그 기원과 계승자들』 (서울: 생명의말씀사, 1990), 310.
21 오순절교회는 1928년에 한국에 들어와서 1952년에 미국 오순절교회의 선교사인 체스넛(Arther B. Chesnut)에 의해 규합되어 이듬해 4월에 총회가 창립된다. 김영재, 『한국교회사』 (수원: 합신대학원출판부, 1992), 330.
22 존스, 『청교도 신앙: 그 기원과 계승자들』, 311.
23 칼빈은 제네바와 취리히의 일치를 이루고 향하 루터파와의 연합을 이루기 위한 목적으로 불링거와 『취리히 합의서』를 작성했는데, 그 이후 루터파 신학자였던 요아킴 베스트팔과 성찬론에 대한 논쟁을 하게 된다. 다음을 참고하라. 박경수, "칼뱅과 베스트팔: 16세기 성만찬에 관한 일 논쟁." 「한국기독교신학논총」, vol. 49(2007): 149-169.
24 Brian Gerrish, *The Old Protestantism and the New: Essays on the Reformation Heritage* (Chicago: University of Chicago Press, 1982), 22-48.
25 Andreas Rivetus, *Catholicus Orthodoxus, oppositus catholico papistae* (Leiden: Abraham Commelin, 1630), 5.
26 리처드 멀러, 『칼빈과 개혁 전통: 그리스도의 사역과 구원의 순서에 대한 칼빈과 이후 개혁파의 이해』 (서울: 지평서원, 2017), 91.
27 멀러에 따르면, 한 가지 예외적인 경우가 존재한다. 만일 스스로 칼빈을 따르는 자로 간주해야 한다는 조건을 가정할 경우에, 칼빈 사후 100년 안에 단 한 사람이 존재하는데, 다름 아닌 모이즈 아미로(Mouse Amyrault, 이다. 멀러, 『칼빈과 개혁 전통』, 93. 하지만 아미로는 가정적 보편구원설(Hypothetical Universalism)을 주장했는데, 이는 모든 사람들이 그리스도의 대속적 공로를 믿기만 하면 구원을 얻을 수 있으나, 실상 예정된 사람들만 그리스도를 믿는다고 하는 이론이다. 가정적 보편구원설은 실상 칼빈의 예정론과는 다르다. 이런 점에서 스스로 칼빈주의자로 자처했던 아미로가 칼빈주의자로 인정될 경우, 칼빈과 칼빈주의 사이에는 상당한 괴리감이 발생하게 된다. 참조. 멀러, 『칼빈과 개혁 전통』, 181-212.
28 멀러, 『칼빈과 개혁 전통』, 85-115.
29 멀러는 도르트 총회에서 만들어진 칼빈주의 5대교리가 칼빈의 신학과 미세한 차이점들이 있음을 지적한다. 강조점이 다르다던가, 용어의 차이가 있다든가 식으로 제기하고 있다. 하지만 필자는 이러한 차이점들은 칼빈과 후기 개혁신학자들 사이의 근본적인 차이점이라고 여기지 않는다.
30 불링거는 이중 예정에 있어서 유기는 하나님의 보편적인 허용일 뿐, 하나님의 의지적인 작정이 개입되지 않은 것으로 보았다. 박상봉, "1551년부터 1555년까지 깔뱅과 불링거: 예정론에 대한 볼섹 논쟁 속에서 야기된 두 사람의 신학적 갈등,"

「칼빈연구 9집」(2012): 147-173.
31 멀러, 『칼빈과 개혁 전통』, 115.
32 Nathaniel Gray Sutanto, "Reveiw of *Neo-Calvinism and the French Revolution* by James Eglinton and George Harinck," *The Journal of Theological Studies* 66 no. 2(2015): 864-866; James P. Eglinton, *Trinity and Organism: Towards a New Reading of Herman Bavinck's Organic Motif* (London: T&T Clark, 2012), 19.
33 카이퍼, 『칼빈주의 강연』, 18-19.
34 카이퍼가 말하는 칼빈주의의 네 가지 용법에 대해, 다음을 보라. 카이퍼, 『칼빈주의 강연』, 21-24.
35 존스, 『청교도 신앙: 그 기원과 계승자들』, 312-314.
36 다만 카이퍼는 칼빈이 자신의 이름을 딴 교단의 이름을 비판했을 것이라고 말한다. 카이퍼, 『칼빈주의 강연』, 22.
37 카이퍼, 『칼빈주의 강연』, 22.
38 카이퍼, 『칼빈주의 강연』, 25.
39 카이퍼, 『칼빈주의 강연』, 26.
40 존스, 『청교도 신앙: 그 기원과 계승자들』, 312.
41 카이퍼, 『칼빈주의 강연』, 28.
42 카이퍼, 『칼빈주의 강연』, 28-29.
43 카이퍼, 『칼빈주의 강연』, 30.
44 카이퍼, 『칼빈주의 강연』, 30.
45 카이퍼, 『칼빈주의 강연』, 30-31.
46 카이퍼, 『칼빈주의 강연』, 31.
47 문병호, 『WEA 신복음주의 신학과 에큐메니칼 활동 비판: WCC에 편승하여 로마 가톨릭과 신학적 일치를 추구하고 포용주의, 혼합주의, 다원주의로 나아감』(서울: 솔로몬, 2021), 63.
48 문병호, 『WEA 신복음주의 신학과 에큐메니칼 활동 비판』, 138.
49 카이퍼, 『칼빈주의 강연』, 31.
50 카이퍼, 『칼빈주의 강연』, 31.
51 카이퍼, 『칼빈주의 강연』, 34.
52 카이퍼, 『칼빈주의 강연』, 36.
53 카이퍼, 『칼빈주의 강연』, 36.

제4장 기독교 신앙 윤리의 기초: 성경은 하나님의 무오한 말씀

1   토머스 왓슨, 『경건을 열망하라』, 편집부 옮김 (서울: 생명의말씀사, 1999), 86.
2   안인섭, 『칼빈, 하나님의 영광을 위한 열정의 사람』(서울: 익투스, 2015), 59.
3   헤르만 셀더하위스, 『루터: 루터를 말하다』, 신호섭 옮김 (서울: 세움북스, 2016), 139.
4   마르틴 루터, 『탁상담화』, 이길상 옮김 (파주: CH북스, 2005), 37-38.
5   스프로울, 『웨스트민스터 신앙고백 해설』, 11.
6   스프로울, 『웨스트민스터 신앙고백 해설』, 16.
7   John Calvin, 『1559년 라틴어 최종판 직역: 기독교 강요』, 문병호 역 (서울: 생명의 말씀사. 2020), 1.6.1.
8   B. B. Warfield, "Calvin's Doctrine of God," *Calvin and Calvinism*, 5:133.
9   Calvin, 『1559년 라틴어 최종판 직역: 기독교 강요』, 1.6.1.
10 Calvin, 『1559년 라틴어 최종판 직역: 기독교 강요』, 1.6.3.
11 Calvin, 『1559년 라틴어 최종판 직역: 기독교 강요』, 1.6.4.
12 바우만, 『벨직 신앙고백서 해설』, 53.
13 프란시스 튤레틴, 『변증신학강요』, 박문재&한병수 옮김 (서울: 부흥과개혁사, 2017), 129.
14 Calvin, 『1559년 라틴어 최종판 직역: 기독교 강요』, 1.7.1.
15 참조. 류길선, "헤르만 바빙크의 성경영감과 권위에 대한 이해: 말씀의 성육신 개념을 중심으로," 「개혁논총」, (2019): 29-59.
16 Herman Bavinck, *Reformed Dogmatics*, vol. 1, *Prolegomena*, ed. John Bolt, trans. John Vriend (Grand Rapids: Baker Academic, 2011), 438.
17 튤레틴, 『변증신학강요』, 129.
18 Calvin, 『1559년 라틴어 최종판 직역: 기독교 강요』, 1.7.1.
19 칼빈은 이러한 순서를 따라 성경의 외적 증거를 먼저 논한 후 성령의 내적 증거를 다룬다.
20 자증을 의미하는 autopistia는 헬라어에 어원을 두고 있으며 autos(one self)와 pistis(faith, trust)의 합성어로 스스로 믿을만하다는 의미를 가진다. 성경의 자증성은 종교개혁의 '오직 성경'이라는 슬로건에 명확한 정의를 제공한다. 참조. Henk van den Belt, *Autopistia: The Self-Convincing Authority of Scripture in Reformed Theology*, (Leiden: University Press, 2006), 13-17, 129.
21 Calvin, 『1559년 라틴어 최종판 직역: 기독교 강요』, 1.7.2.
22 Calvin, 『1559년 라틴어 최종판 직역: 기독교 강요』, 1.7.2-7.3.
23 Calvin, 『1559년 라틴어 최종판 직역: 기독교 강요』, 1.7.4. 성경의 자증성과 성령

의 내적 증거는 상호 간에 밀접한 연관을 맺는다. 성경의 자증성이 성경의 권위의 형태적 요소라면 성령의 내적 증거는 성경의 권위의 재료적 요소다. "형태와 내용은 서로 스며들어 분리될 수 없다." 류길선, "헤르만 바빙크의 성경영감과 권위에 대한 이해," 53; Bavinck, *Reformed Dogmatics*, vol. 1, 443.

24 정경의 권위에 있어서 태고성에 대한 진술은 이미 아우구스티누스의 글에서 발견된다. 아우구스티누스, 『하나님의 도성』, 조호연/김종흡 옮김 (고양: 크리스챤다이제스트, 1998), 890-891.

25 Calvin, 『1559년 라틴어 최종판 직역: 기독교 강요』, 1.8.1-11.

26 Calvin, 『1559년 라틴어 최종판 직역: 기독교 강요』, 1.8.13.

27 마르틴 루터, 『탁상담화』, 이길상 옮김 (파주: CH북스, 2005), 36-37.

28 루터, 『탁상담화』, 40.

29 Calvin, 『1559년 라틴어 최종판 직역: 기독교 강요』, 1.9.1.

30 R. C. 스프로울, 『웨스트민스터 신앙고백 해설』 (서울: 부흥과개혁사, 2011), 40.

31 스프로울, 『웨스트민스터 신앙고백 해설』, 43.

32 문병호, 『기독론: 중보자 그리스도의 인격과 사역』 (서울: 생명의말씀사, 2016), 114.

33 Calvin, 『1559년 라틴어 최종판 직역: 기독교 강요』, 1.6.2.

34 『웨스트민스터 신앙고백서』는 외경에 대해 1장 3항에서 다음과 같이 진술한다. "보통 외경이라고 불리는 책들은 하나님의 영감으로 말미암지 않았으므로 성경의 정경의 일부가 아니다. 그러므로 이것들은 하나님의 교회에서 어떤 권위도 가지지 못하며, 인정되거나 사용되어서는 안 되는, 다른 인간적인 저술일 뿐이다." 『벨직 신앙고백서』는 정경과 외경의 차이점에 대해 다음과 같이 서술한다. "우리는 외경들 즉 에스드라3서와 에스드라 4서, 토비트, 유딧서, 지혜서, 집회서, 바룩서, 에스더서의 부록, 아사랴의 기도, 불구덩이 속의 세 소년 찬미서, 수산나, 벨과 용, 므낫세의 기도, 마카베오상, 마카베오하를 이 거룩한 책들과 구별합니다. 교회는 이 외경들이 정경들과 일치하는 한에서만 읽을 수 있고 교훈을 얻을 수 있습니다. 그러나 이 외경들은 우리가 믿음이나 기독교에 대한 어떤 면을 그 증거로부터 확증할 수 있는 그런 능력이나 권위를 가지 못할 뿐 아니라, 더욱 거룩한 책들의 권위를 실추시키는 데 사용될 수는 없습니다." R. C. 스프로울, 『웨스트민스터 신앙고백 해설』 (서울: 부흥과개혁사, 2011), 13; 클라렌스 바우만, 『벨직 신앙고백서 해설』, 손정원 옮김 (서울: 솔로몬, 2016), 91. 루터는 『탁상담화』에서 정경의 잠언, 전도서, 에스더서에 대해 부정적인 견해를 피력하고 외경에 대해 비판한다. 마르틴 루터, 『탁상담화』, 이길상 옮김 (파주: CH북스, 2005), 48-49. 정경과 외경의 구분에 대한 아우구스티누스의 구분법은 유용하다. 예를 들어, 유다서에는 아담의 7세손 에녹에 대한 언급 하는데, 이는 에녹서에 기록된 것으로 보인다. 하지만 아우구스티누스에 따르면 그와 같이 오래된 사람들의 글은 너무 오래된 것이기에 자칫 오인될 수 있다. "이렇게 너무 오랜 사람들의 글은

유대인이나 우리나 그 권위를 인정하지 않는다. 거짓이 진실로 오인되는 것을 막기 위해서, 너무 오랜 글들은 의심스러운 것으로 보는 것이 좋겠다고 인정한 것이다. 자기의 취미에 맞는 것이면 무엇이든지 막연히 신용하는 사람들이 고대인들의 순수한 작품이라고 인정한 것도 있지만, 정경의 순수한 표준으로 보아서 이런 글들은 허용하지 않았다. 하나님이 시인하신 그 사람들의 권위를 거부하기 때문이 아니라, 그 글들을 그들의 것이라고 믿지 않기 때문이다." 아우구스티누스, 『하나님의 도성』, 891.

35 알리스터 맥그라스, 『그들은 어떻게 이단이 되었는가』 (서울: 포이에마, 2009), 17.

36 맥그라스, 『그들은 어떻게 이단이 되었는가』, 18.

37 존 네빈, "소개의 글," 『하이델베르크 요리문답 해설』, 원광연 옮김 (파주: CH북스, 2006), 26.

38 네빈, "소개의 글," 26-27.

39 바우만, 『벨직 신앙고백서 해설』, 35

40 바우만, 『벨직 신앙고백서 해설』, 49.

41 서철원, 『교의신학전집 1: 신학서론』 (서울: 쿰란출판사, 2018), 92-93.

42 서철원, 『교의신학전집 1: 신학서론』, 98.

43 https://www.kidok.com/news/articleView.html?idxno=59471.

44 바우만, 『벨직 신앙고백서 해설』, 26.

45 헤르만 바빙크, 『찬송의 제사』 (군포: 도서출판다함, 2020), 81. 로마 가톨릭교회는 마음으로 믿고 입으로 시인하는 인간의 행위에 강조점을 둔다. 믿음은 하나님의 선물이 아니라 인간의 행위가 된다. 침례교단에서는 믿는 것과 입으로 시인하는 것을 나눈다. 마음으로 믿어 의에 이르지만, 입으로 시인하지 않으면 확실한 구원에 이르렀다고 보지 않는다. 그래서 유아 세례를 인정하지 않는다. 신자의 어린 자녀들은 교회를 다니나 사실상 하나님의 택자인지 아닌지 알 수 없고, 아직은 불신자 상태로 간주된다. 성인이 되어 자신의 입으로 신앙을 고백하면 그 제서야 택자로 인정한다는 것이다. 하지만 이것은 본문을 잘못 해석하는 것이다. 롬10:10절 이전 9절을 먼저 봐야 한다. "네가 만일 네 입으로 예수를 주로 시인하며 또 하나님께서 그를 죽은 자 가운데서 살리신 것을 네 마음에 믿으면 구원을 받으리라." 9절에서는 입으로 시인하는 것이 나온 다음, 마음에 믿으면 이라고 나온다. 10절에서는 마음으로 믿어 의에 이르고 입으로 시인하여 구원에 이른다고 말한다. 즉 입술로 시인하는 것과 마음으로 믿는 것은 하나로 연결되어 있다.

46 바빙크, 『찬송의 제사』, 93.

제2부 기독교 신앙 윤리의 주제

제5장 삼위일체 하나님에 대한 기독교 신앙 윤리: 호기심이 아닌 세 인격에 대한 분명한 믿음

1 John Calvin, 『1559년 라틴어 최종판 직역: 기독교 강요』, 문병호 역 (서울: 생명의 말씀사. 2020), 1.13.7.
2 참조. 후스토 L. 곤잘레스, 『초대 교회사』, 엄성옥 역, (서울: 은성출판사, 2012; 개정증보).
3 히 9:6에서 '라트레이아'(λατρεία)는 "섬기는 예식"으로 번역되었다. 즉 하나님을 섬기는 예식이므로 예배를 뜻한다. '둘레이아'(δουλεία)는 롬8:15a에 나온다. "너희는 다시 무서워하는 종의 영을 받지 아니하고."
4 Calvin, 『1559년 라틴어 최종판 직역: 기독교 강요』, 1.12.2.
5 『하이델베르크 요리문답 해설』, 원광연 옮김 (파주: CH북스, 2006), 853-854.
6 Calvin, 『1559년 라틴어 최종판 직역: 기독교 강요』, 1.13.1. 칼빈의 말 재인용.
7 Calvin, 『1559년 라틴어 최종판 직역: 기독교 강요』, 1.13.2.
8 문병호, 『30 주제로 읽는 기독교 강요: 성경 교리정해』(서울: 생명의말씀사, 2011), 63.
9 Calvin, 『1559년 라틴어 최종판 직역: 기독교 강요』, 1.13.3.
10 Calvin, 『1559년 라틴어 최종판 직역: 기독교 강요』, 1.13.1. 이를 두고 '하나님의 맞추어 주심'이라고 부른다.
11 Calvin, 『1559년 라틴어 최종판 직역: 기독교 강요』, 1.11.1.
12 Calvin, 『1559년 라틴어 최종판 직역: 기독교 강요』, 1.13.21.
13 Calvin, 『1559년 라틴어 최종판 직역: 기독교 강요』, 1.13.29.
14 헤르만 바빙크, 『바빙크의 개혁교의학 개요』 (고양: 크리스챤다이제스트, 2004), 191.
15 리차드 십스, 『꺼져가는 심지와 상한 갈대의 회복』, 전용호 옮김 (서울: 지평서원, 1999), 27.
16 십스, 『꺼져가는 심지와 상한 갈대의 회복』, 36.

제6장 하나님의 일하심에 대한 기독교 신앙 윤리: 작정과 창조는 진화론을 반대함

1 헤르만 셀더하위스, 『루터: 루터를 말하다』, 신호섭 옮김 (서울: 세움북스, 2016), 172. 루터는 95개 논제 사건 이후 이듬해 4월에 하이델베르그의 어거스틴 수도회 총회에서 95개 논제에 대한 입장을 해명할 것을 요구 받았다. 그 총회에서 루터는 자신의 '십자가 신학'을 40게의 논제로 풀어 설명한다.

2   John Calvin, *Commentaries of the Gospel according to John*, in *Calvins's Commentaries Complete* (Christian Classics Ethereal Library), 112.
3   R. C. 스프로울, 『웨스트민스터 신앙고백 해설』(서울: 부흥과개혁사, 2011), 107.
4   자카리아스 우르시누스, 『하이델베르크 요리문답 해설』, 원광연 옮김 (파주: CH북스, 2006), 267.
5   전광수, "17세기 말 뉴잉글랜드의 신학과 자유의지론: 새뮤얼 윌러드와 죠지 키이쓰의 하나님의 작정과 인간의 자유에 관한 논쟁(1688-1704), 「개혁논총」, 62 (2022): 264.
6   Calvin, 『1559년 라틴어 최종판 직역: 기독교 강요』, 1.13.21.
7   Johannes Cocceius, *The Doctrine of the Covenant and Testament of God*, trans. Casey Carmichael, intro. Willem J. van Asselt (Grand Rapids: Reformation Heritage Books, 2016), 62.
8   Calvin, 『1559년 라틴어 최종판 직역: 기독교 강요』, 1.13.29.
9   바빙크, 『바빙크의 개혁교의학 개요』, 191.
10 R. C. 스프로울, 『웨스트민스터 신앙고백 해설』(서울: 부흥과개혁사, 2011), 164.
11 바빙크, 『바빙크의 개혁교의학 개요』, 197.
12 진화론을 최초의 과학적 이론으로 제시한 인물은 라마르크(로 알려져 있다. 그는 소위 '용불용설'(用不用說)이라는 진화 이론을 창안했다. 이 이론에따르면, 생물은 살아 있는 동안 어떤 형질을 획득하게 되는데, 이 획득된 형질이 다음 세대에 유전되어 진화가 발생한다고 주장했다.
13 Charles Darwin, *On the Origin of Species* 의 내용 및 결론부에서.
14 참조. https://www.hani.co.kr/arti/society/environment/717407.html.
15 헤르만 바빙크, 『계시철학』, 코리 브룩·나다나엘 수탄토 편집, 박재은 옮김 (군포, 도서출판다함, 2019), 296-297.
16 Tim Caro, Amanda Izzo, Robert C. Reiner Jr., Hannah Walker & Theodore Stankowich, "The function of zebra stripes," *Nature Communications* 5, 3535 (2014). 3-4.
17 암컷 복부에 주머니 모양의 육아낭이 있어 새끼의 성장을 도와주는 포유류의 한 갈래.
18 바빙크, 『바빙크의 개혁교의학 개요』, 227-228.
19 바빙크, 『바빙크의 개혁교의학 개요』, 195.
20 바빙크, 『바빙크의 개혁교의학 개요』, 194.
21 바빙크, 『바빙크의 개혁교의학 개요』, 207.
22 바빙크, 『바빙크의 개혁교의학 개요』, 207.
23 바빙크, 『바빙크의 개혁교의학 개요』, 207.
24 하나님이 세상을 창조하신 이후에, 자연계에는 직접적으로 관여하지 않는다

는 이론.
25 바빙크, 『바빙크의 개혁교의학 개요』, 224.
26 존 밀턴, 『실낙원』, 박문재 옮김 (파주: CH북스, 2018), 15, 15 fn. 7, 93.
27 바빙크, 『바빙크의 개혁교의학 개요』, 204-205.
28 아브라함 카이퍼, 『일반은혜』. 임원주 옮김 (서울: 부흥과개혁사, 2017), 229.
29 카이퍼, 『일반은혜』, 229-230.
30 카이퍼, 『일반은혜』, 230.
31 카이퍼, 『일반은혜』, 230-231. 카이퍼에 따르면, 아담이 성인으로 창조된 이후에는 성년에서 노년기에 이르기까지의 시기에 속한 변화들이 뒤 따랐을 것이다.
32 카이퍼, 『일반은혜』, 233.
33 아우구스티누스, 『하나님의 도성』, 조호연/김종흡 옮김 (고양: 크리스챤다이제스트, 1998), 893.
34 아우구스티누스, 『하나님의 도성』, 893-894.
35 Calvin, 『1559년 라틴어 최종판 직역: 기독교 강요』, 1.14.1.
36 Calvin, 『1559년 라틴어 최종판 직역: 기독교 강요』, 1.14.2.
37 Calvin, 『1559년 라틴어 최종판 직역: 기독교 강요』, 1.14.2.
38 클라렌스 바우만, 『벨직 신앙고백서 해설』, 손정원 옮김 (서울: 솔로몬, 2016), 185.
39 Calvin, 『1559년 라틴어 최종판 직역: 기독교 강요』, 1.14.3.
40 Calvin, 『1559년 라틴어 최종판 직역: 기독교 강요』, 1.14.5.
41 Calvin, 『1559년 라틴어 최종판 직역: 기독교 강요』, 1.14.6.
42 Calvin, 『1559년 라틴어 최종판 직역: 기독교 강요』, 1.14.8.
43 윌리엄 에임스, "서론," 『신학의 정수』, 서원모 옮김 (고양: 크리스챤다이제스트, 1992), 31.
44 바빙크, 『바빙크의 개혁교의학 개요』, 267.
45 Calvin, 『1559년 라틴어 최종판 직역: 기독교 강요』, 1.14.7.
46 영국의 청교도 사상가로 셰익스피어에 버금가는 작가이다. 고대 그리스의 시인 호메로스의 『일리아스』와 『오딧세이아』 그리고 고대 로마의 시인 베르길리우스의 『아이네이스』를 잇는 가장 아름다운 대서사시로 평가 받고 있다.
47 밀턴, 『실낙원』, 15-16.
48 카이퍼, 『일반은혜』. 183.
49 카이퍼, 『일반은혜』. 184.
50 바빙크, 『바빙크의 개혁교의학 개요』, 241.
51 Calvin, 『1559년 라틴어 최종판 직역: 기독교 강요』, 1.15.1.

52 Calvin, 『1559년 라틴어 최종판 직역: 기독교 강요』, 1.15.1.
53 Calvin, 『1559년 라틴어 최종판 직역: 기독교 강요』, 1.15.2. 카이퍼는 한 걸음 더 나아가 사람이 창조된 직후에는 창조된 사람 안에 존재하지 않았다고 강조한다. 영이 본질이라고 한 칼빈과 창조된 사람 안에 존재하지 않았다고 말하는 카이퍼의 주장은 서로 반대되는가? 완전한 반대는 아니지만, 차이점은 있다. 칼빈은 영이 하나님의 창조 시 인간의 본질이라는 것을 강조하기 위해 양심을 증거로 제시한다. 카이퍼는 양심을 선악을 판단하는 문제와 연결시킨다. 죄를 짓기 전에는 양심이 작동하지 않으므로, 양심은 자체의 고유한 의미를 가지고 있지 않다. 다만 죄가 들어온 후에, 양심은 "이성적 자각의 기능적 형태"가 된다. 카이퍼는 양심을 재능이나 습성으로 보지 않는다. 재능이나 습성은 본질에 속한 것이 아니라 특성이다. 이런 점에서 양심은 의식의 표현 및 활동으로서 죄의 유입후에 작동하기 시작한 것이다. 양심은 본질에 속한 것이나 활동은 죄의 유입에 따른 자각의 기능적 형태를 가진다. 카이퍼, 『일반은혜』. 248-249.
54 Calvin, 『1559년 라틴어 최종판 직역: 기독교 강요』, 1.15.3.
55 Calvin, 『1559년 라틴어 최종판 직역: 기독교 강요』, 1.15.3.
56 최홍석, 『인간론』 (서울: 개혁주의신행협회, 2005), 191-194.
57 Calvin, 『1559년 라틴어 최종판 직역: 기독교 강요』, 1.15.3.
58 Calvin, 『1559년 라틴어 최종판 직역: 기독교 강요』, 1.15.6.
59 바빙크, 『바빙크의 개혁교의학 개요』, 254.
60 카이퍼, 『일반은혜』. 91.
61 바빙크, 『바빙크의 개혁교의학 개요』, 240.
62 Calvin, 『1559년 라틴어 최종판 직역: 기독교 강요』, 1.15.4. 개혁주의에서는 사람을 지, 정, 의를 가진 존재로 본다. 지는 지성을, 정은 마음에 일어나는 감정을, 의는 행동으로 실천하는 의지를 뜻하는데, 이를 합하여 전인이라고 한다.
63 카이퍼, 『일반은혜』. 237.
64 카이퍼, 『일반은혜』. 287.
65 바빙크, 『바빙크의 개혁교의학 개요』, 257-258.
66 최홍석, 『인간론』 (서울: 개혁주의신행협회, 2005), 137.
67 하나님의 형상에 대해 루터파, 로마 가톨릭교회 그리고 개혁파는 각기 다른 입장을 견지한다. 루터파는 인간의 죄성에 대한 강조에 집중한 나머지 인간이 죄로 인하여 하나님의 형상을 완전히 상실했다고 본다. 로마 가톨릭교회는 덧붙여진 은사 교리를 주장한다. '형상'은 인간 본질에 속한 불완전한 자연 상태를, '모양'은 인간의 자연적 형상에 덧붙여진 은사를 의미한다고 말하면서 실제적인 원의는 모양에 있다고 말한다. 이 경우, 하나님의 형상은 인간에게 본질적으로 고유한 것이 아니게 된다. 참조. 문병호, 『30주제로 풀어쓴 기독교 강요: 성경 교리정해』 (서울: 생명의말씀사, 2011), 79-85; 최홍석, 『인간론』 (서울: 개혁주의신행협

회, 2005), 95-165; 바빙크, 『바빙크의 개혁교의학 개요』, 248-253.
68 바빙크, 『바빙크의 개혁교의학 개요』, 252.

제7장 섭리에 대한 기독교 신앙 윤리: 하나님의 은밀한 손과 인간의 자유의지 문제

1 블레즈 파스칼, 『팡세= Pensees』. 이환 옮김 (서울: 믿음사, 2003). 249.
2 역정의 세월은 쓰라린 삶의 세월을 말한다.
3 John Calvin, 『1559년 라틴어 최종판 직역: 기독교 강요』, 문병호 역 (서울: 생명의 말씀사. 2020), 1.17.1.
4 Calvin, 『1559년 라틴어 최종판 직역: 기독교 강요』, 1.17.2.
5 Calvin, 『1559년 라틴어 최종판 직역: 기독교 강요』, 1.16.2.
6 Gottfried Wilhelm Leibniz, *The Monadologyby*, trans. Robert Latta (1898). 1-15. https://www.plato-philosophy.org/wp-content/uploads/2016/07/The-Monadology-1714-by-Gottfried-Wilhelm-LEIBNIZ-1646-1716.pdf. 2024년 11월 1일 접근.
7 라이프니츠는 다음과 같이 쓴다. "이 결정은 진리의 본질 자체에서 비롯되며, 자유를 해치지 않습니다. 그러나 자유와 모순된다고 여겨졌던 다른 결정들이 있습니다. 첫 번째로, 신의 예지(미리 아는 지식)에서 비롯된 결정이 그렇습니다. 많은 사람들이 예지가 자유에 반한다고 주장합니다. 그들은 예지된 것은 반드시 존재하게 될 수밖에 없다고 말하며, 이는 사실입니다. 그러나 예지된 것이 필연적이라고 결론을 내릴 수는 없습니다. 필연적 진리는 그 반대가 불가능하거나 모순을 함의하는 것입니다. 이제 내가 내일 글을 쓸 것이라는 진리는 그런 성질의 것이 아니며, 필연적이지 않습니다. 그러나 신이 이를 예지한다고 가정할 때, 그것이 발생해야 하는 것은 필연적입니다. 즉, 신이 예지했기 때문에 존재해야 하는 결과가 필연적인 것입니다. 이를 가설적 필연성(hypothetical necessity)이라 합니다. 그러나 우리가 다루는 것은 이러한 필연성이 아닙니다. 우리가 필요로 하는 것은 절대적 필연성으로, 행위가 필연적이며 우연적이지 않고 자유로운 선택의 결과가 아니라는 것을 말하기 위해 필요한 것입니다. 게다가, 예지는 우연적인 미래 사건의 진리 결정에 아무것도 더하지 않으며, 그저 이 결정이 알려졌다는 것을 추가할 뿐입니다. 예지 자체가 사건의 결정이나 미래성을 더하지 않는다는 점은 쉽게 이해할 수 있습니다…. 진리는 결정적이기 때문에, 참이기 때문에 예지되는 것이며, 예지되기 때문에 참이 아닙니다. 이에 대해 미래를 아는 지식은 과거나 현재에 대한 지식에서 벗어나지 않습니다." Gottfried Wilhelm Leibniz, *Theodicy: Essays on the Goodness of God, the Freedom of Man and the Origin of Evil*, trans. E.M. Huggard (2005), [EBook #17147], 144. https://www.gutenberg.org/files/17147/17147-h/17147-h.htm#page377. 2024년 11월 1일 접근.
8 Leibniz, *Theodicy*, 24.

9   Benjamin B. Warfield, *The Works of Benjamin B. Warfield, Volume 1: Revelation and Inspiration* (Grand Rapids: Baker Book House Company, 1981), 37.
10 Calvin,『1559년 라틴어 최종판 직역: 기독교 강요』, 1.16.2.
11 Calvin,『1559년 라틴어 최종판 직역: 기독교 강요』, 1.16.8.
12 Calvin,『1559년 라틴어 최종판 직역: 기독교 강요』, 1.16.4.
13 윌리엄 틴데일,『윌리엄 틴데일의 저술 Vol. 1: 그의 생애, 불의한 재물의 비유, 그리스도인의 순종, 성례전에 대한 간결한 설명』, 홍성국 옮김 (남양주: 도서출판기쁜날, 2018), 197.
14 Calvin,『1559년 라틴어 최종판 직역: 기독교 강요』, 1.16.8.
15 Calvin,『1559년 라틴어 최종판 직역: 기독교 강요』, 1.16.4.
16 Calvin,『1559년 라틴어 최종판 직역: 기독교 강요』, 1.16.9.
17 자카리아스 우르시누스,『하이델베르크 요리문답 해설』, 원광연 옮김 (파주: CH북스, 2006), 262.
18 우르시누스,『하이델베르크 요리문답 해설』, 262.
19 Calvin,『1559년 라틴어 최종판 직역: 기독교 강요』, 1.17.1.
20 토머스 후커,『그리스도께로 이끌린 사람들』(서울: 지평서원, 2005), 68.
21 우르시누스,『하이델베르크 요리문답 해설』, 203-204.
22 우르시누스,『하이델베르크 요리문답 해설』, 261.
23 우르시누스,『하이델베르크 요리문답 해설』, 267.
24 우르시누스,『하이델베르크 요리문답 해설』, 123-124.
25 헤르만 바빙크,『개혁파 윤리학: 인간의 창조와 타락과 회심』, 존 볼트 엮음, 박문재 옮김 (서울: 부흥과개혁사, 2021), 307.
26 하나님도 "이 사람이 선악을 아는 일에 우리 중 하나 같이 되었으니"라고 말씀하신다 (창 3:22a). 이 역시 인간이 선악을 아는 일에 하나님처럼 되었다는 말이 아니라, 스스로 선악을 판단하는 주체자로, 즉 하나님의 자리에 앉게 되었다는 뜻이다.
27 Calvin,『1559년 라틴어 최종판 직역: 기독교 강요』, 2.1.3.
28 Calvin,『1559년 라틴어 최종판 직역: 기독교 강요』, 2.1.4.
29 후커,『그리스도께로 이끌린 사람들』, 35.
30 Calvin,『1559년 라틴어 최종판 직역: 기독교 강요』, 2.1.5.
31 문병호,『30주제로 풀어쓴 기독교 강요: 성경 교리정해』(서울: 생명의말씀사, 2011), 99.
32 Calvin,『1559년 라틴어 최종판 직역: 기독교 강요』, 2.1.7.
33 Calvin,『1559년 라틴어 최종판 직역: 기독교 강요』, 2.1.6.
34 Calvin,『1559년 라틴어 최종판 직역: 기독교 강요』, 2.1.8.

35 Calvin, 『1559년 라틴어 최종판 직역: 기독교 강요』, 2.2.8.
36 Calvin, 『1559년 라틴어 최종판 직역: 기독교 강요』, 2.2.11.
37 Calvin, 『1559년 라틴어 최종판 직역: 기독교 강요』, 2.2.26.
38 Calvin, 『1559년 라틴어 최종판 직역: 기독교 강요』, 2.4.1.
39 Calvin, 『1559년 라틴어 최종판 직역: 기독교 강요』, 2.5.1.
40 Calvin, 『1559년 라틴어 최종판 직역: 기독교 강요』, 2.5.2.
41 Calvin, 『1559년 라틴어 최종판 직역: 기독교 강요』, 2.5.3.
42 Calvin, 『1559년 라틴어 최종판 직역: 기독교 강요』, 2.5.4.
43 리차드 십스, 『꺼져가는 심지와 상한 갈대의 회복』, 전용호 옮김 (서울: 지평서원, 1999), 113.
44 참조. Calvin, 『1559년 라틴어 최종판 직역: 기독교 강요』, 2.2.27.
45 Calvin, 『1559년 라틴어 최종판 직역: 기독교 강요』, 3.19.2.
46 Calvin, 『1559년 라틴어 최종판 직역: 기독교 강요』, 3.19.3.
47 Calvin, 『1559년 라틴어 최종판 직역: 기독교 강요』, 3.19.4.
48 Calvin, 『1559년 라틴어 최종판 직역: 기독교 강요』, 3.19.7.
49 Calvin, 『1559년 라틴어 최종판 직역: 기독교 강요』, 3.19.9.
50 Calvin, 『1559년 라틴어 최종판 직역: 기독교 강요』, 3.19.9.
51 Calvin, 『1559년 라틴어 최종판 직역: 기독교 강요』, 3.19.10.
52 십스, 『꺼져가는 심지와 상한 갈대의 회복』, 83, 88.
53 Calvin, 『1559년 라틴어 최종판 직역: 기독교 강요』, 3.19.15.
54 Calvin, 『1559년 라틴어 최종판 직역: 기독교 강요』, 3.19.16.

제8장 율법에 대한 기독교 신앙 윤리: 행위 구원이 아닌 삶의 의무

1 John Calvin, 『1559년 라틴어 최종판 직역: 기독교 강요』, 문병호 역 (서울: 생명의 말씀사. 2020), 2.6.1.
2 Calvin, 『1559년 라틴어 최종판 직역: 기독교 강요』, 2.7.1.
3 Calvin, 『1559년 라틴어 최종판 직역: 기독교 강요』, 2.7.5.
4 Calvin, 『1559년 라틴어 최종판 직역: 기독교 강요』, 2.7.1.
5 Calvin, 『1559년 라틴어 최종판 직역: 기독교 강요』, 2.7.16.
6 Calvin, 『1559년 라틴어 최종판 직역: 기독교 강요』, 2.7.17.
7 루터, 『탁상담화』, 202-203.
8 루터, 『탁상담화』, 202.

9 Luther, *Table Talks*, CCLXXIV.
10 루터의 동료이자 학생이었던 멜랑흐톤은 루터파 신앙고백서인 아우구스부르크 신앙고백서에 부치는 변증서에서 세 번째 용법을 추가하지만, 율법의 정죄를 강조하는 문구를 삽입한다. 류길선,『개혁주의의 역사』(서울: 솔로몬출판사, 2022), 198.
11 류길선,『개혁주의의 역사』, 201.
12 Calvin,『1559년 라틴어 최종판 직역: 기독교 강요』, 2.7.6.
13 Calvin,『1559년 라틴어 최종판 직역: 기독교 강요』, 2.7.9.
14 Calvin,『1559년 라틴어 최종판 직역: 기독교 강요』, 2.7.9.
15 Calvin,『1559년 라틴어 최종판 직역: 기독교 강요』, 2.7.9.
16 Calvin,『1559년 라틴어 최종판 직역: 기독교 강요』, 2.7.11.
17 Calvin,『1559년 라틴어 최종판 직역: 기독교 강요』, 2.7.12.
18 문병호,『30주제로 풀어쓴 기독교 강요: 성경 교리정해』(서울: 생명의말씀사, 2011), 110-111.

제9장 경건에 대한 기독교 신앙 윤리: 십계명의 원리와 실천

1 참조, John Eaton, *The Honey-Combe of Free Justi cation by Christ Alone...* (London, 1642). 존 이튼과 그의 작품에 대한 비평을 위해 다음을 보라. 휘트니 G. 갬블,『웨스트민스터 총회의 반율법주의 논쟁: 그리스도와 율법』, 류길선 옮김 (서울: 기독교문서선교회, 2021), 10-16.
2 필립 야콥 스페너,『경건한 열망』, 모수환 옮김 (서울: 크리스챤다이제스트, 1992).
3 스페너,『경건한 열망』, 37.
4 스페너,『경건한 열망』, 41.
5 후스토 L. 곤잘레스,『현대교회사』, 엄성옥 역, (서울: 은성출판사, 2012; 개정증보),133.
6 스페너,『경건한 열망』, 60.
7 토머스 왓슨,『경건을 열망하라』, 편집부 옮김 (서울: 생명의말씀사, 1999), 352.
8 리차드 십스,『꺼져가는 심지와 상한 갈대의 회복』, 전용호 옮김 (서울: 지평서원, 1999), 129.
9 참조. 후스토 L. 곤잘레스,『현대교회사』, 엄성옥 역, (서울: 은성출판사, 2012; 개정증보),139; *A Brief History of the Moravian Church* (Winston-Salem, NC: North Corolina State Library, 1909); J. E. Hutton, *A History of the Moravian Church* (Grand Rapids, MI: Christian Classics Ethereal Library); J. Taylor Hamilton, *A History of the Church Known as the Moravian Church, or The Unitas Fratrum, or The Unity of the*

Brethren, during the Eighteenth and Nineteenth Centuries, (Bethlehem, PA: Times Publishing Company, 1900).

10 참조. https://www.kmib.co.kr/article/view.asp?arcid=0007715655.

11 Moravian Catechism: A Summary of the Christian Faith, for the Instruction of Confirmands and New Members of the Moravian Church, (Interprovincial Board of Communication, 2020), 13.

12 헤르만 바빙크, 『개혁파 윤리학: 인간의 창조와 타락과 회심』, 존 볼트 엮음, 박문재 옮김 (서울: 부흥과개혁사, 2021), 459.

13 리처드 A. 멀러, 『칼빈 이후 개혁신학』, 한병수 옮김 (서울: 부흥과개혁사, 2014), 289-290.

14 바빙크, 『개혁파 윤리학: 인간의 창조와 타락과 회심』, 460. 바빙크는 17세기 정통주의 시대를 스콜라주의적인 합리주의적 경향이 있음을 인정하는 것으로 나타난다. 하지만 리차드 멀러는 바빙크의 관점이 올바르지 않다고 지적하곤 한다.

15 헤르만 바빙크, 『개혁파 윤리학: 인간의 창조와 타락과 회심』, 존 볼트 엮음, 박문재 옮김 (서울: 부흥과개혁사, 2021), 626-629.

16 위르겐 몰트만, 『희망의 신학』, 이신건 옮김 (서울: 대한기독교서회, 1973), 102-103.

17 몰트만, 『희망의 신학』, 105.

18 왓슨, 『경건을 열망하라』, 16.

19 왓슨, 『경건을 열망하라』, 15.

20 헤르만 바빙크, 『찬송의 제사』 (군포: 도서출판다함, 2020), 130-131.

21 John Calvin, 『1559년 라틴어 최종판 직역: 기독교 강요』, 문병호 역 (서울: 생명의말씀사. 2020), 2.8.12.

22 Calvin, 『1559년 라틴어 최종판 직역: 기독교 강요』, 2.8.12. 각주 475.

23 Calvin, 『1559년 라틴어 최종판 직역: 기독교 강요』, 2.8.15.

24 Calvin, 『1559년 라틴어 최종판 직역: 기독교 강요』, 2.8.16.

25 Calvin, 『1559년 라틴어 최종판 직역: 기독교 강요』, 2.8.16.

26 Calvin, 『1559년 라틴어 최종판 직역: 기독교 강요』, 2.8.18.

27 Calvin, 『1559년 라틴어 최종판 직역: 기독교 강요』, 2.8.19.

28 Calvin, 『1559년 라틴어 최종판 직역: 기독교 강요』, 2.8.20.

29 Calvin, 『1559년 라틴어 최종판 직역: 기독교 강요』, 2.8.21.

30 아브라함 카이퍼, 『일반은혜』. 임원주 옮김 (서울: 부흥과개혁사, 2017), 104.

31 Calvin, 『1559년 라틴어 최종판 직역: 기독교 강요』, 2.8.21.

32 Calvin, 『1559년 라틴어 최종판 직역: 기독교 강요』, 2.8.22.

33 Calvin, 『1559년 라틴어 최종판 직역: 기독교 강요』, 2.8.22.

34 윌리엄 에임스, 『신학의 정수』, 서원모 옮김 (고양: 크리스챤다이제스트, 1992), 350.
35 Calvin, 『1559년 라틴어 최종판 직역: 기독교 강요』, 2.8.22.
36 Calvin, 『1559년 라틴어 최종판 직역: 기독교 강요』, 2.8.23.
37 자카리아스 우르시누스, 『하이델베르크 요리문답 해설』, 원광연 옮김 (파주: CH북스, 2006), 867.
38 헤르만 바빙크, 『개혁교의학』, 박태현 옮김 (서울: 부흥과개혁사, 2011) 2:717.
39 윌리엄 에임스, 『신학의 정수』, 서원모 옮김 (고양: 크리스챤다이제스트, 1992), 369.
40 우르시누스, 『하이델베르크 요리문답 해설』, 880.
41 Calvin, 『1559년 라틴어 최종판 직역: 기독교 강요』, 2.8.29.
42 Calvin, 『1559년 라틴어 최종판 직역: 기독교 강요』, 2.8.30. 안식일의 의미에 대해서 칼빈과 청교도들 사이에 구별이 있다. 칼빈이나 콕세이우스는 안식일의 근거를 창조에 두지 않은 반면, 청교도들은 대체로 창조 시 주어진 예배의 법으로 보았다. 조엘비키·마크 존스, 『청교도 신학의 모든 것』, 김귀탁 옮김 (서울: 부흥과개혁사, 2015), 745.
43 Calvin, 『1559년 라틴어 최종판 직역: 기독교 강요』, 2.8.31.
44 발터 폰 뢰베니히, 『마르틴 루터: 그 인간과 그의 업적』, 박호용 옮김 (서울: 성지출판사, 1988), 46.
45 조지 폭스, 『조지 폭스의 일기』, 문효미 옮김 (고양: 크리스챤다이제스트, 1994). 130-131.
46 헨리 J. 캐드베리, "조지 폭스의 「일기」가 끼친 영향," 『조지 폭스의 일기』, 문효미 옮김 (고양: 크리스챤다이제스트, 1994). 9-25.
47 김우현, 『가난한 자는 복이 있나니: 맨발천사 최춘선』 (서울: 규장, 2004).
48 Calvin, 『1559년 라틴어 최종판 직역: 기독교 강요』, 2.8.32.
49 Calvin, 『1559년 라틴어 최종판 직역: 기독교 강요』, 2.8.32.
50 Calvin, 『1559년 라틴어 최종판 직역: 기독교 강요』, 2.8.33.
51 Calvin, 『1559년 라틴어 최종판 직역: 기독교 강요』, 2.8.32.
52 에임스, 『신학의 정수』, 369.
53 우르시누스, 『하이델베르크 요리문답 해설』, 883.
54 우르시누스, 『하이델베르크 요리문답 해설』, 889.
55 우르시누스, 『하이델베르크 요리문답 해설』, 891.
56 Calvin, 『1559년 라틴어 최종판 직역: 기독교 강요』, 2.8.36.
57 Calvin, 『1559년 라틴어 최종판 직역: 기독교 강요』, 2.8.37.
58 Calvin, 『1559년 라틴어 최종판 직역: 기독교 강요』, 2.8.39.

59 Calvin, 『1559년 라틴어 최종판 직역: 기독교 강요』, 2.8.40.
60 Calvin, 『1559년 라틴어 최종판 직역: 기독교 강요』, 2.8.40.
61 Calvin, 『1559년 라틴어 최종판 직역: 기독교 강요』, 2.8.41.
62 법적인 혼인관계는 아니지만 내연관계 또는 그에 상응하는 관계에 있는 이들이 동일한 주소지에 거주하는 것을 가리킨다.
63 Calvin, 『1559년 라틴어 최종판 직역: 기독교 강요』, 2.8.41.
64 Calvin, 『1559년 라틴어 최종판 직역: 기독교 강요』, 2.8.42.
65 Calvin, 『1559년 라틴어 최종판 직역: 기독교 강요』, 2.8.42.
66 Calvin, 『1559년 라틴어 최종판 직역: 기독교 강요』, 2.8.43.
67 Calvin, 『1559년 라틴어 최종판 직역: 기독교 강요』, 2.8.44.
68 Calvin, 『1559년 라틴어 최종판 직역: 기독교 강요』, 2.8.44.
69 이승구, "퀴어 신학이란 무엇인가?," 『퀴어 신학이 왜 문제인가?: 퀴어 신학의 이단성 탐구』, 이승구·곽혜원·이상원 지음, (서울: 기독교문서선교회, 2023), 20-24.
70 이상원, "퀴어 신학의 이단성," 『퀴어 신학이 왜 문제인가?: 퀴어 신학의 이단성 탐구』, 이승구·곽혜원·이상원 지음, (서울: 기독교문서선교회, 2023), 106.
71 아우구스티누스, 『현대인을 위한 어거스틴의 고백록』, 최예자 옮김 (서울: 묵상하는사람들, 2010), 68-69.
72 Calvin, 『1559년 라틴어 최종판 직역: 기독교 강요』, 2.8.45.
73 Calvin, 『1559년 라틴어 최종판 직역: 기독교 강요』, 2.8.45.
74 Calvin, 『1559년 라틴어 최종판 직역: 기독교 강요』, 2.8.46.
75 Calvin, 『1559년 라틴어 최종판 직역: 기독교 강요』, 2.8.47.
76 Calvin, 『1559년 라틴어 최종판 직역: 기독교 강요』, 2.8.48.
77 Calvin, 『1559년 라틴어 최종판 직역: 기독교 강요』, 2.8.48.
78 Calvin, 『1559년 라틴어 최종판 직역: 기독교 강요』, 2.8.49.
79 Calvin, 『1559년 라틴어 최종판 직역: 기독교 강요』, 2.8.50.
80 Calvin, 『1559년 라틴어 최종판 직역: 기독교 강요』, 2.8.51.
81 Calvin, 『1559년 라틴어 최종판 직역: 기독교 강요』, 2.8.54.

제10장 그리스도에 대한 기독교 신앙 윤리: 경건의 요체

1 존 오웬, "지은이 머리말," 『그리스도의 영광』, 서문강 옮김 (서울: 지평서원, 1996), 15.
2 토머스 왓슨, 『경건을 열망하라』, 편집부 옮김 (서울: 생명의말씀사, 1999), 32.
3 Petrus van Mastricht, *Theoretical-Practical Theology*, vol. 1, trans. Todd M. Rester. ed.

Joel R.Beeke (Grand Rapids, MI: Reformation Herritage Books, 2018), 66.

4 존 프레스톤·나다니엘 빈센트·사무엘 리,『기도의 영성』, 이광식 옮김 (서울: 지평서원, 2010), 24-25.
5 존 프레스톤·나다니엘 빈센트·사무엘 리,『기도의 영성』, 25.
6 존 프레스톤·나다니엘 빈센트·사무엘 리,『기도의 영성』, 157.
7 토머스 왓슨,『경건을 열망하라』, 편집부 옮김 (서울: 생명의말씀사, 1999), 133.
8 마틴 로이드 존스,『진정한 기독교』, 전의우 옮김 (서울: 복있는사람, 2003), 286-287.
9 아브라함 카이퍼,『하나님께 가까이』, 정성구 옮김 (파주: CH북스, 2015), 231.
10 존스,『부흥』, 500.
11 존 오웬,『현대인을 위한 죄 죽이기』, 최예자 역, (서울: 프리셉트, 2012), 133-134.
12 오웬,『현대인을 위한 죄 죽이기』, 134.
13 오웬,『그리스도의 영광』, 68.
14 리차드 십스,『꺼져가는 심지와 상한 갈대의 회복』, 전용호 옮김 (서울: 지평서원, 1999), 234.
15 소시누스파는 종교개혁 시기에 생겨난 이단으로 정통 삼위일체론을 부정한다. 이탈리아의 렐리오 소찌니(1525-1562)가 반삼위일체론을 주장하여 그의 조카인 파우스트 소찌니(1539-1604)를 거쳐, 파우스트 소찌니의 손자인 안제이 비쇼바티(1608-1678)를 통해 유니테리언으로 발ㅈ너하여 영국과 미국으로 확산되었다. 그들은 그리스도를 대속 중보자가 아닌 도덕적 모범 교사로 이해한다. 참조. 라은성,『이것이 교회사다』(서울: PTE, 2018), 151-160.
16 왓슨,『경건을 열망하라』, 70-71.
17 리차드 십스,『꺼져가는 심지와 상한 갈대의 회복』, 전용호 옮김 (서울: 지평서원, 1999), 25.
18 존스,『부흥』, 501.
19 John Calvin,『1559년 라틴어 최종판 직역: 기독교 강요』2권, 문병호 역 (서울: 생명의말씀사, 2020), 2.16.19.
20 마틴 로이드 존스,『부흥』, 정상윤 옮김 (서울: 복있는사람, 2006), 498.
21 오웬,『현대인을 위한 죄 죽이기』, 125.
22 Calvin,『1559년 라틴어 최종판 직역: 기독교 강요』, 2.12.1.
23 아브라함 카이퍼,『일반은혜』, 임원주 옮김 (서울: 부흥과개혁사, 2017), 196.
24 Calvin,『1559년 라틴어 최종판 직역: 기독교 강요』, 2.12.1.
25 문병호,『30주제로 풀어쓴 기독교 강요: 성경 교리정해』(서울: 생명의말씀사, 2011), 125.

25 아브라함 카이퍼, 『일반은혜』. 임원주 옮김 (서울: 부흥과개혁사, 2017), 290.
26 Calvin, 『1559년 라틴어 최종판 직역: 기독교 강요』, 2.2.3.
27 Calvin, 『1559년 라틴어 최종판 직역: 기독교 강요』, 2.2.12.
28 Calvin, 『1559년 라틴어 최종판 직역: 기독교 강요』, 2.2.26.
29 카이퍼, 『일반은혜』. 293.
30 카이퍼, 『일반은혜』. 301.
31 카이퍼, 『일반은혜』. 304-305. 양심의 활동이 죄의 유입으로 인하여 시작되었다는 것은 칼빈이 이미 설명한 바 있다. 칼빈은 양심이라는 단어의 어원의 정의를 제공한다. "실로 사람들은 마음과 지성으로 사물들에 관한 지식을 이해한다. 그 때 '안다'라고 일컬어진다. 그리고 이로부터 '앎'이라는 말이 도출된다. 마찬가지로 사람들은 누구나 하나님의 심판에 관한 의식을 가지게 될 때, 그것이 마치 증인과 같이 집요하게 자기들을 심판관의 법정에 몰아가므로 죄를 감출 수 없다. 이러한 의식(意識)을 우리는 '양심'이라고 부른다. 양심은 하나님과 사람 사이의 일종의 중간자이다. 양심은 사람이 자기가 알고 있는 것을 그 자신 속에 억누르고 있도록 허용하지 않고 그 자신의 죄책을 들춰낼 때까지 줄곧 추궁한다. 바울도 이런 뜻에서 양심이 사람들에게 증거가 되어 그들의 생각이 하나님의 심판 앞에서 혹은 고발하며 혹은 변명한다고 가르친다(롬 2:15-16). 말하자면 단순한 지식이 사람 안에 마치 그 속에 갇혀 있듯이 거할 수 있게 된다. 그러므로 사람을 하나님의 심판 앞에 세우는 이 의식은 일종의 사람의 보호자로서 임명되어, 사람의 모든 은밀한 것을 관찰하고 정탐해서 그 무엇도 어두움에 묻혀 있지 않도록 한다. 이로부터 '양심은 일천 명의 증인이다.'라는 옛 격언이 유래하였다. John Calvin, 『1559년 라틴어 최종판 직역: 기독교 강요』, 문병호 역 (서울: 생명의말씀사. 2020), 3.19.15.
32 카이퍼, 『하나님께 가까이』, 232.
33 존 H. 힉, 『종교철학』, 김희수 옮김 (서울: 東文選, 1990; 제4개정판), 206.
34 힉, 『종교철학』, 209.
35 힉, 『종교철학』, 209-210.
36 레슬리 뉴비긴, 『다원주의 사회에서의 복음』, 허성식 옮김 (서울: 한국기독학생회출판부, 1998), 286.
37 뉴비긴, 『다원주의 사회에서의 복음』, 285.
38 블레즈 파스칼, 『팡세 = Pensees』. 이환 옮김 (서울: 믿음사, 2003). 241.
39 헤르만 바빙크, 『찬송의 제사』(군포: 도서출판다함, 2020), 125.
40 헤르만 바빙크, 『계시 철학』, 박재은 옮김 (군포: 도서출판다함, 2019), 81.
41 카이퍼, 『칼빈주의 강연』, 60.
42 카이퍼, 『칼빈주의 강연』, 60.
43 카이퍼, 『칼빈주의 강연』, 61.

44 카이퍼, 『하나님께 가까이』, 197.
45 카이퍼, 『칼빈주의 강연』, 62.
46 초대 교회의 교리적 체계를 제시한 아우구스티누스조차도 성지 순례 가운데 있었던 기적들을 실제적 사건으로 믿는다. "내가 아는 히포의 어떤 처녀는 자기를 위해서 기도한 장로의 눈물이 떨어진 기름을 품에 부었더니, 즉시 귀신이 떠나 버렸다." "내가 밀라노에 있었을 때에, 눈먼 사람이 보게 된 기적은 많은 사람이 알게 되었다. 큰 도시였고 그 때에 황제가 거기 계셨고 프로타시우스(Protasius)와 게르바시우스(Gervasius)라는 두 순교자의 유해를 보려고 모인 많은 군중이 그 기적을 보았기 때문이다. 순교자들의 시체는 오랫동안 감춰어 있다가 암브로시우스(Ambrosius) 감독이 꿈에 알게 되어 발견한 것이다. 그 맹인은 오랫동안 암흑 속에 살다가 이 성자들의 유회에 의해 광명을 보게 되었다." 아우구스티누스의 묘사를 좀 더 들어보자. 에우카리우스 신부인 서바나 사람은 담석으로 고생하다가 포시우스 감독이 가져온 순교자 스데반의 유골로 인해 병이 나았으며, 그가 병으로 죽게 되었을 때, 스데반 사당에 속옷을 시체에 덮으니 다시 살았낮으며, 시니타의 두 시민과 한 손님의 통풍이 나음을 얻었다. 아우두루스라는 농장에도 순교자 스데반의 사당이 있었는데, 마침 한 소년이 우차에 깔려 죽을 뻔한 상황에서 그 어머니가 아이를 사당에 놓였더니 상한 데 없이 회복되었다. 또한 세리(稅吏) 이레나이우스의 아들이 병으로 죽었을 때, 스데반 사당의 기름을 시신에 발랐더니 아들이 다시 살아났다. 아우구스티누스, 『하나님의 도성』, 조호연/김종흡 옮김 (고양: 크리스챤다이제스트, 1998), 1089-1091. 아우구스티누스의 왜곡된 이야기들은 로마 가톨릭의 성인 숭배와 성사들에 기초가 되었을 것이다. 그럼에도 불구하고, 아우구스티누스는 성인 숭배를 주장하지 않았으며 존경해야 할 대상으로 생각했음을 유념할 필요가 있다. 비록 로마 가톨릭이 같은 논법으로 성인들을 숭배하는 것이 아니라 존경한다고 하여도, 이는 아우구스티누스가 취했던 자세와는 완전히 다르다는 사실을 명심해야 한다.
47 카이퍼, 『칼빈주의 강연』, 64.
48 카이퍼, 『칼빈주의 강연』, 64.
49 카이퍼, 『칼빈주의 강연』, 65.
50 카이퍼, 『칼빈주의 강연』, 67.
51 로버트 레이시&대니 단지거, 『중세기행: 서기 천년의 일상과 삶』, 강주헌 옮김 (서울: 도서출판청어람, 1998), 124.
52 카이퍼, 『칼빈주의 강연』, 67-68.
53 윌리엄 에임스, 『신학의 정수』, 서원모 옮김 (고양: 크리스챤다이제스트, 1992), 387.
54 카이퍼, 『칼빈주의 강연』, 70.
55 바빙크, 『계시 철학』, 293-294.
56 바빙크, 『찬송의 제사』, 97.

57　카이퍼, 『칼빈주의 강연』, 71.
58　제임스 패커, 『청교도 사상』, 박영호 옮김 (서울: 기독교문서선교회, 2001), 283.
59　카이퍼, 『하나님께 가까이』, 13.

제12장 국가에 대한 기독교 신앙 윤리: 국가와 사회와 교회는 어떻게 구별되는가?

1　마틴 로이드 존스, 『청교도 신앙: 그 기원과 계승자들』, 서문강 옮김 (서울: 생명의 말씀사, 1990), 283. 청교도 신앙, 116.
2　김홍만, 『청교도 열전』(서울: 도서출판솔로몬, 2009), 43.
3　John Calvin, 『1559년 라틴어 최종판 직역: 기독교 강요』, 문병호 역 (서울: 생명의 말씀사. 2020), 4.20.2.
4　헤르만 바빙크, 『헤르만 바빙크의 일반은총』, 박하림 옮김 (군포: 도서출판다함, 2021), 47.
5　윌리엄 에스텝, 『르네상스와 종교개혁』, 라은성 옮김 (서울: 도서출판그리심, 2012; 수정판), 355-371.
6　도널드 B. 크레이빌 외, 『아미쉬의 신앙과 문화』, 정성국 옮김 (서울: 기독교문서선교회, 2018), 38.
7　크레이빌 외, 『아미쉬의 신앙과 문화』, 145-147.
8　아우구스티누스, 『하나님의 도성』, 945-946.
9　Calvin, 『1559년 라틴어 최종판 직역: 기독교 강요』, 4.20.2.
10　Calvin, 『1559년 라틴어 최종판 직역: 기독교 강요』, 4.20.2.
11　아우구스티누스, 『하나님의 도성』, 956.
12　아우구스티누스, 『하나님의 도성』, 956.
13　아우구스티누스, 『하나님의 도성』, 957.
14　리차드 십스, 『꺼져가는 심지와 상한 갈대의 회복』, 전용호 옮김 (서울: 지평서원, 1999), 82.
15　아브라함 카이퍼, 『칼빈주의 강연』, 김기찬 옮김 (파주: CH북스, 2017), 98.
16　카이퍼, 『칼빈주의 강연』, 98-99.
17　카이퍼, 『칼빈주의 강연』, 99.
18　카이퍼, 『칼빈주의 강연』, 100.
19　스캇 마네치, 『칼빈의 제네바 목사회의 활동과 역사』, 신호섭 옮김 (서울: 부흥과개혁사, 2019), 47.
20　마네치, 『칼빈의 제네바 목사회의 활동과 역사』, 54-56.
21　마네치, 『칼빈의 제네바 목사회의 활동과 역사』, 61.

22 카이퍼, 『칼빈주의 강연』, 103.
23 카이퍼, 『칼빈주의 강연』, 103.
24 John Calvin, 『1559년 라틴어 최종판 직역: 기독교 강요』, 문병호 역 (서울: 생명의말씀사. 2020), 4.20.12.
25 Calvin, 『1559년 라틴어 최종판 직역: 기독교 강요』, 4.20.24.
26 Calvin, 『1559년 라틴어 최종판 직역: 기독교 강요』, 4.20.31.
27 윌리엄 퍼킨스, 『윌리엄 퍼킨스의 직업 소명론』, 박승민 옮김 (서울: 부흥과개혁사, 2022), 60.
28 카이퍼, 『칼빈주의 강연』, 100.
29 카이퍼, 『칼빈주의 강연』, 100.
30 카이퍼, 『칼빈주의 강연』, 101.
31 카이퍼, 『칼빈주의 강연』, 104. 재인용.
32 Calvin, 『1559년 라틴어 최종판 직역: 기독교 강요』, 4.20.8.
33 카이퍼, 『칼빈주의 강연』, 104.
34 카이퍼, 『칼빈주의 강연』, 105.
35 카이퍼, 『칼빈주의 강연』, 107.
36 카이퍼, 『칼빈주의 강연』, 108.
37 카이퍼, 『칼빈주의 강연』, 108.
38 카이퍼, 『칼빈주의 강연』, 109.
39 카이퍼, 『칼빈주의 강연』, 110.
40 카이퍼, 『칼빈주의 강연』, 111.
41 카이퍼, 『칼빈주의 강연』, 112-113.
42 카이퍼, 『칼빈주의 강연』, 114.
43 Calvin, 『1559년 라틴어 최종판 직역: 기독교 강요』, 4.20.11.
44 카이퍼, 『칼빈주의 강연』, 114.
45 Calvin, 『1559년 라틴어 최종판 직역: 기독교 강요』, 4.20.8.
46 아우구스티누스, 『현대인을 위한 어거스틴의 고백록』, 최예자 옮김 (서울: 묵상하는사람들, 2010), 69.
47 아브라함 카이퍼, 『일반은혜』, 임원주 옮김 (서울: 부흥과개혁사, 2017), 122.
48 Calvin, 『1559년 라틴어 최종판 직역: 기독교 강요』, 4.20.16.
49 Calvin, 『1559년 라틴어 최종판 직역: 기독교 강요』, 4.20.10.
50 카이퍼, 『칼빈주의 강연』, 116.
51 카이퍼, 『칼빈주의 강연』, 117.

52   카이퍼,『칼빈주의 강연』, 117-118.
53   카이퍼,『칼빈주의 강연』, 118-119.
54   Calvin,『1559년 라틴어 최종판 직역: 기독교 강요』, 4.20.13.
55   카이퍼,『칼빈주의 강연』, 127.
56   카이퍼,『칼빈주의 강연』, 127-128.
57   카이퍼,『칼빈주의 강연』, 129.
58   카이퍼,『칼빈주의 강연』, 130.
59   카이퍼,『칼빈주의 강연』, 131-132.
60   카이퍼,『칼빈주의 강연』, 133.

제13장 문화에 대한 기독교 신앙 윤리: 기독교 문화와 세상 문화의 관계

1   본 장은 필자가 "기독교와 문화: 개혁주의 신앙윤리의 해석학"이라는 제목으로「역사신학논총」에 게제한 논문을 약간 수정한 것이다.
2   케빈 벤후저(Kevin Vanhoozer)는 문화에 대해 다음과 같이 진술한다. "문화는 개인, 단체 혹은 전체 사회의 의미 있는 행동을 가리킨다. 문화는 인간의 자유의 가치나 그 자유의 형태, 종잡을 수 없는 인간 정신의 의미나 그것이 지향하는 바를 객관적인 형태로 표현하는 이간의 활동들과 관련이 있다. 문화는 비인격적인 우주가 아니라 의미 있는 세계이다. 인간 존재와 인간의 관심사에 무관심한 자연과는 반대로, 문화는 인류를 양육, 즉 계발한다. 만약 의미 있는 행동을 교과서에 비유할 수 있다면, 문화는 이런 교과서들을 가치에 따라 분류해서 전체적으로 서고에 진열해 놓은 도서관이라고 말할 수 있다." 케빈 반후쩌, "세계는 과연 무대로서 적합한가? 신학, 문화 그리고 해석학,"『하나님과 문화』, D. A. 카슨 · 존 D. 우드브리지 엮음, (고양: 크리스챤다이제스트, 2001), 23.
3   아브라함 카이퍼,『하나님께 가까이』, 정성구 옮김 (파주: CH북스, 2015), 510.
4   Henry S. Lucas, *The Renaissance and the Reformation*, 2nd ed. (New York: Haper & Row, 1960), 302.
5   윌리엄 에스텝,『르네상스와 종교개혁』, 라은성 옮김 (서울: 도서출판그리심, 2012; 수정판), 87-88.
6   반후쩌, "세계는 과연 무대로서 적합한가? 신학, 문화 그리고 해석학," 25.
7   신국원,『포스트모더니즘』(서울: 한국기독학생회출판부, 1999), 238, 239.
8   니버가 분류한 다섯가지 유형들은 '문화에 대립하는 그리스도,' '문화에 속한 그리스도,' '문화 위의 그리스도,' '역설 관계에 있는 그리스도와 문화,' 그리고 '문화의 변혁자로서의 그리스도'이다.
9   리차드 니버,『그리스도와 문화』, 홍병룡 옮김 (서울: 한국기독학생회출판부,

2007), 394.

10 H. Richard Niebuhr, *The Responsible Self : an Essay in Christian Moral Philosophy*, (New York: Harper & Row, 1963), 61; 김희수, "H. Richard Niebuhr의 신학과 윤리학의 공공신학적 토대," 「기독교사회윤리」, vol., no.34 (2016), 14; 송용섭, "A Comparative Study of the Thought of H. Richard Niebuhr and Charles E. Curran," 「대학과선교」 vol., no.30 (2016), 128.

11 아우구스티누스, 『하나님의 도성』, 조호연·김종흡 옮김 (고양: 크리스챤다이제스트, 1998), 565.

12 아우구스티누스, 『하나님의 도성』, 483.

13 카이퍼, 『하나님께 가까이』, 510.

14 Herman Bavinck, *The Christian Family*, ed. James Eglinton, trans. Nelson D. Kllosterman (Grand Rapids, MI: Christian's Library Press, 2012); 윌리엄 퍼킨스, 『윌리엄 퍼킨스의 직업 소명론-소명의 종류와 분류 그리고 소명의 바른 사용에 대하여』, 박승민 옮김 (서울: 부흥과개혁사, 2022).

15 니버의 문화 유형들을 긍정적 입장에서 연구하는 이들은 주로 니버의 책임과 실천을 강조하는 신학의 중요성을 고려하면서 교육, 문화 선교, 삶, 설교, 목회, 신앙, 스포츠 등의 주제들을 다루었다. 김현숙, "Christian Education in Ethical Perspectives," 「기독교교육논총」, vol., no.19 (2008), 37-52; 신응철, "기독교적 문화비평의 토대- 리차드 니버의 『그리스도와 문화』 다시 읽기," 「철학탐구」, vol.19 (2006), 211-251; 김승호, "한국교회의 문화 이해: 문화신학, 문화선교, 문화목회 개념을 중심으로," 「신학과 실천」, vol., no.64 (2019), 385-406; 박우영, "포스트 모던 시대 속 리차드 니버의 윤리사상 다시 읽기," 「기독교사회윤리」, vol., no.35 (2016), 165-192; 송용섭, "A Comparative Study of the Thought of H. Richard Niebuhr and Charles E. Curran," 125-168; 김희수, "H. Richard Niebuhr의 신학과 윤리학의 공공신학적 토대," 11-39; 김현수, "Beyond the Korean Blessing-oriented Faith with the Help of H. Richard Niebuhr's Perspective," 「기독교사회윤리」, vol., no.35 (2016), 129-164; 류원열, "Preaching and its Cultural Context - A Homiletic Issue through the Work of H. Richard Niebuhr's Christ and Culture -," 「신학과 실천」, vol., no.55 (2017), 187-209; 강성호, "성품 윤리로 분석한 한국교회의 도덕적 성품 형성," 「조직신학연구」, vol.41 (2022), 240-270; James M. Gustafson, "The Significance of the Work of H. Richard Niebuhr for Church and Ministry Today," *Prism*, 18. 2 (2003), 27-40; Douglas Ottati, "Reformed Theology, Revelation, and Particularity: John Calvin and H. Richard Niebuhr," *Cross Currents*, 59 no. 2 (2009), 127-143; Thomas James, "Responsibility Ethics and Posliberalism: Rereading H. Richard Niebuhr's the Meaning of Revelation," *Political Theology*, 13 no. 1 (2012), 37-59; Frederick Glennon, "Has the 'End of Faith' Come for 21st Century Ethicks?: H. Richard Niebuhr's challenge," *Perspective in Religious Studies*, 40 no. 3

(2013), 251-266; Reuben Hoetmer, "Christ and Sport: Reapproprating H. Richard Niebuhr's Christ and Culture Typology," *Crux*, 56 no. 2 (2020), 3-16; Joon-Sik Park, "The Missional Implications of the Theology of H. Richard Niebuhr," *Interational Bulletin of Mission Research*, 47 no. 3 (2023), 380-393. 이 외에도 니버의 관점을 지지하는 논문들은 지속되고 있다.

16   간단히 몇 개만 소개하면 다음과 같다. 마이클 호튼, 『개혁주의 기독교 세계관』, 윤석인 옮김 (Phillipsburg, NJ: P&R Publishing, 1995); David W. Hall and Marvin Padgett, *Calvin and Culture: Exploring a Worldview* (Phillipsburg, NJ: P&R Publishing, 2010); John Bolt, *Bavink on the Christian Life; Following Jesus in Faithful Service* (Wheaton, IL: Crossway, 2015); 신국원, 『신국원의 문화 이야기』(서울: 한국기독학생회출판부, 2002); 최재호, 『대중문화와 성경적 세계관』(서울: 예영커뮤니케이션, 2003); 김재윤, 『개혁주의 문화관』(서울: SFC, 2015).

17   니버, 『그리스도와 문화』, 55.
18   니버, 『그리스도와 문화』, 55-56.
19   니버, 『그리스도와 문화』, 57.
20   니버, 『그리스도와 문화』, 57-61.
21   신국원, 『신국원의 문화 이야기』, 94.
22   니버, 『그리스도와 문화』, 61-64.
23   니버, 『그리스도와 문화』, 64-65.
24   니버, 『그리스도와 문화』, 65-66.
25   니버, 『그리스도와 문화』, 67-69.
26   니버는 성경이 기독교 윤리의 기준이라고 말한다. 하지만 이것은 그가 성경을 기독교 윤리의 기준이라고 믿는 것이 아니라, 단지 기독교인들이 성경을 기준으로 간주했다는 사실을 보여주는데 초점이 맞추어져 있는 진술이다. 이러한 관점에서 그는 초대교부로부터 시작하여 중세, 종교개혁, 청교도 그리고 로마 가톨릭에 이르기까지 어떠한 윤리적 관점을 가지고 있었는지를 살핀다. Waldo Beach and H. Richard Niebuhr, *Christian Ethicks* (New York: The Ronald Press Company, 1973), 10.

27   Tertullian, "On Prescription against Heretics," trans. S. Thelwall, in *The Ante-Nicene Fathers* Vol. 3 (Grand Rapids, MI: WM. B. Eerdmans Publishing Company, 1993), chap. 7.

28   Tertullian, "On the Flesh of Christ," trans. S. Thelwall, in *The Ante-Nicene Fathers* Vol. 3 (Grand Rapids, MI: WM. B. Eerdmans Publishing Company, 1993), chap. 5.

29   신국원, 『신국원의 문화 이야기』, 120.
30   니버, 『그리스도와 문화』, 67-69.
31   니버, 『그리스도와 문화』, 388.

32 니버, 『그리스도와 문화』, 387.
33 니버, 『그리스도와 문화』, 393.
34 니버, 『그리스도와 문화』, 394.
35 신국원, 『신국원의 문화 이야기』, 123.
36 아우구스티누스, 『하나님의 도성』, 896.
37 Tertullian, "The Shows, or De Spectaculis," trans. S. Thelwall, in *The Ante-Nicene Fathers* Vol. 3 (Grand Rapids, MI: WM. B. Eerdmans Publishing Company, 1993), chap. 1.
38 Tertullian, "The Shows, or De Spectaculis," chap. 8.
39 Cyprian, "To Donatus," in *the Fathers of the Church vol. 36 Saint Cyprian Treatises*, (Washington, D.C.: The Catholic University of America Press, 1958), chap. 8. 키프리아누스가 지적하는 세속적인 것들의 문제점에 대해 다음을 참고하라. Gilsun Ryu, "Universal Church from the Perspective of Cyprian: A Pietistic Approach to Unity in the House of God." *Journal of Religious & Theological Information* (2024), 1-21. https://doi.org/10.1080/10477845.2024.2344941.
40 George W. Forell, "Christ against Culture? A Re-examination of the Political Ethics of ㅅe Political Ethics of Tertullian," *Selected Papers from the Annual Meeting* (American Society of Christian Ethics), Nineteenth Annual Meeting (1978), 37-38.
41 아우구스티누스, 『하나님의 도성』, 132.
42 아우구스티누스, 『하나님의 도성』, 134.
43 블레즈 파스칼, 『팡세= Pensees』. 이환 옮김 (서울: 믿음사, 2003). 191.
44 Abraham Kuyper, *Lectures on Calvinsim by Abraham Kuyper* (Peabody, MA: Hendrickson Publishers Marketing, 2008), 62.
45 Kuyper, *Lectures on Calvinsim*, 61.
46 William Ames, *The Marrow of Sacred Divinity* (London: Edward Griffin, 1639), 263.
47 John Preston, *The saints daily exercise. A treatise concerning the whole dutie of prayer. Delivered in five sermons upon I Thess. 5.17. By the late faithfull and worthy minister of Iesus Christ, Iohn Preston, Dr. in Divinity, chaplaine in ordinary to his Maiesty, Master of Emmanuel Colledge in Cambridge, and sometimes preacher of Lincolnes Inne.* (London: W. I[ones] and are to bee sold by Nicholas Bourne, at the South Entrance of the Royall Exchange, 1629), 22.
48 Nathaniel Gray Sutanto, "Reveiw of Neo-Calvinism and the French Revolution by James Eglinton and George Harinck," *The Journal of Theological Studies* 66 no. 2(2015): 864-866; James P. Eglinton, *Trinity and Organism: Towards a New Reading of Herman Bavinck's Organic Motif* (London: T&T Clark, 2012), 19.

49 Kuyper, *Lectures on Calvinsim*, 59-60.
50 Bavinck, *The Philosophy of Revelation*, 250.
51 Bavinck, *The Philosophy of Revelation*, 265-266.
52 Bavinck, *The Philosophy of Revelation*, 254.
53 Bavinck, *The Christian Family*, 2-3.
54 Bavinck, *The Christian Family*, 4-5.
55 Bavinck, *The Christian Family*, 5.
56 Bavinck, *The Christian Family*, 6.
57 Bavinck, *The Christian Family*, 7-8.
58 Bavinck, *The Christian Family*, 64-65.
59 Bavinck, *The Christian Family*, 70. 바빙크의 관점은 동성애의 문제점을 명확히 인식한다. 존 볼트는 바빙크의 묘사가 "동성애 사안과 직접적으로 관련된" 것이라고 올바르게 지적한다. 존 볼트, 『헤르만 바빙크의 성도다운 성도』, 박재은 옮김 (군포: 도서출판다함, 2023), 271.
60 Bavinck, *The Christian Family*, 72-73.
61 Bavinck, *The Christian Family*, 119.
62 퍼킨스, 『윌리엄 퍼킨스의 직업 소명론』, 17.
63 퍼킨스, 『윌리엄 퍼킨스의 직업 소명론』, 18.
64 퍼킨스, 『윌리엄 퍼킨스의 직업 소명론』, 22.
65 퍼킨스, 『윌리엄 퍼킨스의 직업 소명론』, 23.
66 퍼킨스, 『윌리엄 퍼킨스의 직업 소명론』, 24.
67 퍼킨스, 『윌리엄 퍼킨스의 직업 소명론』, 26-27.
68 종교개혁자들은 직업에 대한 성경적 개념을 제시했다. 루터는 로마 가톨릭의 계급주의적 신분의 문제를 비판하고, 모든 이들이 세상에서 가지는 직업은 하나님을 예배하는 일과 연결되어 있음을 강조했다. 루터는 『탁상담화』에서 "하나님께서 자신에게 주신 직업과 소명에 만족하는 사람이 드물다는 것은 참으로 슬픈 일"이라고 말한다. 루터는 소명을 두 가지로 나눈다. 하나는 믿음에 의해 행해지는 신적인 것이고, 다른 하나는 이웃 사랑에 대한 소명이다. "인간의 자연적 소명을 영광의 자리까지 회복시켰던 것은 루터 덕인"다. 하지만 칼빈은 루터가 제시한 원리를 더 큰 결실로 발전시켰다. 칼빈은 『공관복음주석』에서 그리스도인이 구원으로의 부르심과 구원 받은 이들이 해야 할 일로서의 부르심을 구별하고, 전자를 '일반적 부르심'으로 후자를 '특별한 부르심'으로 불렀다. 그리스도께서 제자들을 부르신 사건은 "특별한 직분으로의 특별한 부르심"이다. 다른 한편 구원 받은 이들은 삶 전체를 하나님께 드려야 할 소명을 가진다. 루터와 비교할 때, 칼빈은 훨씬 더 "삶의 모든 길이와 너비와 깊이에 있어서 그 자체로 하나님에 대

한 봉사가 되어야 한다고 강조했"다. 마르틴 루터, 『탁상담화』, 이길상 옮김 (파주: CH북스, 2005), 510, 265; 헤르만 바빙크, 『헤르만 바빙크의 일반은총』, 박하림 옮김 (군포: 도서출판다함, 2021), 113; John Calvin, "Commentaries of Luke 5:10," in *Commentaries on Harmony of the Gospels Volume 1. Calvin's Commentaries Complete* (Grand Rapids, MI: Christian Classics Etheral Library, 1999); 바빙크, 『헤르만 바빙크의 일반은총』, 114.

69　퍼킨스, 『윌리엄 퍼킨스의 직업 소명론』, 44-47.
70　퍼킨스, 『윌리엄 퍼킨스의 직업 소명론』, 47-60.

제14장 예술에 대한 기독교 신앙 윤리: 포스트모더니즘과 개혁주의

1　루이스 마르코스, 『C.S. 루이스가 일생을 통해 씨름했던 것들』, 최규택 옮김 (서울: 그루터기하우스, 2004), 255.
2　마르코스, 『C.S. 루이스가 일생을 통해 씨름했던 것들』, 258-259.
3　신국원, 『포스트모더니즘』 (서울: 한국기독학생회출판부, 1999), 192.
4　신국원, 『포스트모더니즘』, 193.
5　신국원, 『포스트모더니즘』, 15.
6　본서에서 르네상스 예술가들과 그들의 작품들에 대한 묘사는 에스텝의 『르네상스와 종교개혁』 3장을 간략히 요약과 더불어 필자가 인물들과 작품들에 대한 개인적인 연구를 통해 보충해 놓은 설명을 포함한다. 특별한 인용표시가 있는 경우를 제외하고는 각주는 생략하기로 한다. 윌리엄 R. 에스텝, 『르네상스와 종교개혁』, 라은성 옮김 (서울: 도서출판그리심, 2002), 83-104.
7　외경 『야고보 원복음』에 등장하는 광야의 동굴을 배경으로 그린 것으로 보인다. 참조. 송혜경, 『신약 외경1』, 번역·주해, (의정부: 한남성서연구소, 2021), 106.
8　참조. James David Audlin, "Leonardo's 'Virgin of the Rocks': A Reassessment of the Original Work and its Meaning," From the upcoming third edition of The Gospel of John Restored and Translated, to be published inseven volumes by Editores Volcán Barú, copyright © 2013-2022 by James David Audlin. Sharedhere by permission of the publisher, Editores Volcán Barú. All rights reserved. The images are fromcommon use sources except the reflectogram, taken from "Reframing an Icon" by Joseph F. Gregory(Artibus et Historiæ 80, 2020), copyright © C3RMF, E Lambert/É. Rivaud.
9　에스텝, 『르네상스와 종교개혁』, 87 fn. 2.
10　루마르코스, 『C.S. 루이스가 일생을 통해 씨름했던 것들』, 최규택 옮김 (서울: 그루터기하우스, 2004), 177.
11　에스텝, 『르네상스와 종교개혁』, 94.

12 에스텝, 『르네상스와 종교개혁』, 101-103.
13 아브라함 카이퍼, 『칼빈주의 강연』, 김기찬 옮김 (파주: CH북스, 2017), 172-173.
14 카이퍼, 『칼빈주의 강연』, 174.
15 카이퍼, 『칼빈주의 강연』, 175-176.
16 카이퍼, 『칼빈주의 강연』, 176-178.
17 카이퍼, 『칼빈주의 강연』, 178-180.
18 카이퍼, 『칼빈주의 강연』, 180-184.
19 John Calvin, *Commentaries on Genesis*, in *Calvin's Commentaries Complete* (Christian Classics Ethereal Library), 4:20, 130-131.
20 John Calvin, *Commentaries on Harmony of the Law*, in *Calvin's Commentaries Complete* (Christian Classics Ethereal Library), 3:6, 231.
21 카이퍼, 『칼빈주의 강연』, 186-187.
22 카이퍼, 『칼빈주의 강연』, 188.
23 카이퍼, 『칼빈주의 강연』, 188.
24 카이퍼, 『칼빈주의 강연』, 193-194.
25 카이퍼, 『칼빈주의 강연』, 195.
26 카이퍼, 『칼빈주의 강연』, 197.
27 John Calvin, 『1559년 라틴어 최종판 직역: 기독교 강요』, 문병호 역 (서울: 생명의말씀사. 2020), 3.20.32.
28 Calvin, 『1559년 라틴어 최종판 직역: 기독교 강요』, 3.20.32.
29 Calvin, 『1559년 라틴어 최종판 직역: 기독교 강요』, 3.20.32.
30 Calvin, 『1559년 라틴어 최종판 직역: 기독교 강요』, 3.20.31.
31 카이퍼, 『칼빈주의 강연』, 204.
32 카이퍼, 『칼빈주의 강연』, 206.